世界地缘政治中的

中国国家安全利益分析

「国家十五重点图书 — 最新修订版」

张文木 著

中国社会科学出版社

图书在版编目（CIP）数据

世界地缘政治中的中国国家安全利益分析 / 张文木著. —
北京：中国社会科学出版社，2012.7（2024.11重印）
　　ISBN 978-7-5161-1057-7

　　Ⅰ.①世… Ⅱ.①张… Ⅲ.①国家安全—研究—中国
Ⅳ.①D631

　　中国版本图书馆CIP数据核字(2012)第138680号

出 版 人	赵剑英	
责任编辑	武　云　王　斌	
责任校对	凌建立	
责任印制	王　超	

出　　版	中国社会科学出版社	
社　　址	北京鼓楼西大街甲158号	
邮　　编	100720	
网　　址	http://www.csspw.cn	
发 行 部	010-84083685	
门 市 部	010-84029450	
经　　销	新华书店及其他书店	

印刷装订	北京君升印刷有限公司
版　　次	2012年7月第1版
印　　次	2024年11月第11次印刷

开　　本	787×1092　1/16
印　　张	25
插　　页	2
字　　数	410千字
定　　价	58.00元

凡购买中国社会科学出版社图书，如有质量问题请与本社营销中心联系调换
电话：010-84083683

目　录

再版序言：时间是作品的终极裁判 1

二版序言 1

自　　序 5

第一章　全球化的基本矛盾与中国道路 7

　第一节　全球化视野中的中国国家安全 7

　　一　全球化不能不包括军事自卫手段的全球化 7

　　二　海权是中美战略利益矛盾中的重要方面 10

　　三　中国应当积极准备迎接高科技战争的挑战 13

　　四　中美终究是朋友，但美国人的朋友是打不败的对手 18

　第二节　大国崛起的历史经验与中国的选择 20

　　一　在大国兴衰史中，被打败并由此衰落的，多是富国 20

　　二　在今天的中国不能靠武训的路子谋发展 23

　　三　生存不应是中国未来命运的本质 26

　　四　拿破仑的意义是历史性的，更是世界性的 28

　　五　英国人是美国人的先生，早期美国人是今日中国人的先生 33

　　六　落井下石，是霸权政治不言的通则 35

　　七　政治家的胆识在关键时刻能扭转乾坤 38

　　八　没有统一民族市场的国家，是不可能崛起的 40

　　九　未来的世界如果不降低资源消耗，就会战争不断 43

　　十　大国力量增殖于地区性守成，消释于世界性扩张 47

　　十一　用公民国家主义代替民族主义和自由主义 53

第三节 全球科技资源利用中的战略问题 57

一 国家政治是技术问题的本质，也是世界技术中心转移的驱动力 57

二 依托于民族产业的民族特质是科技大国形成的基础 60

三 战略产业被剥夺的国家，有权利但没能力利用全球科技资源 65

四 实事求是地制定利用全球科技资源的战略 75

五 几点政策建议 82

第四节 全球化的基本矛盾与中国的选择 88

一 全球化与反全球化运动的原动力 88

二 私有制的掘墓者 89

三 全球化运动的道德底线 90

四 在强有力地参与全球化的同时实现中华民族的伟大复兴 92

第二章 世界地缘政治枢纽地区及中国能源安全 94

第一节 世界霸权与印度洋——关于大国世界地缘战略的历史分析 94

一 控制印度洋：拿破仑争霸世界的首选目标 94

二 控制印度洋：19世纪末英俄在阿富汗狭路相逢 96

三 控制印度洋：第二次世界大战中德国和日本的"最后使命" 99

四 控制印度洋：20世纪末美—苏决战阿富汗 101

五 大棋局，老棋谱 108

第二节 世界地缘政治体系与印度未来安全 110

一 国家安全边界存在于大国实力边界的规定之中 111

二 地缘中心与资源中心在印度洋地区合二为一 112

三 印度以现在所处的地位，是不能在世界上扮演二等角色的 121

四 结论：印度将是西方多米诺牌局中最后倒下的一张 126

第三节 印度的大国战略与南亚地缘政治格局 128

一 大国战略与强势外交 128

二 安全战略的两难选择 133

三 变动中的南亚地缘战略格局 138

四 简短的结论 139

第四节 阿富汗战争与不对称世界格局 140

一 阿富汗战争与美国能源战略——阿富汗战争起因分析 140

　　二　谁是赢家——阿富汗战场形势分析 147

　　三　制海权、制空权与国家安全——阿富汗战争结局分析 156

　　四　从雅尔塔体系到不对称世界格局——阿富汗战争意义分析 163

第五节　中国的能源安全与可行战略 168

　　一　国际能源安全的基本矛盾 169

　　二　中国石油安全环境严重恶化 180

　　三　经济全球化挑战中国能源安全 186

　　四　制定符合中国国情的能源安全政策 193

　　五　简单的结论 199

第三章　经济全球化与中国海权 202

第一节　论中国海权 202

　　一　概念及其误用 202

　　二　中国海权特征 206

　　三　世界军事变革与中国海军跨越式发展战略 210

　　四　中国海权扩展原则 214

第二节　制海权与大国兴衰 215

　　一　资本全球化与制海权理论的产生 216

　　二　制海权与大国兴衰 218

　　三　制海权扩展的限度 231

第三节　经济全球化与中国海权 235

　　一　历史向世界历史的转变 235

　　二　英国和法国是资本全球化和多极化历史的发祥地 237

　　三　经济全球化催生海权新观念 242

　　四　强大的海军是国内财富积累和民主政治发展的保证 243

　　五　中国已将部分命运托付给了没有安全保障的世界 248

　　六　没有海上军事远投能力，海外贸易保护就是一纸空文 252

　　七　国家利益所在即我们国家安全边界之所在 254

　　八　获得制海权，也就在相当程度上获得了历史的主动权 257

　　九　台海统一是中国参与世界事务的第一张资格认证书 260

　　十　赢得挑战才能获得历史机遇 264

第四章　世界地缘政治体系与中国国家安全利益............................265

　　第一节　全球化进程中的中国国家利益............................265

　　　　一　政治命运掌握在自己手里的全球化才有意义.........................265

　　　　二　大国制衡是美国亚洲政策的基点.........................268

　　　　三　美国只希望中国在消耗自己国内资源的前提下发展...............270

　　　　四　如果沿着毛泽东、邓小平的道路，中国就会成功.........274

　　　　五　我们的国家安全观念也要面向现代化、面向世界、面向未来.......275

　　　　六　中国要大力发展海洋和外层空间的自卫力量.........................279

　　　　七　东急西重仍是中国安全环境的基本特点.........284

　　　　八　仅靠本国资源不足以支撑中国的持续发展.........................285

　　　　九　在全球化世风日盛的今天，国家利益仍然是中国公民的最高利益.........287

　　第二节　伊拉克战争与中国崛起的战略机遇............................289

　　第三节　世界地缘政治体系中的中国国家安全利益............291

　　　　一　世界经济的基础性矛盾与中国国家安全利益............291

　　　　二　世界地缘政治要义与体系特征............................299

　　　　三　世界地缘政治体系中心区域的大国政治............................306

　　　　四　太平洋地区地缘政治格局与台湾问题............................320

　　　　五　大西洋地缘政治格局与欧亚互动的世界意义............................331

　　　　六　世界地缘政治体系中的中国国家安全利益............................336

附录............................344

　　日美韩涉台表述差异及其对中国台海统一的外交影响............................344

　　中国海洋战略应坚持"地区性守成"原则............................354

　　在钓鱼岛赢得尊严才能在南海赢得尊重——从"钓鱼岛应成东亚
　　'模范摩擦海域'"说开去............................373

　　南海外交乱局隐藏重大危机............................376

　　中俄结盟的限度、目标和意义............................380

再版序言：时间是作品的终极裁判

　　这本著作是我在2000年至2004年期间所写的论文按主题所作的汇编，2004年由山东人民出版社出版成书；8年后的今天，中国社会科学出版社予以再版。再版，尤其是相隔这么长时间后再版，对作者而言，既是荣誉更是挑战：需要作者直面多年后变化了的形势，看看十多年前的研究结论是否还经得起历史的检验。书是作者灵魂的镜子，时间是作品的终极裁判。作品的生命力不在于其天女散花似的观点——观点谁都会有，而在于这些观点扎根实践和历史的深度。

　　作物在秋季开始成熟，人至五十才开始懂事。人懂事了，就不怕批评乃至批判，因为批评和批判是历史筛选思想的重要方式。"文革"中有些知识分子曾受到"批判"，并被戴上"高帽子"，这确实压垮了一些学人的自信，但也让相当多的学人更加清醒。如今社会也出现大量抛向学人的诸如"大师"、"大家"之类的"高帽子"，这催生了学界那七彩泡沫般的虚浮，而虚浮不摧自垮。一般说来，人是不容易被压垮的，但很容易被吹垮："文革"中相当一些工农干部就这么被吹垮，现在一些学人也正在或已经倒在这样的浮夸和吹捧之中。时间是作品的终极裁判：在冰冷的时间面前，任何虚浮和热闹的东西都会随风而散，而真正有价值的创作在历史的反复考验下则愈显光芒。

　　学者创作的"捷径"多不在国内外那些大小会议中，也不在镜头里，而在稿纸上。进入50岁的学者，在事业的跑道上已进入冲刺阶段，在冲刺的时刻鲜有左顾右盼的赛手。这时的学者，当以先贤——比如司马迁、司马光等——为榜样，抓紧时间为自己的国家和民族，当然也为自己的身后做成一些风吹不走的事。一部《史记》的创作经历告诉我们：好学问不是靠年龄熬出来的，好名声也不是靠电视包装出来的，它更多的是在盘根错节的世俗偏见重压下和历史的严格筛选中生长起来的——试想当年汉武帝在《史记》中若挂个"主编"或"学术总顾问"，或司马迁成了课题的"负责人"，那《史记》的历史地位就会随这些虚名同归于尽。真是有幸，本书再版使我的作品有了历史筛选的机会。我希望读者读了这本书后，用自己的经验检验一下我近十年的这些观点，由此为中国进步与富强取得更多的共识。

最后，需要说明的是，本书这次再版，基本保留了第一版的原貌，作者只对极少数内容和文字做了一些增删和改动，附录部分则做了完全更新。借此机会，特向为再版本书做出辛勤工作的中国社会科学出版社及编辑同志表示谢意。

张文木

2012年7月1日

二版序言

地缘政治研究，可以分两个阶段。人类生产最初是为了解决吃饭问题，因此，土地，特别是耕地就成为关乎人类生存的第一资源，地广粮就多，人多兵就多，粮多兵多国家就强大。所以那时的地缘政治讲的是陆权。中国军人多研究险关要塞，而较少研究外部世界。工业革命后，西方的地缘政治观点突变，地缘政治在他们那里已成为一个反映世界联系的法权而非皇权的概念。改革开放以后，中国开始搞市场经济，市场本身就是开放的和世界性的。此后我们就不能不关注世界，关注海洋，并从世界体系的角度研究地缘政治。

地缘政治与资源政治的统一，是当今地缘政治的基本特征；而世界资源的稀缺程度与大国关系的紧张程度同比例发展，则是国际政治所呈现的历史规律。资源到哪里，地缘政治就到哪里。地缘政治对我国的生存权和发展权有直接影响。中国的地缘政治特点是东接财源，西接能源。东部大海利于海上贸易，中亚的能源可直接与中国连接：一部分将进入中国"西气东输"管道，另一部分则通过马六甲海峡输入中国。全面建设小康社会的战略目标，把能源问题提到日程上来。但我们在日益依赖世界资源的同时，却对国际资源丰富的地区没有多少控制力。美国人赞扬中国人勤劳能干，但能干的人饭量也大。中国在为世界作出大贡献的同时，对外部资源的需求量也相应增大。天下哪有只干活不吃饭的道理。可现在西方人就想让中国人只干活不吃饭，即只为世界作贡献，而不能与他们平等地分享世界资源。这既不可能，也不符合权责对等的国际民主原则。中国并不总是"地大物博"，最近的限电增多就说明我们已拉响了资源短缺的警报。拥有巨大生产力的中国，在资源方面已是"饥肠辘辘"。

平等分享世界资源，这是我们应享有的国际民主权利。但目前我们还没有足够的力量捍卫这种权利。有人说，有钱不就有资源吗？要知道财富和资源是跟着暴力走的：工业革命前英国人比中国穷，1840年他们用枪炮打入中国，财富此后就流向西方。而富得让洋人羡慕的中国人，仅过了半个世纪，竟成了所谓"东亚病夫"。

海权是中国持续发展的命脉，也是当今中国地缘政治研究的薄弱地带。当今国家竞争力，更多地表现为对世界市场和资源的拥有总量及其控制能力。与世界联系的最方便的载体是海洋，各国现在都重视制海权的争夺。西方的海权是指海上控制力（sea power）。中国的海权则意味着平等的海上权利（sea right）和捍卫这种权利的海上力量（sea power）。在资本全球化时代，谁拥有强大的海军并能有效控制海上通道，谁就在国际利益分配中占有较大的份额。控制海洋、掌握海上运输通道，就能够及时让世界资源安全地流向本国。如果将制海权比喻为"输液"，那么制陆权就是"吃药"，"输液"能以更快的速度通过血液直接将药物送达病灶。血液就是人体的"海洋"。

中国统一，是中国走向世界的首张资格认证书。台湾问题不仅涉及中国主权问题，就其现实迫切性而言，它更涉及关乎中国发展命运的海权问题。实现中国对台湾、钓鱼岛及南沙诸岛的主权，既是实现祖国统一的正义事业，也是实现中国海权的关键步骤。现在国家统一的任务日益紧迫。台湾问题不解决，中国的生存和未来发展就受影响。统一祖国需要富国强兵。国富兵不强，我们的现代化成果就无法保护。我们有60%左右的进口石油来自中东，庞大的贸易依托海外市场。西方国家崛起的经验告诉我们：任何一个贸易大国都是海上强国；贸易是随炮舰而非随合同先行的；没有海军就没有可靠的资源保障。大家现在热衷于谈论民主，其实民主是需要更多资源支撑的。

学风建设关乎中国的命运。人老待在床上，下来走路就会脚疼。学术长期在半空忽悠，谈问题就不可能切合实际。医生看病不应只为宣传自己的理念，而应为治病救人。药方再好，开药方的逻辑再严密，但不治病或治坏了病人，那就不是好药方。学者应当学会解决中国的现实问题，而不能只将学问用于所谓"建立学术体系"。历史上，凡是学问越做越虚的时候，离亡国就不远了。宋朝时，空讲理学，结果皇帝被北方游牧民族赶到江南去了。这么富裕的一个王朝，竟被一个马上民族所打败，这是宋朝的秀才们怎么也想不通的问题。20世纪二三十年代，陈独秀、王明脱离中国实际的学风，导致中国革命严重受挫。井冈山和延安时毛泽东提倡调查研究，强调理论联系实际，此后中国革命就渐入佳境。在这方面，毛泽东是最值得我们学习的人。

　　最后，需要向大家说明的是，本书第一版排版中有少数误字和表达不确之处，在二版中已作更正。借此机会，再次向山东人民出版社和本书的责任编辑，深表谢意。

张文木

2004年9月

自 序

　　这几年做国际政治研究有了些新体会。在学问长进的同时，思想却越来越谨慎。这正应验了"学然后知不足"的古训。书是要影响人的，作者对读者和社会是要负责的。思想敏锐与历史纵深感是本书不需多说的特点，在开篇前，我应告诉读者的是我的学术不足，这样可使读者更全面和更客观地把握书中的观点。

　　本书所研究的是国家战略，做这种学问不仅需要丰富的历史、哲学及其他学科的知识，它更需要丰富的实践经验。这两方面，尤其是后一方面，我明显感到不足。我的学术生涯大多是在学校和研究所度过的，这对我研究战略问题形成一定的制约，而这在短期内又不是凭书本知识可以弥补的。因此，我研究成果的价值可能在于一种视角或一种观念。未经中国现代化实践检验，现在真不敢断言，我关于战略问题见解中的正确和错误的成分都有多少。中外历史上如赵括、马谡及盖达尔等书生误国的事屡见不鲜，我经常警诫自己一生不要犯那样对不起后人的错误。因此，我希望大家在阅读本书时，一定要结合中国的现代化实践加以思考，并在新的实践中形成更好的和更贴近中国现代化规律的认识。

　　观念进入操作层面，要有一系列相当复杂的环节。学问人要形成相对正确的观点实属不易，但将这些观点转化为可操作的政策则更难。马克思说："哲学家们只是用不同的方式解释世界，而问题在于改变世界。"我同意这个见解，并认为"改变世界"应当是我们学问人关心的主要问题的主要方面。也就是说，实践应当包括在我们学问之中并占据学问最本质的方面。不进入实践的学问，正如不结果的花朵，对中国进步的作用是极有限的。我书中的观点，只能是在我今天有限经验基础上的认识，希望它能帮助读者发现更接近中国发展规律的知识。

毛泽东曾说，一个人做点好事并不难，难的是一辈子做好事，不做坏事。对学问人来说，写一篇好文章也不难，难的是一辈子写好文章，不写坏文章。只有一辈子写好文章的人，才是名副其实的学问家；而只有对实践和历史负责的文章，才是好文章。个人的学术尊严与国家的命运密不可分，中国的进步与富强是凝聚和推进中国学术力量及其进步的主动力，当然这也是我学术研究的主动力。但是，饭要大家一块吃，学问也要大家一起做，因为中国的事业需要大家一起干。最贴近真理的学问肯定不是一个人所能完成的。历史上，大凡自称独占真理的人往往被真理所奚落。在真理面前，我永远是学生。为了少犯认识上的错误，我还要更多地向大家，尤其要向有经验的老前辈学习。这是我为学多年的一点真实体会。

本书是近几年我就地缘政治及其中的中国国家安全利益研究的成果，都是我个人的观点，有些曾公开发表。借此出版机会，我对有些内容做了一些增删和文字改动，特此说明。

张文木
2004年1月

第一章 全球化的基本矛盾与中国道路

第一节 全球化视野中的中国国家安全

一 全球化不能不包括军事自卫手段的全球化

真正的中美利益矛盾是在中国经济进入市场经济，从而中国的国家利益日益融入世界，中国政治日益向现代民主政治转变的时候，而不是在这之前出现的。在"文化大革命"时期，中美关系虽吵得厉害，但由于中国经济尚处于自然经济阶段，中国对海外利益并没有多少追求，自从中国进入市场经济之后，其发展已日益依赖于世界。目前中国的外贸依存度已经达到80%左右[①]，即通过对外贸易所创造的价值已经占中国国民生产总值的1/2强；因经济发展而产生的资源需求也越来越严重地依赖外部进口。这样，中国就不可能不对世界，从而对自己的海上安全即中国海权问题有所

[①] 新华社重庆2005年9月10日电（记者张桂林王金涛），作为融入经济全球化的重要标志，中国外贸总额在短短16年的时间里，从一千亿美元增长到一万亿美元，而衡量一国外贸依存度的"进出口总额与同期GDP之比"也一路蹿升。中国社科院研究员张宇燕日前指出，中国外贸依存度已经达到80%，这一比例大大高于其他发达国家和发展中国家的水平，中国由此成为世界上外贸依存度最高的国家。统计表明，从1980年到2001年，美国、日本、印度、德国的外贸依存度大体稳定在14%至20%之间。而中国从20世纪80年代初期的15%左右的外贸依存度一路蹿升。据商务部统计，2002年中国外贸依存度为51%，2003年为60.2%，2004年伴随着外贸进出口总值的大幅度攀升，外贸依存度达到了近80%。专家认为，作为融入经济全球化的一个生动的例子，中国参与国际贸易的程度不断加深，也反映了世界经济一体化的日益临近。资料来源：《专家指出：我国外贸依存度达80%为世界之最》（http://politics.people.com.cn/GB/1026/3683755.html）。

关注。这里所说的中国海权，指的是建立在外层空间卫星监控技术引导下的导弹远距离精确打击和准确拦截能力之上的海上自卫权利而非美国式的霸权。海权是任何国家，特别是南方国家更应该平等享有的国家权力。美国是霸权国家，其军事上的重要表现首先是对海权的排他性垄断。这样中国的国家利益，尤其是海权利益，就不可避免地要与霸权，尤其是海上霸权发生冲突。霸权并不是国家应有的权利，它只是根据强权原则建立的在世界利益问题上的排他性的权力。这样，中国要求走向世界并寻求在这个进程中的安全保障，而美国则不允许中国为其海外利益保驾护航的军事力量走向世界。①这样，中国与美国的利益，尤其是集中在南中国海及台湾地区的海权利益便不可避免地发生了矛盾。

资本全球化和资本多极化及其对立统一运动是现代战争产生的总根源。在资本中心国的资本扩张中，资本必然流向可产生高额利润的外围区域。只有从海外不断获得大量的资源和利润，资本中心国的再生产和社会活动才能正常运行。在世界近现代史上，资本继而市场经济的出现确实解放了生产力。但生产力的解放、生产力的发展，必须有与之相适应的资源来支撑。发展市场经济犹如养虎，在幼虎时，养虎人感觉尚好。但当虎长大从而胃口越来越大时，养虎人若得不到更多的食物来源，就会感到恐怖了。对一个走上市场经济的国家而言，当国家生产力在资本的推动下发展起来并使生产对资源有越来越大的需求的时候，发展，若没有滋养这种发展的资源支撑，就会变异为一种破坏自身的力量，国家经济继而国内社会就会发生危机，严重的还会发生带有暴力性质的社会动乱。这是任何已走上市场经济的国家不可免而今日中国正在试图回避的经历。

目前，中国经济在发展，市场在扩大，消耗资源的胃口也在扩大。像石油资源，中国过去是出口，现在不够用了就必须依赖大量进口。这样我们就必须走向世界。当中国开始走向世界时，就免不了与世界霸权国家产生矛盾。开始是意识形态层面的矛盾，如亨廷顿的"文明冲突论"。随着

---

① 美国《福布斯》双周刊2001年6月11日刊登英国著名史学家兼作家保罗 约翰逊《关于美中关系的七点意见》的文章，认为中国有两条主要边界线：太平洋西岸的海上边界和中亚地区的陆上边界。一条通往战争，一条通往繁荣。美国必须让中国明白，争夺海上边界周围的领土主权只会给自己招惹麻烦，而设法开拓中亚地区的经济机遇将得到美国的赞许，必要时还会得到美国的帮助。必须不惜一切代价让中国相信，命中注定它的前途在亚洲。

我国经济越来越快地增长，中国就与霸权国家发生了贸易层面的矛盾，意识形态的矛盾退居二线，意识形态是服从于国家利益的。接着是政治层面的矛盾，当这种矛盾达到政治层面并日益逼近中国安全利益的底线时，从近现代史所有大国崛起的经历看，军事层面的直接或间接的冲突似乎是很难避免的。

维护一国在世界范围内自由贸易的前提必然是要对海上资源运输线路进行自卫性的控制。①所以说全球化不能不包括军事自卫手段的全球化，因为国家的利益已经融入世界。而在国际政治中，安全观念是随着国家利益而扩大，而不完全是随领土而扩大。"领土安全"与"国家安全"是有联系但又相互区别的两个概念。美国的国务院与我们的国务院不同，它是管世界的。美国为什么到处插手，因为到处都有它的商人；它的利益已经遍布世界，因此世界的事在他们看来就是国家的事。美国靠如此丰富的世界资源来滋养其庞大的生产力，所以它才有其较高的民主发展程度。以世界财富滋养着的美国，几乎没有外敌侵入境内的战争（它可以运用其强大的海上力量，将战争萌芽早早地消灭于遥远的海外）；它也不会有其他国家的飞机飞到它边境上去侦察的事。它既安全，又很有钱，既体面又民主，但它的钱是靠其世界霸权地位和强力垄断世界资源实现的。美国外交具有很强的虚伪性：它鼓励南方国家发展市场经济并建立民主体制，但当苏联建立起议会民主体制后，它却推动并促成了苏联的解体；当中国建立起市场经济体制之后，它又将战略重心移向中国，将中国视为潜在的战略竞争对手。事实上，是美国而非中国及其他南方国家才是世界走向民主与自由的最大障碍。

有人会说，现在中国海外贸易在没有海权的情况下不是发展得挺好吗？但问题是这是没有保障的发展。如果有一天，美国像对待南联盟那样，随便给中国找一个莫须有的借口，对中国实行禁运，中国怎么办？现在中国经济1/3，甚至1/2的部分依赖海外市场拉动。一旦遭到禁运，这时已发展起来的巨大的生产力就会反过来成为毁坏我们国家的一种力量。强大的生产力一定要有它畅通的吐故纳新的渠道，吐出的是产品，因而它需要国际市场；吸纳的就是资源，因而它必须走向世界。没有这两条，在市场

①　美国国防部2000年12月发表《21世纪美国战略》："能否保卫美国领土、我们的公民和我们的经济繁荣将取决于自由贸易和能否得到战略自然资源以及国际水上和空中通道。"

经济中已解放出来的巨大生产力，对国家反倒是很危险的事。

二 海权是中美战略利益矛盾中的重要方面

中美之间的战略矛盾焦点在哪呢？并不在意识形态，相反倒是中国进入市场经济和民主政治的轨道时，中美之间的矛盾才开始升级的。其实，中美之间矛盾的焦点是海权。但中国的海权与美国的海权并不是同义词。确切地说，中国的海权指的是海上自卫权利，美国的海权则是海上霸权。霸权是"只许州官放火，不许百姓点灯"式的垄断权力，而自卫则是国际法赋予每个主权国家的正当权利。中国发展到现在使我们迫切地感到海权而非霸权应是一种普遍的国家政治权利，也是一种重要的国家利益。中国要走向世界，要进行自由贸易，就必须保护我们海上线路的安全。"贸易自由"是美国人早期在反对西方列强时提出含有反霸语义的口号。今天中国人也提出同样的诉求，美国人就不答应，就以"国家导弹防御体系"相威胁。布热津斯基在《与中国相处》一文中说："中国目前的局势与1890年前后的德意志帝国相比较则有某些重要的相似之处。"[①] 读了这段话后，我倒觉得今日中国倒更像一百多年前的美国，熟悉世界史的人对此会有更深的体会。如果说，五十多年前在用国家力量迅速打造国家经济体系方面，苏联是昨日中国人的先生的话，那么，一百多年前的美国在发展市场经济方面却是今日中国人的先生。

中国台湾问题，与一百多年前的夏威夷问题并不一样，它是中国主权范围内的问题；但若中国台湾位于别的什么地方，比如说中国东北边远内陆，台湾问题并不会演变成中美关系中的焦点问题，美国也不会对它那么关注。从这个角度看，与一百多年前的夏威夷问题一样，目前台湾问题还包含着中美之间的海权之争——这与当年美国反对英国在东太平洋上的海上霸权一样。没有台湾，中国就没有进入太平洋最起码的和有安全保障的可能；而没有海权，当然中国也就在相当程度上丧失了发展权。从这个意义上说，捍卫中国的海权就是捍卫中国的发展权。

在当今世界，不反霸则不能发展。中国不称霸，这并不意味着中国不

---

① [美]*National Interest*，No.59，Spring 2000，p.11。

保护已融入世界的中国国家利益及其事实上已融入世界的自主发展权。霸权是什么呢？是排斥别国自主发展权的行为，是发展权的国际垄断。美国开始也是反霸权的资本外围国家。它反英国，开始是正义的，但自从它入侵菲律宾和占领古巴之后，它与西方列强的矛盾就成了非正义的世界霸权之争了。美国进入远东后，在与其他列强关系上，开始还是低姿态。比如它刚到中国，只提出通商自由的要求；[①]但随着它贸易的发展和海上力量的加强，特别是到第二次世界大战之后，随着英国退出世界霸权地位及苏联解体，美国就成了世界上独一无二的霸主。这时它开始排斥其他国家，特别是南方国家的发展权。他今天打伊拉克，明天又打南联盟；在海上拉帮结派，形成对海上通道的绝对垄断。这都是当代中国人为保卫自己正当的发展权利因而不能不反对的霸权行径。霸权与反霸权，是中美矛盾的本质所在。与美国不同，中国人只想自卫属于自己主权范围内的和已融入世界的中国利益，并不想排斥其他国家各自追求的合理的国际利益。因此，中国"不称霸"的外交政策不应被理解为放弃中国主权中固有的必然要走向世界的发展权的外交选择，它应被理解为中国在争取和捍卫自己所拥有的必将融入世界的发展权——发展权只能是世界范围的发展权——的同时，不仅不排斥而且还要与其他国家平等地享有各自的发展权。反对霸权主义与保卫平等的发展权，是一对不可分割的概念。对中国，乃至对所有南方国家而言，不反霸则不能求发展，求发展必然要反霸。用强力自卫自己应有的海外平等自由发展的权利，而不是动辄以"制裁"的方式剥夺他国的这种权利，正是中国既要崛起又要坚持反对霸权主义的原则界线所在。

　　在许多场合，人们往往把国家的"边界安全"和"安全边界"这两个概念混淆使用，往往把一国的安全边界的扩展混同于领土边界的扩张，因而称之为"威胁"。其实这是非常不对的。事实上，这是既有联系但又相互不同的两个概念。任何一个进入市场经济的国家都有主权范围内的利益和主权范围外的即融入世界的利益及其安全需求。边界安全是指国家对其主权范围内的领土的可控制和保卫的程度。领土是主权的物质载体，因此，领土边界安全从相当的意义上说就是主权安全。而国家安全边界则是指国家对其分布于主权范围之外的利益的可控制和保护的程度。比如，美

---

　　① 参见阎广耀《美国对华政策文件选编》，方生选译，人民出版社1990年版，第408—409页。

国领土边界仅限北美洲及太平洋部分地区，但由于其强大的政治、经济、军事实力，因而它的国家安全边界几乎覆盖全球。中国的领土边界与美国差不多大小，但与美国相比，由于中国海外军事力量严重不足，因而在中美矛盾中，其安全边界则不出中国领土范围，尽管中国的许多政治经济利益已广泛地融入世界。民族国家一旦参与全球化，它就有保护自己的已被融于世界的国家利益的权利，而关心和保护其海外利益并不就是对其他国家的"威胁"。因此，只要不扩张领土边界和侵犯他国的主权，那么，在尊重国际法基本原则的基础上，为自卫在全球范围延展其安全边界的行为，就应当被看做正常合理的国家行为。假设国家领土是一个常数，国家边界安全则是一个基于国家安全边界推展的近乎无限的变数：国家边界安全度取决于该国的安全边界在世界范围推延的广度和深度；一国边界安全系数与安全边界的系数的比值便是该国的国家安全值。假设一国的国家安全边界系数与边界安全的系数比值大于1，那么，这个国家则相对比较安全；如果小于1，则说明该国处于非安全状况，比如目前的伊拉克就是这样。如果等于1则说明该国安全边界与领土边界重合，国家的边界安全已达底限，处于被动防卫的境地，并具有相当程度的脆弱性。比如瑞士就是这样。1962年赫鲁晓夫在古巴部署导弹，美国人就很恐慌，觉得影响到它的安全；同样，1950年美国出兵朝鲜，中国人也觉得影响了自己的安全。这说明，国家安全边界与边界安全是既联系但又相互不同的两个概念。在国际斗争中，没有外延空间保证的安全承诺是绝对靠不住的。这个空间的外延就是一个国家应当具有的安全边界。安全边界的扩展并不意味着国家领土的扩张，但它却意味着国家边界安全系数的增高。中国人打赢了朝鲜战争，中国东北地区的和平形势一直保持至今，但中国并未扩张半寸领土。当然，一国的国家安全值也是相对于特定的对手而言的，比如排除美国的因素，印度在南亚的国家安全值是非常高的，但若印美之间矛盾，印度的国家安全值则相对要小得多。因此说，一国的安全，取决于他国，尤其是大国对该国安全边界的具体规定，而不取决于该国政治家一相情愿的想象。

边界安全必须要有一定的外延空间即国家安全边界来保证。目前，我们国内已形成了强劲发展的生产力，而要维持这样的生产力的可持续发展，我们就不得不依赖海外资源。要做到这一点，就必须拥有相当的海权。如果我们失去台湾，接踵而来的就是失去南沙群岛，而失去这两个地区，就意味着中国将彻底失去作为一个大国崛起最起码应据有的保证国家政治经济安全的空间。正因此，中美之间在台湾问题上便发生了不可调和的矛盾。

美国人对中国的批评和赞扬兼而有之，其实美国是在按自己的需求在描写中国，这正如中国人也在按自己的理解来赞扬和批评美国一样。那么美国需要的是一个怎样的中国呢？

有许多人以为，美国人不希望中国发展，也有人认为美国希望中国强大。这都不准确。美国并不反对中国发展，但他希望中国最好就在你国内发展，尽管你生产力变得强大了，你吞吐资源的胃口变大了，但美国人只允许你在自己家里找吃的；等到没有东西可吃了，你就只有吃自己（的资源）。如此这般，等中国发展起来了，中国也就把自己的资源吃光了。美国则不同。美国的发展是靠吃世界。它靠全世界的资源喂养它。而在中国，现在大家已经感觉到资源利用已达到极限。[①]比如沙漠的蔓延、生态环境的破坏，这都是资源的问题，而美国则放着自己国内的资源不开发，将它留作战略储备。事实上，国家经济发展的良性模式应是在生产力发展曲线向上升的同时，国内资源消耗的曲线下降形成一个剪刀差，差值越大，这个国家的经济发展就越健康。中国经济发展一直是与资源消耗成正比例上升，这更使中国经济与世界资源产生了不可断绝的联系，而获取世界资源的前提条件是必须拥有强大的海权。在这方面，中国也就与美国的世界霸权产生了难以调和的矛盾。

三　中国应当积极准备迎接高科技战争的挑战

目前有一种观点，即把是否发生世界大战作为战争与和平的标准，认为只要不打世界大战，和平与发展就应当是时代的主题。且不说世界大战

---

① 2004年11月，国家环保总局副局长王玉庆指出：我国经济高速增长，但万元GDP能耗水平超过发达国家3—11倍，资源和环境的承载力已近极限。粗放式发展还导致污染加剧，目前，COD排放总量达1400万—1500万吨，接近排放最大允许量的两倍。大气中二氧化硫排放总量为1900万—2000万吨，远远超出大气达标的1200万吨。城市垃圾每年接近1.4亿吨，处理率仅54.2%，无害处理率更低等。资料来源：《目前我国的资源和环境承载力已近极限》（http://www.people.com.cn/GB/shizheng/1026/2991185.html）。

出现之前的时代如何判断，也不说古罗马奴隶与奴隶主之间的和平，是否是真正的和平，现在的问题是自从有了核武器，世界范围内的大战就几乎不会再发生了，因为那样就意味着战争的双方都将同归于尽。但战争形式的改变并不意味着战争的消失。未来的战争形式更多的是有限战争，是快速打击。高科技条件下的有限战争的成败将决定着21世纪国家的命运。建立在高科技基础上的有限战争而不是世界大战将是未来世界战争的主要形式。在具有远程打击和卫星制导技术的时代，像过去那种大规模的诺曼底登陆式或克劳塞维茨式的主力决战，将在今后的大国冲突中成为历史。卫星制导意味着准确，远程打击则可以超越敌方陆军控制的地理空间。这两点使战争发生了革命：人力的作用将让位于技术力的作用；攻击方不需要大规模的士兵突入就可以有效打击对方。19世纪和20世纪的中国都因不能有效地赢得英国在海上和日本在空中的军事挑战，而使我们付出了极为惨重的代价，现在，历史又把中华民族再次送到高科技战争的面前，中国要积极迎接这种新式战争的挑战。

根据冷战时的经验，大国之间的冲突有两种，一种是"掰手腕"即局部和间接军事试探，比如说美国把中国大使馆炸了，叫"误炸"，然后说抱歉，但其真正目的是用间接的方式让对手明白并被迫默认美国的安全边界所在；另一种就是代理人战争，比如20世纪的朝鲜战争、越南战争、阿富汗战争等。未来大国间冲突也主要是采取这样一种间接形式而非直接宣战的形式。在这些战争中的成败往往决定国家的成败。

现在对中美而言，双方矛盾的关键就是海权问题。海权问题的核心就是海军问题。海军是非常专业化和科技含量非常高的军种。中国海军不能再是"旱鸭子"，它是一定要携带导弹并伴着外层空间运转的中国卫星远航，在远航中推展我们的安全边界。当代中国海军一定而且必须像19世纪末美国海军一样，也要有一个快速的和大规模的发展。中国的未来系于现代化的海军；中国的命运系于现代化的海军。[①]

国际关系是一种自然的关系，文明只能在有法律（也是一种国家暴力）保障的地方发生；国际间文明也只能在实力对等的国家间发生。弱肉

---

① 一百多年前马汉预言："在一定时间内，在中国驻扎的舰队仍将是外国的而非本国的，因为海军是最具技术性、最专业化的军种，因此中国海军不可能早早地成熟并独立运转。"马汉：《海权论》，萧伟中、梅然译，中国言实出版社1997年版，第238页。

强食是国际斗争铁的法则。弱者是有权利但无能力享受有保障的文明的。①

19世纪80年代，中国和美国的海军都很弱。就在清政府大造颐和园时，美国却在迅速发展海军，到了19世纪末和20世纪初美国的海军已经达到了世界第二。其发展之所以迅速，是因为它面临着并且必须打破英国在东太平洋上的海上霸权。在当时，冲出霸权关乎美国的命运。结果是中国在甲午海战中被日本打败并从此失去对台湾的控制，直到1945年才得以收复，而美国则得到夏威夷、占领古巴和菲律宾，继而在东太平洋上获得相当的海权利益。

由于长期以来中国人靠种地吃饭，因而大家往往认识不到海权之于中国发展的重要性。但等你失败以后再认识到这个问题，为时已晚。国家失败之的那种感觉，是语言所不能表达的。南宋末期中国哲学出现实学之风②，究其原因是由于当时的文人对北宋时期学界脱离实际的空谈导致大宋王朝倒在北方游牧民族的铁骑之下的事实痛心疾首；同样也正因为20世纪20年代陈独秀的右倾机会主义和30年代王明的"左倾"空谈所导致中国共产党的两次大失败，毛泽东在延安整风时期才提出"杜绝空谈"和"实事求是"的口号。实践的失败往往是认识变革的开始，进入市场经济后的中国人对国家安全的认识也会有一个面向现代化、面向世界和面向未来的大变革，但愿不要为此付出过于沉重的代价。

有人说，生产力上去了，经济发展了，国家也就强大了。但八国联军进入北京城的时候，清王朝的财富拥有量在当时的世界是名列前茅的。海权理论创始人艾尔弗雷德·塞耶·马汉（Alfred Thayer Mahan，1840—1914）把话说得再明白不过了，他说："武力一直是思想借以将欧洲世

---

①　1945年蒋经国代表国民党政府去与斯大林谈外蒙古问题。蒋经国表示不同意外蒙古并归俄国，并请求斯大林理解和尊重中国人民对失去外蒙古的心情。斯大林说："你这段话很有道理，我不是不知道。不过，你要晓得，今天并不是我要你来帮忙，而是你要我来帮忙；倘使你本国有力量，自己可以打日本，我自然不会提出要求。今天，你没有这个力量，还要讲这些话，就等于废话！"斯大林不耐烦地对蒋经国说："老实告诉你，我之所以要外蒙古，完全是站在军事的战略观点而要这块地方的。"参见梁之彦、曾景忠选编《蒋经国自述》，团结出版社2005年版，第111页。

②　南宋末期陆九韶提倡为学以"切于日用"；陆九龄主张"尽废讲学而专务践履"；陈亮则提倡注重事业功利有补国计民生的"事功之学"。

界提升至当前水准的工具。"①历史经验表明，安全问题在相当的程度上确实就是军事问题。只要综合国力拉得不要太远，安全，尤其是主权安全主要是靠军事实力来保卫的。这一点，毛泽东看得透彻。1950年，在新中国百废待兴的时候，毛泽东做了两件对未来中国国家安全具有基石意义的大事。第一件事是进军西藏。历史容不得政治家在关键时期有半点犹豫。1947年印度独立，当时中国国共两党正在进行大决战。试想一下，这时在中国军事无力西顾的时候，1962年的中印边界战争若提前14年，也就是说在1948年发生，其后果将是灾难性的：最好的结果也只能是中国共产党在全国胜利后与入侵者谈判，谈下来也很难是今天这个样子。第二件事是，就在同一年毛泽东决定抗美援朝。美国出兵朝鲜，实际上是当时世界上最强大的美国在向苏联和新生的中华人民共和国叫板。在这场较量中，世界各国都在观望它的结果，并由此决定各自的对华政策走向。结果中国打赢了，连斯大林都对新中国刮目相看，中苏盟友关系更加牢固。1955年中国在万隆会议上那耀眼风采的背后，是中国打败当时不可一世的美国的军事胜利。尼克松说得对，"在谈判桌上不可能比在战场上赢得更多的东西"。②目前，中美将在台湾问题上再次交手，我们应当知己知彼，从最坏处准备，往最好处努力。

在军事准备方面，今天的中国人应该好好回味一下毛泽东批评陈独秀放弃革命武装做法时说过的那句名言："革命不是请客吃饭，不是做文章。"如果我们将这个思想运用于国际政治斗争领域，也会发现：国际政治也不能仅是请客吃饭和做文章。对一个国家而言，它应当是实力，尤其是一个国家靠得住的至少是可以还手的军事实力。历史经验表明，在军事安全领域让步的国家是绝无出路的。

研究一下当年美国崛起的经验就会发现，迅速提升强大的国防力量，特别是海军力量，是当代中国的当务之急。英国和西班牙曾在海上封锁年轻的美利坚合众国。如果当时美国逃避挑战，不去主动迎接与英国和西班牙的冲突，它就不会有今天的局面。美国和英国，英国和西班牙没有一个不是打出来而是让出来的。中国在这件事上也不能例外。与大自然优胜劣

① [美]艾尔弗雷德·塞耶·马汉：《海权论》，萧伟中、梅然译，中国言实出版社1997年版，第259页。
② [美]理查德·尼克松：《1999：不战而胜》，王观声等译，世界知识出版社1997年版，第203页。

汰的原理一样，对大国成长的历程而言，有些战争可能是想回避也回避不掉的。

目前看来，中国现代化的历史进程及其哲学似乎走到非强力则不能实现飞跃的"关节点"。这方面，目前中国人尚未达成共识，但问题是我们已有了俄国人的经验，从戈尔巴乔夫到普京，俄国人为了这个"共识"曾付出了多么惨重的代价，丧失了多少宝贵的历史机遇。当时美国人特别赏识叶利钦，而叶利钦则在20世纪的最后一天，主动辞职并怀着内疚的心情请求人民原谅。

做学问总应当实事求是。国际政治这门学问，讲的是国家利益，一相情愿的"价值判断"迎来的结果一般都是冷酷的。目前中美矛盾是国家现实利益而不是长远利益的矛盾。现实利益在多数人的眼中，总要重于长远利益。卡特总统想的是人类的长远利益，却被勃列日涅夫的现实主义在国际舞台上打得落花流水；戈尔巴乔夫想的是长远利益，但与美国现实主义交手后，迎来的却是苏联解体和独联体各国人民的艰难。即使如此，美国人也并未就此罢休，它反倒变本加厉实行北约东扩，继而军事打击伊拉克和南联盟，现在又掉头直逼尼克松曾请求联盟的中国。台湾和南沙群岛属中国主权范围内的领土，但美国人并不十分尊重中国的主权。只要有重要利益，美国就会动手。中美飞机相撞事件及美国军事打击阿富汗的行动再三表明，在中美矛盾中，中国的安全边界与边界安全接近重合，这本身就是极危险的。确切地说，如果将中国台湾地区的主权安全也考虑在内的话，中国东部安全边界若不能扩展到太平洋中部即东经150度，中国就没有可持续的安全保障；如果中国安全边界不能扩展到台湾东部即东经125度海区，那么中国就不能保障在台湾地区的中国主权安全。中国的西部安全边界若不能扩展到中亚富油区，中国就不能保障未来经济发展必需的石油和天然气的稳定供应。美国军事介入阿富汗的直接后果之一就是从上游源头上扼住中国发展必需的能源进口线路。马汉有一句话说得非常好，他说："一根链条的强度实际上是由其最薄弱环节的强度决定的。"[①]中美撞机事件就发生在中国经济发展重心的边缘，阿富汗战争又发生在中国石油进口的关键地区，而这两个地区都是我国安全链条中较为薄弱的环节。2001年

---

① [美]艾尔弗雷德·塞耶·马汉：《海权论》，萧伟中、梅然译，中国言实出版社1997年版，第240页。

6月21日，美国国防部长唐纳德·拉姆斯菲尔德在美参议院军事委员会上说："作出军事调整的最安全和最佳的时刻是在你独占鳌头的时候，而最危险的时刻是等到一个富于创新的竞争对手来临并找到方法来打击你的时候。"现在美国确已独占鳌头，但中国尚未真正崛起，因此，我们在往最好处努力时，不能不作好最坏的准备，尤其是军事准备。

四 中美终究是朋友，但美国人的朋友是打不败的对手

但是，太平洋战争及冷战时期的历史经验告诉我们：在太平洋海面上，只有中美联手，才有稳定和持久的和平。从长远的战略层面上说，中美关系是亚太任何国家都难以取代的战略伙伴和朋友的关系。但在美国人的国际政治词典中，"朋友"的含义，永远只能是打不败的对手。看看目前的七国集团，其中大多数都是打进去的，而不是仅仅凭市场拥有量和平地挤入的。从中国未来大战略考虑，中国永远也不需要彻底打败美国的力量，它只需要在全球范围，至少在其主权范围内拥有有效的自卫的力量。但从美国的角度看，中国只有成为美国人打不败的对手，才有可能成为美国的朋友。有些人认为顺着美国就是朋友，但美国往往以顺从者比如蒋介石、吴庭艳、戈尔巴乔夫、叶利钦和谢瓦尔德纳泽等为最后的牺牲品，而以真正打不败的对手为朋友。

辩证法是历史逻辑的精髓，而国家利益则是历史逻辑发生的起点。没有实力的朋友最后为有实力的朋友所抛弃，而有实力的对手却成了朋友，这似乎是霸权政治的行为规律。就像尼克松认识毛泽东时期的中国一样，美国在与当代中国的较量中，如果认识到中国是一个无法战胜的对手，中美关系反倒会好转。若从中美对抗最坏的结果看，除非中国自废武功或陷入清末式的内乱，根据20世纪初及太平洋战争时期美国对华政策及当代美国自身的国家利益分析，彻底和绝对地肢解中国并不是美国的外交目标因为这意味着日本、俄国和印度将填补这块政治真空。①周边某些国家和中国

---

① 1900年8月28日，美国西奥多·罗斯福总统在给德国驻美大使施特恩贝格的信中写道："我愿意看到日本占有朝鲜。它将对牵制俄国起作用，而俄国由于它的作为，应该接受这种报应。但是我诚挚地希望不要分割中国。这样做最终将对任何人都不好。"参见阎广耀《美国对华政策文件选编》，方生选译，人民出版社1990年版，第425页。

台湾的某些政客却愿意看到中国彻底分裂，李登辉还提出"七块论"，认为中国应当被肢解为以台湾为腹地的七个部分，中华民族应当为各地区的新人群所替代。①而美国只是要用有限分裂即促使中国国内某些地区实行"高度自治"或"分而不离"的方式瘫痪中国——这是军事"瘫痪战"的政治运用。美国容纳中国发展的限度是中国绝对不能对它的海上利益形成挑战，同时还要中国有力量帮它牵制住其他亚洲大国的崛起；防止亚洲地区出现一个绝对可以与美国抗衡的国家。美国对欧盟并不那么介意，因为欧盟只能在分而不散中"融合"而不能统一，融合本身就不足以形成挑战美国的力量。所以布热津斯基就认为欧洲不可能强大到挑战美国的地步。如中国被彻底解体，亚洲就可能会出现类似欧洲中世纪曾出现过的大混乱，对世界而言，这将是一场灾难。从地缘力量对比看，美国接受中国崛起的最后底线，是中国更像现代欧洲而不像中世纪和近代欧洲。②中世纪的欧洲是混乱和血腥的，近代的欧洲是压迫美国的，现代欧洲那分而不散的国家组织形式使其既不能形成对美国的挑战，又能牵制住俄国再次与美国争夺世界霸权。③但问题是，目前世界的常规资源总量可能不足以在东方再支撑一个新"欧洲"出现；如中国持续保持快速发展，世界资源不足的矛盾又会加速激化中美或中国内部各类矛盾。对此我们应有一个清醒的估计，在积极参与全球化的同时，我们应当辩证地认识和处理中美及其他关系，以实现小平同志为我们制定的在21世纪中叶将我国建设成为中等发达国家的目标。

---

① 李登辉：《台湾的主张》，台北流远出版社1999年版，第241页。

② 马汉在1900年写的论文《亚洲问题》中告诫美国政府："我们应期望的是一个经过改造的亚洲，而不是另一个欧洲。"马汉：《海权论》，萧伟中、梅然译，中国言实出版社1997年版，第254页。

③ "一个在文化、政治和经济上与美国紧密联系在一起的松散的西欧联盟，不会对美国的安全构成威胁，但是一个统一的、强大的和自我伸张的中国可能构成这种威胁。在必要时进行战争以阻止中国在东亚的霸权，是否符合美国的利益？如果中国的经济继续发展，这可能是21世纪初美国政策制定者面临的唯一最严峻的安全问题。"亨廷顿：《文明冲突与世界秩序的重建》，新华出版社1999年版，第259页。

第二节 大国崛起的历史经验与中国的选择

历史就像是大国兴衰更替的链条，一环扣一环，有始无终，兴亡无常。而今日之中国就是这条链环中的一个环节。中国正在崛起，而正在崛起的国家有的最终成长为世界性的大国，也有的行百里而半九十，功败垂成。因此，研究大国崛起的历史经验，对于今天正在向现代化转型的中国发展，是有益的。先从国家与财富的关系谈起。

一 在大国兴衰史中，被打败并由此衰落的，多是富国

以前开会有人找到我说，"你的文章我看了，确实不错"；又说美国惹不得，美国太强大了，不敢惹。我说我也是这个意思，美国是大哥大，咱们也想跟人家好，能让且让，但你说让到哪儿呢？让总得有个底线吧。这底线你能告诉我在哪儿吗？台湾能让吗？他说不能；西藏能让吗？他说不能；新疆能让吗？他还说不能。我说不能让又要与人家好，那怎么办呢？最后他急了就说：那就投降呗。

说到这儿我就彻底没什么说的了。心想这也是教书和念书的，知识学到这一步，就没多大用了。毛泽东说过，学问再多，方向不对，等于无用。国际政治并不是所谓"客观知识"堆起来的学问，它是最讲立场的。这个立场对中国人来讲就是中国国家利益。我们讲国家安全讲的就是国家利益安全。

从这个角度，有人又提出一个问题，说现在这日子也挺好的，干吗讲那么多的国家利益。

记得过去有人提出"野猪的自由"的概念，这对我们理解国家与财富

的关系是个启发：野猪和家猪相比，家猪生活多幸福，家猪现在都有单间，也不用自己去寻找食物。但它们与野猪不同，它不知道自己什么时候生，也不知自己什么时候死。现在机械化和电器化的杀猪方法使猪死时减少了许多痛苦，算是安乐死。野猪则不同，大自然给了野猪一种战斗性格，尽管生活困苦，但它掌握着自己的命运，知道自己什么时候生，也知道自己什么时候死，为什么死和怎么样死。国家也是这样：如果仅考虑物质富裕，这事就简单了。据安格斯·麦迪森的统计，1820年中国GNP是欧洲的1.22倍，1890年中国GNP是日本的5.28倍；中国的GNP增长率从1700年至1820年间一直领先于欧洲和日本。[①]但在1820年后的第20年即1840年，中国却被英国在鸦片战争中打败，1895年在甲午战争中又被日本打败，中国因此失去香港、澳门和台湾并被迫签订了一系列丧权辱国的条约。历史过了一百多年，现在中国再次成为一个比较富裕的国家，但我们并不强大，尽管在国际中有了自己的独立主权。从20世纪开始的一百多年我们就是为这种自主命运在不停地奋斗，但只要我们没有战斗力，这种命运就不会因中国的富裕而得到永远的保障。**历史反复表明，大规模的财富国际转移本质上并不是靠交换而是靠暴力完成的**。[②]这一点今天有人忘记了，他们说，生活富裕就行。但具有讽刺意味的是，**在大国兴衰史中，被打败并由此衰落的，多是富国**。且不说中国、印度是被穷国英国打败的，即使是古代非洲和拉美国家，在哥伦布发现新大陆之前也比欧洲富裕。他们的财富在欧洲人的大炮和利剑下在近代迅速流向欧洲，成为欧洲资本主义发展的原始积累。还是美国人把话说得透："话说得客气些，手里再提着大棒，事情一定好办得多。"[③]20世纪初威尔逊曾告诉西奥多　罗斯福"外交就是管理国际商务"[④]，但"如果没有武力作为后盾，外交是毫无用处的；外交家是军

---

①　安格斯·麦迪森(Angus Madison)：《中国经济的长远未来》(*Chinese Economic Performance in the Long Run*)，楚序平、吴湘松译，新华出版社1999年版，第57—58页。

②　"大家知道，在真正的历史上，征服、奴役、劫掠、杀戮，总之，暴力起着巨大作用。但是在温和的政治经济学中，从来就是田园诗占统治地位。"马克思：《资本论》（中文版），第1卷，人民出版社1975年版，第790页。

③　转引自孔华润（Warren I.Cohen）主编《剑桥美国对外关系史》（上），王琛等译，新华出版社2004年版，第472页。

④　同上书，第416页。

人的仆人而不是主人"①。戴维·希利在《美国的扩张主义》一书认为：国内的和平与海外的商业扩张是相互联系的，而商业扩张与向工业化程度较低的地区（尤其是亚洲和拉丁美洲）——这些地区正日益成为商业和战略上的目标——发动战争的必要性同样是相互关联的。②

第二次世界大战前的犹太人，是非常富裕的。莎士比亚《威尼斯商人》中有个夏洛克，这个人物集中反映了当时弥漫于整个欧洲的排斥犹太人的心理。为什么呢？他们有钱且放高利贷，整个欧洲人对他们是没有什么好印象的。自本纪元初古罗马军队在耶路撒冷屠城以后，基督教开始在犹太人中间传播，据讲临死前耶稣在十字架上说，将来犹太人的命运就是苦难。屠城后犹太人就因失去了祖国而流浪于世界。高行健③说祖国是随他走的而不是相反，但当时祖国也确实是随着犹太人走的，走啊走啊，先是走向发财，后来又走到希特勒的焚尸炉里去了。但焚尸炉里炼出了犹太人的爱国心。从焚尸炉旁跑出来的犹太人，就成了后来以色列国家的奠基者。当今的恐怖主义蛮厉害，它把五角大楼和世贸中心炸了，怎么就把以色列打不倒呢？以色列就在它跟前，远比美国弱小，经过这么多次中东战争，整个伊斯兰世界都动员起来跟以色列打，怎么就打不倒。以色列战斗力强？不错，但最关键是以色列人爱国心强。它知道失去国家，失去祖国是什么样的味道，以致后来以色列人的爱国热情有些极端，对巴勒斯坦一点都不让。而整个阿拉伯世界也拿它没有办法。以色列人知道失去国家，就几乎失去了一切。犹太民族曾发过财，但钱并没有买到幸福的命运。真正想念祖国的时候，是人们在海外处境最悲惨的时候。在希特勒集中营里的那些犹太人对国家的渴望程度是今天的青年无法想象的。如果大家还认为这都是过去的事了，那就请看看2003年伊拉克战争的起因并体会一下今天伊拉克人的心情。看看这些发生在历史和眼前的实情，我们就会对国家及国家利益有更深切的认识。

今天我们已经有了独立的国家主权，有了自己的祖国，但近50年的和

---

① 转引自孔华润主编《剑桥美国对外关系史》（上），王琛等译，新华出版社2004年版，第472页。

② 同上书，第472页。

③ 高行健，法籍华人，2000年10月获诺贝尔文学奖。

平生活使我们许多人对国家作用的认识反倒淡漠了。他们想得更多的是物质幸福，觉得物质满足是幸福的本质，但事实上没有国家，财富只是一种没有保障的存在。从这个意义上说，**国家政治是财富的灵魂**。

二　在今天的中国不能靠武训的路子谋发展

国家主权是国家财富的基础，是最大的政治。国家主权是国家全体公民生存与发展权利的最根本的保障。这是所有问题的关键。但是国家主权如果没有力量保证也会流于形式。刚才说的那几个例子说明没有国家主权就没有一切；而没有力量，国家也会失去一切。苏联人在国家解体的时候，是非常惨的。大批很优秀的人，为生活跑到西方为人家的国家服务，还有一些人跑到咱们东北打工。现在有人说，只要我有本事，就有竞争力。但你如果失去国家，不管你有多优秀，很野蛮的人、非常低下的人都能奴役你。古罗马军队在地中海两岸虏获的奴隶中有许多是很有学问的人；八国联军进中国的时候，中国的GNP并不比西方差，中国国民文化程度也不是不高。颐和园里宫女会背唐诗，而入侵者绝不会有同样的水平背诵莎士比亚的诗，那怎么就让人家欺负，死命往水里赶呢？有的宫女不甘侮辱就自杀了。究其原因那是她们失去国家的保护。所以我们不能单纯说，经济发达了、国民文化程度高了，国家竞争力就强，就能够解决好国家命运问题。

生存和发展是现代国家政治的基本利益，而不同的发展道路会导致不同的政治后果。苏联在第二次世界大战前有两种发展考虑：斯大林当时坚持快速发展重工业；而布哈林则坚持按部就班地从农业、轻工业到重工业，慢慢来。斯大林说布哈林那一套不行，那边希特勒都武装起来了，你还这么搞是不行的。布哈林不服，斯大林也来个"不争论"。与小平不同的是，斯大林的不争论是搬掉人家的脑袋，搞了个大清洗。他换一批年轻人上来，目标挂帅，埋头苦干。最后，枪、炮、坦克、飞机都造出来了。

等希特勒打来时，苏联已形成了很强大的反击实力，[①]并很快打败了希特勒。回头看，斯大林比布哈林高明。高明在哪呢，布哈林是读书读傻了，读呆了。书上写的经济发展规律就是从农业到轻工业，最后到重工业，整个资本主义道路发展就是这样的。但国际安全环境已发生了变化，国家发展利益的保护方式就要发生相应改变。布哈林不懂国家政治是财富的灵魂的道理。在国际形势日益紧张的历史条件下，保家卫国就是最大的政治。试想如果失去国家，那么经济发展就成了不可能的事。

中国目前也有一种类似布哈林的思路：在国际形势日益动荡，战争连年不断的情形下，仍以埋首经济，以经济发展为雷打不动的中心工作，这是很危险的。大家知道毛泽东曾批评《武训传》。书上讲武训以"修个义学为贫寒"的理想，靠出卖苦力挣钱，甚至不惜自残自贱，争取施舍。行乞38年，最终在柳林、临清、馆陶建起了三处义学。武训为了办教育，任人骑，任人打，吐一口唾沫给两分钱，踢一脚给两分钱，骑到背上给两毛钱，回到家里一点点攒，把钱攒足了办教育而不是买枪、炮反抗压迫，所以毛泽东对《武训传》就提出批评。如果将毛泽东的批评应用于今天的国际政治，就会发现，在当今世界我们也不能靠武训先生的那套路子谋发

---

① 关于这次"大清洗"，西方有许多负面评价。但南斯拉夫共产党反对派代表人物米洛凡·杰拉斯则有相当正面的评价。米洛凡·杰拉斯1911年6月12日生，1932年参加南共，同年被捕坐牢。1935年被释放。1937年被选为中央委员，1940年被选入中央执行委员会。1948年任南斯拉夫共产主义联盟中央执行局书记，1953年初任南斯拉夫副总统，同年末任联邦人民议会主席。1954年3月被开除出党，1955年被判处18个月的监禁，监外执行，1956年10月29日因赞同匈牙利事件而被判处三年徒刑，1961年1月被释放，三个月过后，因发表《同斯大林谈话》一书获罪而被关进监狱，1966年出狱。米洛凡·杰拉斯在这本书中说：

斯大林虽然在军队中搞了"大清洗"，特别是在高级指挥系统中，但是这点所带来的危害并不像人们所估计得那样严重，因为他同时毫不动摇地提拔了许多年轻有为的军官——忠于他的每个军官都明白，他们的风发的志向会得到支持。斯大林在战争期间，对高级指挥体系所进行的调动和安排如此迅速和果断，使人们看到，他真是精明强干并愿意给最有才干的人提供晋升的机会。他同时做两件事情：一方面，在军队里培养绝对服从政府、党和他个人的精神，为加强军队战斗力和提高生活水平而不惜一切；另一方面，迅速提拔最有才能的人才。（米洛凡·杰拉斯：《同斯大林谈话》，赵洵、林英译，吉林人民出版社1983年版，第37页。）

鉴于写作这本书当时的特殊背景以及作者的非党员身份，笔者认为，作者对斯大林"大清洗"的评价，应当比西方学术界的评价更为客观。

展。要保住你自己的利益就需要有牙齿和指甲。[①]大凡在世界上能够生存下来的动物，都不是仅仅长得漂亮温顺和肥胖的，而是有指甲有牙齿的，跳蹦得利落的。你看熊猫：好看，但快绝种了；相反，那些能跑能跳的动物都留下来了。国家也是如此。中国过去旧民主主义革命留下的教训是，仅靠实业和教育是救不了国的，得靠枪杆子。武训的爱国方式是政治上的布哈林主义。现在中国许多学校教育办得学生不愿参军、不愿去国防工业单位，而是倾父母之财力，纷纷向西方国家跑。这样的教育对国家有多大的作用？在国际形势日益动荡的情况下，还是应该从枪、炮做起，从爱国主义做起，要从国家关键的硬地方做起。与我们身体成长规律一样，神经和肌肉走向哪里，骨头就走向哪里，骨头前面是牙齿和指甲。人不管他多么高贵，没有骨头，只有神经脉络和肌肉，那他将一事无成。

在当今险象丛生、压力日增的世界政治中，我们不能走《武训传》中宣扬的那条路，我们应该做强力崛起的准备。有人天真地幻想，说西方不至于对我们怎么样吧？其实世界上有些事情说没就没了。今天我们坐在这儿可以说，我们生活在中国。而十几年前还是我们"老大哥"的苏联人，现在已处于完全不同的世界。这还算好的，苏联解体后还留下个俄罗斯。历史上有好多文明都没有了。最早的古希腊文明、美洲的玛雅文明，整个都只成了古迹。有很多大帝国，最后都变成很小的国家，西班牙曾经是非常强大的，可现在呢？它和葡萄牙都成了蕞尔小国。那谁可以想象，在未来的世界，中国将是什么样？如搞得不好，中国未来可能也会成为非常小的国家。今天的中国在我们心目中是我们印制的地图上的样子，但谁知道在一些日本人心目中是什么样的？在李登辉心目中是什么样的？李登辉心目中的中国是以台湾为中心，包括中原地区，顶多到河南这一片，也就是汪精卫时期的那个版图。日本右翼心中的中国大概就是大东亚共荣圈时的中国。当时日本把中国整个肢解了，也占着台湾。现在李登辉正跟日本右翼谈，他们想要联合起来。李登辉埋怨日本人现在没有20纪30年代日本"政治家的大局观"[②]，叫现在的日本人学那时的日本人。"大局观"是什

① 这一点小平同志看得明白。他说："要维护我们独立自主、不信邪、不怕鬼的形象。我们绝不能示弱。你越怕、越示弱，人家劲头就越大，并不是因为你软了人家就对你好一些，反倒是你软了人家看不起你。"《邓小平文选》第3卷，人民出版社1993年版，第320页。

② 李登辉：《台湾的主张》，台北流远出版社1999年版，第207页。

么？就是肢解中国。这一点与日本人中岛岭雄、司马辽太郎及石原慎太郎的看法差不多，他们都写书认为中国必须分成若干块。所以从这些角度来说，斗争是非常激烈的。①十几年时间，整个中国北方全都变了，强大的苏联变成了虚弱的俄罗斯。现在回头看目前这张世界政治地图，美国不放心的最后就剩下中国。中国和美国正在进行战略博弈，这是中国面临的基本安全环境。

国际政治的原则至今仍是丛林原则。联合国安理会只有在大国实力可以互相制约时才能发挥作用，安理会的一票否决制才能起作用。所以，真和平只能是冷和平，热和平是永不存在的。有人说冷战不好，其实冷战时期发生的战争较少，相反冷战后的国际冲突愈演愈烈。人世难逢开口笑，上疆场彼此弯弓月，国家之间就是这样。

三　生存不应是中国未来命运的本质

安全环境的好坏是内部压力和外部压力相互作用的结果。

经济全球化对中国造成的外部压力与处于经济转轨阶段的中国经济发展带来的社会矛盾，以及二者相互作用所产生的国家风险，是目前中国安全环境的主要问题所在。

中国历史上有两种国家风险：一种是在自然经济下发生的生存风险，一种是在市场经济下发生的发展风险。中国历史上每个王朝末期都要发生动乱、农民起义，王朝被推翻后，再重新建设。这个结果对中国来说，是灾难性的。有人说这推动了历史进步。但马克思说，东方只见政权变更，而没有社会发展式的进步。在黑格尔看来，历史应是发展的，发展的本质在于质变和飞跃。但在东方更多的是朝代更替，这里只有量的积累，而没有质变式的飞跃。没发展，也就没有历史。因此，**生存不应是历史的本**

① 据台湾日报报道，针对中国制定反分裂法，2005年3月4日，日本东京都知事石原慎太郎说，他与美国多位现任联邦政府国务院高层官员交换意见，大家看法一致，中国制定反分裂法，不但不能对付台湾，而且10年内，中国将分裂成六大块。资料来源：《石原：10年内中国将分裂成六大块》（http://www7.chinesenewsnet.com/gb/MainNews/Opinion/2005_3_4_14_7_36_558.html）。

质，它更不应是中国未来命运的本质。

我们研究中国朝代的更替，会发现它有其特殊规律。自然经济下的小农社会，自己是自己的"市场"，即自给自足。这样就很难形成商品性的生产及由此产生的利润。因而也就不会产生新产业和新投资。由于没有新产业投资，它就没有办法利用剩余的生产力。当生产发展好一点的时候，其产品不能转化为利润及相应的投资。这样当这些剩余产品转化为货币形式的时候，就形成一种土地购买力量。因为在完全的自然农业经济下，只有农耕土地而非新经济产业是货币的最保险的银行。[①]这与发展条件下的市场经济不同，市场经济的发展前提必然要有相互不间断衔接的新产业生长点。市场经济的特点是发展决定生存，不发展就会死亡。自然经济的优势是生存能力，劳动在很简单的条件下严重依赖自然生产资料，即所谓靠山吃山，因而劳动也最容易形成。一块地，一件简单的劳动工具就会种出粮食并有少许贮存。自然经济有一种很强的生存优势，但发展能力非常脆弱。由于没有新产业投资，其剩余价值就如溢出水池的水，如果没有新的水池与之衔接，这些不断增升的水必然外溢并把这个水池基础泡烂和冲垮，摧垮以后再重新建设。因发展而灭亡是自然经济运动的重要特征，也是只见古代中国王朝更替而不见其间发生质变飞跃的原因。

自然经济在中国的命运在邓小平时期发生了革命性的转折。邓小平提出建立市场经济的目标，从此中国发生了根本性的变化。由此而产生的国家利益需求及国家安全概念也发生了相应的变化。

市场经济必然是世界性的。我们加入WTO，参与了全球化，而现时中不参与世界市场，不参与世界资源分配的国家，就根本无法生存。这样就带来安环境的新变化，即在经济全球化条件下，如何保障国家民族利益在不被国际资本侵蚀的前提下参与全球化并获发展。我们建立了市场经济，我们现在思考的问题不再与土地和人口相联系了，而与利润、利益相联

---

① "社会上存在有大量游资，它本身又要求'无息币'，'财币欲其行如流水'，而社会上却又没有足够大的生产部门来吸收这些游资，使之转化为产业资本，从而促进资本主义因素的增长。这时社会的主要生产部门是农业，土地则是最主要的生产手段。社会上既然没有其他更有利的投资场所，便只有购买土地来使货币发挥资本的机能，使土地成为生息手段。" "土地不仅可以生息，而且是财富最稳妥的一种存在形态，社会上既然缺乏其他有利的投资场所，遂群起抢购土地。所以土地买卖的开始，同时就是土地兼并的开始。"傅筑夫：《中国封建社会经济史》第1卷，人民出版社1981年版，第322、323页。

系。马克思在《共产党宣言》中说"工人没有祖国"[①]，这是因为利润没有国界。利润在全球化的条件下是来自世界的。国家利润总量往往标志着它在世界资源分配中的相应份额，国家利润越多，其在世界资源分配中的份额越大。如果说在自然经济条件下，国家安全的概念往往在于保障国家地租和赋税的稳定和扩大，而在市场经济条件下，国家安全的概念则表现为来自海内外的国家利润的持续稳定和扩大。前者是由土地和人口总量规定的，是有限的和不能发展的；后者是由生产和技术决定的，是无限的和发展的。发展，这个随全球化进程不断滚动的概念，必然要波及并拉动全世界。

四　拿破仑的意义是历史性的，更是世界性的

这里会有同志问：西方同样也经历了自然经济阶段，为什么西方就走了一条与中国完全不同的道路呢？

中国和西方相比，西方经过了一个几百年的大动乱即史书上说的"黑暗时期"，如果要说起来，这也要感谢我们的秦王嬴政和汉武帝刘彻先生。在古罗马征战地中海的时候，商鞅变法为秦国积累了强大的国力和军力，正是在这样强大的国力军力的支持下，秦始皇在公元前221年统一了中国。商鞅变法把井田制推翻，将军功与土地分配挂钩，大大提高了农民参军立功的热情。他给小农分了土地，得到土地的农民子弟又参军保卫自己的土地，所以秦国的战斗力特别强。汉朝中期，中国北方匈奴南下。汉武帝集中了全国的力量把他们赶走了。游牧人在不可能向寒冷的西伯利亚后退的条件下，他们便往西寻找生存空间，这就像多米诺骨牌一样带动了整个中亚东欧的民族大动迁，由此引发的历史结果是在公元5世纪末罗马帝国被冲垮。此后，欧洲就进入了中世纪的"黑暗时期"。

此时的世界真是东边日出西边雨。就在西方被民族迁移冲得一塌糊涂的时候，我们中国却整体上处在一个上升阶段。不仅如此，中国经历了多次王朝更替和农民大起义而不倒，这又得益于西方的百年大混乱。欧洲此间宗教冲突、民族屠杀，各国间的王位争夺战争，他们顾不上我们。所以

---

① 《马克思恩格斯选集》第1卷，人民出版社1972年版，第270页。

我们还经得起内部折腾，倒下去还能起来。但是英国资产阶级革命和工业革命成功后，事情就不一样了。到清朝末期，整个欧洲稳定下来，这样他们就来到东方，如狼似虎，要不是第一次世界大战爆发，中国在20世纪初可能就被西方人肢解了。

英国资产阶级革命以后，世界发生了天翻地覆的变化，这是资本出现造成的经济全球化现象。资本使社会剩余产品有了新的投资场所。整个社会不以权力为中心，而是以资本为中心。一切都在追求资本，什么有利润就生产什么，一切都随利润兴起或衰落。

资本一旦出现，世界就分成了两部分：价值与使用价值、资本与劳动、生产与消费、中心与外围。一方发展的前提是另一方的不发展。这样，本来是统一的东西在这里成了对立的，比如生产力一方必然要压低消费一方来降低生产成本，这样才可使利润最大化。但是本国消费压低到极点了，就会造成社会动乱。马克思1853年写的《中国革命和欧洲革命》一文中曾表达过这个规律性的现象。他说："欧洲从十八世纪初没有一次严重的革命事先没有商业危机和财政危机。1789年的革命是这样，1848年的革命也是这样。"①在19世纪40年代，引起整个欧洲动乱的就是这个原因。最初的资本中心国家英国要把国内保护好，就得将市场危机转嫁出去。危机转嫁的早期对象就是欧洲大陆，受冲击最严重的国家就是法国。法国及整个欧洲大陆是英国转嫁危机的最早的"南方世界"。如果说英国是发展到今天的经济全球化的起点的话，那么法国就是多极化的起点。

1786年的时候，法国跟英国做了一个交换，当时签了一个"伊甸条约"。②但到1789年法国就进入国家动乱。当时那里的情况跟我们今天进入WTO的情况一样。高势能的资本冲击使法国也出现国家风险，整个政权发生动摇。大部分农民失业。当时法国人不理解，曾经非常辉煌的法国怎么就被英国赶超了呢？开始法国人看不起英国人，1066年威廉一世，史称"征服者"，还从法国出发下海征服英国并自立为英王。现在英国人怎么就一下子发起来了？法国人捉摸不清，就去研究它。开始法国人简单地认为，人家有钱。法国人想，我拿我的农产品跟你工业产品交换，有了钱以

---

① 《马克思恩格斯选集》第2卷，人民出版社1972年版，第6页。

② "这个条约所造成的不利于法国的毁灭性结果，与葡萄牙原版所造成的丝毫没有两样。"[德]弗里德里希·李斯特（Friedrich List）：《政治经济学的国民体系》（*The National System of Political Economy*），陈万煦译，商务印书馆1961年版，第68页。

后我再买你的东西，买得多了我不就与你一样"富裕"了吗？其实不是这样。关键在于英国产品成本低，原材料产品的附加值高，法国正好相反，所以一交换，法国农业不堪重负，农民迅速解体。[①]

法国农民解体后蜂拥进城，进城以后，找不到工作，又没钱，就闹革命。这样便导致了1789年的法国大革命。1789年的法国大革命实质是脱离土地的流民革命。拿破仑连同《拿破仑法典》正是从农民和土地问题入手来解决法国社会矛盾的。到19世纪50年代，在拿破仑三世的时候，法国还为就业问题所困扰。当时组成劳动工厂，就是解决就业问题。但失业的人数太多，已超出国家承受的极限。找不到工作，人就会有怨言，说政府腐败，要换政权，要搞革命。于是社会就开始动乱。有意思的是，国家不幸诗人幸。凡是社会动乱的时候，理论思潮就特别发达。这叫精神生产和物质生产不平衡发展规律。[②]文艺复兴时期，欧洲社会正在向近代化转型，此间欧洲出现了一大批文学艺术巨匠。俄国农民大苦难时期，出现了托尔斯泰。1789年法国大革命的时候，出现了至今仍有巨大影响力的《人权宣言》。当时人们都觉得，只要解放了人，整个问题就解决了。社会舆论全部参加这场运动，开始是君主立宪派、吉伦特派，到最后就是雅各宾派。雅各宾派反腐败很厉害，是用断头台的方式来"反腐倡廉"的。人们痛恨商人和高利贷者，罗伯斯庇尔还把大商人丹东杀了。法国当时是喊人权喊得最厉害的时候，同时也是杀人最多的时候，断头台就是法国大革命时的产物。这是悖论。法国大革命时的人是最热爱自由的，但最残酷的事情就在那时发生。狄更斯《双城记》描写的就是当时的情况。当时人把所有怨恨一股脑儿全推到"腐败"和"奸商"身上，其实这里有情绪化的成分。当时法国的问题是生产和劳动发生结构性矛盾了，是外国资本进来之后，对整个国家经济及其经济基础的冲击的后果。农业产品没有竞争力，这对

---

① 值得深思的是，事隔二百年后，中国与法国又在重复当年法国与英国的故事。2005年5月，中国商务部部长薄熙来在巴黎就"中国纺织品大批进口欧洲"的现象披露：中国将购买30架空中客车飞机，其中五架是"空客380"，由于中国出口纺织品利润较低，中国出口约八亿件衬衫才能抵一架"空客380"。

② "关于艺术，大家知道，它的一定的繁荣时期决不是同社会的一般发展成比例的，因而也决不是同仿佛是社会组织的骨骼的物质基础的一般发展成比例的。"马克思：《政治经济学批判》，《马克思恩格斯选集》第2卷，人民出版社1972年版，第112—113页。

以小农业为主而工业又不发达的国家而言，就是一场就业灾难。没工作，人少了可以，人多了就会闹事。中国目前面临的情况与法国当时的情况很相似。以史为鉴，可知得失。进入WTO后，中国的农业受到的冲击将是不可想象的。外国粮食进口，中国农民种的粮食、水果、蔬菜之类，若无国家特别扶持，仅成本一项就没有办法与西方竞争。中国八九亿农民，种地不挣钱，进城又没工作，大量劳动力一旦失去就业机会，整个国家就会陷入混乱。

当时只有拿破仑意识到了问题的要害。他说："在世界当前的情况下，任何国家要想采用自由贸易原则，必将一败涂地。"①拿破仑采取的方法是从外围打击英国，推动资本多极化。这是资本全球化进程中处于南方地位的法国和处于北方地位的英国第一次发生的"南北冲突"。拿破仑知道对资本中心的冲击应该是从它的外围开始，英国是靠外围国家来供养。拿破仑直接出兵埃及。他知道卡住了埃及就中断了英国和它的殖民地的联系，没有印度就没有英国。②拿破仑被授权组成一支远征军，直接到中东地区，③但他在地中海上被英国纳尔逊率领的海军打败了。

海上的失败只有以大陆的胜利来弥补。1806年拿破仑颁布"米兰敕令"，封锁欧洲大陆，不准大陆国家与英国进行贸易交换。同时他推动法国的民族资本在欧洲全力扩张。《拿破仑法典》给整个欧洲的农奴以土地，使之成为自由农民，为欧洲，特别是法国资本主义发展提供了丰富的劳力资源。《拿破仑法典》解决了法国破产农民带来的就业问题，这跟中国战国时的商鞅政策一样：小农的战斗力是与土地结合在一起的，谁给农民土地谁就有兵源。农业破产使拿破仑有了丰富的兵源，而拿破仑给破产农民以土地，又得到农民的忠诚。农民参军解决了相当的社会"闲杂人

---

① 转引自[德]弗里德里希　李斯特《政治经济学的国民体系》，陈万煦译，商务印书馆1961年版，第69页。

② 基辛格："埃及仅次于印度，代表着大英帝国光荣盛世最重要的遗产。"[美]亨利　基辛格：《大外交》，顾淑馨、林添贵译，海南出版社1998年版，第474页。

③ 在由拿破仑起草的《法国督政府发动向埃及进军时给拿破仑的训令（1798年4月12日）》中说明出兵埃及的原因是鉴于"共和国的船只经由惯常的航路到达印度非常困难"，为此，"为共和国的军队开辟另外一条道路，去同英国政府的卫星国作战并使它污浊的财源干涸，就成为重要的事"。资料来源：周一良、吴于廑主编《世界通史资料选辑》（近代部分，下册），商务印书馆1964年版，第238页。

员"，资本家在欧洲扩张，增加了国内就业。这两方面解决了法国就业和社会稳定问题。拿破仑的欧洲政策是军队先行，商人紧跟。企业带着自己的产品强力扩展市场。拿破仑用暴力强行建立以本民族资本为中心的国际市场。虽然拿破仑失败了，但是法国生产力没有垮下去。拿破仑战争后，法国挤入以英国为首的国际资本中心。这是所谓"北方国家"的原始成员。后来德国、美国都是沿这条路线挤入国际资本中心，成为国际资本俱乐部成员的。

美国的发展道路对我们中国也有可借鉴的地方。美国最早是英国殖民地，英国将北美洲当做英国资本发展的"外围"地区，是英国的"奶牛"。在英国人眼中，北美只能生存但不能发展。

当时的北美之于英国的形势，有点像今日中国之于美国的形势，英国绝对不想在它的西侧有一个强国出现。但是北美人民不愿做英国的"奶牛"，于是他们拿起武器反抗英国的压迫，成立了美利坚合众国。1811—1814年，美国又跟英国打仗，英国败了，美国这才彻底独立。在南北战争中，英国想肢解美国，它支持南方独立。当时英国统治世界的方式，首先不是人权，也不是所谓民主价值观，而是将有可能成为重要对手的国家肢解。明治时期日本军人和政治家也意识到这一点。日本强大后，先占领朝鲜，再打败中国和俄国，20世纪40年代初，日本已将整个中国东部地区肢解为以日本为中心的若干个"卫星国"。**富裕和军事强大的国家的地理版图越小，其外围缓冲区的需求就越大，这是国际政治的铁则。**英国人和日本人都明白，由于没有得以迂回的纵深地带，像它们那样版图小而国力强的国家，如没有相应的外围地区，就难以确保自己的边界安全。美国人对林肯那么敬仰，这不仅仅是由于他解放了奴隶，而是由于他为美国争回了大国必须拥有的起码的地理版图。这对美国未来的强大是非常关键的。如果没有美国的南北统一，可以想象今天的美洲将是什么样子。所以肢解或变相肢解对手国家是西方政客常用的手段。这是一个理论视角，由此观之，毛泽东统一中国大陆及将来中国政府统一台湾等岛屿的努力对中华民族实现伟大复兴的意义，怎样估计都不为过。

由此引出一个小故事，1803年杰斐逊总统以1500万美元从拿破仑手里"购得"路易斯安那，这片从密西西比河直达落基山的广大平原，相当于当时美国版图的一倍。人们不理解拿破仑为什么会这样做。有人说拿破仑当时如何困难、如何需要钱，但是最关键的是拿破仑要在英国的西翼，为英国制造一个强大的对手，以减轻英国对法国的战略压力。这是一次既睿智又深远的布局。对此，拿破仑自己说得明白：

> 进入这片领土可使美国的地位永远屹立不摇，而我则为英国创造了一个迟早会挫其锋芒的海上对手。①

所以今天的美国真要感谢的不光是林肯，还应当有拿破仑。后来事实证明，美国的崛起对英国的未来是灾难性的事件。英国西东两边受制于美国与法国，这既分散了英国的力量，也减轻了法国的压力。19世纪80年代后美国迅速崛起，并在20世纪成为资本全球化的主角。

如果我们从这个视角反视今日欧洲大陆人的国际观，就会认识到，今日欧洲大陆人也是用当时对待英国和美国的态度对待今日的美国和中国：利用中国制衡美国以减轻欧洲的压力。从这个意义上说，相对于英国开辟的经济全球化历史运动而言，拿破仑开辟了政治多极化的历史运动。因此说，拿破仑的意义不仅是历史性的，更是世界性的。

五　英国人是美国人的先生，早期美国人是今日中国人的先生

对于居于资本外围并受资本全球化冲击的南方国家而言，在从自然经济向市场经济转型的过程中，最容易出现社会动荡。在古代我们曾经也辉煌过。当时世界只有四大文明古国代表先进的生产力和先进的文化。但是风水轮流转，到近代转到英国那边了。英国之后风水又转到美国那边了。美国没有经历过封建社会，也没有经历自然经济发展阶段。它一开始就是建立在市场经济之上。只要国家经济以资本为发展的动力，国内就必然要出现生产与消费的两极分化。资本的一方要降低工人的工资、压低消费，以获取高利润率。这造成美国在19世纪七八十年代的严重的社会动荡。那时美国工人的罢工、游行是非常厉害的。我们今天享受的"五一"国际劳

---

① 转引自[美]亨利·基辛格《大外交》，顾淑馨、林添贵译，海南出版社1998年版，第15页。

动节、"三八"妇女节，都是美国工人争取出来的。日益严重的社会问题对美国政府是个严峻的考验。历史把美国推到十字路口：是走后来的拉美道路，当英国资本的附庸，还是走独立自主的发展道路。美国从英国的历史经验中知道，解决国内社会问题不仅仅是一个体制问题，它更需要大量的国际资源向美国回流，以建立有效的社会保障。

今天包括中国在内的整个南方国家也有同类问题。西方人说是南方国家法制不健全，社会保障不完善。这是不负责的话——你没资源又怎能使它完善。中国法律明明写着，人人都有受教育权利，山沟里的孩子有权利但没能力享受这个权利，为什么？没有钱。钱是资源的占有形式。中国有限的资源不足以支持全面小康的消费水平，远远不够。怎么办？只有强行参与大国间的国际资源分配，这就要求我们必须走向世界。英国就是这样，英国是美国的老师，美国学它的老师，反对英国霸权，向世界要资源。早期的美国也是今日中国的老师，我们也要向那时的美国学习，反对霸权，要求平等地参与国际资源分配。

前面讲了，国家间财富的转移本质上是靠暴力而非交换实现的。美国在19世纪末期，也面临着英国的霸权压力，国内又有问题。美国要走出去，要和世界交往，但是如果对海洋没有控制，没有海权，其海外利益就没有保证。英国早期海军是跟着贸易走的，是保护商船用的。英国早期海军将领多是海盗出身。一般来说，一个历史运动在其初创阶段往往是一些泥腿子粗人发动的。后来英国在海上打败了西班牙，成了海上的霸主。控制了大海，也就控制了世界财富的转移通道。西方海军对于东方国家威胁在当时是非常大的。在西方海军的舰炮下，东方的财富迅速流向西方。

19世纪40年代，英国出现了工人宪章运动，英国政府并没有对之实行血腥镇压，而是利用自己强大的制海权在东方发动了"鸦片战争"，打赢中国后，白花花的银子就流回了英国。当时中国可算得上世界首富。经历了40年代和50年代两次鸦片战争和90年代的甲午战争后，半个世纪间，中国一下子成了穷国。财富到哪去了呢，流到西方去了。所以19世纪70年代英国出现一种叫"工人阶级贵族化"的现象。当贵族是要有钱的，钱从哪来，从东方来。19世纪40—70年代，西方国家在东方发动许多战争，目的都是掠夺东方的财富。与西班牙、葡萄牙掠夺拉丁美洲财富的后果不同，19世纪西方从东方掠夺的财富都转化成了工业资本，而非商业或高利贷资本。这奠定了今天英美国家主导全球化的物质基础。

英国人是美国人的先生。19世纪末,美国政府开始大力发展制海权。这时期中国人的心思用于什么呢?用于建颐和园。人家则用于造海军,钱都用于造军舰,到19世纪末期,美国海军的吨位排到世界前列。1898年,美国一举拿下了夏威夷、古巴、菲律宾和关岛等,1900年,它就全面进入远东地区,参与西方对中国的掠夺。这都在向谁挑战呢?在向西班牙挑战,向英国挑战。如果仅从地理位置而不从主权归属上看,如将夏威夷比做我们中国的台湾,美国一年内就将它拿下了,而我们统一台湾的口号却喊了50多年而不见结果!学者们研究呀研究,说台湾是否独立"还得有待于进一步观察",还"有三种可能性"。现在"台独势力"日益坐大,时间已不容我们回避挑战。在重大的历史关头,19世纪下半叶的美国人的确是我们的先生。

六 落井下石,是霸权政治不言的通则

国际斗争不是一相情愿的事,国际斗争绝对不能想象着说话。我有和平愿望,说和平发展是人类共同愿望,但人类战争从原始社会就开始了。所以不能一相情愿地想问题,愿望归愿望,解决问题还是要现实些。我们现在生活得很好,但生活得再好,总还要吃粮食而不能吃空气和阳光。这是最基本的。所以一个国家判断问题总要从现实出发,实事求是。当今世界最大的现实问题是什么呢?是资源。中国已从昨天的产品短缺,继而市场短缺转向现在的资源短缺。20世纪初美国冲破英国霸权走向东方,为什么呢?为抢占世界市场和资源。

落井下石,是霸权政治不言的通则。中国19世纪末垮下去后,八国联军开进北京,如果不是第一次世界大战在欧洲爆发,很可能中国在那个时候就被肢解分割了。

20世纪初发生的第一次世界大战,对美国和中国都是千载难逢的历史机遇。八国联军进入中国后,中国衰落到即将被肢解的边缘。但天不亡我中华:1914年欧洲发生第一次世界大战,占领中国的洋人都回去了,顾不上这边了。这使中国的民族主义经济与政治力量迅速上升,出现了孙中山

领导的中国国民党。说到这里，也应感谢曾国藩，有人说他镇压了太平天国，但是曾国藩也利用清王朝的资源事实上培养了清王朝的掘墓人——中国的民族资产阶级。如果没有民族资产阶级就没有后来的国民党，如果没有第一次世界大战，就不会有后来中国的北伐及中国的统一。**所以保守也是革命的一种形式。**曾国藩、李鸿章、张之洞都在某些方面做了历史进步的不自觉的工具。

从民国成立到1933年，中国经济又迎来了一个发展较快的时期。但日本人可不高兴，他们不愿让中国崛起。日本人一直想肢解中国，引诱中国发生内战。张国焘在其回忆录中说，1931年从俄国回中国进入东北时，他知道有日本人一路跟踪，但日本人不抓他。他分析可能日本人就是要挑拨国共两党内斗，以便坐收渔利。[①]日本人发动对华全面战争为什么在1937年？这是由于1936年"双十二事变"后，国共开始合作，中国人开始团结起来一致抗日，日本人分裂中国，挑拨中国内乱的企图破灭了。图穷匕首见，日本最终向中国全面开战。

1937年，中国进入全民抗战。日本当时有两派，一派认为打到上海就行了，不要再往南走了。当时近卫内阁是这种观点。他们当时答应汪精卫过去后，逐渐退出并还政于汪。但日本军人不行，后东条英机组阁，近卫下台，日本军人的疯狂一发不可收拾，1941年12月，日本袭击珍珠港，日美开战。这一下蒋介石高兴了。

当时斯大林是一切从苏联的国家利益出发。面临希特勒在欧洲的攻势，他与日本签订了中立条约。日本入侵中国东北后，斯大林当时一直想将日本的祸水南引。国联为"9 18事件"派个李顿调查团，结果也是不了了之。当时美国也实际上默认了日本在中国东北的"特殊利益"[②]。接着

---

① "我想起以往瞿秋白、周恩来等路经大连时，都曾被日本侦探指出他们的真姓名，但结果并未引起麻烦而获释放了。我设想那侦探很可能也知道我的真姓名，只是在船舱中，众目睽睽，不便多说罢了。日本侵略者的做法，一向是乐于看见中国各派互相残杀。"张国焘：《我的回忆》（下册），东方出版社2004年版，第150页。1917年1月9日，日本寺内内阁作出对华政策的重大决议共计五项，其中第三项是"对中国的任何政党或派系，均保持不偏不倚的态度"。转引自崔丕《近代东北亚国际关系史研究》，东北师范大学出版社1992年版，第330页。

② "合众国有理由反对日本关于山东、南满和蒙古的'要求'；尽管如此，合众国坦率承认，版图的接近造成日本和这些地区之间的特殊关系。"参见《布赖恩关于"门户开放"政策的声明》（1915年3月13日），载《美国对华政策文件选编》，阎广生、方生选译，人民出版社1990年版，第500页。

就是在日本的扶持下华北、华南纷纷成立傀儡政府。今天李登辉所梦寐以求的也就是当时汪精卫的地盘。汪精卫当时的理论也跟今天一些对日关系的理论视角很相似，什么不能与日本人打呀，什么日本先进，与日改善关系有利于牵制美国，对中国有好处呀。可以假设，当时如果日本打到上海就停止不再南下到英美的势力范围，那英美有可能牺牲中国的利益与日妥协。果真如此，那今日中国就很可能是一个四分五裂的局面。但日本军人余勇可贾，一气打过30度，偷袭了珍珠港，迫使美国参战。日本战败后，其版图又回到明治时期，中国崛起是今后日本永远的痛。与美国比，日本更希望中国分裂。

有人说经济联系必然造成和平。但是大家知道，日本和美国在太平洋战争之前，其经济利益依存度远比中美高。据美国学者孔华润提供的数据表明，1940年美国对中国及日本的出口分别占美国出口总额1.9%和5.6%。[1]所以美国一直跟日本关系不错。日本入侵中国东北、华北时，美国还卖日本石油呢。当日本打过了上海，影响了英美国家的海外利益，美国就不干了。与美国资本崛起并由此与英国冲突的原因一样，日本资本的兴起，也必然需要海外能源、市场和金融资源。这样就要在太平洋跟美国发生冲突。美国开始的时候想通过牺牲中国利益，甚至牺牲美国在太平洋的部分利益来与日本妥协，[2]日本不满足，攻击了美国珍珠港，这使美国最终反与没有多少经济联系的中国牢牢地结盟。经济联系与政治联系有许多时候是分离的。这也不奇怪。经济联系多了，矛盾也就多，经济矛盾激化就转为政治矛盾。太平洋战争爆发后，中国就上了英美反法西斯的顺风车，参加了埃及开罗会议，我们最终成了战胜国之一，并且台湾等岛屿的主权在战后都回归中国。

---

① 孔华润：《美国对中国的反应》（*America's Response to China ——An Interpretative History of Sino-American Relations*），张静尔译，复旦大学出版社1989年版，第132页。

② 1941年7月24日，罗斯福对一群文职国防志愿人员解释说，向日本出口石油是为美英自身的利益，可以使日本人不入侵荷属东印度，从而防止一场南太平洋的战争，以免中断重要的供应线。罗斯福还建议，如果东京撤出印度支那，由几个大国使这一地区中立化，保证平分那里的资源，企图以此来避免同日本的危机。参见[美]罗伯特·达莱克《罗斯福与美国对外政策：1932—1945》，伊伟等译，商务印书馆1984年版，第402页。

七 政治家的胆识在关键时刻能扭转乾坤

第二次世界大战以后，各殖民地纷纷独立。印度是1947年独立的，这时候我们中国国共打得很厉害。印度则在闹分裂，1948年印巴分裂。尼赫鲁在这些关键问题上简直是书呆子，有点像戈尔巴乔夫。当时尼赫鲁打的是西方民主牌，天真地认为分裂出去的巴基斯坦迟早会回来。但巴基斯坦一去不复返，不仅回不来，而且印巴一打就是五十多年。现在有些中国人对台湾也持这种看法：认为台湾如果分裂出去，我们要是搞好了，到时候它自然选择回来。这是天真的想法。巴拿马就在哥伦比亚眼皮下，1903年独立到现在都100多年了还没有回归哥伦比亚。哥伦比亚是那么大的国家，你看地图，巴拿马只是一个小点，但就是回不去。如果印度当时没有分裂的事，我们设想一下1962年的中印冲突会是什么样子？有人说，印度文化天生柔弱，出不了强权人物。其实这是天大的误解。在太平洋战争快结束的时候，印度有两个领袖人物，一个是尼赫鲁，另一个就是苏巴斯·钱德拉·鲍斯（Subhas Chandra Bose）[1]。前一位是跟英美的，后一位是跟希特勒、东条英机的。钱德拉·鲍斯主张用军事赶走英国在印度的殖民统治，这种主张为德国人和日本人所利用。太平洋战争结束前，他死于飞机失事。这个人不是公子哥儿，不搞尼赫鲁那一套好看不中用的"民主"，不搞西方政客那一套小把戏。可以设想，当时如果钱德拉·鲍斯没有死，并当选为印度总理，那印度的历史可能完全不一样，国内分裂势力就会被毫不留情地消灭掉。尽管苏巴斯·钱德拉·鲍斯死了这么多年，可许多印度人，特别是大学生很怀念他，认为他是英雄。[2]

我们来看看与尼赫鲁同时期的毛泽东。印度独立时，共产党正跟蒋介

---

① 苏巴斯·钱德拉·鲍斯（Subhash Chandra Bose，1897年1月23日—1945年8月18日），印度的激进独立运动领导人，政治和社会活动家，原印度国民大会党左派、印度民族解放运动的领导人之一。第二次世界大战中投入轴心国阵营，试图利用德日力量驱逐在印度的英国殖民者。日本投降后，苏巴斯·钱德拉·鲍斯在1945年8月18日搭机前往日本，飞机在台湾上空出事，次日死于东京。

② Dr.S.C.Maikap: *Netaji The Shining Star of History*, Copyright reserved by I.N.A.Association, National Half Tone, Calcutta—700009.

石打仗，西藏就有一些人想闹独立，与美国、印度的一些势力勾结。①可以设想，1948年，如果印度当时仅出少量兵力暗地支持这些"藏独"分子，那后果也是不堪设想。因为我们那时候根本就无力西顾，后来再谈判那也很难是今天这样的局面。毛泽东在1949年10月宣布中华人民共和国成立，1950年年初就出其不意，迅速拿下西藏。尼赫鲁反应过来后，又是抗议又是谴责，后来还搞什么"前进运动"，小脚老太婆似的一点点地蚕食西藏。毛泽东没有那些花哨做派，直接出兵，一步到位，1962年击退入侵中国的印兵。

有人问中国为什么在1962年打赢了又退回来了呢？

如果我们看看西藏地形就会明白毛泽东所出的是险招，这与他灵活机动的战略战术思想是一致的，当时我们所取得的胜利只是险胜。我们后勤跟不上，是靠自然动力将战争物资运上西藏高原的，其成本高得惊人。如果印度拖我们半年，这场战争就可能影响中国国内经济建设大局。毛泽东是真正的智者，尼赫鲁在小步前进，而我们的毛泽东则兵贵神速，一步到位，打他个措手不及。当印度一片混乱，神志未定之际，我们又立即收兵，把缴获的武器还给他们，给国际上树立了正义、和平的形象。毛泽东以斗争求和平，从1952年抗美援朝与1962年对印自卫反击战结束到现在，中国东北与西南均无战事。有些事就得这样，你如果敢于斗争，善于斗争，有理有节，反倒会有和平。毛泽东敢出险棋，善出险招，结果用时间最短的战争，赢得中国边界上时间最长的和平。这是毛泽东以斗争求和平外交思想的成功范例，也是毛泽东对新中国的大贡献。

中国人的强国之梦是从孙中山开始的。看看过去的历史片，"华人与狗，不得入内"，这种情景让人难受。前一阵听说有一个东欧国家飞机出事，华人就被关到机场大厅，而西方人则都被送到宾馆，怎么说都没用。大家都知道，国家不强大，国民受人欺。1949年，中国开始走向强大，当时中国被美国包围了。在这种情况下，我们怎么样冲出来？是靠斗争而

①　1950年3月1日，美国国务卿艾奇逊（Dean Acheson）在给美国驻印度使馆第192号电文中指示："国务院希望印度能满足西藏有理由防御需求，并相信印度最好在其能力范围内，继续承担援助西藏的基本责任"。3月8日，驻印大使亨德森（Loy Henderson）根据192号电文向艾奇逊详细提供了要求"予以特别保密"的印度军事援助"藏独"分子的清单。参见陶文钊主编《美国对华政策文件集1949—1972》（第一卷上），世界知识出版社2003年版，第332—336页。

不是妥协。美国已到了东北亚和东南亚。中国当时的东北相当于今天的上海，新中国刚成立，百废待兴，我们就东北那一点重工业基地，但在它的东翼，美国已大兵压境。当时我们一些人认为美国不会打中国，也不想打中国。毛泽东不信。毛泽东不是从美国的言辞而是从双方力量变化中看问题。一旦美国拿下朝鲜，美国再翻脸中国就来不及了。此一时，彼一时，毛泽东才不信那些没有力量保证的承诺。毛泽东决定抗美援朝。那时候美国有原子弹。我们什么先进武器都没有，就是有勇气。但我们打赢了。有人说打平了，中国那么穷，打平了就是打赢了。1955年，周恩来参加万隆会议，各国代表都拍手欢迎中国代表团：他们为中国的勇气和胜利而欢呼，为中国打掉美国骄横霸气而欢呼。想得出来，当时毛泽东坐在中南海的感觉特别好。国际斗争有时候就是这样，关键时候要有勇气扳手腕，输赢在此一举。

八 没有统一民族市场的国家，是不可能崛起的

与苏联相似，在中国建设道路上曾经也有两种方案，一种方案慢慢来，直接搞私有制，经过很长一个新民主主义阶段以后再搞社会主义。开始毛泽东也是这样想的，后来他改变了想法。我的下乡经历与2000年到印度访学的经历才使我理解毛泽东当年快速搞公有制和人民公社是有道理的。尼赫鲁开始也是搞社会主义，后来突然改变了主意，搞公私混合。我们知道，不同的所有制下的同一种产品，其交易成本是不一样的。一旦搞私有制，生产资料交易就包括了复杂的私有产权交易成本，其结果是无谓地增加了国家基础建设成本，并使中国现代化在其初始阶段就会因其无法承受高成本而中断，印度的基础建设至今老化得不得了。为什么呢？它的制度成本非常高，使用每块地都得买。在印度修一条铁路花的钱远比同时期的中国高。我曾下过乡，当时国家若征用某块地，只要公社一纸命令到乡，一路畅通，村民没有多少异议，因为他们的生活有集体所有制保障。当时中国搞三线，如按私有制的搞法，其成本将是天文数字。毛泽东通过所有制改造将生产资料交易成本压到最低，与印度的尼赫鲁相比，我们的毛泽东是多快好省，在最短的时间，用最低的成本，为新中国奠定了崛起

的坚实的基础，今天我们的现代化建设就建在这个基础上。[①]

印度完全不一样。我们看报纸上说印度是软件大国、科技大国，但印度情况似乎不是这样。我到印度尼赫鲁大学财务处交费时，只见财务报表从地面一直堆到房顶，半个房子堆的都是账本。整个大厅没有一台电脑。我到国际政治系，只有一台386型的电脑，还经常不工作。我等一个电子邮件往往要等一两个小时，打字员用的打字机跟英国工业革命时候的差不多，工作起来响声很大；整个行政大楼都是这声音，跟工厂一样。这种情况说明它国内电脑市场没有那么大的需求，印度有钱人也不买电脑，买了没有用。它整个生产与市场完全是分离的，市场依托于国外，国内大量穷人基本生活保障靠政府包办，穷人的一些消费项目如饮水、医疗等都是免费的。有一次我去他们政府办的医院做了个小手术，从挂号到手术结束共花了10卢比，相当于人民币两元钱。印度多数人是穷人，穷人手头没有多少货币，因而就不会有太大的购买力。因此统计数字表现出的消费高指数多是政府包办而非国内民间资本拉动的。印度人聪明的脑袋是给外国人长的。我去一个小餐馆，那天女老板高兴得不得了，说她儿子拿到美国绿卡了。在印度家里有人拿到美国的绿卡是很自豪和高兴的事。印度人绝顶聪明，但这只能为西方人服务，因为印度的民族市场很小。前两年的诺贝尔经济学得主阿玛蒂亚·森（Amartya Sen）是印度人，但他一生多数时间却在英、美两国。只是由于他未放弃印度国籍而非为印度长期工作才成为首位诺贝尔奖印裔得主。

我们现在讲GNP，一定要研究其构成，而不能只看总量。一个国家的资本构成、储蓄构成反映一国经济的性质。是自主型的国民经济还是依附型的经济，从GNP的构成才可看出。所以我们不能单纯说GNP达到几万亿，这只是表面现象，要看它的结构是什么。清朝的GNP也是很高的，但其构成表明它不是强国。

中国农业改造问题一直没解决好。所谓"农业改造"就是将中国传统的自然的小农业经济改造为现代的市场农场经济。中国自秦以后始终是自然小农业经济，1949年新中国成立后，新中国领导人就考虑农业改造问

---

① 值得指出的是，当中国经济脱离计划经济，进入市场经济发展轨道后，因私有物权的大幅增加使中国发展成本大幅上升。参见《"和谐成本"上升—中国发展进入高成本期》（http://politics.people.com.cn/GB/1026/3499111.html）。

题。但由于它涉及商品经济，因而中央的农业政策始终在"两条路线斗争"中摇摆。当时人民公社，有了大农场经济的形式但没有市场经济的实质。当时人们意识不到市场经济对于中国的意义。在这方面我们应该感谢邓小平。邓小平先从农业问题入手，将土地交还给农民，农民的积极性大大提高。尽管小农业经济有启动快的特点，但不易持久且容易分化，非常脆弱。一家一户地生产，全家人力投入到一两亩地里，生产中的人力成本和西方农场比，高得不成比例。当时中国农业提供给城市的是自给自足之后的剩余产品，而不是一般商品。其生产因没有利润压力而失去效率。随着中国进入市场经济，引进外资，这种自然小农业经济整个就撑不住了。城市工业品价格的增长使得自然小农业因成本高于产出，加之国外低价农产品的引入，中国农业很快面临瓦解的危机。可以预言，随着WTO规定的中国政府对农业的保护期结束，如果政府对农业还无有效的保障政策，中国农业将会出现危机并由此引发1789年法国式的政治动荡。

有一幅漫画，一辆牛车拉了个卡车空壳，这似乎是中国农业的写照。卡车是现代化的城市经济，牛车是落后的农业经济，是城市的基础。建立在正面临破产的自然小农业之上的现代化大都市，能立得住吗，能有发展潜力吗？牛车上的卡车是不可能跑快的。现在中国农村只剩小孩、妇女、老人，已近解体的边缘。而如果没有中国的农业对工业产品的需求，中国的工业民族市场就是一句空话。现在我们就有些同志对农业"老牛"有些不耐烦了，要把牛车一脚踹掉。但如果我们由于没有耐心改造而放弃我们的农业基础，那中国经济只能走依附于国际市场而不是民族市场的经济发展道路。历史表明，没有统一的民族市场的国家，是不可能崛起的。

目前中国出现涉及大量工人下岗、农民生活无法保障的问题。西方国家在资本主义早期也出现过这种问题，但它们用牺牲殖民地资源的方法来补偿了国内的社会问题。广大的殖民地为这些国家提供了丰厚的利润。英国把印度变成殖民地，这么多年，印度还这么贫穷，就很说明问题。近代史几百年，西方走的多是这条剥夺资本外围地区的道路，斯大林走的是另一种道路，他用集体农庄的方式杜绝分配不均，在此基础上用价格"剪刀差"的政策将农业剩余产品调拨城市，用于加快工业优先发展。但就今天的中国来说，我们既不能搞殖民地，也不能搞绝对平均的集体化政策。怎么办呢？只有走出去。慢慢发展不行，但工人、农民的生存权应该放在第一位，从政治上看，国家还是应该确立多数劳动者阶层的基础地位。现在的电影不是什么什么"总"就是什么什么"董"，要不就是才子佳人和帝王将相。这有些问题，世界难道都是"总"、"董"们的吗？不完全，还有工人、农民。现在中国的工人农民是人口的绝大多数，占公民的百分之八九十，因而是国家政治的基础。我们不能说他们困难多就不管他们。他们是国家的双脚。脚臭了得洗，有病了还得医，使它强健。谁都知道臭脚丫子不好，但能砍掉吗？当然不能，它们是全身的基础。我们国家各阶层是一个整体，一定要保护好。我觉得毛泽东的工农联盟思想是很长远的考虑。不能一切都以生产力为标准，我们还是应该以人，特别是以广大劳动者物质和精神生活质量为生产力高低的标准，以工农为生产力服务的主体，这是立国之本。国家富裕的标准近期看，应是工农的收入多少，他们是民族市场的基础。如果百分之几的少数人占有全民存款的百分之五十以上，其后果是很可怕的。历史上没有一个大国是在本国工人农民大量破产、生活持续恶化中崛起。中国农民在中国现代化进程和市场经济转轨中做了很大的牺牲。实际上我们应该对他们有所补偿。这不仅是一个道德问题，更是一个政治问题。工人农民的社会保障是现阶段中国的最高利益，是中国能否在21世纪真正崛起的政治保证。

有人会说，目前的情况是发展过程中的问题，随中国经济富裕了，这些问题就会在改革中逐渐消失。但现在美国可能不会给中国充裕时间让中国在渐进式改革中崛起。为什么？你现在是最弱的时期，谁都明白你渐进的结果是什么。邓小平书里都写明白了，韬光养晦，沉着冷静，这话也都翻译成英文了，人家也不是不知道。现在霸权国家目的是要把中国国内的资源掏光，然后叫你后悔。2001年6月21日美国国防部长拉姆斯菲尔德在美参议院军事委员会上说：他过去经商时得到的经验是，在对手还没有崛起的时候，打倒他所用的力气最小。我们现在应该明白这一点，及时做好准备。

九　未来的世界如果不降低资源消耗，就会战争不断

邓小平对中国最重大的贡献，是将中国从自然经济带进市场经济。但我们转向市场经济以后，发现在工业生产力发展越来越快的同时，我们的

民族农业市场越来越脆弱，撑不住工业速度，于是中国工业产品日益依赖海外市场。经济依托海外并不可怕，可怕的是我们海外的自卫手段非常弱。结果是我们对海外市场依赖越来越大的同时，我们和世界霸权的矛盾也越来越深，双方可以宽让的余地越来越少了。

除市场外，随着经济的发展，中国对国际资源的需求和依存度也在上升。过去我们怎么不是这样呢？过去我们的经济在做瑜伽功，瑜伽功的特点在于顽强的生存性，吸收一点点资源，一点水、空气就行。自然经济就是这种经济形态，把能量消耗降到最低限度，这样能够活得很长。我们那个时候，资源没怎么开发，消费也很低，觉得地大物博。现在我们消费有些畸形。比如说买茶叶，茶叶罐子比茶叶都高级，为了促销有利润。为了利润，不惜恶性竞争。与减肥现象一样，为了长身体，厂家鼓励你多吃，这会产生利润；吃胖了，厂家又鼓励你减肥，这又是利润。这左也是利润，右也是利润，最终结果是零和。但这样浪费的前提是对难以再生的资源高消耗。我们在学马克思《哥达纲领批判》时知道共产主义产生的条件是"集体财富的一切源泉都充分涌流"[①]，但马克思那个时候意识不到另一个问题，即资源不能无限涌流；煤、铁、石油，都不能无限涌流；土地和地力也不能无限涌流。生产力与我们的肠胃消化功能相似，现在我们肠胃消化功能很强，但没粮食吃，工业粮食就是资源。没吃的而肠胃消化功能又强，这意味着死得快。那还不如作瑜伽功，低消耗，活得时间长。

但这又产生了新的即竞争力不强的问题。竞争是动物的本能，不同竞争力的动物有不同的竞争方式。对于弱小动物而言，它们参与竞争的方式是负向自卫。比如蚊子、老鼠、蚂蚁、野草等，由于它们攻击力不强，作为弥补，它们的繁殖力却高得惊人，以至"野火烧不尽，春风吹又生"。但我们中国已不能选择这种竞争方法，因为我们已长得强壮起来，我们的肠胃消化功能即生产力日益强大。过去的问题是肠胃"消化功能"处于潜在状态。现在的问题则是"粮食"不够吃。我们中国现在的经济发展曲线是上升的，但大家仔细一看，有个阴影也在上升，即资源消耗曲线也在上升。如果把经济的利润补到资源即环保上的结果却是零和。好的经济发展模式应当是经济曲线上升的同时，资源消耗曲线下降，形成剪刀差。英美国家的发展道路就是这样。它们通过掠夺包括中国在内的南方国家的资源

---

① 《马克思恩格斯选集》第3卷，人民出版社1972年版，第12页。

来保护本国的环境。随南方国家的发展加快，资源不足的矛盾将日益成为国际斗争的焦点。因此可以预料，全球资源的有限性和世界经济发展的无限性之间的矛盾，决定了未来的世界如果不降低资源消耗，就必然会战争不断。在资本主义条件下，战争是人类降低资源消耗的终极方式。现在我们国内资源已近枯竭。中国西部沙漠开始"农村包围城市"了，蝗虫也来了，听说内蒙古的野生动物往外蒙古跑，东部地区的青蛙往马路上跑。有人不理解这是怎么回事，没有森林和田地了，水田都盖成大楼了，野生动物只有往有森林的地区跑，青蛙只有往马路上跑。这都是生态问题。生态问题越严重，我们对国际资源的依存度就会越大。

世界资源"蛋糕"就这么大。七国集团已瓜分完毕，新崛起的国家已饥肠辘辘。如果说，20世纪的主要大国发展的主要矛盾是市场短缺，21世纪主要大国发展的主要矛盾则是资源短缺。据尼克松披露：勃列日涅夫告诉第三世界的领导人，只要卡住西方的资源，就能卡死西方。[1]尼克松说，资源是西方政治的关键。[2]

美国的目标是控制世界资源。美国人和我们比更娇气。加利福尼亚州轮流停一下电，他们就受不了。这是由于他们已习惯于高消费，消费水平落不得。印度人和我们相比，我们更娇气，印度的气温50度是正常的，咱们40度就算高温了。2000年下半年印度整个北方停了两天电，当时我已觉酷热难忍，可印度人也没觉得过不下去。生活水平是刚性的，能上不能下，除非发生战争。美国资源消费量最大，所以它对世界的依存度就大，它要对世界控制，尤其是军事控制。美国像一个螃蟹，腹部非常软，这叫民主，但是爪子非常硬，这叫霸权。它是对内民主，对外霸权。它抓世界的时候很厉害。有人说美国这个国家快衰落了，但它短期内垮不了，为什么？它会且有能力排毒，排毒可以养颜。排毒就是转嫁危机。如果本身的内毒排不出去，它就要打仗。前面讲过，世界财富的转移是靠国家暴力完成的，现在再加一句，资本主义危机也是靠暴力排放出去的。

将资源比做水库，将地区经济比做吸水的海绵。原来世界只有北美和欧洲两大海绵。冷战后，以中国为主动力的东亚地区崛起。这样世界在水的总量（常规资源总量）不增加的情况下，世界吸水的海绵体却增加了东

---

[1]　尼克松：《真正的战争》，常铮译，新华出版社1980年版，第28—29页。

[2]　同上书，第36—37、88—89页。

亚这一大块。美国是资源吞吐量大，必须泡在资源水池中才能存活的国家，但现在水池中的水不够它用了，他身体就出毛病。现在欧元出现且竞争力强劲，吸纳资金的"海绵"越来越大，再加上中国持续崛起，这样世界常规资源将会在这三大经济体增长下严重短缺。如不降低资源消耗总量，这三大经济体必然要发生冲突，结果不是三方同时降低消费水平，就是有一方要被对手打掉。

有人说，中国的问题是民主而非资源问题。但和平民主需要的不主要是学问而是资源。别说莱温斯基案件要花多少钱，就说中国农民要有了冤情，按法治程序说，应该打官司，相信国家，这没问题。但国家的官司也向他要钱，于是农民的态度就不取决于法治观念和民主程序而取决于经济收入，可现实中大多数的农民收入只够买法治教材而不够打一场官司。[①]如果打不起官司，那这位农民必定要选低成本的解决方式。但如果连这点费用也没有，那只有独自去冒险。市场经济，都讲成本。西方国家不怕，它有大量来自南方国家的高额利润回流。从生到老保证没事，出了事保你打官司有钱，这样社会才能进入法治的轨道。中国农民打官司，低级法院不行到中级法院，可能到不了最高法院，作为原告的农民几乎要倾家荡产了。为什么恐怖主义在穷困地区有市场，主要是经济问题。理论和法律上规定的和能不能做到是两回事，解决问题需要资源。西方有巨大的资源来滋养，因此它国内法治民主发展就有物质基础，但前提是它必须牢牢地钳住世界资源。由于欧洲统一和东亚经济崛起对国际资源需求日益增长，美国对世界资源的攫取更多地选择暴力方式。从1999年到2003年，美国几乎一年发动一场战争，而每一场战争都与控制国际资源的目的有关。

但从政治考虑，目前美国还不会对欧洲采取行动，因为欧洲是分散的。同时美国也并不希望中国彻底分裂。它只希望中国最好像欧洲一样，相对分裂，各地来个"高度自治"，让中国各地政治内耗，从而使其不仅无力向海外索取资源，而且还需要外部干涉。从地区战略看，美国希望亚洲这几个大国处于相互制衡状态。因此中国不能太弱，还得帮美国拽着印度、俄罗斯、日本等。如果中国彻底垮下去，亚洲就会形成一个大的政治真空，印度、日本、俄罗斯就会借近水楼台的地理优势填补这个真空。那样的话美国

---

① 参见张燕、石毅《民工维权成本调查报告出炉，讨薪成本三倍于收益》，《京华时报》2005年6月21日第A03版（http://npc.people.com.cn/GB/14840/3483963.html）。

就吃不消了。只有亚洲大国相互都拽着，美国才可以在世界上获得利益。

与当年英国一样，中断美国与外部世界的联系是其经济垮台的前提。它强大的消费能力需要从外面大量吸收资源。资本主义就是这样，它毁灭的是整个世界，但是在有限的地区和时间内人类无法感受到这种结果。资本主导下的市场经济本身就是一个悖论，没有办法。最终人类还只有从社会主义中找出路。**我们过去说，只有社会主义才能救中国，现在应当补一句，也只有社会主义才能救人类。**

十 大国力量增殖于地区性守成，消释于世界性扩张

我们谈世界资源，是否意味着中国在未来也要搞世界扩张呢？

不，绝对不是这个意思。并且我认为世界扩张对中国现代化进程而言，是一条通往灾难的道路。我赞同毛泽东和邓小平为中国制定的中国永不称霸的外交原则。

邓小平给中国定下的未来五十年的发展目标是中等发达国家，这意味着他在未来较长时间内将中国发展定位在"地区性大国"的层面，中国对世界的影响是通过地区性的影响来实现的。我们与美国不同，美国是一个世界性的国家。美国国务院很少考虑国内的事。美国军事演习总是以世界某些大国为假想对手，以世界某个地区为假想战场。我们的军人看的是我们山海关、武汉、长江等，美国军人看的则是红海、巴拿马运河、关岛、冲绳岛等。**未来中国的军人要有世界眼光，这是美国人教给我们的经验；未来的中国外交要从本土防卫政策向地区性守成政策转化，从内敛型守拙政策向外向型积极防御政策转化，长期经营于亚洲，与邻为善，为中国百年国运打下深深的根基。**

历史上德国和美国的衰兴历程对未来中国是一面镜子。而研究德国，就不能不了解德国百年国运的奠基人俾斯麦。俾斯麦生于1815年卒于1898年，其生平几乎覆盖了整个19世纪。俾斯麦青年时的德国四分五裂，而法国又在拿破仑失败后一蹶不振。这为德国的崛起提供了历史性的时机。1848年法国作风强势的路易 拿破仑上台，这对四分五裂的德国形成巨大的压力。而1854年到1856年爆发的"克里米亚战争"又使德国不得不面对

来自俄国的压力。1862年俾斯麦任普鲁士首相兼外交大臣，主张"铁血政策"，用王朝战争和国际交叉联盟的方式实现德国统一。1862年9月，他在议会中就自由派提出的立宪君主制要求时回答说：

德意志的未来不在于普鲁士的自由主义，而在于强权。德意志南部各邦——巴伐利亚——符登堡和巴登——愿意浸沉于自由主义之中，但正是由于这个原因，没有人愿把普鲁士应充当的角色派给它们！普鲁士必须聚集她的力量并将它掌握在手里以待有利时机，这种时机曾一再到来而又被放过。自从维也纳条约以来，我们的边界就不是为一个健全的政治集合体而适当设计的。当前的种种重大问题不是演说词与多数议决所能解决的——这正是1848年及1849年所犯的错误——要解决它只有用铁与血。[①]

1864年俾斯麦在与奥地利联盟和确保法国拿破仑三世的中立后，向丹麦宣战，一举拿下石勒苏益格—荷尔斯泰因和基尔港。接着俾斯麦又与意大利结盟，确保法国中立，不顾奥地利的阻挠，1866年开始并完成德意志的统一战争，成立北德意志联邦。这使当时的欧洲受到巨大的震惊。意大利枢机主教国务秘书安东内利听到普鲁士统一战争胜利的消息时惊呼："天塌下来了！"英国《旁观者》报评论说："已经有三十个（！）王朝被扫到一边去了。两千万人的命运就此永远改变。世界政治已经面目全非。"法国历史学家梯也尔承认，德国统一是法国四百年来最大的不幸。[②]"多少事，从来急"，俾斯麦并未因此停步，他估计德国统一后，德法战争不可避免。对拿破仑三世好大喜功性格十分了解的俾斯麦，借1870年7月19日法国对普鲁士宣战的时机，以优势兵力迅速深入法国，色当一战俘获拿破仑三世及其9万军队后，俾斯麦又乘胜挥师巴黎协助梯也尔镇压了巴黎公社革命。德国从法国获50亿法郎的战争赔款，并获阿尔萨斯和洛林大部分地区。1871年德意志帝国成立。从1866年至1872年，俾斯麦仅用了6年的时间就使德国在统一中崛起，由此彻底改变了长期不利于德国的欧洲均

---

① 参见周一良、吴于廑主编《世界通史资料选辑》（近代部分，上册），商务印书馆1964年版，第324页。

② 迪特尔　拉夫：《德意志史》，中文版，波恩Inter Nationes出版社1985年版，第145—146页。

势，确立了德国在欧洲卓然不拔的地位。

然而这还不是俾斯麦的过人之处。真正需要未来中国人学习和领会的是俾斯麦在胜利后的地区性守成的外交政策，以及为了坚持其外交原则，他不惜与新皇帝决裂的精神。

俾斯麦与当时大多数仍处在胜利亢奋中的德国人相反，认为德国胜利后的外交活动余地更加有限。他说："我们位于欧洲中部。我们至少有三条会遭到攻击的战线，而法国却只有一条东部的国界，俄国只有在西部的边界上有遭到攻击的可能。此外，根据历史整个发展的情况、我们的地理位置以及根据德意志民族的内部联结与其他民族相比也许相当松散这一特点，我们比任何一个别的民族更易遭到别人联合起来对付我们的危险。"欧洲国家"只能容忍德国的实力强大到不至于触犯其自身安全为限"。1871年后，俾斯麦意识到德国的扩张已达到欧洲列强可接受的极限，此后他坚持地区性守成原则。德意志帝国成立后，俾斯麦立即在官方文告及议会演说中反复强调"除了自己继续保持安宁，在和平环境中进一步发展外"别无他求。在欧洲大国间，他小心翼翼地采取维护俄德关系，稳定德、俄、奥之间的三皇关系。1872年德俄奥三国皇帝签订协定，声称一旦和平受到来自其他国家的威胁，则"无需寻求或缔结新的盟约，即可彼此进行协商，以求达成共同遵循之路线"。1882年俾斯麦利用英法意在地中海冲突的机会，拉拢意大利与德、奥形成三国同盟。1887年这个同盟又得到进一步续延。同年，俾斯麦又与俄签订了一个秘密条约，史称"再保险条约"。俾斯麦建立这些交叉结盟网络体系的目的是防止、限制、削弱法国复仇的可能性。1872年，在普法战争胜利后，俾斯麦在给当时德国驻巴黎大使阿尼姆伯爵的信中说："我们所需要的是法国让我们安宁，要防止法国——假如它不愿和我们保持和平的话——找到盟友。只要法国还没有盟友，法国就对我们没有什么危险；而只要欧洲的大君主国团结在一起，一个共和国对它们就没有什么危险。"1874年俾斯麦对驻法大使霍恩洛厄侯爵发出指示：德国最关心的是，"法国在内部不要变得强大，对外也不要被看成强国，免得它争取到盟友"。德国统一并打败法国后，尽管德国拥有令整个欧洲生畏的强大的军事力量，而曾强烈主张"铁血政策"的俾斯麦这时对武力使用却更加慎重。这时的他仅将强大的德国军力当做提高德国结盟砝码以及威慑潜在敌人的手段而已。他将军事置于政治之下，将德意志的强国地位限于欧洲地区，拒绝任何全球性的战略企图。总之，俾斯麦担任首相职务将近20年，他企图达到的目的就是争取在政治上出现除法国外各国都需要德国的形势。而稳定四方的目的又是用较长时间巩固、消化德国1866—1872年在欧洲取得的地缘政治成果。[①]

俾斯麦的地区性守成的外交政策使德国国力迅速上升。19世纪末，也就是俾斯麦辞职时，德国工业生产几乎赶上英国，在总产量方面甚至已超过英国。强烈的民族自豪感使德国国内滋生了向世界扩张的冲动。这种冲动在威廉二世[②]执政时期（1888—1918）的对外政策中得到体现，为此俾斯麦于1890年辞职。此后德国大规模扩军，实行海外扩张的政策。[③]1880年德国陆海军人数为42.6万，到1904年一战爆发时已达89.1万，同期战舰吨位从0.88万吨扩张到13.05万吨。[④]1897年，德国占领中国的胶州湾和青岛，次年从西班牙手里取得加罗林群岛、马利安纳群岛和帕劳群岛，1899年和英美签订条约并获得萨摩亚群岛的一部分。1902年修建巴格达铁路直逼英俄中东利益，这强化了德国与世界主要大国的直接对抗。德国威廉二世的外交"新方针"[⑤]引起了其他大国的警觉。1894年法俄两国建立同盟。20世纪初英国放弃传统的"光荣孤立"政策，于1902年与日本建立同盟，1907年英俄在中东利益妥协，签订"英俄协约"，而与德国形成同盟关系的意大利也在1902年同法国签订秘密协定。到第一次世界大战初，俾斯麦时期的地区性守成的外交成果已荡然无存，德国与奥匈帝国已四面楚歌。1914年德国利用萨拉热窝事件，挑起第一次世界大战，结果是德国在战争中全面毁

---

① 参见迪特尔·拉夫《德意志史》，中文版，波恩Inter Nationes出版社1985年版。

② 威廉二世（WilhelmII，1859—1941）德意志帝国皇帝和普鲁士国王（1888—1918），威廉一世之孙。任内对内专制对外扩张。制定以争夺世界霸权为目标的战略。1897年派舰队强行占领中国胶州湾；1898年力图通过建巴格达铁路在近东伸长势力；1900年7月，出兵镇压中国义和团运动，参与瓜分中国领土的竞争；1905年、1911年，制造摩洛哥危机，与法国争夺在摩洛哥的殖民权益；多次插手巴尔干事务，加深德国与英、法、俄等国的矛盾。1914年利用萨拉热窝事件挑起第一次世界大战。1918年德国十一月革命爆发后逊位，逃亡荷兰。著有回忆录《1878—1914年大战爆发时的事态》等。

③ 1897年，德国派舰队出行远东，出发时，威廉二世作了关于德国世界政策的讲话，他说："帝国的力量即意味着海军的力量，它们是互为依赖的，缺一则不能生存。"参见周一良、吴于廑主编《世界通史资料选辑》（近代部分，下册），商务印书馆1964年版，第46页。

④ [美]保罗·肯尼迪：《大国的兴衰》，王保存等译，求实出版社1988年版，第247页。

⑤ 参见迪特尔·拉夫《德意志史》，中文版，波恩Inter Nationes出版社1985年版，第212页。

灭；30年代末德国希特勒步其后尘，结果又是德国被强力肢解。

德国这段历史经验对中国的未来是有用的。俾斯麦外交思想的精华在于：在主权问题上，尤其在关键主权利益上不惧挑战，敢于果断使用武力；而在国际问题上是准确把握大国间的利益边际；在大国竞争中决不透支国力。俾斯麦外交的重要经验在于：国力只能用于国家可承受的并且是对国家有重要利益的地方。

威廉二世与俾斯麦分道扬镳是德国的悲哀。正是由于威廉二世及其顾问们"急于表明其气概"的"性格弱点"①，才造成德国超度使用国力和德国毁灭的后果。基辛格博士对俾斯麦有很高的评价，认为："由于他了不起的建树，使得他所缔造的德国经历了两次世界大战的失败、两度遭到外国占领及国家分裂达两个世代之久，却仍巍峨屹立。"②

下面我们再来看看美国。

美国在二战以后开始步入世界性大国行列，然而其国运兴衰却与其追求世界霸权的政策紧密相关。

二战后欧洲的衰落极大地突出了美国的地位。美国绝对优越的经济实力也曾使美国在其海权扩张中表现出"威廉二世"式的轻率——今天的小布什似乎正在重蹈覆辙。为控制整个太平洋，1946年，美国参谋长联席会议曾制订"边疆"西移计划，根据这项计划，美国海军第七舰队开进日本，占领了琉球群岛和小笠原群岛，并把冲绳建成它在亚洲的最大海军基地。1947年，美国海军占领了马里亚纳群岛、加罗林群岛、马绍尔群岛等。但美国的这种扩张势头在朝鲜半岛和中南半岛受到严重挫伤。20世纪50年代美国出兵朝鲜并与中国交手，损失惨重；60年代中叶，法国从越南退出后，美国贸然进入中南半岛，企图独担"拯救民主世界"的重任，结果又被拖在越战的泥潭中不能自拔，此后国力开始在世界扩张中透支。1960年美国在世界生产总值中占25.9%，到1970年下降为23%，1980年继续下降到21.5%。而与此同时，日本、中国等在世界生产总值中所占的百分比则快速上升，1960年至1980年间，日本在世界生产总值中所占的百分比从4.5%增长到9%；中国从3.1%增长为4.5%;到1980年，"世界银行关于人口、人均国民生产总值以及国民生产总值的统计数字，实际上已经非常明

---

① [美]保罗·肯尼迪：《大国的兴衰》，王保存等译，求实出版社1988年版，第259页。

② [美]亨利·基辛格：《大外交》，顾淑馨、林添贵译，海南出版社1998年版，第116页。

显地显示出全球经济力量的多极分配趋势。"①尼克松看到美国国力因其海外过度扩张而下降的现实，果断调整美国外交政策，结束越南战争，恢复与中国的关系。此后，美国国力开始回升，20世纪90年代初，苏联解体，但美国并未停步，于1991、1999、2001及2003年，美国通过海湾战争、科索沃战争、阿富汗战争和伊拉克战争将其军事力量插入海湾地区、巴尔干半岛及中亚地区，全面回收苏联地缘政治遗产并于2002年退出《反导条约》，打破原有的战略平衡，"在仅仅一个世纪的时间里，美国既改造了自己也受国际动态的改造——从一个相对孤立于西半球的国家，变成一个具有全球影响和控制力前所未有地遍及全世界的大国"②。

今天的中国相当于19世纪下半叶的美国，今天的美国相当于19世纪的英国。但美国现在是好了伤疤忘了痛，小布什上台后，在国际问题上更是一副"舍我其谁"的霸主姿态。苏联解体后，中国开始崛起。正因此，美国才要重复以往英国遏制美国的政策以对付中国。但是对于未来崛起后的中国而言，我们应当汲取的历史经验是不要选择美国今天的称霸世界的道路。从罗马帝国到大英帝国衰落的历史经验表明：地区性守成则国强，世界性扩张则国亡。历史上没有一个大国的国力，能经得住世界性扩张的透支。③所以，今后不管中国发展强大到什么程度，都应谨记并遵循毛主席为

---

① 参见[美]保罗·肯尼迪《大国的兴衰》，王保存等译，求实出版社1988年版，第532—533页。

② [美]兹比格纽·布热津斯基（Zbigniew Brzezinski）：《大棋局——美国的地位及其地缘战略》（*The Grand Chessboard: American and its Geostrategic Imperatives*），中国国际问题研究所译，上海人民出版社1998年版，第4页。

③ 对此，卢梭有过相近的看法和精彩的论述，他说：

正如大自然对于一个发育良好的人的身躯给定了一个限度，过了这个限度就只能造成巨人或者侏儒那样；同样地，一个体制最良好的国家所能具有的幅员也有一个界限，为的是使它既不太大以致不能很好地加以治理，也不太小以致不能维持自己。每个政治体都有一个它所不能逾越的力量极限，并且常常是随着它的扩大而离开这个极限也就愈加遥远。社会的纽带愈伸张，就愈松弛；而一般说来，小国在比例上要比大国更坚强得多。

既有需要扩张的理由，又有需要收缩的理由；能在这两者之间求得一种对于国家的生存最为有利的比例，那就是很不小的政治才能了。我们可以一般地说，前者既然只是外在的、相对的，就应该服从于后者；后者乃是内在的、绝对的。一个健全有力的体制乃是人们所必须追求的第一件事；我们应该更加重视一个良好的政府所产生的活力，而不只是看到一个广阔的领土所提供的富源。

此外，我们也曾见过有这样体制的国家，其体制的本身就包含着征服的必要性；这些国家为了能维持下去，便不得不进行无休止的扩张。也许它们会暗自庆幸这种幸运的必要性；然而随着它们的鼎盛之极，那也就向它们显示了无可避免的衰亡时刻。

（参见[法]卢梭《社会契约论》，何兆武译，商务印书馆2003年版，第59、61、62页。）

我们制定的"深挖洞、广积粮、不称霸"①的外交路线，这是一条高度浓缩老一代领导人政治智慧的强国路线。

十一 用公民国家主义代替民族主义和自由主义

在国家制度创新目标的选择上，目前中国流行民族主义和自由主义两种意见，但细想起来，似乎两种提法都不太科学。

民族主义的理论基石是民族自决权理论。"民族自决权"指各民族有自己决定自己的命运，直到自由分离成立独立国家的权利。它最初是由17、18世纪西方资产阶级提出的政治要求之一。1916年3月，列宁发表"社会主义与民族自决权"一文，指出世界各民族均应享有决定自身命运的权利，被压迫民族应从帝国主义和殖民主义宗主国中解放出来。1918年1月，美国总统威尔逊发表"十四点"宣言，也提出"民族自决权"概念，称民族自决应是重新划分"战败国"领土的依据。第二次世界大战后，民族自决权进入了新的发展阶段。《联合国宪章》第一条第二项明确规定"发展国际间以尊重人民平等权利及自决原则为根据的友好关系"是联合国的宗旨之一。随着战后民族解放运动的蓬勃发展，殖民地、附属国纷纷宣告独立，作为主权国家参加联合国。到50年代末、60年代初，新独立的和以前独立的前殖民地半殖民地国家，已在联合国中占多数。在它们的影响下，联合国大会从1958年以来通过了一系列决议确认民族自决权。其中最重要的是1960年12月14日联合国大会第十五届会议以89票对0票、9票弃权通过的关于《给予殖民地国家和人民独立宣言》。这项宣言确立了"民族自决权"为一项法律权利。1966年12月16日联大通过的《公民权利和政治权利国际公约》和《经济、社会、文化权利国际公约》、1970年10月24日联大通过的《关于各国依联合国宪章建立友好关系和合作的国际法原则宣言》以及1958年12月12日、1965年12月20日和1975年11月10日联大先后通过的有关民族自决的决议，都进一步总结和发展了民族自决权的国际实践和理论。

"民族自决权"也包含着自我否定的内容。

① 《毛泽东军事文集》第6卷，军事科学出版社、中央文献出版社1993年版，第408页。

民族自决权的核心是各民族有自主建立国家和选择国家形式的权利。当某一民族还在受外国奴役或没有自己的国家的时候，其民族存在的最高原则是民族自决权，即有自主建国的权利，这也正是阿拉法特领导下的巴勒斯坦人建国事业的法理基础。但是当这个民族自决成立了国家，那么它原来享有的民族自决权在这时就已让渡并服从于国家主权，民族身份应让位于国家公民的身份，原先民族自决权在国际舞台上的民族主体地位也自动让位于其自主选择的国家主体地位。这时原先的民族主义，就在逻辑上和实践上完成了自我否定。这和谈恋爱结婚的道理一样，结婚之前，双方都有选择的自由，这对个人称人权，在民族问题上则是"民族自决权"。谈恋爱时，我有权决定跟这个人结婚，或者跟那个人结婚。但一旦结婚，两个人权就经相互让渡而成为一个家庭权利，两个人的部分权利就让渡于家庭的权利。如要离婚，就必须经过国家法律认可。对于一个民族来说，你可以单独，也可以与其他民族联合建立一个国家，然而你一旦完成了这一选择，并得到国内国际的承认，这就意味着民族自决权已让渡于国家主权。如果你要与这个国家相分离，也必须经过国家最高立法机构的批准。从这个意义上说，目前台湾的所谓"政权"是非法的。1949年它失去国内人民的承认，1971年它又失去国际承认。而失去国内国际双重承认，则台湾就没有"主权国家"的资格。如果说什么"政治实体"，政治实体更没有主权资格。

对此联合国文件也有相应的说明。1960年联合国大会通过的《给予殖民地国家和人民独立宣言》中明确规定："任何旨在部分地或全面地分裂一个国家的团结和破坏其领土完整的企图，都是与联合国宪章的宗旨和原则相违背的。"[1]至于传统帝国扩张所造成的多民族国家，其民族自决权仅限于各民族的自治权（见《联合国宪章》第七十三条）。[2]联合国上述规定的理论基础是国家主权高于民族自决权的原则，而这一原则的理论基础又是民族自决权的让渡原则。这两大原则决定了在没有异族侵略的情况下，民族国家建立后再提民族主义是不科学和不合时宜的。

自由主义与民族自决权是同一问题的不同方面。自由主义的理论基石

---

① 爱德华·劳森（Edward Lawson）：《人权百科全书》（*Encyclopedia of Human Rights*），汪瀰、董云虎译，四川人民出版社1997年版，第361—362页。

② 同上书，第1587页。

则是人权理论即"所有人民都有自决权"的理论。①早在古希腊、古罗马及欧洲中世纪的自然法学者的著作中，就曾有过"自然权利"的表述。人权作为一个实践和理论问题，是近代资产阶级启蒙思想家针对中世纪的神权统治和封建特权提出的。17世纪英国资产阶级革命被称为第一次人权运动。英国思想家洛克系统地论述了"天赋人权"的理论。法国思想家卢梭根据"天赋人权"的原则发展成为社会契约论和人民主权论。1776年美国的《独立宣言》和1789年法国的《人权与公民权宣言》以天赋人权为主要理论依据，明确提出"人权"口号，以政治纲领的形式确立了人权原则，从而使天赋人权由理论上升为法律，后遂成为西方民主制度的重要内容。1945年联合国成立，维护人权作为宗旨之一列入《联合国宪章》。1948年，联合国大会通过的《世界人权宣言》，第一次系统地提出了人权的基本内容，使人权成为国际法原则之一。1960年联合国大会通过的《给予殖民地国家和人民独立宣言》指出，"使人民受外国的征服、统治和剥削的这一情况，否认了基本人权，违反了联合国宪章"；宣布所有的人民都有自决权。1966年，联合国通过了国际人权公约即《经济、社会、文化权利国际公约》、《公民权利和政治权利国际公约》及其《任择议定书》，两个公约一方面用法律义务的形式肯定了《世界人权宣言》所确认的人权规定，同时在内容上较《世界人权宣言》前进了一步。规定了"所有人民都有自决权。他们凭这种权利自由决定他们的政治地位，并自由谋求他们的经济、社会和文化的发展"②。

从这些人权发展的历史及相关文件看，人权是民族自决权的微观形式，是个人的自决权。尽管人权在西方政治思想史中占有基础性的地位，但在联合国的相关文件中也是被放在个人与国家的关系，以及个人权利及其相关责任中考察的。比如，1966年联合国《公民权利和政治权利国际公约》、《经济、社会、文化权利国际公约》就要求"公约中任何部分不得解释为有损所有人民充分地和自由地享受和利用它们的天然财富与资源的

---

①　联合国"经济、社会、文化权利国际公约·第1部分·第1条"，爱德华·劳森：《人权百科全书》，汪瀰、董云虎译，四川人民出版社1997年版，第946页。

②　爱德华·劳森：《人权百科全书》，汪瀰、董云虎译，四川人民出版社1997年版，第946页。

固有权利"①，将公民的言论自由权利与"保障国家安全或公共秩序"的责任联系在一起。②值得注意的是，公约将个人权利纳入"公民权利"范畴来考虑，这意味着个人权利首先是对居住国负有责任的权利。也就是说，人权，属于公民权的范畴，而不是与公民权相对立的范畴。

人权也包含其自我否定的内容。

人权的基本原则是"人民的自决权"③。这与民族自决权一样，自决一旦自主实现之后就要对自己的选择对象负责。在人的"自决权"未确定选择对象之前，你可以选择部落生活，也可以选择国家生活。不管你选择前者还是后者，一旦你的选择完成，你就必须为你选择的群体效忠。一旦你选择了国家，你的身份就不再是绝对自由的个人，而是国家公民。公民对国家有纳税义务，其原先的绝对自由选择权利这时则转化为对国家效忠前提下的相对自由权利，公民权成了约束人权的形式，背叛国家的公民自然要受到法律的制裁。原先的绝对私有财产这时通过向国家交税也转化为相对私有财产。公民在成为纳税人的同时，也获得国家赋予的公民权利；公民在担起依法纳税责任的同时，国家也担负起依法保护公民的责任。这意味着个人的"自决权"已通过向国家主权的让渡而转变成公民身份和公民权利。如果某届政府没有按宪法保障好公民的权利，你可以通过合法途径对某届政府有意见和提意见，但不能背叛国家，除非你另选国籍。现在还没有哪个文明国家承认公民自由选择国籍的权利。

这样看来，现代国家主权是高于民族自决权与个人自决权即人权的。因此，不管是民族自决至上的民族主义还是人权至上的自由主义，在个人的和民族的自决权被自主让渡给国家主权之后，它们便在法理上失去了主体的资格。国际政治中，目前只有国家具有以主权的名义与他国交往和正式参加联合国的资格；国内政治中，在国家选择确定后，国家居民的民族或个人的身份就统一于公民身份，国家公民不再首先以自由民族或自由个人的资格而是首先以公民的资格参与国家事务。**从这些意义上说，中国国家制度创新的目标，既不应是民族主义国家也不应是自由主义国家，其科学的表述应是公民国家。**在这个国家中，民族的和个人的"自决"自由已

---

① 爱德华 劳森：《人权百科全书》，汪瀰、董云虎译，四川人民出版社1997年版，第949页。

② 同上书，第940页。

③ 同上书，第937页。

融于公民权利和义务中，民族和个人身份已融于公民身份，民族主义和自由主义已融于公民国家主义。"公民国家主义"顾名思义，就是以国家主权为依托并统一于公民权利的自由主义和民族主义与以自由人联合体①为发展目标的国家主义的统一。历史转型中的强制时期除外，没有公民权利的国家与没有国家责任的公民一样，在已崛起的现代国家成长经验中，都是不可思议的。

　　无疑，完成从建立在阶级对立基础上的国家管理体制向现代法治国家转变，是近现代大国崛起的必备条件；而将国家居民的个人、阶级、民族的身份融入统一的公民身份，是近现代大国崛起的重要阶段。总结好这份经验，对中国的未来是有益的。

第三节　全球科技资源利用中的战略问题②

　　技术在国家进步中扮演着重要的角色，而利用全球科技资源则是国家技术创新中不可缺少的方面。纵观历史，进入世界性大国行列的国家，既是技术原创能力强国，同时也是利用全球科技资源的强国。笔者以此为课题，从历史和现实中总结一些带有规律性的经验，并由此提出中国利用全球科技资源的战略性思路。

一　国家政治是技术问题的本质，也是世界技术中心转移的驱动力

　　人类的种种活动，都是围绕着其生存和发展条件而展开。围绕着生存资源产生了国家间的竞争，这样，科技便成了近现代国家间竞争的重要手段。从这个意义上说，国家政治是技术问题的本质。国家政治本质上并不是技术成本核算问题，而是国家政治力量运用问题。

---

　　① "代替那存在着阶级和阶级对立的资产阶级旧社会的，将是这样一个联合体，在那里，每个人的自由发展是一切人的自由发展的条件。"《共产党宣言》，《马克思恩格斯选集》第1卷，人民出版社1972年版，第273页。

　　② 本研究受国家重大科技创新政策研究项目资助。

有人不同意这种将技术问题与国家间政治问题联系起来的观点，认为技术问题本质上是国家财富增长问题，他们可以列举一堆数据，表明由于技术的增长导致国家财富成倍增长，财富增长又导致国家的崛起和强大。但历史的逻辑是：国家强盛的主要动力并不是技术和财富的增长，而是技术和财富在国家政治，尤其是在其中的政治暴力部分中的有效运用。对此，德国历史学派经济学者弗里德里希　李斯特分析得最为透彻，他说："政治力量不但使国家通过国外贸易和国外殖民地在发展上获得保证，而且使国内的发展以及它自身的生存也有了保证，这是比单纯物质财富重要得多的。英国借助于航海条件获得了政治力量，又借助于政治力量，使它的工业势力能够扩展到其他国家。"[①]

古代中国不仅是当时世界财富而且是世界技术增长中心，且不说对世界进步发生重大影响的"四大发明"原创于中国，即使是在科学理论上，中国也在许多领域处于世界领先地位。但这些并未保证中国财富和技术能力的持续增长，而是这些财富和技术能力随西方暴力侵入而丧失。1700年中国的GNP占世界GNP的23.1%，接近整个欧洲23.3%的水平。此后中国经济持续上升，不管是GNP总量还是发展速度，中国均居世界前列，1820年中国GNP占世界的32.4%，是同期整个欧洲的1.2倍，但结果是20年后即1840年中国被英国打败了。1890年中国GNP占世界的13.2%，是同期日本的5.3倍，[②]但5年后即1895年中国又让日本打败了。那时候中国的财富是非常丰

① [德]弗里德里希　李斯特：《政治经济学的国民体系》，陈万煦译，商务印书馆1961年版，第102页。

② 1700—890年世界国民生产总值分布　　　　　　　　　　　　　（单位：%）

国家　　年份	1700	1820	1890
中国	23.1	32.4	13.2
印度	22.6	15.7	11
日本	4.5	3	2.5
欧洲	23.3	26.6	40.3
美国	0.0	1.8	13.8
俄国	3.2	4.8	6.3

资料来源：安格斯·麦迪森《中国经济的长远未来》，楚序平、吴湘松译，新华出版社1999年版，第57页。

世界国民生产总值增长率(每年平均复合增长率)

国家或地区　　年份	
中国	0.85
欧洲	0.68
日本	0.21

资料来源：安格斯　麦迪森《中国经济的长远未来》，楚序平、吴湘松译，新华出版社1999年版，第58页。

裕的，中国的工匠技艺也可巧夺天工。但那时富裕的中国人讲究的是养生和"玩"消费：玩鸟，玩古玩，店内写"莫谈国事"，当时中国所缺的就是国家意志。与此相反，与中国同时备受西方侮辱的日本却在60年代锐意改革并迅速崛起。1895年日本一举打败中国，中日签订《马关条约》，中国由此失去台湾。19世纪末20世纪初，中国爆发义和团运动，后八国联军进入北京，清政府被迫签订《辛丑条约》。从1840年到1900年，相隔仅60年，中国人竟由世界首富国家的大清臣民沦落为"东亚病夫"。具有讽刺意味的是，即使是在1900年，中国在世界制造业产量中所占的相对份额为6.21%，同期日本为2.4%，中国仍高于日本2.6倍。[①]

历史表明，真正世界性的财富和技术增长中心的转移，本质上不是靠贸易谈判，而是靠国家政治和国家暴力来实现的。古代中国曾长期是世界财富及科技发展的增长重心。7—8世纪，阿拉伯帝国军事崛起，东西方贸易使通往欧洲的阿拉伯半岛的人坐拥财富，世界财富与技术增长重心开始西移。11世纪开始西方人发动了持续两百年的十字军东征。军人先行，商人紧跟，结果是阿拉伯半岛的商路及其财富在暴力中转移到意大利人手里，意大利成了西方世界财富和技术的增长中心。后来西班牙通过世界殖民掠夺而崛起，在掠夺中成为欧洲最富有的国家。1588年英国与西班牙海战，西班牙战败，此后世界的财富增长中心又在暴力中转移到英国。中间经过拿破仑时期的法国和俾斯麦以后的德国两个新科技中心的过渡，世界科技增长中心继续向北美大陆西迁。美国在抵抗英国殖民政策和霸权封锁

---

① 世界制造业产量的相对份额(1750—1900年)

国家或地区＼年份	1750	1800	1830	1860	1880	1900
整个欧洲	23.2	28.1	34.2	53.2	61.3	62.0
联合王国	1.9	4.3	9.5	19.9	22.9	18.5
哈布斯堡帝国	2.9	3.2	3.2	4.2	4.4	4.7
法国	4.0	4.2	5.2	7.9	7.8	6.8
德意志诸邦/德意志	2.9	3.5	3.5	4.9	8.5	13.2
意大利诸邦/意大利	2.4	2.5	2.3	2.5	2.5	2.5
俄国	5.0	5.6	5.6	7.0	7.6	8.8
美国	0.1	0.8	2.4	7.2	14.7	23.6
日本	3.8	3.5	2.8	2.6	2.4	2.4
第三世界	73.0	67.7	60.5	36.6	20.9	11.0
中国	32.8	33.3	29.8	19.7	12.5	6.2
印度/巴基斯坦	24.5	19.7	17.6	8.6	2.8	1.7

资料来源：[美]保罗·肯尼迪《大国的兴衰》，王保存等译，求实出版社1988年版，第181页。

中崛起，又在第二次世界大战和欧洲衰落中成为迄今仍有生气的新的世界财富和科技增长中心。

二 依托于民族产业的民族特质是科技大国形成的基础

历史同样表明，在拥有同等的军事力量的条件下，只有在政治和经济两方面都保留其民族特质的大国，才能赢得和较久地保持世界科技增长中心地位。独立完整的主权、统一的民族市场和有独立研发能力的国家战略产业①，则是支撑国家的民族特质的三大支柱。国家主权是技术产权的政治保证；民族市场是孵化和实验技术，尤其是国家战略性技术的基地；独立的研发能力是保持国家科技，尤其是战略性科技在国际上的领先地位的最基本的前提。

自英国工业革命，经济全球化之风就"起于青萍之末"②。经济全球化本质上是资本全球化。由于资本主义工业在英国成功着陆，使英国有幸成为泛漫至今的经济全球化浪潮的源头，同时也是由资本，具体说是由工业资本带动的技术革命的最初源头。此后世界技术资源就成了工业资本的附属品。与以前农业和商业时代不同的只是技术的第一生产力的属性使其与工业资本联系起来，这时的国际资本中心必然也就是国际技术及其利用中心。

经济全球化进程中的一个重要悖论就是：通过民族国家道路崛起并成为资本中心的国家，在其资本扩张中总试图削弱资本外围国家的民族特质；而外围国家也正是通过强化其国家民族性而崛起并强力挤入资本中心。19世纪上半叶，法国科学技术水平赶上英国，19世纪后半叶，德国的科学技术水平又赶上法国，20世纪后半叶，美国又取代德国成为世界科学技术的增长中心。而造成技术增长中心链环移位的关键原因，并不在于法、德、美等国的"全面开放"而在于其政治经济在开放中顽强地保留其民族特质。拿破仑是较早意识到资本全球化的危害并主动通过强化国家政治经济民族特质而参与全球化的政治人物。他说："在世界当前的情况

---

① "战略产业"，不同国家依据国情在不同的时期有不同的解释，本书通指涉及国家命脉和存在基础的产业。

② 宋玉《风赋》："夫风生于地，起于青萍之末。"

下，任何国家要想采用自由贸易原则，必将一败涂地。"①拿破仑战争的实质在于通过强力抵制英国资本对法国的负面冲击，在欧洲范围内确立法国资本的优势地位。拿破仑在封锁欧洲大陆的同时，也用暴力在欧洲扩张法国资本。尽管拿破仑战争失败了，但法国在拿破仑执政期间强行确立的法国资本在欧洲的优势地位则保留了下来。19世纪60年代末，俾斯麦通过王朝战争使分散于几百个邦的德国归于一统，这使德国有了在强有力的行政领导下的统一民族市场。1871年俾斯麦又打败法国，此后法德力量对比急速变化。1860年法德两国在世界制造业产量的相对份额分别为7.9%和4.9%，1880年德国迅速赶上法国，分别为7.8%和8.5%，1900年德国则处于绝对领先地位，分别为6.8%和13.2%。②与此同时，德国也成了世界科技增长中心。1851年到1900年美、法、英、德四国取得的重大科学技术成果分别为33项、75项、106项和202项；1901年到1920年间，这四个国家获诺贝尔自然科学奖金的人数分别为2人、11人、8人和20人。"在19世纪后半期和20世纪初期，德国当之无愧处在世界科学技术的最前列。"③

世界科学技术中心从德国向美国的转移是在20世纪中期完成的，但能够使美国成为世界科技中心地位的基础性条件却是在此前一百多年形成的。其间，18世纪的独立战争和19世纪的南北战争为美国争得的独立的主权和统一的民族市场，为美国未来的世界科学技术中心地位奠定了基础。华盛顿在就职的当天，特意穿着国产布料制成的服装，这"使一切后继者，一切后来人的立法者，获得一次深刻的教训，告诉他们怎样才能够促进这个国家的福利"。弗里德里希·李斯特对美国独立战争的性质作了中肯的评价，他说："一切工业都垄断在祖国的手里，这一点就是美国革命主要原因之一，至于茶税事件只是提供了革命爆发的一个机会。"李斯特通过对美国经济的研究，对当时的自由贸易理论提出批评，他说："美国早期以及比较晚期的经验都证明，当（经济）恐慌发生得最频繁、性质最严重的时候，也正是对英国商业往来限制得最不严的时候。"④

---

①　转引自[德]弗里德里希·李斯特《政治经济学的国民体系》，陈万煦译，商务印书馆1961年版，第69页。

②　[美]保罗·肯尼迪：《大国的兴衰》，王保存等译，求实出版社1988年版，第181页。

③　申漳：《简明科学史话》，中国青年出版社1981年版，第200页。

④　[德]弗里德里希·李斯特：《政治经济学的国民体系》，陈万煦译，商务印书馆1961年版，第88、89、97页。

　　南北战争以主张统一的美国北方民族工业资本的胜利为结局。此后，美国在政治上形成了比较集中的中央政府的控制权，以高关税为手段强力建立了统一的民族市场。1820年到1902年美国制造业产品平均关税税率从40%猛增到73%，这远远高于当时其他新兴的工业化国家。第一次世界大战前，美国在世界经济体系中优势地位确立后，美国关税税率才大幅下调到44%。[①]

　　高关税有力地促进了美国工业的高速发展。从1750年到1900年美国在世界制造业产量的相对份额从0.1%猛升为23.6%。[②]至1914年，在人口数仅次于俄国人口数的条件下，美国国民收入和人均收入远远高于其他主要工业国家。[③]此后，世界科技中心加速向美国迁移。19世纪末，美国大学生数量已超过欧洲。1930年，美国工业实验室达到1650个，科技人员增加到3.4万人，政府科研经费达到7000万美元。第二次世界大战爆发前，美国科技开始局部领先欧洲。1931—1940年美国占同期世界获诺贝尔自然科学奖人数的26%，高于英、法，略低于德国；1941—1978年，美国占50%左右，超

①　1820—1913年工业化国家制造业产品进口的平均关税税率　　　　　　　　（单位：%）

国家＼年份	1820	1875	1902	1913
澳大利亚			6	16
加拿大			17	28
法国			34	20
德国	10		25	13
意大利			27	18
丹麦	30		18	14
瑞典			23	20
美国	40		73	44

资料来源：转引自高梁《挺起中国的脊梁：全球化的冲击和中国的战略产业》，石油工业出版社2001年版，第12页。

②　资料来源：[美]保罗·肯尼迪《大国的兴衰》，王保存等译，求实出版社1988年版，第181页。

③　1914年各大国国民收入、人口以及人均收入对比表

国家＼项目	国民收入（亿美元）	人口（万）	人均收入（美元）
美国	370	9800	337
英国	110	4500	244
法国	60	3900	153
日本	20	5500	36
德国	120	6500	184
意大利	40	3700	108
俄国	70	17100	41
奥匈帝国	30	5200	57

资料来源：[美]保罗·肯尼迪《大国的兴衰》，王保存等译，求实出版社1988年版，第296页。

过英、法、德三国的总和。①这又为20世纪下半叶的国际空间和电子技术的大发展在美国提供了国家级的发展平台。当然，造成此间各国科技人才比例变化的也有第二次世界大战中欧洲科技人才大量迁移美国的历史原因，但问题的关键是，美国将这种优势一直保持至今。②

这说明以最坚决的手段保护依托于民族产业的民族特质而不是所谓"全面开放"，是美国成为独步迄今的科学技术大国的关键原因。如果美国人没有勇气建国，继而没有勇气在反对英国的霸权中强力保护本国的民族产业，而是走今天的拉美道路，依附于英国资本，那么，20世纪的世界科技及其利用中心的地位绝不可能降落到美国。

能够支持这个判断的有力反证之一，就是苏联的崛起与衰落。事实上，能够有条件成为20世纪世界科技增长和利用中心的，除美国之外，本来还有苏联。苏联社会主义革命与一般的革命不同，它的目的是使俄国以民族的和自主的发展道路，代替没有前途的依附于国际资本的发展道路。十月革命成功后不久，列宁将发展重工业提到关乎俄国生死存亡的高度。他说："不挽救重工业，不恢复重工业，我们就不能建成任何工业，而没有工业，我们就会灭亡而不成其为独立国家。这一点我们是很清楚的。"③列宁同时又认为应当将重工业建立在当时最先进的电气化技术之上，他说："社会主义的唯一的物质基础，就是同时也能改造农业的大机器工业。但是不能局限于这个一般原理。必须把这一原理具体化。适合最新技术水平并能改造农业的大工业就是全国电气化。"④为此，列宁指示，"应当把我国人民教师提高到从未有过的，在资产阶级社会里没有也不可能有的崇高地位"。"使他们具有真正符合他们的崇高称号的各方面的素养，而最最重要的是提高他们的物质生活条件。"⑤后苏联经斯大林、赫鲁晓夫和勃列日涅夫时期，基本上完成了重工业和国防工业的现代化技术改造。

---

① 孙汉文主编：《现代科学技术概论》，中国经济出版社1999年版，第12页。

② 参见科技部办公厅调研室、中国软科学杂志社编译《世界级科学家国别分布情况分析研究》。

③ 《俄国革命五周年和世界的前途》，《列宁选集》第4卷，人民出版社1960年版，第666页。

④ 《在共产国际第三次代表大会上关于俄共的策略的报告提纲》，《列宁选集》第4卷，人民出版社1960年版，第548页。

⑤ 《日记摘录》，《列宁选集》第4卷，人民出版社1960年版，第678页。

俄国在1910年铁和煤的产量分别只有300万吨和2500万吨，远低于英国的1500万吨和2.7亿吨，德国的1500万吨和1.5亿吨，与美国相比就更落后了。但是从1928—1938年只用了两个五年计划的时间，苏联制造业的产量就增加了7.5倍多，跃居世界第二位，而同期的美国经济却出现了严重危机。第二次世界大战使苏联经济遭到巨大破坏，美国却在战争中大发横财。但是，战后苏联主要经济指标的增长速度比美国高出1—2倍。1950年，苏联的工业总产值不到美国的30%，1980年已达到67%，许多重要产品的产量，如机车、石油、生铁、钢等则先后超过美国。在科学技术、教育文化和军事力量方面，苏联在如导弹、核武器、航空航天、人造卫星等不少高科技领域都具有优势或者与美国旗鼓相当。人类第一颗人造地球卫星就是苏联制造并送上太空的。[1]从1917年十月革命胜利到戈尔巴乔夫上台之前，在短短的半个多世纪的时间里，俄国从一个极度衰落的军事封建帝国，被改造成世界仅有的与美国科学技术实力并驾齐驱的社会主义强国。1985年，戈尔巴乔夫上台，按西方自由主义原则对苏联进行"改革"，其结果是苏联六十多年（1917—1985）达到的仅次于美国的科技大国的地位，在此后五年多的时间中顷刻瓦解。

政治瓦解后必然出现的就是财富及相应的科技人才的转移。据统计，1992—1993年中，俄国就消失了七百多亿美元。1994—1998年全部资本外流量超过1360亿美元，远远大于从国外投资者和国际金融组织的资金流入。[2]1999年到2000年，俄罗斯国内生产总值、工业产品和农产品的产量下降了一半多，许多工厂停工，一些非常现代化的航空航天企业改行生产一些包括炒锅或者是园艺工具之类的日用品。精密机器制造、航空航天、生物工程、精细化工、电子、核工业等等一些行业投资严重不足，处于停滞状态。工业部门的人才流失和人员老化非常严重，大部分工程师年龄接近五六十岁。最近十年科技人员数从原来250万人下降到80万人，大量高级专家，尤其是那些核心学科，比如数学、物理、化学、生物学等学科的高级专家，都移民到美国和西欧。根据有关专家测算，人才流失给俄罗斯造成的损失高达数千亿美元。在国内成千上万名的高级人才被迫转行，为了

---

① 《社会主义实践历史参考》（http://webhost.5ewy.com/riverhead/nc3/c35/cankao.htm）。

② 张晓禾、刘建进编译：《俄国大量美元外流》，《香港传真》No.99-56。

养家糊口，好多人被迫转行搞商业或者是其他的行业。俄罗斯经济当中现代化程度较高的一些部门现在仍处在衰退之中。[1]曾说过"我生活的目的就是消灭对人民实行无法忍受的独裁统治的共产主义"的戈尔巴乔夫有了醒悟，他在接受中国记者采访时说："我深深体会到，改革时期，加强党对国家和改革进程的领导是所有问题的重中之重。在这里，我想通过我们惨痛的失误来提醒中国朋友：如果党失去对社会和改革的领导，就会出现混乱，那将是非常危险的。""我们在没有做好准备的情况下，使苏联社会大开放。在残酷的国际竞争下，国内工业受到致命打击。极少数人一夜暴富，敛财数额之巨仅次于美国的大亨，而赤贫的人数却远远超过了苏联时期。这方面，中国处理得很好。中国沿海省份和地区发展速度快，中西部相对发展较慢，中国领导人现在号召开发西部和东北地区完全正确。"不少前苏联的所谓"持不同政见者"看到苏联解体后俄罗斯的衰弱，对自己当年的行为痛心疾首。曾经对苏联进行过尖锐批判的梅德维捷夫教授，面对解体后迅速衰落的俄罗斯无奈地表示："无须向任何人证明，戈尔巴乔夫执政之前的苏联，比现在的俄国好得多。戈尔巴乔夫留给后人的遗产有三个：一是世界大国苏联的分崩离析，二是无节制的通货膨胀，三是80％的人进入贫困线，数百万贫困者流落街头。"曾由于持不同政见而定居巴黎的马克西莫夫，面对自己祖国的现状也发出感慨："假如知道自己过去写的书会产生这样的结果，他就不会写那些书；假如知道苏联这只大船会沉没，他就不会去摇撼这只船。"[2]

三 战略产业被剥夺的国家，有权利但没能力利用全球科技资源

科学技术的悖论在于科学创造及其产品交换是需要自由条件的，而科学技术的利用却是要受制于国家利益的。英国以其资本主义方式赢得了工

---

① 俄罗斯社会科学院院士弗·伊·多博列尼科夫报告：《俄罗斯改革的经验与教训》，2003年10月27日上午9：00—11：30，中国社会科学院的学术报告厅（http://www.globalview.cn/ReadNews.asp?NewsID=457）。

② 许小峰：《戈尔巴乔夫迟到的醒悟》（http://www.hebei.com.cn/node2/node596/node597/userobject1ai251333.html）。

业革命的利益后，便开始推动有利于本国利益的"经济全球化"进程。

这里值得提及的是，全球化并非工业社会的专利。在此之前，人类历史刚刚经历过从四大文明古国为辐射源的农业全球化过程。在这个过程中，居于强势地位的农业国家和民族最终或征服或同化了其他非农业国家和民族，由此使农业生产方式在世界范围居于主体地位，其中农业霸权国家依其高于其他国家和民族的农业资源（土地、人口、技术等）在其创造的贡赋体系中，吸吮其他弱势国家的资源。其他民族也曾对这种农业全球化浪潮进行过和平或暴力的抵制，这种抵制也曾对世界形成巨大的冲击，比如公元10世纪中亚游牧匈奴人对欧洲及大月氏人和13世纪游牧蒙古人对欧亚大陆农业民族及其王朝国家的冲击，其结果是征服者被被征服者所征服，这些征服民族无一例外地被农业全球化的浪潮所溶化。

资本主义在大不列颠岛的成功登陆，使原来被束缚在封建农业王朝中的手工业技术在资本的魔杖下释放出来并在资本的调度下创造出了"比过去一切世代创造的全部生产力还要多，还要大"[1]的资本主义生产力。正如中古时期的封建主义生产力以其农业技术优势征服了游牧民族等非农业民族一样，近代资本主义以其工业技术优势征服了自然经济下的农业民族等非工业民族：资本使城市市民变为最初的资本家，使封建的行会组织变为工场手工业，使封建地租变为利润，一句话，原先存在于农业王朝中的一切经济要素，如不转变为资本要素，就会被资本所溶化和吸噬。资本一旦出现，它就开始向世界漫流，资本流向哪里，它就在哪里"挖掉了工业脚下的民族基础"，[2]这个被现代人称为"经济全球化"的过程，就其实质而言，本质上就是资本全球化的过程。

经济全球化的历史表明，对于处于资本外围并受到资本全球化冲击的民族国家而言，如果不能占有高于资本中心国家的技术优势，它就不能保证其政治经济的独立性——这是目前拉美国家的选择，德国历史学派经济学家李斯特对此有独到的理论解释，他说，"一个国家的发展程度，主要并不是像萨依所相信的那样决定于它所蓄积的财富（也就是交换价值）的多少，而是决定于它的生产力的发展程度"。这是因为"财富的原因与财富本身完全不同。一个人可以据有财富那就是交换价值，但是他如果没有

---

① 《共产党宣言》，《马克思恩格斯选集》第1卷，人民出版社1972年版，第256页。
② 同上书，第254页。

那份生产力，可以产生大于他所消费的价值，他将越过越穷"。因此，"一切现代国家的伟大政治家，几乎没有一个例外，都认识到工业对于国家财富、文化和力量的重大意义，有加以保护的必要。在这一点上，爱德华三世和伊丽莎白一样，腓特烈大王和约瑟二世一样，华盛顿和拿破仑一样，他们都有着同样的理解。他们不必在理论上深入探讨，凭着他们的远见，早已看到整个工业的本质，有了正确的认识"。[①]为此列宁在革命胜利不久就提出其著名的"电气化计划"和用重工业装备俄国的方案，列宁认为这关系到苏维埃政权的生死存亡。

经济全球化的历史还表明，对于处于资本外围并受资本全球化冲击的民族国家而言，如果不能拥有高于资本优势的先进的管理制度，它就不能以较低成本利用全球科技资源，甚至不能保住本国原创性科技研发能力。

制度也是财富，更重要的是其作用远大于财富。目前在科技研发中我们比较多地强调科技投入，提出许多西方国家"科学研究与试验发展"的（R&D）统计数据，以说明"R&D经费投入过低"[②]是我国科技落后的重要原因。但我们恰恰忘记了科技产品交易中还存在着的制度成本因素。在典型的资本主义制度中，长期形成的产权制度使其交易费用占据了科技产品价格的重要部分。换言之，不同的产权制度下，其知识产权会有不同的成本和价格；产权私有化程度越高，其科技产品的交易成本就越高。如果仅简单地按所谓R&D投入统计分析国家科技发展的原因，那我们就不能对苏联和中国在建国头几十年，在资金投入远不如西方的条件下，科学技术却获得了难以想象的大发展的事实做出理性的解释。在这一时期，苏联在第一个五年计划期间所建成的一大批现代化骨干企业，尤其是在钢铁、机械、燃料动力、化工、汽车、拖拉机、飞机、造船等新工业部门，许多都是利用西方先进技术和机器设备建成的。[③]中国是沿着俄国十月革命道路诞生的社会主义国家，彻底的社会主义革命对中国未来发展的最大贡献，

---

① [德]弗里德里希·李斯特：《政治经济学的国民体系》，陈万煦译，商务印书馆1961版，第127、118、131页。

② 《我国科技竞争力现状、问题及对策》，《科教兴国战略研究动态》2000年第1期。

③ 斯大林本人对此曾加以肯定。他在和克·约翰斯敦的谈话中说："在苏联，约有2/3的大型企业是在美国的帮助或技术援助下建成的。"[美]萨顿：《西方技术与苏联经济的发展（1930—1945）》，转引自王绳祖主编《国际关系史》第5卷（1929—1939），世界知识出版社1995年版，第44页。

就在于生产资料公有制改造使中国现代化工程的制度成本在启动之初就降到最低点。在基本没有私有产权交易的条件下，中国不仅将许许多多像钱学森这样流散在海外的优秀科学家感召回国，而且国家在建设之初就获得了科学技术大规模利用的条件。与中国相反，印度独立之初保留私有权制度，结果造成国家现代化因其成本尤其是其中的产权交易成本过高而步履维艰，其发展速度落后中国二三十年。1998年和2002年诺贝尔经济学奖得主阿玛蒂亚 森通过与印度比较，正确地指出了新中国快速发展的原因，他说："积极的社会变革——包括土地改革、教育和识字普及、更好的医疗保健服务——也为发展奠定了基础。""中国的这种社会变革是在什么时候、如何发生的？这些社会变革的高潮是在改革前，即在1979年之前——实际上很多是发生在毛泽东政策的活跃时期。"[1]今天尽管中国进入市场经济快车道，但我们不仅要看到发展与科技投入的函数关系，更要看到科技投入与制度创新之间的函数关系。苏联选择了社会主义制度以大规模地降低建设成本。对这种发展道路，列宁有过精彩的论述。他说："世界历史发展的一般规律，不仅丝毫不排斥个别发展阶段在发展形式或顺序上表现出特殊性，反而是以此为前提的。"[2]"我们没有从理论（一切书呆子的）所规定的那一端开始，我们的政治变革和社会变革，先于我们目前正面临的文化变革、文化革命。"[3]列宁针对那些用所谓"文化水平"来否定俄国革命必要性的"书呆子"们的论点说："我们为什么不能首先用革命手段取得达到这个一定水平的前提，然后在工农政权和苏维埃制度的基础上追赶上别国的人民呢？"[4]

可见，全球科技资源的利用问题不完全是一个简单的经济交易过程，而是一个政治及其战略的实施过程。产权制度本质是一个政治问题，同时它也是一个交易成本问题。高成本的科技产品肯定是没有竞争力的。英美国家的科学技术在保存私有产权制度的前提下获得发展并取得世界科技中

---

[1] 阿玛蒂亚·森：《以自由看待发展》，任颐译，中国人民大学出版社2002年版，第259页。另外，新中国的主要经济文化迅速发展成就在安格斯·麦迪森写的《中国经济的长远未来》中也有全面客观的介绍。

[2] 《论我国革命（评尼·苏汉诺夫的札记）》，《列宁选集》第4卷，人民出版社1960年版，第690页。

[3] 《论合作制》，《列宁选集》第4卷，人民出版社1960年版，第687页。

[4] 《论我国革命》，《列宁选集》第4卷，人民出版社1960年版，第691页。

心地位，是由于他们早期用暴力从殖民地获得源源不断的原始积累，但对于苏联和中国这样不可能从外部世界获得超额补偿的后发国家来说，没有条件重复英、美国家用经济补偿的方法克服制度矛盾并由此推动经济发展的道路，而只有另辟一条政治改造经济的道路。在这条道路上，中国以西方国家不曾有过的速度建成了由一系列战略产业为支柱的比较完整的国民经济体系。有了这个体系，中国才具备了吸收和利用全球科技资源的"肌体"和能力；同样的道理，国际间科技领域的较量并不主要在于争夺所需人才和收购科技成果的价位竞争，而在于剥夺和保护国家吸收全球科技资源的能力的斗争。西方霸权国家常用的手段是：在强化本国战略产业力量的同时，用政治、经济和文化理论的任何方式，剥夺或弱化支撑对手国家的经济独立性的战略产业的再生能力。[①]弗里德里希·李斯特对此洞察深刻，他说："力量的确比财富更加重要。为什么呢？只是因为国家力量是一种动力，新的生产资源可以由此获得开发，因为生产力是树之本，可以由此产生财富的果实，因为结果子的树比果实本身价值更大。力量比财富更加重要，因为力量的反面——软弱无能——足以使我们丧失所有的一切，不但使我们既得的财富难以保持，而且就是我们的生产力量，我们的文化，我们的自由，还不仅是这些，甚至我们国家的独立自主，都会落到在力量上胜过我们的那些国家的手里；这种情况在历史上已经有了充分证明，意大利共和国、汉萨同盟、比利时、荷兰、西班牙、葡萄牙都是前车之鉴。"[②]

随着苏联和中国步入独立自主的国家发展道路并由此崛起后，西方发

[①] 历史的经验值得注意。德黑兰会议期间，盟国首脑不仅商定了消灭德国武装力量的计划，而且初步研究了战胜国如何处置德国的问题。在后一个问题上战胜国就是从剥夺德国的"制造能力"入手来摧毁德国的。1943年11月28日晚，斯大林与丘吉尔、艾登就德国问题交换意见。斯大林认为"德国很可能从这次战争中恢复过来，并且在相当短的时间内再发动一次新战争"，他相信"在15—20年内"德国就会东山再起。因此，他强调仅采取管制德国和解除德国武装的措施尚不足以防止德国军国主义死灰复燃。斯大林根据苏联从发展制造业崛起的经验，认为只有尽可能采取最"强有力"的措施，比如"限制德国的制造力"才可能使德国难以迅速复原。丘吉尔除了强调解除和限制德国"制造能力"外，还认为要从地缘政治上彻底肢解德国，"进行有深远意义的领土方面的变更"，以"使世界至少能有50年的安全"。参见萨本仁、萨支辉《丘吉尔与英国对外政策》，世界知识出版社2003年版，第261页。

[②] [德]弗里德里希·李斯特：《政治经济学的国民体系》，陈万煦译，商务印书馆1961年版，第46—47页。

达国家又引导苏联和中国等社会主义国家遵守连他们自己也不遵守的绝对自由贸易原则，要求你用几乎是天价的成本进入高门槛的种种"国际经济组织"，按所谓"国际化标准"自我约束。与此同时，他们却不按自由贸易的原则兼并和整合本国战略产业，降低本国交易费用以提高竞争力。其最终目的，并不是要与像中国这样新崛起的国家进行良性竞争，而是要彻底摧毁支撑这些国家独立自主的战略产业。英国曾借拉美殖民地得以大规模集中国际财富，却妨碍了被掠夺者跳跃到积累工业资本阶段。当独立后的拉丁美洲人试图起步时，英国人又向他们举了保护主义与自由贸易变色魔镜——有利的一面总向着自己。在英国纺织品未立足之际，对出口的未加工的羊毛的本国公民重判以断手或绞刑，但当拉丁美洲门户被暴力打开后，英国则向这些国家倾销其低质纺织品。①美国人曾成功地避开了英国人设下的"世界主义"和"自由贸易"的圈套，在高关税保护下，美国依托其强大的民族工业而崛起。遗憾的是，美国人却在20世纪末用英国人对付美国人的办法造成苏联的解体和俄国的衰落。此后，美国将目标瞄向中国，尤其是中国的国家战略产业。美国人明白，美国的强大不在于美国自身的力量，而在于对手的力量。②而剥夺对手国家力量的最简捷的办法就是瓦解它的国家政治能力及支撑这种能力的战略产业。

20世纪80年代始，中国经济在"产权重组"的基础上推进现代企业制度改革，许多大型国有企业和大型国家军工企业与政府脱钩并被推向市场，国家船舶、石油、电信企业被一分再分的同时，西方国家同类战略企业却出现了大规模兼并浪潮。1988年所谓"市场经济国家"的工业增值总额中，600家最大工业企业占20%—25%。1978—1990年欧洲最大100家制造业企业的销售额和就业占欧洲共同体GNP和就业的比例分别由18.1%和25.1%上升为19.5%和28.2%。日本最大100家制造业企业的销售额和就业占日本GNP和就业比例分别由22.1%和17.4%上升为29.7%和22.4%。美国最大100家制造业企业的销售额和就业占美国GNP和就业的比例分别由远远高于欧洲和日本29.1%43.3%，下降为24%和43.3%。20世纪80年代后期，兼

---

① [乌拉圭]爱德华多·加莱亚诺：《拉丁美洲：被切开的血管》，王玫译，人民文学出版社2001年版，第4页。

② "一个国家当前富强与否不取决于它本身拥有的力量和财富，而主要取决于邻国力量的大小与财富的多寡。"转引自[美]保罗·肯尼迪《大国的兴衰》，王保存等译，求实出版社1988年版，第9页。

并几乎成为美国企业成长的主要方式。1988年美国企业兼并案例2752起，1991年3268起，1993年企业兼并案与1988年持平。90年代欧洲企业兼并达到高峰，就连以兼并困难著称的日本，也出现大型企业之间的兼并。①值得我们注意的是，在西方，战略产业的兼并重组与国际竞争并不完全是市场调节的自发行为，其后都有政府和军方的人为扶持和支持背景。1995年，瑞格柔克和图尔德列出了1993年世界最大的100家企业的成长与政府扶持的特殊关系。其中，至少有20家是或者曾是国有企业，或者是由政府直接出面组建的部分国有企业。②至少有11家企业的海外扩张直接受益于帝国主义殖民，③至少有23家直接从事与国家安全和国际政治紧密相连的石油工业，④至少有11家靠曾经由国家垄断的通讯产业起家，⑤至少有75家的成长直接

---

① 资料来源：王小强《产业整合　时不我待》，《参阅文稿》，No.96-8.pp.13-14。

② 包括IRI (排名第6)、奔驰(Daimler-Benz， 排名第8)、BP(British Petroleum，排名11)、大众(Volkswagen 排名11)、ENT(排名21)、EIF-Aquitaine (排名22)、雷诺(Renault，排名29)、Alcatel-Alsthom (排名34)、Total(排名45)、INI(排名54)、PDVSA (排名56)、Repsol (排名64)、英国航天 (British Aeospace， 排名68)、Usinor-Sacilor (排名72)、Feruzzi Finanziaria (排名75)、Phone-Poulenc (排名77)、Viag (排名78)、Preussag (排名82)、Friedrich-Krupp (排名86)、Petrobras (排名89)和Saint-Gobain (排名91)。（正文及本注释资料来源：王小强《产业整合　时不我待》，《参阅文稿》，No.96-8.pp.32）

③ 包括Royal Dutch/Shell、British Petroleum、Unilever、Elf-Aquitaine、Alcatel-Alsthom、Total、ICI、British Aerospace、Petrofina、BTR和Idemitsu Kosan。（正文及本注释资料来源：王小强《产业整合　时不我待》，《参阅文稿》，No.96-8.pp.32）

④ 包括Exxon (1993年排名第2)、Royal Dutch/Shell (排名第4)、British Petroleum (排名11)、Mobil (排名13)、ENI（排名21）、Elf-Aquitaine (排名22)、Chevron (排名24)、杜邦 (Du Pont，排名26)、Texaco (排名27)、Total (排名45)、Amoco (排名46)、PDVSA (排名56)、PEMEX（排名57）、日本石油 (Nippon Oil， 排名62)、Repsol (排名64)、Atlantic Richfield (排名67)、Petrofina (排名70)、美钢联（USX，排名74）、Idmitsu Kosan (排名83)、Ssanyong (排名87)、Petrobas (排名89)、Sunkyong (排名90)和Tenneco (排名99)。（正文及本注释资料来源：王小强《产业整合　时不我待》，《参阅文稿》，No.96-8.pp.33）

⑤ 譬如，西门子直到1990年，垄断性产业为企业生存的基础（军事工业4%—10%，电站17%，医药技术10%，通信22%）。菲力普（Philips）80年代通信和军事工业占企业销售的25%。ABB的政府订货曾高达30%。不在100大的著名企业，美国AT&T (American Telegraph and Telephone)、英国BT（British Telecom）和日本NTT（Nippon Telegraph and Telephone）也都是靠全国独家垄断的通信行业起家。（正文及本注释资料来源：王小强《产业整合　时不我待》，《参阅文稿》，No.96-8.p.33）

受益于历次战争中的政府订货，^①至少有20家企业，曾经被政府从破产或被兼并的边缘挽救过来。^②所有这些的目的只有一个，那就是降低技术交易成本、扩张国际市场以及实现国家的战略利益。

20世纪80年代，中美开始联合研制的"美洲虎"坦克。20世纪80年代，中国机械设备进出口公司和美国凯迪拉克·盖奇·达信公司提出联合研制"美洲虎"坦克计划，双方各提供40%的部件，其余20%的部件由国

---

① 譬如，1941—1945年，美军定购大量"雀巢"咖啡和"咖啡知己"（Nestle，排名23）。同期，由于军事订货，Philip Morris(排名17)的香烟销售翻了一番。Texaco 30%的生产是军事订货。GM、奔驰和尼桑等既生产家用轿车又生产卡车，是因为大量军用车辆订货。譬如，二战和朝鲜战争期间，GM生产能力的19%用于军事订货。整个70年代，Fujitsu计算机研究开发费用的60%由政府提供。整个50—60年代，五角大楼支付了IBM（排名第7）三分之一以上的研究开发经费。整个50年代，IBM 50%的利润来自五角大楼。50年代，波音（Boeing，排名35）用政府所有的B-52轰炸机的厂房和设备生产波音707，从而奠定波音在大型民用客机的世界垄断地位。直到1989年，波音的军事订货仍占企业销售的23%，1994年降为10%。1989年，United Technologies (排名53)的军事订货占企业销售的30%。1990年，日本三菱重工（排名49）的军事订货占企业销售的19%。1993年，英国航天（British Aerospace，排名68）90%的利润来自军事订货。Hughes Aircraf (属于GM)、麦道·道格拉斯（McDonnell Douglas，排名69）、波音和Estman Kodak (排名61)，年年接受美国国家航天局（National Aeronatics and Space Administration-NASA）的巨额订货。仅芯片一项，美国国防部每年支持企业的研究开发经费，即达一千亿美元。（正文及本注释资料来源：王小强《产业整合 时不我待》，《参阅文稿》，No.96-8. pp.33-34）

② 包括著名的国有企业IRI（排名第6）、INI（排名54）和ENI（排名21）。直到第二次世界大战以后，在高关税的保护下，欧洲的大钢铁企业还可以结成所谓"危机卡特尔"（crisis cartels）。1980—1985年，政府补贴超过法国、意大利和英国钢铁企业"平均增值"（value-added average）的50%。同期，国有企业北方钢铁（Usinor-Sacilor，排名72）从法国政府拿到200亿马克的直接补贴。40年代末，日本政府组织日本银行（Bank of Japan）、日本发展银行（Japan Development Bank）和日本工业银行（Industrial Bank of Japan）帮助丰田（排名5）、尼桑（排名16）和五十铃（排名110）走出生存困境。30年代福特（排名第3）面临破产，1979年克莱斯勒（Chrysler，排名28）面临破产，80年代麦道·道格拉斯（McDonnell Douglas，排名69）和雷诺（Renault，排名29）的生存危机，1987年大宇（Deawoo，排名41）的债务危机，1994年大众（Volkswagen，排名14）在西班牙的SEAT面临破产，1993—1994年Metall-gesellschaft的财务危机，1993—1994年Electroux（排名91）面临破产，都是靠政府帮忙渡过的。1993年瑞典政府挽救两家特大银行，Skandinaviska Enskilda Banken和Handelsbanken。这两家银行是沃尔沃（Volvo，排名85）、Electrolux（排名92）、Ericsson（排名178）、Asea（ABB的一半，ABB排名33）、Stora（排名193）和SKF（排名318）的大股东。（正文及本注释资料来源：王小强《产业整合 时不我待》，《参阅文稿》，No.96-8.pp.34）

际承包商负责。80年代末，由于受国际政治气候影响，美国单方面终止协议，"美洲虎Ⅰ"式和"美洲虎Ⅱ"式坦克各生产出一辆样车就夭折了。①

90年代初，美国有二十多家大型军工企业。1992年始，美国国防部鼓动军工企业合并。到1997年下半年，美国二十多家军工企业兼并为波音（Boeing）、洛克希德·马丁（Lockheed Martin）和瑞斯恩(Raytheon)三家。其中对中国航空工业的打击最大的是1996年底波音对麦道的兼并。

1996年年底，中国432架民用客机中，80—180座飞机317架，占73.4%。全球11505架商用喷气式收音机中，100座级占22.5%，150座级占35.9%，两者合计58.4%。若实现了这两个级别的大型飞机研制能力100座级民用，可基本满足我国民航事业的发展需求，在国际市场上也会有一定的竞争能力。100座级民用喷气式支线飞机，是中国航空工业发展的一道门槛。20世纪80年代。我国放弃自行研制"运-10"后，试图通过国际合作，实现"三步走计划"。第一步是装配和部分制造大型支、干线飞机，第二步是联合设计和制造100座级的支线飞机，第三步是在2010年实现自主设计制造180座级支线大飞机的能力。该计划第一步方案赢得美国麦道的合作。为了争夺中国市场，麦道愿意向中国免费提供装配飞机所必需的图纸，图纸总重达50—60吨，市场价值超过6000万美元。麦道还向中国东方航空公司提供飞机模拟器。作为合同的一部分，麦道向中国转包水平定面、襟翼和六个仓门的生产，占机身价值的10%。1986—1994年，中国装配了35架MD-82/83，返销美国5架。返销美国的4架MD-83质量在美国引起震动。美国航天局指出：532项检查基础上，上海的一次检查合格率为95%，而麦道只有51%。1992年，中航与麦道签订了合作生产40架机体国产化率高达70%的MD-90的合同。与以前不同的是，这次不再是"组装飞机"，而是美国出产权，中国出设备和工人，合作制造飞机。然而，1996年11月16日，美国五角大楼正式把设计21世纪新战机的任务交给从未独立搞过战斗机的波音，公开表示：麦道必须被波音兼并。就这样90年代年年赢利的麦道在一个月后即12月15日被波音兼并。接着波音宣布从1999年以后，不再生产与中国合作的MD-90机型。按合同，中国装配加工的20架MD-90的原材料当时已经全部采购入库。取消MD-90机型，意味着维修保养、零配件供应等

① 《半途叫停中美联合造"美洲虎"坦克》（http://www.yunnan.cn/191/2004/04/20/56@117345.htm）。

一系列不确定因素，20架MD-90无法销售出去。中国航空工业总公司只有在国内售出两架。参与加工装配的上飞、西飞、成飞等企业，为了与麦道长期合作而新建的最现代化的厂房、购置的最现代化的设备、付出的人员培训成本，立即陷入闲置状态。这对中国航空工业的"三步走计划"无疑是致命一击。1997年中国航空工业总公司销售收入258亿元，而"非航空用品"却占总额的近80%。十大系列五千多种"民品"中，摩托车、汽车的销售额占销售总额的62%。中国的航空总公司成了变相的汽车、摩托车公司，其战略产业的性质日益丧失。①

然而，事情并未到此结束，1999年5月美国众议院公布了所谓中国"窃取"美国核技术的《考克斯报告》。由此引发美国国内妖魔化中国的浪潮及美国对出口中国的高科技产品及技术的严格限制。这大大恶化了中国利用全球科技资源及培育自身科技原创能力的国际环境。

从美国波音兼并麦道到《考克斯报告》掀起的妖魔化中国的浪潮，不由得使人联想起1960年苏联从中国撤走援华专家和单方粗暴撕毁合同的相似行为。这发生在两个不同时代和两个不同意识形态国家的同种行为的矛头所向，恰恰是事关中国命运的战略产业即航空航天及核工业领域。如果我们再联系思考1999年美国强行中止以色列对华出售预警机的霸道行为及2003年俄国在"安大线"上的变故对能源本已严重短缺的中国经济的雪上加霜式的影响，②使我们对1963年毛泽东的"革命和建设都要靠自己"③的论断又有新的体会。

然而，这里需要说明的是，在市场经济条件下，一般的民用产业技术

---

① 资料来源：王小强《四年时间，美国军工重组完成》，《参阅文稿》No.97-13；《中国航空工业向何处去》，《战略与管理》1999年第5期；高梁《挺起中国的脊梁——全球化的冲击和中国的战略产业》，石油工业出版社2001年版。

② 1994年，俄罗斯石油企业向中方提出了修建从西伯利亚到中国东北地区石油管道的建议。经过近十年的努力，2003年5月，中俄两国石油公司签署了拟通过建成后的"安大线"向中方供应7亿吨、价值1500亿美元石油的协议。不料2003年8月，原定当月举行的中俄能源分委会会议被推迟，有消息说俄政府决定优先铺设安加尔斯克至纳霍德卡的石油管线(安纳线)，9月2日，俄自然资源部宣布将最终否决"安大线"，"安大线"陷入危局。

③ 这是毛泽东同由中央委员会主席迪　努　艾地率领的印度尼西亚共产党代表团的谈话。参见《革命和建设都要靠自己》(一九六三年九月三日)，《毛泽东文集》第8卷，人民出版社1999年版，第338页。

与国家战略产业技术并不可混为一谈。前一种技术，尤其是其中的非核心技术，是可以按商业原则"自由流动"，并被"跟踪模仿"的；而后一种技术，尤其是其中的关键技术和在技术链条中处于上游的技术，则必须是由国家控制的，是不可能通过贸易获得的。国家战略产业是拉动本国原创技术及其利用的基本动力，而战略产业的毁灭——不管是自毁还是他毁，对这个国家而言，其技术创新和利用的能力就会与当前的伊拉克的科技能力一样，被剥夺得一干二净。

四　实事求是地制定利用全球科技资源的战略

科技资源的利用要为国家利益服务，同时也要靠国家利益，尤其是国家战略利益来拉动。这不仅是像美国这样的西方大国的科技发展规律，而且通过冷战后从苏联垮台、南斯拉夫在科索沃战争中被肢解，以及刚刚结束的伊拉克战争等种种事件，南方国家更应当认识到这也是发展中国家的科技发展规律。正如印度等第三世界国家的科技成果虽多却只是为西方大国服务的科技"奶牛"一样，[1]如果没有民族战略产业吸收，我们每年统计的"专利申请量"、"三系统收录中国科技论文数"等数据，只能是一些昙花一现的果实而不是树木本身[2]。这里所说的"树木"指的就是以国家战

---

[1]　1996—1998年间，印度软件产业出口额第三次翻番，首次超过10亿美元，达到16.5亿美元。就外部而言，虽然印度仅仅用了10年时间，便一举成为仅次于美国的软件出口大国，但印度软件业产值中63%都是来自美国的订单，高度依赖美国经济。印度的软件出口到100个国家和地区，其中有60%以上出口到美国。1991—1992年度至2001—2002年度之间，印度软件业的年均增长率达43%。印度目前有软件公司近3000家，从业人员达41万人，前10家软件公司的人员规模在万人以上，企业赢利在20%以上。2001年以来，由于美国经济的长时期低迷，印度软件厂商不得不随之削减产量。美国现有IT人才签证配额的一半被印度人占据，无论美、英、德各国都渴望得到印度的IT人才。在美国硅谷的高科技公司工作的印度裔美国人多达三十万人，硅谷40%的网络公司创始人是印度移民，在海外工作的印度软件工程师多达十万人。〔《直击印度软件业：突破外包向价值链上游进发》（http://finance.tom.com/1001/1003/200393-20850.html）〕

[2]　"生产力是树之本，可以由此产生财富的果实，因为结果子的树比果实本身价值更大。"[德]弗里德里希·李斯特：《政治经济学的国民体系》，陈万煦译，商务印书馆1961年版，第47页。

略产业为核心和依托的原生性生产力，而不是靠吃外来"补药"长出的表面浮财。昔日的南斯拉夫、苏联的科技曾达到很高的水平，但结果却在西方人的"自由贸易原则"和本国的短期商业利益引诱下得鱼忘筌，被西方瞬间击垮。

科技战略的主动权来自实事求是。①以中国之"实事"，研究中国科技发展之"是"，必须是我们研究中国科技利用战略问题的基本方法。科技需求决定科技产品价值，科技价值构成决定科技资源变化的走向。但是，对中国而言，全球科技资源利用问题，就是中国的科技需求问题。研究全球科技资源的利用，不能不结合中国科技需求的特殊性质，泛泛地谈论世界科技需求的一般趋势，而不谈中国科技需求的特殊趋势，就不能得出有利于中国科技发展规律。与国民经济恢复和建设时期不同，今天中国经济面临的并不是生存意义上的问题，而是中国近年迅速发展而出现的新矛盾。新矛盾同时也是新需求，在实现"全面建设小康社会"总目标的要求下，近中期中国科学技术资源的研发和利用，按轻重缓急，将受国防、能源和生态三大领域的需求拉动。

毛泽东时代中国国防工业建设的快速发展是由于当时帝国主义封锁和苏联对中国形成的三面合围的险恶外部环境，冷战结束后，中国面临难得的"大战打不起来"、"至少十年打不起来"②的和平与发展的历史"机遇"（小平同志始终是这样表述的）。其间，国家GDP快速增长。然而好景不长，从1999年始，中国面临的安全形势日显恶化：1999—2000年北约完成了第一轮东扩，科索沃战争后，冷战时的铁幕边际大幅东移；在西太平洋地区，美国基本从法律上构建完成了从日本、菲律宾到澳洲的意在遏制中国的联盟关系。2001年和2003年，美国又通过阿富汗战争和伊拉克战争将军事力量插入中国能源进口量最大的中亚地区。这对中国已形成了东西合围的态势，这种态势从某种意义上又增大了中国在东亚商品市场和中亚能源市场的安全风险。近几年台湾当局加快"台独"步伐，从1999年李登

---

① 《主动权来自实事求是》（一九六〇年六月十八日），《毛泽东文集》第8卷，人民出版社1999年版，第197页。

② 《视察江苏等地回北京后的谈话》，《邓小平文选》第3卷，人民出版社1993年版，第25页。

辉提出"两国论"后，台湾当局已在文化、外事、特警，特别是军队等领域从组织上完成了"台独"干部更换；2003年起，台湾当局在快速提升军事技术，为向中央政府最终"摊牌"做军事准备。①与此同时，台湾陈水扁当局在当年年底又公开提出"公投"和"修宪"的时间表，和平统一台湾的难度越来越大，军事准备不得不大幅提前进入中国议程。遗憾的是，国家技术的自主研究多年来已被我们冷落和荒置了，现在又恰逢国际安全环境发生了不利于中国的变化，这更加大了中国对国家战略产业及其相关技术，尤其是极难通过国际贸易或"跟踪模仿"获得的航天航空和航海潜艇技术需求的迫切性，国防技术需求问题骤然间变成了与国家主权生死攸关的问题。可以肯定，台海一旦出现战事，高技术战役将决定结局，而这个结局，又是关系到中国的命运。

资源的短缺及由此产生的对外依存度迅速扩大，也迫切要求中国的军事工业，尤其是中国海军建设的大发展。现代海军是伴随国际贸易而同时出现的，而海军先行又是英、美国家扩展国际贸易的基本路线。目前中国扩大国际能源市场的步伐较快，而由此产生的维护中国已获取的国际能源利益的军事自卫手段却严重滞后。根据自科索沃战争以来国际形势的变化

---

① 2003年12月19日，台湾民进党正式推出《大陆军力基本报告》，声言台海爆发下一次战争的时间可能为2005—2010年之间，台湾只剩6—10年可以改善军力。针对中国大陆的军事力量，台当局已将"卫星科技"列入建军规划，以增强攻击性信息战能力。2002年10月，台军于成立"通信信息指挥部"，编制员额三千余人。台"国防部"表示，台军独立建构的环岛光纤网络已完成使用，这套独立的光纤通信网络，规格与美军使用的SONET相同，未来可进一步进行通信、信息整合。2003年12月，在美海军航天和海战系统司令部的对外军售合同名义下，洛克希德·马丁战术系统分部将向台湾提供数据链及指挥、控制、通信、计算机、情报、监视和侦察(C4ISR)综合系统的其他设备。洛克希德·马丁公司将负责设计、研制、采购硬件、试验、鉴定、安装并提供全寿命支持。这个初始合同的价值为2750万美元，截止到2004年6月。如果全面展开，合同的总价值可能高达21.5亿美元。2004年1月15日，台"国防部长"汤曜明表示，台军方除成立"导弹司令部"，还将筹建"爱国者先进能力-3"（PAC-3）导弹系统，加强中、南部反导弹能力，逐步建构全岛低层导弹防御能力。汤曜明特别强调因应弹道、巡航导弹威胁，已积极筹划建立台军方导弹整体防御系统。报报道称，未来全岛导弹防御系统中，将有三分之二的导弹系统由中山科学研究院负责自制。汤曜明表示，对于导弹作战系统，将采取外购与自研两种方式。资料来源：中国国防科技信息中心（http://express.cetin.net.cn/default_70.asp?keyword=%u53F0%u6E7E）。

看，没有海军保障的国家海外利益增长，随时都有被海上军事强国强行或变相中断的可能。[①]从近代西班牙、荷兰与英国、英国与早期美国、乃至英国与中国清王朝冲突的经验看，军事，特别是海上军事斗争是大国解决国际贸易争端的终极手段。对此要早作准备，不然我国通过正常的国际经济活动而迅速扩大了的包括能源利益在内的全部经济成果，将会在因准备不足而可能出现的军事失利中迅速丧失。

国防工业属于战略产业中最核心、最具政治性而非商业性，因此也难以通过贸易完成的部分。形势逼人，台湾问题已把我们逼到非自主和快速发展国防工业则不能有效制止"台独"的关口；中国经济对海外市场和资源的依存度的日益提高，又把我们逼到非提速推进军事，尤其是海军的现代化则不能保卫中国改革开放的经济成果的地步；最后，日益险恶的安全形势把中国推到非自力更生地发展中国国防产业而无退路的墙角。

作为联动效应，通过国防产业的自主发展，中国航空航天技术工程、海洋技术工程及微电子计算机和通信技术工程等也可获相应的拉动。

其次，近些年的快速发展给中国带来的另一急迫问题是资源，尤其是其中的能源安全问题。中国能源需求对外依存度迅速扩大的原因不在于中国能源总量不足，而在于如石油天然气等清洁高效能源的严重短缺。据统计，到2010年，国内石油、天然气、富铁、富锰、铜等10种矿产已不能保证并需长期进口，铬、钴、铂、钾盐、金刚石等严重短缺。到2020年，对经济发展45种矿产资源中可保证经济发展需求的只有5种。[②]能源方面，目前，在中国使用量最大的煤、石油、天然气和水电等常规能源中，产需矛盾比较突出的主要集中在清洁高效能源品种，尤其是石油品种生产的增长不能满足迅速扩大的国内需求。从1990年起，在中国国内生产总值保持7%

---

① 2003年12月16日中国商务部网站消息：最近伊拉克的临时石油部宣布，终止或冻结前伊拉克政府与俄罗斯、中国、法国签订的3个石油合同，其中与俄罗斯Lukoil的合同被终止，另外一个和中国公司开发al-Ahdab油田的合同被冻结。38亿美元的Lukoil合同在1997年首签，目的是发展伊拉克西部的Qurma油田的第二期工程，并且准备在联合国制裁令解除后马上开始经营该油田。西部Qurma第二期油田估计蕴藏了25亿桶石油，投产后每天产量可以达到60万桶。

② 朱川主编：《矿产资源与可持续发展》，中国科学技术出版社1999年版，第41页。

以上的增长的同时，中国能源总消费已大于总供给，能源需求对外依存度
迅速增大，中国能源安全形势已亮起红灯。2000年净进口量超过6000万
吨。未来15年内，我国国民经济将以7%左右的速度发展，原油需求将以4%
左右的速度增加；同期国内原油产量增长速度只有2%左右，低于原油需求
增长速度，国内原油供需缺口逐年加大。预计2005年原油需求2.45亿吨左
右，[①]届时，我国石油供需矛盾将进一步加剧，对外依存度将进一步加大。
2003年年初，中国地质科学院发表报告指出，除了煤之外，后20年中国实
现现代化，石油、天然气资源累计需求总量至少是目前储量的2至5倍。报
告说，中国的主要油田都已接近生产结束期。到2020年，中国需要进口5亿
吨原油和1000亿立方米天然气，分别占其国内消费量的70%和50%。[②]更令人
担忧的是，与中国能源风险增大的同时，亚太地区能源消费却在飙升，近
十年间该地区能源产量在世界生产总量中只增长了0.5%，但其消费总量却
从19.9%猛升到26.9%，增长了7个百分点，其增速远远高于世界其他地区，
成为世界石油消费第一增长大户。亚太地区这种石油产量比重增长滞后、
消费比重却大幅上升的反差现象，预示着该地区石油供给短缺及由此引起
的对外依存度将持续扩大。

　　中共十六大为未来提出"全面建设小康社会"的奋斗目标，目前看，
仅凭国内资源尤其是水资源和油气资源的储产量不足以支撑这个目标，而
国际油气资源进口上游地区，基本又被美国等西方海权大国所控制，这种
控制在阿富汗战争和伊拉克战争后又进一步强化为经济垄断。这对油气进
口依存度日益增大而同时又对油气资源上游地区没有多少控制力的中国能
源消费而言，更是雪上加霜。2003年中国电力缺口在1000万千瓦以上，
今后电力缺口将持续扩大。[③]目前中国能源不足已通过油、气、煤的不断提
价及各地限电措施反映出来，如果没有新能源技术的尽快开发，中国的能
源价格的持续飙升对国家GNP的增长及科技成果的应用将形成根本性的制

---

① 《国家石油工业"十五"规划》。

② 《中国矿产资源短缺危及国家安全》，凤凰卫视消息（http://www.phoenixtv.com/home/finance/fortune/200301/13/21660.html）。

③ 《中国发生能源危机？》，《瞭望东方》2003年第5期。

约。[①]目前中国有人以英国和美国的发展经验为依据，为"世界工厂正在转向中国"的现象鼓与呼，[②]事实上，如果中国不能有效和自由地获取世界资源，仅在中国现有资源基础上经营"世界工厂"的后果，对中国的未来而言，无异于釜底抽薪。在资源问题上西方走的是一条海军保障进口的道路，对目前海军较弱的中国而言，大概在近中期内只能走一条技术增长逐步替代能源进口增长的道路。挑战同时也是机遇。现在世界出现的许多新能源技术都是在20世纪70—80年代世界能源危机的压力下产生的，目前中国面临的能源的压力，也会在科学技术研究中激发出新时代的"铁人精神"及新型能源技术及与之相关的节能技术、核能技术和新能源技术的开发。

最后是生态技术。生态技术说到底是关于协调生命与环境关系的技术。我们研发技术，利用技术，发展经济，说到底还必须是一个"利为民所谋"的事业。任何一个国家的经济发展的后果如果成为毁坏本国人民利益，尤其是本国人民的健康利益的原因，那么，这个国家的经济及相关的科技发展就是失败的。在这方面，目前中国面临着巨大的挑战。

---

① "对现代化工业来说，最糟糕的事情是停电，原料会凝结，大型设备损坏。这个威胁不仅是影响业者的生存连带减少了投资者的动机。这真是一个潜在的危机啊。"引自《没有能源，中国能成为世界一强吗？》（http://www.peacehall.com/news/gb/china/2004/02/200402010601.shtml）。

国家信息中心专家指出，2005年油价上涨已经导致国民财富净溢出达到上千亿元。目前，对于高速发展的中国来说，油价与经济增长的关系已经越来越紧密。国家信息中心经济预测部经济师牛犁介绍说，石油是中国单一商品最大的逆差项目，涨价因素明显增加了外汇支出，今年估计中国将进口约1.3亿吨，约合10亿桶原油，预计每桶油价将上涨15美元左右，全年外汇支出就要多付150亿美元。也就是说，今年单纯由于涨价因素，相当于1200亿元人民币的我国国民财富转移到产油国和石油商手中。不仅如此，高油价正在大大增加居民消费支出。在我国，随着住宅、轿车以及高档家电等为主的消费结构升级，生活消费石油的增长速度非常快。特别是能源消耗巨大的耐用消费品汽车，近几年加速进入城市居民家庭。调查资料显示，1999年我国城镇居民平均每百户家庭拥有汽车仅为0.34辆，到2004年已达到2.2辆。目前，全国家用轿车保有量已达到780万辆，按照年均行使1.5万公里，百公里平均耗油9升估算，一年就要烧掉上千万吨汽油。因此，未来石油与生活消费的关系越来越密切，对居民生活的影响越来越大。资料来源：《国际油价狂涨8个月时间蒸发我国国民财富千亿》（http://finance.people.com.cn/GB/1037/3692991.html）。

② 郭万达、朱文晖编著：《中国制造——"世界工厂"正转向中国》，江苏人民出版社2003年版。

一是水土流失严重，荒漠化加剧。中国水土流失面积已达到367万平方公里，占到国土面积的38%；沙漠化面积已经达到262万平方公里，占国土面积已达27%，而且呈扩展的态势。在50—70年代，每年为1560平方公里，至80年代为每年2100平方公里，90年代更上升至每年2460平方公里，有4亿人口笼罩在荒漠化的阴影之中。土地沙漠化面积超过全国耕地净减面积。新中国成立以来，全国共有66.7万公顷耕地沦为沙地，平均每年丧失耕地1.5万公顷，有235.3万公顷草地变为流沙，平均每年减少草地5.2万公顷；每年水土流失造成沃土流失100多亿吨，流失的氮、磷、钾等养分远大于全国化肥总产量。同时随着耕地面积的减少，土地利用强度加大，土地退化加剧，土壤肥力降低或丧失严重，导致地力衰竭。北方地区因沙漠化诱发的沙尘暴频率加大；我国北方20世纪50年代共发生大范围强沙尘暴灾害5次，60年代8次，70年代13次，80年代14次，90年代23次。二是资源严重短缺。全国六百多个城市一半缺水，在108个重要城市，每年缺水损失工业产值600亿元，过度采用地下水造成大量的生态环境问题，诸如地面沉降、海水倒灌等。同时由于水资源利用不合理导致北方地区河流断流日趋严重。目前中国已处于中高度缺水国家之列。三是草地退化严重。中国大部分草地已经或正在退化，草地退化、沙化和碱化面积逐年增加。其中中度退化程度以上的草地达1.3亿公顷，约占草地面积的三分之一，并且每年以200万公顷的速度增加。四是生物多样性安全度降低。我国已有15%—20%的动植物物种受到威胁，高于世界10%—15%的平均水平。在《濒危野生动植物物种国际贸易公约》所列出的640个物种中，我国占156个。动物资源中，全国列为一级保护动物的有97种，二级保护动物的有238种。在植物资源中我国珍稀濒危植物共有389种。五是自然灾害频繁，经济损失重大。新中国成立以来，每年仅气象、海洋、地震等7大类自然灾害所造成的直接损失（折合成1990年价格），就呈明显上升趋势：20世纪50年代平均每年约480亿元；20世纪60年代每年约570亿元；20世纪70年代每年约590亿元；20世纪80年代每年约690亿元；20世纪90年代前5年约1190亿元；1996年仅因水灾造成的直接经济损失就达2200亿元；1998年中国自然灾害造成的损失高达3007亿元。六是生态环境恶化导致经济损失不断加大。据预测，到2030年，中国可能发生300年一遇特大自然灾害的概率将增加到74.6%（现为62.5%）。届时，如果这一自然灾害确实降临，生态环境对于发展的整体支持能力将在现有基础上下降17.5%—22.0%，所需承受的经济损失将达到3500亿—4000亿美元。[①]"九五"期间，尽管中国生态环境状况较"八五"期间有一定的改善，但中国生态环境日益恶化的形势总体上尚未得到改观。[②]这同时也从另一方面对中国生态科技产生更大的需求。这种需求将连带推动现代环境技术、生物技术、现代医学，尤其是中医理论的研究，其间，中国的"天人合一"的传统理论将作为未来生态科技发展的思想资源，不仅造福中国，同时也会造福世界。

五　几点政策建议

值得说明的是，在上面所提到的对中国政治经济发展形成的紧迫压力和需求中，国防及相关的战略产业是商业性质最小而政治性质最大，因而其技术，尤其是核心技术，基本上是不可交易因而必须自主研发的领域。如果我们在这个问题上还抱有幻想，那等待未来中国的，只能是拉美式的

[①]　"四、中国生态环境质量总体上仍呈恶化趋势"，中国科学院可持续发展研究所：《中国可持续发展战略报告(2002)》（http://www.cas.ac.cn/html/Books/O61BG/c1/2002/1/5/1.5_4.htm）。

[②]　"九五"期间，中国政府高度重视环境保护，颁布了《国务院关于加强环境保护若干问题的决定》、《全国生态环境建设规划》、《全国生态环境保护纲要》。环境立法和执法取得进展，全民环境意识有较大提高。结合国家经济结构调整，取缔、关停了8.4万多家污染严重又没有治理前景的企业。环境保护投入逐年增长，占同期GDP的0.93%。以重点流域、地区、城市、海域和工业企业污染治理为突破口，开展了大规模的环境污染治理，并取得了阶段性成果。生态环境保护和建设得到加强，启动了国家天然林资源保护工程，开始实行退耕还林（草），国家级生态示范区建设试点开始实施。经过五年的努力，全国环境污染恶化的趋势得到基本控制，部分城市和地区环境质量有所改善，"九五"环境保护目标基本实现。2000年，城市环境空气中主要污染物浓度持续下降，酸雨区范围和频率保持稳定；工业废水对地表水的污染得到一定的控制；"三河三湖"水质恶化趋势基本得到控制；近岸海域海水水质总体上有所改善，渤海近岸污染程度减轻，东海近岸污染略有加重；重点城市道路交通噪声大都控制在轻度污染水平；全国辐射环境质量良好。但全国城市空气污染依然严重，空气质量达到国家二级标准的城市仅占三分之一；地表水污染普遍，特别是流经城市的河段有机污染较重；湖泊富营养化问题突出；地下水受到点状或面状污染，水位下降，加剧了水资源的供需矛盾；生态破坏加剧的趋势尚未得到有效控制（http://sdep.cei.gov.cn/soechina2000/chinese/perface_c.htm）。

命运。20世纪60年代新中国基本建设因苏联大规模撤走专家而受挫、90年代中国因美国强行终止麦道与中国航空公司的合作计划而夭折、1999年美国抛出所谓"考克斯报告"、同年底美国强迫以色列中止对华出售预警机等一系列重大事件留给我们必须牢记的经验就是：在事关国家命脉的技术问题上，"如果我们不坚持社会主义，最终发展起来也不过成为一个附庸国，而且就连想要发展起来也不容易"。[1]

但是，在能源和生态领域，大部分一般技术，乃至一些高技术是可以通过全球化的技术贸易，通过"跟踪模仿"从世界技术资源中获取。比如欧盟每隔几年发表的对华政策报告都对生态环保领域合作有相当的篇幅，欧盟与我国在这些领域也确实开展一些合作项目。今后我们可继续并将这方面的合作尽量扩大为多种相关领域如中医、节能、生物、农业等技术领域的合作，并在这种合作中推进我国相关技术及其能力的升级和提高。尽管如此，我们也不能"自己不动手专靠外国人，连棉布这样的日用品也要依赖外国。我们是主张自力更生的。我们希望有外援，但是我们不能依赖它"。[2]即使在一般技术方面，只有拥有相当比例技术自主研发能力和产品的国家，才能拥有获取、利用和吸收全球科技资源的战略主动权。

以国防、能源和生态为龙头产业，提高中国高技术自主研发能力，加大自主创新技术产品比重，并以此提高我国科技竞争力，政策建议如下：

首先，以"两个中间地带"[3]即南方国家和欧洲国家为重点领域，加大科技进口和输出。科技问题，尤其是高科技问题，即使是在经济全球化的今天，仍然是国家间的政治问题。自"9·11"美国退出《反导条约》并单方面发动伊拉克战争后，美国建立单极霸权的企图已与欧洲产生严重的分歧，并与南方国家，尤其是阿拉伯国家的矛盾日臻激化。19世纪欧洲许多国家，尤其是法国和俄国都曾将美国视为牵制英国霸权的重要力量并加以扶持，新世纪的中国也是欧洲用以制衡美国并以此分散其来自美国压力

---

[1]　"整个帝国主义西方世界企图使社会主义各国都放弃社会主义道路，最终纳入国际垄断资本的统治，纳入资本主义的轨道。现在我们要顶住这股逆流，旗帜鲜明。因为如果我们不坚持社会主义，最终发展起来也不过成为一个附庸国，而且就连想要发展起来也不容易。现在国际市场已经被占得满满的，打进去都很不容易。只有社会主义才能救中国，只有社会主义才能发展中国。"《邓小平文选》第3卷，人民出版社1993年版，第311页。

[2]　《毛泽东选集》第3卷，人民出版社1991年版，第1016页。

[3]　"我看中间地带有两个，一个是亚、非、拉，一个是欧洲。"见《两个中间地带》（一九六三年九月九日），《毛泽东文集》第8卷，人民出版社1999年版，第343页。

的最重要对象。历史上，法国的拿破仑与俄国的尼古拉一世为了遏制英国曾将路易斯安那与阿拉斯加卖给美国，通过强化美国的地缘政治分量以牵制英国。相信在科技领域，尤其是高科技领域，今后欧洲也会为中国预留远大于美国留给中国的商业贸易或非商业交易的余地，因为这样符合欧洲的政治利益。但鉴于中国与欧洲在意识形态和文化方面的差异，在国防工业领域，欧洲对华技术出口也会采取相应禁止和防范措施，但在其模糊地带，如航天、航空、计算机、材料科学、生物科学等领域，欧洲与美国相比，其对华技术出口政策要宽松得多。1996年底受到美国麦道被波音兼并沉重打击的不仅是中国航空，同样也有欧洲的空中客车。[①]欧洲与中国一样也面临着美国的经济政治压力，因此，欧洲与中国有着包括科技贸易在内的更多的共同的政治利益。从这个角度看，在自力更生的基础上，中国在全球科技资源，尤其是上游高科技资源利用与合作方面，可以加大向欧洲倾斜的力度。

其次，培育和依托国内技术市场，在中国与东南亚及其他南方国家之间连接以中国科学技术为上游的技术产业链条。在这方面，一些西方国家的经验值得借鉴。在这些国家中，产品按技术含量，一般将高附加值技术及核心技术产品，放在技术母国中研发和生产，而将低附值产品和非关键技术放在处于技术链下游的国家组装和生产。[②]在技术升级链条中，越是新

---

① 参见王小强《四年时间，美国军工重组完成》，《参阅文稿》No.97-13；《中国航空工业向何处去》，《战略与管理》1999年第5期。

② 在东盟国家的日资企业的采购货源构成及变化趋势　　　　　（单位：%）

	从当地采购比重		从日本进口比重	
	1988年	1992年	1988年	1992年
全部	53.4	37.2	33.8	39.5
化学	35.4	59.0	32.5	12.1
食品	78.6	85.0	11.8	8.0
木材、纸浆	81.5	84.7	2.9	3.8
精密机械	23.4	23.9	63.9	74.6
电气机械	51.6	31.2	36.7	41.1
运输机械	48.7	33.9	43.1	59.5
有色金属	62.2	34.8	28.9	15.5
普通机械	41.8	31.2	53.0	52.5
钢铁	54.2	23.5	35.2	5.3
纺织	91.5	39.9	1.5	30.0

资料来源：日本通产省《第18、19、22次、日本企业海外事业活动》，日本大藏省印刷局，1993年。转引自胡春力《外资主导下的垂直分工：东南亚经济危机的原因》，《战略与管理》1998年第3期，第39页。

技术，其产品出口则越完整，南方国家所获其技术相关产品零配件生产的机会就越小。[①]据统计当今世界上30%—40%的国际贸易量和80%的技术转让都在跨国公司内部进行，[②]这便于从事直接投资的跨国公司通过垄断技术来保证其高额利润。就中国而言，中国经济目前已基本转入社会主义市场经济的道路，那么商业和市场的原则自然也适用于中国技术出口。尽管中国在技术进口中尚未进入世界技术上游领域，但在我们的技术出口中，我们也可将总体技术劣势转化为局部技术优势：可将中国自主创新技术新产品附加值较高和关键技术的研发和应用在母国公司进行，而将其余部分附加值较低的技术随中国投资可向外转移；在这个过程中有意识地推行中国技术标准，并由此形成以中国为上游的技术链条。这既可降低中国资源消耗，也可扩大中国的海外市场。

第三，扩大、深化和强化民族科技市场，重组中国产业。民族市场是民族生存的基础，是国家培育自主技术的温床，是决定和制约国家发展道路的重要因素。近代历史中的拿破仑、俾斯麦、林肯等都是为统一的民族经济和市场挑战以英国为源头的资本全球化的伟大人物。民族市场建立的

---

① 1990—1991年美国和日本机械类产品出口占世界贸易量比重 （单位：亿美元，%）

	日本		美国	
	出口额	占世界出口比重	出口额	占世界出口比重
乘用车	430.3	25.4	106.4	6.28
半导体	141.0	22.6	115.3	18.4
自动数据处理设备	128.0	18.5	140.7	17.4
汽车零部件	114.7	13.6	324.7	45.8
办公设备及零部件	91.5	18.1	104.7	20.1
电信设备及零部件	164.9	27.8	82.5	13.9
飞机			324.7	45.8
发动机			77.7	34.1
测量和控制仪器			91.0	24.4
电力机械	77.9	20.4		

资料来源：联合国1993年《国际贸易和发展统计手册》。转引自胡春力《外资主导下的垂直分工：东南亚经济危机的原因》，《战略与管理》1998年第3期，第38页。

② 联合国跨国公司母公司与子公司技术开发活动的差异 （单位：亿美元，%）

	1982年					1992年				
		母公司		国外子公司			母公司		国外子公司	
	总额	金额	比重	金额	比重	总额	金额	比重	金额	比重
R&D开支	419.0	381.6	91.1	3.7	8.9	858.0	721.1	84.0	13.9	16.0
技术转让费收入	55.9	51.5	92.2	4.4	7.8	142.6	128.0	89.8	14.6	10.2

资料来源：联合国跨国公司与投资司1995年《世界投资报告》，第230页。转引自胡春力《外资主导下的垂直分工：东南亚经济危机的原因》，《战略与管理》1998年第3期，第38页。

过程同时也是一个民族强力崛起的过程。法国、德国、美国经济和科技都是在拿破仑、俾斯麦、林肯之后获得快速发展并独立于世界民族之林的。第二次世界大战后，日本和韩国的经济快速发展，不仅得益于较早地对外开放，其实更重要的还得益于对本国民族经济和民族市场的强力保护。[①]韩国对民族工业的保护，尤其是对民族汽车工业的保护，其力度近乎强制，凡是去过韩国的人都会对此留下很深的印象。民族经济依赖于民族市场，民族的科学也只能生长于民族的市场。没有民族市场的科技，就正如只有大脑而没有双脚去实验思想结果的人一样，不管你一年有多少论文发表和转载，也不管你从事科技工作的人有多少，其结果只有依赖于他国市场并为他人服务。"皮之不存，毛将安傅？"[②]目前印度的IT产业就面临着这种在本国无法扎根更无法持续发展的命运。

毛泽东通过建立了强大的民族工业支撑的独立的国民经济体系制止了蒋介石买办经济造成的民族工业衰落的局面。在此基础上，中国又在邓小平时期走上市场经济并由此使经济获得高速发展。与此同时我国又面临在外资不断冲击下我们的民族市场，尤其是农村市场不断萎缩的困境。中国的民族市场之基在农业，而中国农业在国内生产总值构成中所占份额从1952年的50.5%下降到1999年的17.7%，其增加值增长率从1982年的11.5%下降到1999年的2.8%。[③]这几年随着中国加入WTO和农业市场向国际开放力

---

① "日本占领全球市场战略的成功基于下列四个先决条件。第一，受到保护的国内市场：这是决定所有其他一切的基本先决条件。……第二，从美国进口技术……第三，倾销政策……第四，占领技术领先地位。"[德]赛康德：《争夺世界技术经济霸权之战》，张履棠译，中国铁道出版社1998年版，第30—31页。

② 参见《左传僖公十四年》。

③ 国内生产总值构成（按当年价格计算）、增加值增长率及其变化　　（单位：%）

年份	国内生产总值	增加值增长率	第一产业	增加值增长率	第二产业	增加值增长率	第三产业	增加值增长率
1952	100.0		50.5		20.9		28.6	
1962	100.0		39.4		31.3		29.3	
1972	100.0		32.9		43.1		24.1	
1982	100.0	9.0	33.3	11.5	45.0	5.5	21.7	13.0
1992	100.0	14.2	21.8	4.7	43.9	21.2	34.3	12.4
1999	100.0	7.1	17.7	2.8	49.3	8.1	33.0	7.7

资料来源：《中国统计年鉴》（2000），中国统计出版社2000年版，第54页；增长率部分数据引自刘国光等主编《2003年：中国经济形势分析与预测》，社会科学文献出版社2002年版，第292页。

度的加大，中国农业市场萎缩严重。如果这种情况还得不到有力扭转，中国的科技就只有被迫走拉美式和印度式的依附性道路。从这个意义上说，中国目前的"三农"问题，不仅是社会经济问题，也是一个制约中国的科技自主发展道路的问题，是制约中国科技走什么路、举什么旗的大问题。

在此基础上，重组中国产业，尤其是战略产业以降低其科技产品消化成本和提高全球科技资源的利用能力。历史表明，资本自由竞争当发展到一定阶段后，其优势就会因产权分割过于明细反使产品交易成本高于生产成本，从而阻碍和窒息国家经济和科学的发展。这时资本就会通过兼并形成少数大型垄断企业（也是制度创新）以降低企业用于产权，尤其是知识产权的交易成本并由此提高企业竞争力。20世纪80年代以来，特别是冷战结束后，美国、西欧等许多国家对国防工业实行大规模调整改革，组建大型军工集团，实行集团化、规模化经营。这与19世纪末资本主义通过兼并而出现卡特尔、辛迪加等大型垄断公司的情形相似，是资本竞争日趋激烈的必然结果。而同时中国恰逢改革开放，从计划经济向市场经济转轨，许多大型国有企业通过公司化而提高了竞争力，但同时随中国市场经济改革的深化及其国内市场与国际市场接轨，中国也面临西方资本自由竞争体制下也曾经历过的同样问题：在国内食洋不化的产权理论误导下，中国产权交易成本不仅在国内竞争中，同时也在国际竞争中骤然飙升，以致相当的民族产业在与国家财政脱离后不堪产权成本重负而纷纷败在国际大财团的脚下，其结果如不被打败，就一定被"收编"。①更有甚者，在"有利于竞争"的口号下被分割得日益细密的中国企业，像一片片小舟被推向波涛汹涌和"航母"如云的"国际市场"，其结果，如无国家特别扶持，冲入世界市场的中国企业多难成气候。早在1996年就有学者质疑："在一些产业，散兵游勇式地被跨国公司整合进我们在动态意义上不易把握的跨国分工体系，对中国产业的振兴，是否最佳选择？"学者呼吁："产业整合，千难万难，时不我待。"②如果说，当时中国正处于中国经济转轨之际，产业重组时机尚未成熟，但随中国市场经济深化，过于"明晰"和细密的产权体系已成为像中国这样一个新兴市场经济国家发展的陷阱。现在看

① "我们自己不整合，跨国公司将整合中国的产业，并非危言耸听。"王小强：《产业整合 时不我待》，《参阅文稿》No·96-8。
② 王小强：《产业整合 时不我待》，《参阅文稿》No·96-8，第24—25页。

来，绕过这个陷阱，强化政府介入经济的力量，组建中国产业的"航空母舰"，依托民族市场，降低国家发展成本以增强国际竞争力的政策，已成了中国不能回避的战略选择。

第四节　全球化的基本矛盾与中国的选择

在历史上，人类只经历过两种生产方式，一种是自然经济，另一种是市场经济。商品经济是市场经济的另一种表述方法。这两个时代中间确切说有个商业资本主义时代，但这也是一个过渡时期，是从自然经济向市场经济过渡的时期。真正的市场经济，即以生产资本为核心的经济形式，是从英国资本主义革命后开始的。现在人们所说的"全球化"就是从这个时候开始的。

一　全球化与反全球化运动的原动力

不同的生产方式都对外部环境有不同的需求。在上古和中古时期，人类采用的是自然经济的生产方式，有渔业、牧业、农业。这种生产方式有一个显著特点，即生产和消费是统一的：生产是为自己，它每一个生产单位同时又是一个消费单位。这是一种"躲进小楼成一统，管它冬夏与春秋"式的生产方式。这种生产方式从原始社会一直到现在，延续了几百万年，在中国一直到中共十一届三中全会以前。这种经济和外界几乎不发生交换关系，对生产资料的需求也很简单，比如说依靠海的人就打鱼，依靠土地的人就种地，种了粮食他就拿回家晒干，弄好，这一年他就过去了。在这种情况下他对外界始终不关心，他所关心的大部分是自己来年生活。

以生产资本为核心的市场经济的出现是人类经济史上划时代的革命，也是全球化时代的真正起点。所以全球化——不管它有多少表现形式——本质是资本的全球化。全球化运动中最本质的物的要素是商品，而不是一般的自然物质。因此，商品的二重性即价值与使用价值的对立是全球化与反全球化运动的原动力：价值总要消灭使用价值。资源配置总要寻求高效率，并由此获得最佳的利润。生产一旦以利润（剩余价值）为目标，社会必然要出现两极分化，代表资本的"精英"一方日益进入社会的主流，而提供剩余价值的另一方人数日益增多并被边缘化。这便成了全球化与反全球化及其历史运动的社会基础。

二　私有制的掘墓者

17世纪至18世纪，英国资产阶级革命和工业革命的成功使世界出现了第一个资本中心。资本把生产与消费、价值与使用价值分裂开来，并通过这种分裂无限汲取剩余价值。资本最先把本国生产与消费分裂开来并通过最大限度地压低国内消费来获取剩余价值。当这个进程达到极限时，也就是说，作为消费主体的劳动大众消费水平被压低至极限时，经济便发生危机，社会就因两极分化导致社会不满和动乱。为了保持高额利润率及本国统治稳定，资本中心便开始向海外扩张，并通过这种扩张转移国内危机。这样便产生了资本中心和资本外围的概念。资本中心与资本外围的对立，是原来发生于资本中心国内部的生产和消费、价值与使用价值对立的外化或转移形式，也是全球化和反全球化概念的基础。国内部的劳资对立外化并扩大为国际压迫民族与被压迫民族的对立：开始是殖民地和宗主国的对立，这种关系在20世纪下半叶民族民主革命浪潮的冲击下解体，殖民地转变为主权国家，宗主国与殖民地的对立转变为南北对立。资本中心国总是力图通过打破外围地区的封闭性，获取高额利润；外围地区的国家则在利用外来资本发展自身的同时，又力图保护本国的民族特性。这样便产生了社会主义理论和实践与民族主义理论与实践相结合的历史现象。社会主义，在相当的意义上说，就是在保证人类民族特性的基础上实现人类生产资料及生产关系社会化的主义，其作用本质上是在继承全球化和反全球化运动正面成果基础上对它们二者的负面作用的制约和扬弃。私有制是全球化的正面成果即人类活动社会化的最后障碍，而资本的私人占有恰恰又是全球化的原始动力，正是从这个意义上说，社会主义与私有制在发生不可分割的联系的同时，也产生了最尖锐的对立；也正是从这个意义上说，以资本为核心动力的全球化运动却成了私有制的掘墓者——这是主张"适者生存"的全球化的"精英"们所万万没有想到的结果。目前的风起云涌的反全球化运动所反对的其实不是全球化中的正面成果，而是全球化进程中资本的国际垄断因素。而资本的国际垄断——其政治表现为世界霸权——就是私有制发展的后期阶段。

三 全球化运动的道德底线

国际资本——在最初也就是英国资本——的第一个外围市场就是欧洲大陆。法国实际是资本全球化冲击的第一站，其后果就是1789年的法国大革命；随后便出现了19世纪中叶的整个欧洲大动荡。中国和印度殖民市场的打开使全球化浪潮在19世纪下半叶从欧洲波及亚洲。发生于20世纪的两次以欧洲为主要战场的世界大战和后来的美苏冷战减缓了资本全球化的进程：两次世界大战使殖民地国家的民族资本获得解放并在民族民主革命和建立主权国家的浪潮中兴起，原来的宗主国与殖民地矛盾转变为北方资本中心国家与南方资本外围国家的矛盾。

美苏冷战实际上是苏联试图以南方世界代表的资格开展的与美国争霸世界的斗争。这在相当程度上也阻滞了资本全球化的进度。苏联解体后，冷战格局结束，全球化浪潮再次勃兴。但不管世界怎样变化，它的基本矛盾还是价值与使用价值矛盾的转化形式。不同的只是这种对立性矛盾从地域性的历史转变为世界历史罢了。目前的问题是，北方国家通过赢得冷战已成为更加有组织的强大联合体，而为资本提供剩余价值的南方世界则变得更加无助并成为更加弱势的国际群体。

公平屈服于效率，继而人权屈服于资本是资本全球化的结果。资本全球化过程不可阻挡，这并非是由于它具有多少真理性——尽管它的确具有真理的方面，而是由于在效率与公平的矛盾中，资本全球化总逼使公平处于弱势的一方。在自然经济时期资源配置是在一国内部按需求进行调节，现在则是在全球范围按市场原则进行调节，资源汲取范围的扩大使先参与全球化并在其中稳住阵脚的国家会因高效生产力——当然对环境而言却是高效破坏力——而居于优势的竞争地位。结果，资本全球化成了破坏环境的和人类无法控制的异化力量，人成了人格化的资本；在物（商品）的全球化的同时，人的自由权利则因屈服于技术而持续萎缩：劳动力不仅不能在全球范围内自由流动，而且还日益受到发达国家出台的更严厉、更苛刻的法律限制；我们在享受因特网通信带来的方便的同时，我们古老的私信保密道德却为现代技术所摧毁；卫星技术的发展打破了信息垄断，增强了社会管理的透明度，但与此同时，个人的隐私也裸露无遗……

　　人和环境的谐和并不是资本全球化追求的目标。现在人类整个生活水平提高了，但同时资源贮存总量和环境质量却在日益下降。人们不仅要问：生产力究竟提高还是降低了？真正的和有利于人类生活的生产力提高的标志，应当是生产力在总体而不是局部上升的同时，资源的消耗也要总体而不是局部下降。但现在的情况是生产力的上升是靠资源的高消耗支撑的，更可怕的是这种恶果却是片面地集中在南方世界。这已超出阶级和民族矛盾的范畴，而升格为人类和自然的矛盾范畴，只要这种效率高于公平、资本高于人类的发展趋势不变，其结果就不仅仅是阶级或民族的灭亡，而是人类及与其相伴终生的生态环境的整体毁灭。社会主义思想家想得很远，他们拥有很强的道义力量，但却没有足够的制约全球化恶果的能力：它代表善却没有获得支撑善并且高于资本的生产力；它代表居于弱势地位的南方国家的利益，强调公平优先，但结果是，一些社会主义者在取得革命胜利后，在与国际资本的斗争中却没有继续赢得优势，相反，而处于资本中心的北方国家总是居于优势的霸权地位。尽管如此，我还是认为，只讲效率和利润而不讲道德和公平的全球化是一种不健康的历史"恶动力"[①]，因为毕竟人还是全球化的主要参与者。尊重人的尤其是处于弱势地位的多数人的生存，至少是尊重人的生命权利，应是全球化运动的道德底线。只有使弱势群体的基本生存和发展权利得到保障的全球化才是可以

---

　　① 恩格斯说："在黑格尔那里，恶是历史发展的动力的表现形式。这里有双重意思，一方面，每一种新的进步都必然表现为对某一神圣事物的亵渎，表现为对陈旧的、日渐衰亡的、但为习惯所崇奉的秩序的叛逆，另一方面，自从阶级对立产生以来，正是人的恶劣的情欲——贪欲和权势欲成了历史发展的杠杆，关于这方面，例如封建制度的和资产阶级的历史就是一个独一无二的持续不断的证明。"参见恩格斯《路德维希·费尔巴哈和德国古典哲学的终结》，《马克思恩格斯选集》第4卷，人民出版社1972年版，第233页。关于黑格尔历史"恶动力"思想参见《法哲学原理》第18、139节以及《宗教哲学讲演录》第3部第2篇第3章。

被接受和可持续发展的，不然它就会受到反全球化力量的强力反制，反制的程度与全球化对弱势群体的生存和发展权利剥夺程度为正比。

压迫民族国家与被压迫民族国家即北方国家与南方国家的对立转移了资本中心国的国内劳资矛盾，公平的买卖关系掩盖了北方国家与南方国家之间的剥削与被剥削的对立关系。当这种对立发展到极端，处于弱势的一方就会用极端的方式回应，这又从另一方面制约了全球化进程中的负面作用。因此，南方国家反对北方国家，新兴的市场经济国家反对霸权国家的斗争是矫正全球化进程中出现的效率与公平、资本与人的异化关系并使其向健康方向发展的伟大杠杆。这样就产生了社会主义的理论和思想。社会主义并不排斥全球化，它只不过要求在对全球化的正面成果继承的同时，对全球化负面作用予以制约；它要求确立人，确切地说是劳动者，而不是资本在全球化历史进程中的主体地位。一部《共产党宣言》，说的就是这个道理。

四　在强有力地参与全球化的同时实现中华民族的伟大复兴

只有将全球化与其发生互动关系的民族化和多极化纳入一体考虑，才能完整准确地把握全球化的历史进程。对处于弱势地位的南方国家而言，只有在掌握自己政治命运的情况下，民族国家从全球化进程中获得的经济成就才是有意义和靠得住的。对于中国而言。只有在有助于人类共同利益的同时又有助于中国国家利益的全球化，才是有益的。面对国际霸权，中国不要过于"温良恭俭让"；面对全球化浪潮，中国要积极进取。中国应在强有力地参与全球化的同时实现中华民族的伟大复兴。

目前的世界仍是为国际资本支配的世界。如果说从17世纪到19世纪，是国际"资本的母国"（马克思语）即英国支配世界的历史，那么，20世纪的历史则是西方七国集团联合支配世界的历史。国际资本由单一的辐射中心，转变为一个大的联合中心，其间充满着资本中心国与资本外围的民族国家的战争与冲突。今天的西方七国集团绝大多数都是在这种历史辩证运动中通过强力挤入资本中心集团的。当他们之间的战火平息后，他们又开始联合对外，利用他们掌握的巨大的资本力量，打败新的对手，以防止其他处于外围的民族国家再挤入资本中心。在这种过程中，一些民族国家通过参与全球化而崛起，另一些国家则被全球化所摧垮或受到强制性扭曲而成为北方国家的附庸，"而且就连想发展起来也不容易"。[①]从近现代史中出现的"西班牙—荷兰—英国—美国"这段不断转换的国际资本霸权的历史链条中，不难预料，21世纪还会有新的民族国家通过对全球化的负面影响的强力抵制(强力是完全必要的！)而崛起；而从苏联的解体、印尼的衰弱及拉美经济模式的失败中，不难预料，在21世纪也将会有一些国家在全球化进程中日益被边缘化，或衰弱，或分裂乃至消失。对于中国这样一个处于资本外围的南方大国而言，需要研究的是如何在这个进程中既不被全球化浪潮冲垮，又不被狭隘的民族主义所封闭。苏联是前一种案例，阿富汗塔利班又是后一种案例。中国正处在即将崛起前夜，当持辩证的态度对待全球化问题，以保证中国在21世纪的发展中立于不败之地。

---

① 《邓小平文选》第3卷，人民出版社1993年版，第311页。

第二章 世界地缘政治枢纽地区及中国能源安全

第一节 世界霸权与印度洋
——关于大国世界地缘战略的历史分析

大国争霸世界的活动基于对世界地缘政治的基本认识。研究从拿破仑与英国争霸迄今两百多年的世界政治史不难发现：不管大国角逐世界霸权的"棋局"如何变化，但对弈者所用的"棋谱"及其最终控制印度洋的战略目标大体是相同的。

一 控制印度洋：拿破仑争霸世界的首选目标

拿破仑战争是资本全球化以来法国与英国争夺世界霸权并由此开辟资本多极化历史进程的战争。1798年拿破仑在打败第一次反法联盟后，开始考虑取代英国世界霸权地位的战略。基于他对世界地缘政治体系的认识，他向督政府建议在准备渡海对英作战的同时，出兵埃及，进而占领印度，掐断英国所依赖的从地中海到印度洋的贸易线，截断其来自印度的财源。[1]他认为：

---

① 曾任印度总督的寇松称："没有印度就没有大英帝国。"转引自周一良、吴于廑《世界通史 近代部分》（下册），人民出版社1962年版，第262页。

　　"要在（印度）这样遥远的战场打胜仗，就必须有一个中途阵地作为进攻基地。埃及离土伦六百法里，离马拉巴尔（位于今印度果阿以南至科摩林角的海岸）一千五百法里，它正是这样一个进攻基地。法国如果能够在（埃及）这个国里牢固站稳脚跟，那么它迟早会成为印度的主人。广大的东方贸易也会回到红海和地中海这条古道上来。这样，一方面，埃及会代替圣多明各和安的列斯群岛的地位；另一方面，它必然会成为征服印度的道路上的一个兵站。"① "牢固地占领（埃及）这个国家是远征印度整个计划的基础。" "出兵印度的日期一决定，一支包括十五艘主力舰、六艘巡洋舰和十五艘大运输舰的舰队，就应装载五千名兵士和大批粮食弹药从布列斯特出发。"②

　　拿破仑从欧洲的视角提出他的关于世界地缘政治战略。他说：

　　"埃及是非洲的一部分。它位于古代世界的中心，在地中海与印度洋之间，是与印度通商的天然的货物集散地。"③ "如果亚历山大（埃及北方港口）的防御工事已经完成，那这个城市就会成为欧洲最强固的要塞之一。"据此就可以"把印度和欧洲置于自己控制之下，作为自己左右两臂的依靠了。如果只靠当地的条件就能决定城市的繁荣和大小，那么，亚历山大较之罗马、君士坦丁、巴黎、伦敦和阿姆斯特丹等城市，在很大程度上更应该成为世界首都了"。"从开罗到印度和从巴荣讷到莫斯科是一样远的。六万大军乘五万头骆驼和一万匹马，带着五十天的干粮和六天的饮用水，用四十天时间就可以走到幼发拉底河，再用四个月可以走到印度海岸，出现在渴望摆脱压迫的塞克教徒、马拉提人和印度斯坦半岛各民族中间"。"在占领埃及五十年以后，文明可能通过森纳尔、埃塞俄比亚、达福尔和费赞等地传播到非洲腹地去。"④ "法国在西印度群岛的殖民地业已丧失，法国需要有能够抵得上美洲殖民地的新的大殖民地。"⑤

---

　　①　《拿破仑文选·下卷》，陈太先译，商务印书馆1980年版，第175页。
　　②　同上书，第176—177页。
　　③　同上书，第22页。
　　④　同上书，第39—41页。
　　⑤　同上书，第174页。

拿破仑为打开通往印度的道路，1807年与伊朗国王签订同盟条约：伊朗同意废除英伊同盟，对英宣战，派兵进攻印度并迫使阿富汗一同进攻印度；同意法国假道伊朗进攻印度、为法国供应粮食并为法军开放波斯湾一切港口。

二 控制印度洋：19世纪末英俄在阿富汗狭路相逢

拿破仑战争失败之后，俄国一跃成为欧洲大陆的霸主，大国争霸世界的主角转移到英国和俄国之间，与此同时，脱离英国殖民统治获得独立的美国作为新兴的一极，也在大西洋的西岸悄悄崛起。

彼得一世和叶卡捷琳娜统治时期（17世纪末到18世纪末），是一段对未来俄国具有奠基性意义的时期。彼得一世非常重视制海权对俄国未来的作用，他说："凡是只有陆军的统治者，只能算有一只手，而同时还有海军的统治者，才算是双手俱全。"[1]1682年彼得一世即位，随后便开始为俄国争夺出海口的战争，通过历时21年的"北方战争"，俄国打败瑞典并于1721年与瑞典签订《尼斯塔德和约》，俄国获得北方出海口。[2]1762年叶卡捷琳娜即位，继续彼得一世向世界扩张的事业，调兵南下，迫使土耳其签订《库楚克·开纳吉条约》（1774年）和《雅西条约》（1792年），俄据此占领阿速夫、刻赤等地，取得在黑海海峡自由航行的权利，获得土耳其对俄合并克里米亚（1783年）的承认，并将俄国疆土扩展到第涅伯河。

然而，当时沙俄对外战略的主要目标并不是大西洋，而是印度洋。1725年彼得一世临终前在遗嘱中向后继者明确了他关于世界地缘政治的思想及争霸世界的战略目标：

尽可能迫近君士坦丁和印度，谁统治那里，谁就将是世界真正的主宰。因此，不仅在土耳其，而且在波斯都要挑起连续的战争。在黑海边上

---

[1] 转引自苏联海军元帅谢·格·戈尔什科夫（1910—1988）《国家的海上威力》，三联书店1977年版，第3页。

[2] 谢·格·戈尔什科夫对此评价说："确有根据地被认为是俄国海军创始人的彼得大帝清楚地了解这一点。俄罗斯人民正是在这支正规海军的帮助下英勇地进行了若干世纪的艰苦斗争。"谢·格·戈尔什科夫：《国家的海上威力》，三联书店1977年版，第111页。

建立船坞，在黑海边和波罗的海沿岸攫取小块土地，这对实现我们的计划是加倍必要的。在波斯衰败之际，突进到波斯湾，如有可能应重振古代与黎凡特 (今中东和巴尔干南部) 的贸易，推进到印度，它是世界的仓库。达到这一点，我们就不再需要英格兰的黄金了。[①]

　　俄国和英国在联合与拿破仑作战之初，就开始了争夺印度洋的斗争。为了打通通往印度洋的战略通道，1804年，俄国入侵伊朗。1807年5月伊朗国王与法国拿破仑签订同盟条约，伊朗同意对英宣战。7月，法国与俄国议和，法国停止援助伊朗。英国乘机恢复与伊朗谈判：1809年，伊朗与英国订立草约，同意和法国及与英国敌对的一切国家断绝关系；英国应允在伊朗对俄国交战期间对伊进行财政援助。同年，伊朗与土耳其缔结同盟，对俄作战。土耳其战败并于1812年与俄缔结和约。俄国在西线联合英国等国打败拿破仑后，便全力调头南下并以绝对的优势迫使伊朗于1813年10月在古里斯坦与俄国订约议和，被迫割让格鲁吉亚等地区；给予俄国商人在伊朗的自由贸易权，关税定为5%；同意俄国独享在里海设置舰队的特权，伊朗则放弃在里海保有海军的权利。拿破仑失败后，英、俄在北印度洋的矛盾迅速激化。

　　《俄土和约》与《俄伊古里斯坦条约》使俄国势力扩展到黑海和波斯湾地区，对英国在北印度洋的海权利益构成严重威胁并迅速引起英国的反击。1814年11月，英国和伊朗签订条约，规定英国对伊、俄划界有"仲裁权"；如伊朗和欧洲国家发生战争，英国将每年给伊15万英镑的支援，但其用途须经英国公使认可。如阿富汗对印度采取军事行动，伊朗即对阿富汗采取行动。伊朗获得英国的财政支持后，再次向俄国挑战。1826年7月，伊、俄战争爆发，伊朗战败。1828年2月，伊朗与俄国签订《土库曼恰伊条约》，宣布放弃在南高加索的一切权力，偿付2000万卢布赔款，同意俄国在伊朗有种种政治经济特权。1837年10月至1838年8月，伊朗在俄国的支持下围攻赫拉特汗国，以弥补在高加索失去的利益。赫拉特是通往印度的要地，因而英国立即以武力相威胁，迫使伊朗撤兵；同时英国派代表到喀布尔要求与阿富汗缔结反俄的同盟。阿富汗提出要收复被侵占的领土的要

---

　　① 《彼得一世遗嘱》，转引自李际均《军事战略思维》，军事科学出版社1988年版，第145页。

求，英国予以拒绝并出兵阿富汗。1856年10月，伊朗再次兵临赫拉特，英国向伊朗开战，1857年3月，《英伊缔结和约》，伊朗保证不再干涉赫拉特内政，一旦赫拉特与阿富汗冲突，即请求英国调停。

19世纪40年代，欧洲普遍爆发资产阶级革命并遭俄国沙皇的野蛮镇压，俄国在欧洲的地位进一步得到加强，与此同时，奥斯曼帝国已经衰落。俄国决定趁机夺取黑海海峡，将势力扩展到巴尔干半岛。1853年，俄国和土耳其爆发克里米亚战争，英国、法国和撒丁王国先后参加了对俄国作战。1856年俄国战败，战争双方在巴黎签订和约，俄国丧失在黑海驻扎舰队的权利，黑海沿岸的要塞全部拆除，比萨拉比亚南部的一块土地划给土耳其。1861年，俄国进行农奴制改革，经济开始向市场经济转轨，俄国对中亚的市场和资源需求增大的同时，对外扩张力度增大。1865年俄军攻下塔什干城，侵占了浩罕汗国大部分土地。1867年俄国击败布哈拉，建立保护制度。沙皇以所占的草原地区和中亚诸汗国的土地，成立了一个直属陆军的土耳其斯坦省，此后便将目标直逼进入印度最后的屏障——阿富汗。

另一方面，英国从南方对俄南下的战略进行了有力的反制。到19世纪中期，英国基本上在印度建立起殖民统治。1839年和1878年英国两次出兵阿富汗，占领坎大哈，进逼喀布尔，迫使阿富汗承认其为英国的保护国。1877年至1881年俄国对土库曼进行军事征服。1884年，英国怂恿阿富汗艾米尔尽力扩张北部边界——今天苏联解体后在阿富汗北方出现的五个独联体国家帮助西方人更好地实现了这个愿望，俄挥师南下占领原属伊朗的梅尔夫。1885年，俄、阿两军交火，阿富汗军队战败，俄军占领阿富汗班吉，此事几乎引发起英、俄之间战争。英国首相格莱斯顿向议会提出拨款1100万英镑的要求，并计划由黑海进攻俄国。俄政府闻讯迅速作出反应并获得德、奥及法国的支持，迫使英国妥协。1885年9月俄国和英国签订《伦敦议定书》，在牺牲阿富汗基础上达成划分阿富汗边界的原则。同年英国占领朝鲜巨文岛，准备一旦俄国向印度洋突进并由此引发英、俄在中亚冲突，就在远东地区牵制俄国。这一策略后来为1902年1月30日英国和日本签订的同盟条约所代替。时任外交事务次官的英国保守党领袖之一的寇松（George Nathaniel Curzon 1859—1925）说："阿富汗、里海以南的地区、波斯湾……对我说来是一局正在下的棋盘上的方格，这盘棋的赌注是世界统治。"[①]

与20世纪下半叶美、苏争霸的演变进程十分相似。19世纪后半叶，当时的欧洲两大霸主英国和俄国的关系也是一种"冷战"关系：双方从西欧到巴尔干最后到印度洋北岸地区，进行激烈的地缘政治争夺，却没有发生一对一的直接军事冲突。这种局面一直维持到20世纪初，此时美国、德国、日本作为新兴的工业国家迅速崛起在相当程度上对英、俄两国的霸主地位构成挑战并引起英、俄的恐慌，1907年8月31日，英、俄两国签订和解协约：协约将伊朗一分为三，北部属俄国势力范围，东南部属英国势力范围；俄国承认英国在阿富汗的势力，放弃了俄与阿的直接外交关系。双方表示不干涉西藏内政，承认西藏是中国领土的一部分，与西藏进行交涉必须通过中国政府。至此，自拿破仑战争后，英、俄两国争霸世界的"冷战"，在通往北印度洋的道路枢纽即中亚阿富汗地区结束，俄国随后在第一次世界大战中衰落下去。

无独有偶，六十多年后，美、苏争霸世界的战略行动最终又在阿富汗狭路相逢，苏联被迫于1989年从阿富汗全部撤军，此后苏联解体和美苏冷战结束。1999年，西方军事突入巴尔干俄国传统地区，发动科索沃战争，此时的俄国已无力反制，世界也因此避免了1914年因俄国与奥匈帝国争夺巴尔干塞尔维亚所引起的大悲剧。

三　控制印度洋：第二次世界大战中德国和日本的"最后使命"

在两次大战中，值得研究的是第二次世界大战及其结局。尽管这场战争的重点基本上在大西洋和太平洋地区，但随苏、德战争爆发，德国和日本的战略目标最终锁定在印度洋。

1941年6月22日，德国入侵苏联。年底，日本偷袭珍珠港并迅速向南中国海推进，到1942年夏，先后占领新加坡、缅甸、菲律宾、印尼、关岛、威克岛、新几内亚一部分、阿留申群岛以及太平洋上其他许多岛屿。1940

---

① 王绳祖主编：《国际关系史　上册》，武汉大学出版社1983年版，第167—168页。

年9月4日，德国派高级官员施塔默尔去东京协调战后利益划分立场。日本近卫内阁草拟了日方的建议，互相承认欧洲和亚洲的"新秩序"；互相承认日本在远东，德国和意大利在欧洲和非洲的"生存范围"。日本的生存范围伸展到印度，日本决定使用武力达到它的目的。27日，日本、德国、意大利在相互承认各方的势力范围的基础上在柏林签订三国条约。据曾任当时日本外务大臣的重光葵在狱中写的《昭和的动乱》一书中披露："关于对苏作战，他（希特勒）从政治观点出发，认为大军南侵，从乌克兰进攻高加索，将石油控制在手，可断绝英、美从波斯湾方面对苏的援助，使德国的势力伸展到中亚细亚，再与印度方面的日军遥遥相对，取得联系。日本军部从缔结三国同盟以来，也是这样考虑的。日本海军在中途岛战败后，仍与陆军一起，电令在柏林的野村武官，劝希特勒调德军进攻高加索。"[1]

第二次世界大战中德、日会师于北印度洋的计划在印度人写的著作中也得到证实。巴盖特·拉姆·泰勒瓦尔（Bhagat Ram Talwar）在回忆录中曾记录自己在阿富汗为争取德国支持其反英活动，与纳粹德国外交官的几次会谈。他写道：纳粹外交官员亲口告诉他"德国人显然并不想占领整个俄国领土，他们的战略只是想在占领部分俄国领土后，将在俄国的军事力量与中东的军事力量会合。我问他这是否意味着德国军队将从俄国进入伊朗和伊拉克进而会师中东地区。他说：'不错。'如果他们达到预期的目的，那世界上就没有什么力量阻挡他们去完成他们的最后使命"。"另一方面，鲁斯穆斯（Rusmus，另一德国外交官）正期待着德军在打败俄国，征服伊朗、伊拉克和阿富汗之后，直逼印度边界。"[2]

日德军力会合于印度洋，被视海权为生命的英国首相丘吉尔视为会导致英、美"在中东全部地位的崩溃"。1945年4月14日，丘吉尔在给罗斯福的电文中强调印度洋的"灾难局势"，认为："日本已经感到可以派三分之一的战舰和半数的航空母舰到印度洋，其结果是：（A）锡兰失守；（B）（日本）入侵印度东部，这将对我们的全部战争计划造成无法计量的

---

① 参见《日本侵华内幕》，解放军出版社1987年版，第323页。

② 参见 *The Talwars of Pathan Land and Subhas Chandra's Great Escape*, *People's* Publishing House(P)Ltd, New Delhi, 1976, pp. 160—164。

后果，包括加尔各答的丢失和通过缅甸与中国的全部联系的断绝，这还是开始……没有理由不认为日本将控制西印度洋。结局将是我们在中东全部地位的崩溃。这不仅是由于我们到中东和印度的航线截断，还由于阿巴丹（伊朗）的石油供应线路被阻断，无石油我们就不能维持我们在印度洋地区的海上和陆地的地位。"[①]

不难发现，20世纪希特勒与英国在大西洋地区及日本与美国在太平洋地区争霸，几乎就是19世纪拿破仑争霸世界战略在欧洲和亚洲地区的重演：希特勒在大西洋及欧洲大陆与英国争霸，他由西向东，意在印度洋北岸地区。最后与拿破仑的命运一样，兵败俄罗斯。日本在太平洋及亚洲大陆与主要对手美国争夺霸权，由北向南，最后西进印度洋并由此强行确立排斥英美的"大东亚共荣圈"。与拿破仑、希特勒在俄罗斯的命运一样，日本军事力量也被拖垮在中国大陆。与拿破仑失败后的政治后果相似，德国和日本失败后，世界再次重复两霸"冷战"的历史，不同的只是19世纪英、俄争霸在20世纪为美、苏争霸所代替。

四 控制印度洋：20世纪末美、苏决战阿富汗

第二次世界大战后核武器的出现是一件其意义怎么估计也不为过的事件。由战争促进的热兵器更新到此已臻极限并开始自我否定，此后，建立在外层空间技术之上的有限战争就成了世界战争的主要形式。这使第二次世界大战后迄今五十多年竟没有爆发类似前两次规模的世界大战。然而，仅凭战争形式的变化并不能预言，和平与发展就成了"时代的主题"（或主旋律），因为现代战争是生发于私有制的资本运动所产生的不可避免的规律：有资本竞争，就会有资本全球化和资本多极化的矛盾；这种矛盾不可避免要产生民族国家因市场经济发展而造成的对世界市场和世界资源的日益增长的需求。只要这种需求持续增长而国际社会又不能保证对有限资源在民族国家间的计划和公平分配，那么，霸权与反霸权及由此产生的国

[①] 转引自韩永利《战时美国大战略与中国抗日战场：1941—1945》，武汉大学出版社2003年版，第160—161页。

家间的战争就是不可避免的。①

第二次世界大战后的形势与拿破仑失败后的国际形势一样又不一样。19世纪初拿破仑失败使欧洲大国力量失衡，造成沙俄帝国的崛起及与此相应的英国和俄国的争霸；20世纪40年代德国、日本和意大利的失败再次造成俄国人以苏联名义称雄并与英国霸主地位的继承者美国争霸的政治形势。尽管霸主关系已由原来的英、俄转为美、苏，争霸的重心由原来的大西洋进一步扩大到太平洋，战争手段已由火炮转为核武器，但大国对弈的

_____

① 马克思在《哥达纲领批判》中将"集体财富的一切源泉都充分涌流"作为共产主义社会的标准之一。但是，财富是资源的转换形式，地球上的资源是不可能"充分涌流"而是在相当长的时期内极难替代或在短期内极难再生，因而是日益减少的。在市场经济主导的国家中，谁占有较多的世界资源，谁就有较快的发展和具有较强的实力；谁具有实力，在这个世界上才具有更多的发言权。较自然经济而言，市场经济是造就巨大生产能力并使人类屈服于这种能力的经济形式。市场经济使历史产生了资本全球化和资本多极化矛盾互动的进程，以及原来奉行计划经济的社会主义国家也转轨为市场经济并自觉参与这一进程的现象。现在的问题是，只要当今世界存在资本全球化和多极化的竞争，那么国际社会就不能避免霸权与反霸权的国家行为及其战争。列宁说"帝国主义就是战争"，确切地说，生发于私有制的资本就是战争。是资本造成人类对有限资源的无限制的利用和掠夺及由此而产生的战争。如果资本及其运动以及由此产生的霸权主义没有消失，战争就不能消失。如果仅用历史上是否再发生人类曾经历过的"世界大战"作为战争与和平的衡量标准，那么，在核时代，就与用人类是否会在同归于尽中彻底毁灭作为测量战争与和平的标准一样没有意义。可以说，自从核武器及微电子技术继而纳米技术出现后，类似前两次世界大战的无限战争形式将为准确打击和精确制导的有限战争形式所代替，后者将是未来战争的主要形式。但仅凭战争形式的改变并不能使我们轻率地作出"作为时代主题的和平，就是指不打世界大战"以及"世界早已进入和平与发展时代"的结论。（参见《世界早已进入和平与发展时代》，《世界经济与政治》2000年第4期。）

另外，仅凭人类对和平与发展的愿望，而不是根据历史事实的变化，来判断现时代主题的方法也是不科学的。第二次世界大战结束以来出现的和平与发展的历史"机遇"的事实前提，是建立在1972年美、苏签订《反导条约》之上的《全面禁止核试验条约》、《核不扩散条约》、《禁止化学武器公约》、《禁止生物武器公约》等一系列文件及保证这些文件精神不被破坏的国际合作力量构成的和平保障体系。现在作为世界头号大国美国已退出《反导条约》并正在单方面地发展导弹防御体系。历史经验告诉我们：一旦保障大国战略稳定的条约体系遭到破坏，而国际社会又无力阻止这种破坏行为继续发生，那么这个时代也就随之解体。正如华约组织解体与北约东扩意味着雅尔塔体系在欧洲终结一样，目前美国退出1972年美、苏签订并被俄国视为"全球战略稳定基石"的《反导条约》并试图变相放弃相关的《全面禁止核试验条约》、《禁止生物武器公约》等，那么，自20世纪70年代出现，于80年代至90年代中期发展成熟的和平与发展的历史"机遇"(小平同志始终是这样表述的)，将随美国NMD的有效建立(或事实建立)和大国战略平衡的破坏而终结。

"棋谱"却没有多大的改变：两洋西东合围与反合围，继而争夺巴尔干和中南半岛，最后决战于北印度洋仍是这一时期美、苏争霸的基本路径。

战后美、苏争霸最先从欧洲开始。德国投降后，德国被美国、苏联、英国、法国分区占领，位于苏联占领区的大柏林市则由"盟国柏林城防司令部"属下四国军队管理。经过激烈的角逐，德国被分裂为东西两个部分。德国分裂是美、苏霸主在西线妥协及其分赃的后果，双方通过此次及后来的几次"柏林危机"，大体锁定了各自在西欧的势力范围。西欧第一次柏林危机刚结束，美、苏立即挥师远东地区。双方以北纬38度线为界将朝鲜一分为二。1949年10月1日，与苏联保持良好的政治合作关系的中国共产党在中国大陆建立中华人民共和国，12月16日毛泽东访问苏联。美国意识到它在远东地区的战略利益有可能因中苏联盟将大面积地丧失。1950年6月美国军事介入朝鲜冲突。10月中国志愿军开入朝鲜，与朝鲜军队联合作战。1953年7月26日，美国被迫于板门店在《关于朝鲜军事停战协定》上签字。与柏林危机的后果一样，美苏两霸通过朝鲜战争在东北亚锁定了各自的势力范围。1953年10月1日，美国与韩国在华盛顿签订《美韩共同防御条约》，1954年9月8日，美国同英国、法国、澳大利亚、新西兰、菲律宾、泰国和巴基斯坦在菲律宾签订旨在防止"共产党侵略"的《东南亚集体防务条约》，12月2日，美国同台湾当局签订《中美共同防御条约》。1955年总部设在泰国首都曼谷的东南亚条约组织成立。第一次柏林危机和朝鲜战争后，美、苏两霸争夺世界的重心从西东两翼转向地中海及中东地区和南中国海及中南半岛，以填补英法旧殖民主义离开这一地区时留下的霸权真空。

英、法在苏伊士运河有着巨大的地缘战略利益。1952年埃及"七月革命"后，以纳赛尔为首的埃及新政府要求英国无条件撤出埃及。1954年，英、埃签订了《关于苏伊士运河基地的协定》，规定全部英军在协定签订后20个月内撤出埃及。1956年10月29日，第二次中东战争爆发，以色列在英、法支持下，出动大军分四路侵入埃及。31日，在所谓"调解"被埃及拒绝后，英、法出动飞机对埃及开罗、亚历山大、塞得港、苏伊士等城市狂轰滥炸。11月1日，联大召开紧急会议，3日，联大以59票对5票的绝对优势通过立即停火和撤军的决议。在美、苏强势要求下，12月22日，英法军队完全撤出埃及领土。1957年1月5日，美国提出被称为"艾森豪威尔主义"的战略,认为,第二次世界大战后中东地区英、法力量受到削弱,无法维持原有的殖民统治,被迫撤出一些地区。美国应当填补英、法走后留下的"政治真空地带","并将苏联的影响排除出这个地区"①。

1958年7月14日伊拉克发生革命,成立共和国。1959年伊拉克新政府宣布退出"巴格达条约组织",转而对苏联采取友好政策,1959年3月,伊拉克与苏联签订了经济技术合作协定,苏联开始向伊提供大量经济和军事援助。苏联势力此后在伊拉克迅速扩展并在美国扶持的"巴格达条约组织"链条中撕开缺口。1958年年初,黎巴嫩国内发生有共产党积极参加的罢工罢市,5月罢工转向起义。7月15日下午,美国海军陆战队应黎巴嫩政府之邀在贝鲁特登陆。7月16日,苏联政府宣布,苏联陆军和空军在南高加索和土耳其斯坦举行军事演习。8月21日,联合国紧急特别会议通过阿拉伯十国提案,责成秘书长哈马舍尔德做出实际安排,迫使美国军队在11月实现撤军。在各方的压力下,美国于10月25日撤走军队,结束对黎巴嫩三个多月的军事占领。

20世纪六七十年代,是苏联从欧洲和亚洲西东两翼经中东地区和中南半岛逐渐向印度洋,特别是北印度洋地区,向美国世界霸权地位发起最凌厉攻势并连连得手的时期。

1962年爆发的古巴导弹危机及其结果,"刺激了苏联军方大规模发展军事力量的决心和信念"并"促使赫鲁晓夫政权垮台"。②1964年10月,勃列日涅夫上台并在全球范围对美国展开争霸攻势。与赫鲁晓夫不同的是,勃列日涅夫战略出击方向直奔主题,这就是:打通中亚,控制波斯湾,进军印度洋。

古巴导弹危机也促使美国加大军事介入全球事务的力度。60年代中期,美国策动南越政变并直接卷入战争。就在美国被拖在越南战场和中美关系即将改善之际,苏联影响迅速向印度推进。1971年7月9日基辛格访问中国并于15日发表公告宣布尼克松将于1972年访华;1971年8月8日至12日,苏联外长葛罗米柯访问印度,双方签订了为期20年的具有军事同盟性

---

① [美]罗伯特·H.费雷尔:《艾森豪威尔日记》,陈子思等译,新华出版社1987年版,第438页。

② 邢广程:《苏联高层决策七十年 第三分册》,世界知识出版社1998年版,第403页。

质的《和平友好条约》；1977年3月，印度国会大选，人民党德赛获胜组阁。印外交开始恢复不结盟特点。1980年1月，英·甘地再度执政。2月12日至14日，葛罗米柯访印，向英·甘地转交了一封勃列日涅夫的信，并与印外长讨论了阿富汗问题。4月16日，英·甘地在访问坦桑尼亚期间，谈到阿富汗问题时说："我反对一切干涉"，"但只有其他国家停止谴责苏联，并向苏联保证它的利益不会受到威胁时"，"苏联才能撤军"。7月7日，印度宣布承认越南在柬埔寨扶持的韩桑林政权，这立即得到苏联的赞扬。

　　与南也门和埃塞俄比亚发展战略合作关系是70年代苏联实现印度洋战略的另一重要环节。如果说控制越南和印度意味着从东西两面控制马六甲海峡，而控制当时的南也门和埃塞俄比亚则意味着钳住了西方经曼德海峡和亚丁湾北上波斯湾的咽喉要道。

　　1967年11月30日，南也门人民共和国宣告成立（1970年11月改名为也门民主人民共和国）。12月2日，苏联即宣布承认，次日与之建交。1978年5月18日至22日，苏联国防部副部长兼海军司令戈尔什科夫访问南也门，据报道，双方签订了一项军事协定，规定在亚丁港等地建立海空基地、无线电联络中心和气象中心；一旦南也门遭到外来侵略，苏联将给予援助。10月23日至25日，南也门国家元首伊斯梅尔访苏，双方签订了为期20年的带有军事同盟性质的《友好合作条约》。1980年1月8日，南也门外交部发表声明称赞苏联在阿富汗的军事行动，这是阿拉伯国家中第一个出面支持苏联入侵阿富汗行为的国家。

　　埃塞俄比亚位于非洲东部，在厄立特里亚1993年独立之前，它曾是东接吉布提，南邻肯尼亚，西靠苏丹，北濒红海，与当时的南也门从北南两面共扼亚非欧三大洲咽喉的曼德海峡的非洲大国。

　　埃塞俄比亚是第一个和苏联建立外交关系的非洲国家。1943年4月21日两国建交。1974年2月，埃武装部队发动政变。1977年2月11日，门格斯图任埃临时军事行动委员会主席，宣布埃走社会主义道路，埃美关系恶化。5月4日至8日，门格斯图访苏，双方签署了经济技术、科学文化合作协定、领事公约以及《相互关系和合作原则宣言》。1978年，门格斯图第四次访苏，双方签订了为期20年的带有军事同盟色彩的《埃苏友好合作条约》。1980年1月8日，埃塞俄比亚外交部发表声明，支持苏联对阿富汗的入侵行动。此后苏、埃海军军事合作迅速加强。

获得在越南、印度、南也门、埃塞俄比亚等地区的战略优势后，苏联便向彼得大帝时俄国人就开始一直追求的"进军印度洋"战略迈出最关键的一步，即出兵阿富汗。

1973年7月17日，达乌德发动军事政变推翻查希尔王朝，宣布成立阿富汗共和国，苏联第一个予以承认。1977年，达乌德颁布新宪法，决定推进"有指导的混合经济"的改革，在政治上有意与苏联拉开距离。1978年4月27日，阿富汗人民民主党（即共产党）主席塔拉基政变上台，苏联立即予以承认，认为这是阿"人民解放运动史上伟大转折点"。5月，塔斯社把阿富汗正式列入"社会主义大家庭"成员。12月4日至7日，塔拉基总理在外长阿明陪同下访问苏联，两国签订了为期20年的带有军事同盟性质的《友好睦邻合作条约》。1979年9月10日，塔拉基在参加哈瓦那第六次不结盟会议回国途经莫斯科，与勃列日涅夫举行会谈。勃列日涅夫再次表示将继续给予阿以"全面无私的援助"；"勃列日涅夫在单独会谈中，授意塔拉基在必要时可干掉阿明"。[1]9月14日，阿明先发制人，发动政变，击毙塔拉基，自任总统兼总理。苏、阿关系迅速恶化。1979年12月27日晚，苏联军队开入阿富汗，对阿实行武装占领。喀布尔电台当晚宣布阿明已被击毙，卡尔迈勒被任命为阿人民民主党中央书记。28日，勃列日涅夫电贺卡尔迈勒"当选"为总书记和主席。31日，苏塔斯社称，在阿政府的请求下，苏向阿"派出了有限的军事人员"，其目的"仅仅是为了协助反击外来的武装干涉"。1980年3月6日，阿内阁通过决议，要求苏联军队无限期留驻阿富汗。3月15日，阿外长多斯访苏，双方就苏联军队"驻在阿富汗领土条件的实际问题"达成协议。4月4日，苏联最高苏维埃主席团批准所谓苏阿政府关于苏军"暂时留驻"阿富汗的条约。在先头部队控制喀布尔之后，苏军4个师约5万人随即跨过边界，从东、西两路沿阿富汗境内的战略公路长驱直入，在一周之内占领和控制其他大城市和主要交通干线。

1979年对美国来说可是祸不单行。[2]除了苏联出兵阿富汗和越南大举入侵柬埔寨外，伊朗于年初爆发了声势浩大的反美浪潮，亲美的巴列维王朝倒台。霍梅尼于2月回国组阁，成立伊斯兰共和国，美、伊关系迅速恶化。

---

① 彭树智、黄杨文：《中东国家通史　阿富汗卷》，商务印书馆2000年版，第287页。

② 尼克松说："70年代末期我们在地缘政治上处于冬眠状态。"尼克松：《1999：不战而胜》，王观声等译，世界知识出版社1997年版，第304页。

至此，苏联在北印度洋地区精心编织的有利于苏联的从埃塞俄比亚至南也门到印度（继而到越南）的战略链环已链接完成。美国在从太平洋到印度洋的海权链条的北翼彻底崩溃。这时苏联的军事力量离霍尔木兹海峡仅距300英里的直线距离，再加上1978年底因伊朗停止石油出口而引发的至今仍令西方人恐怖的（第二次）石油危机，这对曾从事核潜艇技术研究并对世界政治具有牧师般情怀的美国总统吉米　卡特说来，简直是当头棒喝。这种形势促使英国保守党撒切尔夫人和美国共和党里根这两位强势领导人上台。

　　1980年11月4日，里根当选为美国第49届总统；1982年11月10日勃列日涅夫逝世和1985年3月11日戈尔巴乔夫上台，这三件互不相关的事却使美国人绝处逢生。如果可以把里根看做是美国的"勃列日涅夫"的话，那么，此时的戈尔巴乔夫则可以被看成是苏联的"吉米　卡特"。里根上台前，美国全球战略被动局面已达到极点，这时，苏联只要在阿富汗最后念出"芝麻开门"这句让历史上任何一个霸主都会心颤的咒语，通往"世界的仓库"（《彼得一世遗嘱》）即印度洋的大门就会向俄国人敞开。

　　里根决定"重振国威"，推行以"实力求和平"的政策；戈尔巴乔夫上台后则认为"全人类的利益高于一切"，推行以和平求实力的"新思维"。戈尔巴乔夫无视以美国为首的西方国家倾其全力支持阿富汗游击队，英国出兵马尔维纳斯群岛（1982年4月），美国出兵格林纳达（1983年11月），巴拿马（1989年11月），空袭利比亚（1986年4月），大规模介入海湾战争并对伊拉克实行军事打击和经济制裁（1991年1月）以及南斯拉夫解体（1991年4月）等一系列现实政治连锁变化的深刻含义，上台后不久就单方面宣布从阿富汗撤军（1986年7月）、终止《华沙条约》（1991年7月）、支持东西德统一、同意波罗的海三个加盟共和国脱离苏联，最终导致苏联的解体。具有讽刺意味的是，戈尔巴乔夫的"善举"为俄国人换来的竟是北约东扩、北约轰炸南斯拉夫（1999年），竟是美、日新防卫合作指针的签订和美国部署TMD计划，以及新世纪初美国出兵阿富汗（2001年）和伊拉克（2003年）。即将跨过21世纪门槛的苏联人，却在阿富汗输掉了20世纪，就像刚踏入20世纪的俄国人曾在阿富汗失去了19世纪一样。

五 大棋局①，老棋谱

大国争霸，犹如汹涌波涛，一个大国衰落并造成巨大的地缘政治真空后，便是另一个大国的崛起。历史就像由不断更替和转换的霸权连接着的链条，生生不息地从过去伸展向未来。

然而，不管大国争霸的历史条件多么不同，争霸战略如何诡谲多变，但它们对弈的地缘政治"棋谱"大体是不变的。通过读史可以发现，这个"棋谱"所反映的大体说来就是"一个中心，两个基本点"之间的地缘政治关系。一个中心，就是印度洋及其北岸地区，两个基本点，就是大西洋及其两岸地区与太平洋及其两岸地区。如果把英、美这样的海洋国家比作"矛"，那么其争霸路径基本上就是：遏制两翼，围堵中亚，死保印度洋。如果把法国、德国、俄国这样的大陆国家比作"盾"，那么，其争霸路径则与海洋国家正奇相合，即两翼突破，决战中亚，拿下印度洋。不同的是，由于历史条件和战争手段不同，大国争霸"棋谱"中的"两翼"的概念也有差异；相同的是不管历史条件和争霸手段多么不同，双方争夺印度洋，尤其是争夺印度洋北岸的目标却是相同的。

在第一次世界大战之前，多极化浪潮尚未漫没到亚洲，因而大国及大国争霸的重心多集中在欧洲。拿破仑战争时期，英国的发展已与殖民地经济联系在一起。对英国来说，它遏制拿破仑法国从而控制世界的路径是，以英国为中心，联合俄国和确保地中海的海权，最终达到从北南两向钳制法国并绝对控制印度洋的目的。而拿破仑则是以法国为中心画圆，将英国赶出欧洲大陆；继而从南翼出兵地中海，占领埃及，扼住英国通往印度洋的航线，切断英国与海外市场和资源的联系，最终达到釜底抽薪击败英国的目的。拿破仑之后，英、俄争霸。英国通过联合法、德遏制俄国西进；控制巴尔干和中亚地区，围堵俄国南进以确保英国在地中海和印度洋的海权安全。俄国则以东欧为西线安全外围沿波罗的海、黑海方向突破英国遏制链环，决战中亚阿富汗以实现进军印度洋从而最终称霸世界的战略目标。

第二次世界大战是第一次世界大战更大规模即从大西洋扩展到太平洋的复制。但大国争霸的空间扩大并未改变双方对弈的"棋谱"和路径。从

① 此处借用布热津斯基《大棋局》书名，意指布氏棋局虽大，棋谱却是旧的。

大西洋地区看，英、德双方争霸的路径几乎与19世纪英、法及英、俄争霸的路径相同；从太平洋地区看，美、日争霸的线路几乎就是欧洲大国争霸路径在东方的复制：日本以日本岛为中心画圆，占领中国东部沿海地区后，先东袭珍珠港，继而南下占领菲律宾、英属马来亚、俾斯麦群岛、关岛、加里曼丹岛和苏拉威西岛，其目的首先是将美国赶出太平洋——这正如法国拿破仑的目的是将英国赶出欧洲大陆一样；然后夺取爪哇岛和苏门答腊岛以控制马六甲海峡东口；接着就是占领缅甸控制安达曼群岛和尼科巴群岛，从西面出口再锁死马六甲海峡，最终实现与来自欧洲的德国从东西两面分割印度洋的战略目标。从美国方面看，它与盟国也是从东南亚突破日本在太平洋建立的环型岛屿链条开始，继而进攻日本本土，从而恢复了从美国经太平洋进入印度洋的海上通道的安全。太平洋战争结束后，日本地缘政治空间退回到明治时期——不同的只是，苏联已占领日本北方四岛、美国占领冲绳岛和中国崛起，日本自此也就彻底失去了在亚太地区再次崛起为地区性大国的基本地缘政治条件。

第二次世界大战后，苏联与美国成了世界上最强大的国家，双方再次重复大国百年争霸的旧"棋谱"：从西欧的柏林危机开始，继而到远东的朝鲜战争，再到中南半岛和中东地区，最终为争夺印度洋双方在阿富汗一决胜负。这与19世纪英、俄争霸的路径和结局大体吻合。阿富汗再次成了俄国人的"失乐园"。[①]

20世纪末，美国人看到了强大的苏联竟真的在眼前瞬间解体。但华盛顿也不相信眼泪。苏联解体后，美国人并不手软，乘胜追击。美国前总统安全顾问兹比格纽·布热津斯基在《大棋局——美国的首要地位及其地缘战略》一书中说："一个扩大和民主的欧洲必须是一个没有尽头的历史进程，不应受在政治上任意涂抹的地理的限制。"[②] "9·11"事件后，美国一步到位，军事进入阿富汗。在取得阿富汗战争的胜利后，美国立即宣布退出《反导条约》。2003年美国又挥师伊拉克。世界为此哗然。

不难发现，冷战后美国人面临的"棋局"虽大，但他们所用的"棋

---

① 《失乐园》，英国作家约翰·弥尔顿(1608—1674)写的关于夏娃与亚当因受撒旦引诱偷吃禁果被上帝逐出失乐园的故事。

② 兹比格纽·布热津斯基：《大棋局——美国的首要地位及其地缘战略》，中国国际问题研究所译，上海人民出版社1998年版，第156页。

谱"却依然如故。

在中东和东欧地区，美国人通过海湾战争将军队长期插入世界石油的心脏即波斯湾地区；继而全面接收苏联遗产，通过扩大北约成员国的形式，将苏联的东欧卫星国变为西欧的卫星国并以武力打败南斯拉夫，实现对巴尔干的绝对控制。在波罗的海三国加入北约后——这是迟早的事，美国及其盟国也就北从波罗的海，南到巴尔干再次拉起有利于西方的遏制俄国的新"铁幕"。在远东地区，为了遏制中国和俄国，美国人再次拉起从日本到菲律宾的岛屿链条。在初步实现对俄国和中国两翼合围战略态势后，美国立即挥师中亚，并通过新世纪初发动的阿富汗战争和伊拉克战争将中亚地区牢牢地控制在自己手中。令美国人没有想到的只是，与20世纪末苏联人栽在阿富汗的命运相似，21世纪初的伊拉克成了美国人的"滑铁卢"。

以史为鉴，可知得失。总结从拿破仑战争迄今两百多年世界霸权更迭史，不难发现，大国争霸，犹如下棋，不同的棋局用的却是同一个棋谱，这个棋谱围绕着的只有一个目标，那就是控制印度洋。现在美国人再一次来到印度洋，并将加固其在中亚中东的桥头堡阵地，以达到绝对控制印度洋的战略目的。美国是否可以达到目的，目前尚不得而知。但可以肯定的是，随着中国和印度在多极化进程中崛起及俄国的复苏，中国对台湾、南沙等岛屿的主权诉求、印度对印度洋安全利益的诉求，以及在北约东扩的压迫下，俄国对中亚地缘安全利益的诉求将日益迫切，美国的世界霸权，将会在太平洋、印度洋和中亚地区遇到相当的——也可能最终是联合的——反制。

第二节 世界地缘政治体系与印度未来安全

2001年3月5日印度内政部长阿德瓦尼在安达曼群岛首府布莱尔港视察时说："20世纪属于西方，中国在21世纪想成为世界的领导，但本世纪未来的岁月属于我们印度。"[1]此次是阿德瓦尼担任内政部长以来对该群岛的

---

① 人民网（http://www.people.com.cn/GB/guoji/22/85/20010306/409546.html）。

首次视察。首次视察又首次作出这么大胆的预言，自然引起笔者的研究兴趣，结果发现，如果印度参与西方一些国家遏制中国的行列，并帮助其达到目的，那么，印度必将是西方多米诺牌局中最后倒下的一张，其后果将是极其危险的。

一　国家安全边界存在于大国实力边界的规定之中

发轫于近代英国而又漫泛迄今的资本全球化，如果不考虑战争间歇期出现的和平与发展的"机会"的话，那它在现实中无论如何也不是一个牧歌式的进程；相反，它倒是民族国家间极冷酷的淘汰过程。被淘汰的不一定都是经济不发达的和"文明程度"不高的民族，它更多地是那些不思武备的民族。且不说大宋王朝败于北方强悍的游牧民族的马下，也不说当时综合文明程度尚不及中国大清王朝的"八国联军"进入北京城时所表现的低素质的穷酸和贪婪，更不说铁托时期经济已进入中等发达国家的南斯拉夫由于没有强大的制海权以致后来被反复肢解的事实，我们只要比较一下戈尔巴乔夫时期的苏联和现在仍顽强生存并耐心等待发展机遇的朝鲜和古巴，人们就不难理解坚定的国家意志和有效的军事力量在当今全球化进程中对一个民族国家所具有的生死含义。

全球化不能不包括军事自卫手段的全球化。一旦民族国家的利益融入资本全球化进程，那么不可避免的后果就是它必须从全球范围来审视已融入世界的国家利益，而不是只站在敌人是否入侵本土的角度来审视和保卫自己的利益；既如此，民族国家对保卫国家安全利益的认识，也不能只基于本土的范围而应当站在全球的范围来看问题。在全球范围，而不仅仅在本土范围，在大国实力边界之间，而不是仅仅在自己国土境内，尽力使本国的安全边界及其已融入世界的政治经济利益合理化（对反霸国家而言）或最大化（对霸权国家而言），便是全球化进程中反霸权国家和霸权国家的必然选择。

规定即肯定。在不侵犯他国主权和国际法的前提下，国家安全边界就是国家利益的合理边界。理论上说，国家利益边界更多的存在于国际法的规定之中，但在现实里，国家利益的边界，则更多地只能存在于自身实力边界和世界大国实力边界辩证规定之中。不管一国的国家利益随历史如何变化，但它们的最高目标都是为了控制和利用更多的国际资源来满足本国的政治经济需求。如果说，在自然经济条件下，自给自足的生产目的，使得这一时期的国家利益只能是内向的和地区性的，那么，当历史进入市场经济轨道后，发展就成了这一时期国家经济生存的"硬道理"①。而当一国市场经济发展到一定程度而国内资源和国内市场又不能支撑这种发展时，它就必须走向世界去寻求国际资源和市场。这样，世界的存在，在这一时期也就成了国家的存在。一国经济，只要它进入市场经济并发展到一定程度，它就不能不需要世界资源和国际市场，从而它也就不能不是与世界经济相互融合的一部分；这样，它的国家安全边界，从而国家安全战略，就不能不是处于全球视野中并向世界延展的概念，其实现手段也就不能不是一种向全球辐射并能在大国实力间得以有效地扩大本国利益的手段。从这个意义上说，一个国家的安全系数并不完全取决于该国的存在状况（如人口、版图等）及该国领导人的愿望本身，而是更多取决于该国利益及其实现手段以及与之相应的安全边界在全球范围内的辐射程度和世界大国对该国的安全边界所认可的限度。

二　地缘中心与资源中心在印度洋地区合二为一

我们知道，历史上大国争霸基本上是通过控制海洋和控制陆地两类战略交锋进行的。尽管后来出现了空中战场，但争夺制空权的目的，还是为了有效地控制海洋和陆地。当然这并不是说，海权国家对陆权没有需求或陆权国家不需要海权。而是说，对前者言，陆权只是海权的外围存在；对后者来说，控制海洋则是为了更有效地保障陆权。作为英、美这样的海权国家，它们正是通过控制海上线路来实现对世界资源的控制的；作为这种实践的理论表现就是A.T.马汉（1840—1914）提出的"海权论"，其基本论点是：海上力量对一个国家的发展、繁荣和安全是至关重要的。如果一

① "要注意经济稳定、协调地发展，但稳定和协调也是相对的，不是绝对的。发展才是硬道理。"邓小平：《在武昌、深圳、珠海、上海等地的谈话要点》，《邓小平文选》第3卷，人民出版社1993年版，第377页。

个国家的力量能够控制公海，它就能控制世界的财富，而控制了世界的财富也就控制了世界。为了积累财富，国家就必须生产和在世界范围交换产品，由于地球表面陆地为海洋所包围，并且海洋运输比陆地运输更方便，因而海洋是大自然赐予人类的伟大交通工具。富有进取性的国家必须依靠海洋获得海外的原料、市场和基地。所以，一个国家想成为世界强国，必须能在海洋上自由行动，并在必要时阻止海上自由竞争。而要做到这一点，一支强大的海军是一个国家强大的必不能少的和最为重要的力量。马汉说"武力一直是思想借以将欧洲世界提升至当前水准的工具"，[1]而"将海洋由自然状态有效地转变为存在着海权，最具决定性的方式是商业控制"。[2]马汉已注意到世界海权是一个体系，他从英、美国家利益出发，认为：海上掌握海权的关键在于控制海上交通线。而决定欧洲和美国命运的海上交通线，最重要的是两条。一条是从欧洲经苏伊士的航线；另一是从美国穿越太平洋的航线。由此出发连接经太平洋和大西洋的最短距离的海上岛屿和海峡，便是美、英海军必须控制的海权地区所在。"直布罗陀、马耳他、塞浦路斯、埃及、亚丁和印度——按地理上的顺序而不是严格的时间上的先后排列——向世人展示出一根完整的链条。这根链条被一环一环地打造而成，或通过公开使用武力或凭借政治交易，但一直为一种民族特性牢牢地驾驭。"[3]"英国为了自己的伟大需要而掌握埃及。另外，埃及对于整个东方世界来说也处于中枢地位。在任何情况下，来自各个地区的物资都可流入埃及。在军事上，埃及是个理想之地，因为从四面八方流向埃及的物资供应是任何海军都很难完全切断的，这就十分有益于在埃及集中力量以进行针对直布罗陀或印度的防御或进攻行动。"[4]

应当说明的是，马汉所处的以欧洲为中心的时代并没有使他充分意识到印度洋在世界海权体系中的关键意义，他说"印度并不是英国的主要政治、军事活动场所。只是英国所属的许多块土地中的一块，它们遍布全球，由英国的超级海权联为一体。在这么多地方中，印度由于距离和地形最适合于被用来对中亚发挥影响或对俄国扩张线的前沿采取行动。印度的

---

① 马汉：《海权论》，萧伟中、梅然译，中国言实出版社1997年版，第259页。
② 同上书，第229页。
③ 同上书，第311页。
④ 同上书，第241页。

陆上边境受阿富汗的山脉及喜马拉雅山的保护,其后翼也是无懈可击的,只要英国海军依然优势在握。这样印度实际上是一个前进基地,它可成为开往埃及或中国的远征军的初始或最终的出发地;作为开往其他任何方向上的更近地点更是不在话下"。尽管如此,马汉意识到印度洋是大国尤其是英、俄两国争霸世界的重要地区。他说,"可以说,英国和俄国在亚洲的领土扩张构成了当前的地区背景","俄国正努力在地理上倚托东西两翼向南推进,而前进的中心地带就是阿富汗山地及多沙漠的东突厥斯坦与蒙古地区"。在南亚"这边的海峡殖民地和香港以及那边的亚丁和埃及像陆上据点一样发挥着巨大作用,有力支持了英国在东西两个方向上的海上经营。在广泛的意义上,这种经营是针对于亚洲分割地带,或者说是南北力量的争锋地带的侧翼"。[1]马汉与麦金德(1861—1947)这两位具有世界眼光的学者从海陆(矛和盾)两向为现代地缘政治理论[2]奠定了互为依存和不可分割的原生性基础。

H.J.麦金德认为,世界力量重心所在的欧、亚、非三大洲由于发达的交通已变成一个"世界岛",世界岛可分六个地区,其中最重要的地区是欧亚大陆板块地区。这个地区除东欧这个门户外,其余方向海权国家均不易进入。欧亚大陆的结合部的中亚、中东地区,被麦金德称之为"轴心地区"或"心脏地区"。占据心脏地区的国家在历史上却屡屡向沿海扩张。麦金德从欧洲人的视角提出"谁统治东欧,谁就能主宰心脏地带;谁统治心脏地带,谁就能主宰世界岛;谁主宰世界岛,谁就能主宰全世界"的论断。[3]应当说明的是,与马汉一样,麦金德所处的以欧洲为中心时代也没有使他充分意识到印度洋在世界地缘政治体系中的关键意义。

在对世界地缘政治体系及其中心环节的认识上,政治家似乎比学者的眼光更敏锐些。且不说彼得大帝、拿破仑等是怎样认识印度洋在世界地缘政治体系中的关键意义的,就是被讥讽为"只把海洋当做一条边界"[4]的曾任英国外交事务次官和印度总督的英国保守党领袖之一的寇松似乎也看得

---

① 马汉:《海权论》,萧伟中、梅然译,中国言实出版社1997年版,第217—219页。

② 与古代地域性和封闭性的古代地缘政治理论完全不同,现代地缘政治理论在由英国资本开辟的"历史向世界历史转变"的进程中产生,因而是从世界体系的视角看待地缘政治的。

③ 麦金德:《历史的地理枢纽》,商务印书馆1985年版,第13页。

④ 潘尼迦:《印度和印度洋——略论海权对印度历史的影响》,德隆等译,世界知识出版社1965年版,第13页。

明白。他在《远东问题》一书中说："印度帝国处于地球上第三个最重要部分的战略中心……但是，没有比在它对远近邻邦的命运所起的政治影响上，以及它们的盛衰系于印度这轴心的程度上更看得出它的中心支配地位了。"①这段思想用他另一句话高度概括就是："没有印度就没有大英帝国。"②曾任英国殖民、贸易、内政、海军、军需、陆军、空军、财政及国防大臣和首相的丘吉尔(Winston Leonard Spencer Churchill，1874—1965)则把印度称为"英王皇冠上的那颗真正最为光亮而珍贵的宝石"③。而潘尼迦（K.M.Panikkar）在其著作《印度和印度洋——略论海权对印度历史的影响》中用大量的历史事实对麦金德及其之后的地缘政治理论中的欧洲中心和忽视印度洋的倾向予以批评，他说：

"德国的思想家们异常注意考察地理问题，他们为了探讨凡是控制了欧洲大陆中枢的，终必掌握海、陆、空的控制权这个观点，简直给世界战略问题迷住了。大有资格以这个新学派的缔造者自居的麦金德也是以同样的观点考虑亚洲大陆的，于是印度洋只被当做'海岛世界'的一个连接区，而在那个世界上，惟一有效的政治边界是太平洋和大西洋。结果，印度洋中的地利问题，从来没有人认真研究过。""不过，考察一下印度防务的各种因素，我们就会知道，从16世纪起，印度洋就成为争夺海权的战场。""印度的各港口，对欧洲和远东距离大致相等，而非洲和太平洋各岛又都相去不远，这个极为重要的战略地位，使印度商业具有世界重要性，我们认为这是以往印度的一大推动力，它曾在历史上使印度产生过激烈的政治变化。"④

值得让人钦佩的是，作为外交家，他在其著作中坦率地说出一个对地缘政治理论最为重要，对其祖国印度的国家安全也是最冷酷的事实：

---

① 转引自姜兆鸿、杨平学《印度军事战略研究》，军事科学出版社1993年版，第104页。

② 转引自周一良、吴于廑《世界通史　近代部分》（下册），人民出版社1962年版，第262页。

③ 转引自 Jawaharlal Nehru: *The Discovery of India*，Teen Murti House，1999，p.438。

④ 潘尼迦：《印度和印度洋——略论海权对印度历史的影响》，德隆等译，世界知识出版社1965年版，第1、13、81页。

"正是由于英国在印度大陆上的地位，才使英国得以享有印度洋的绝对制海权，才使它得以把势力伸张到太平洋上去的。""认真研究一下印度历史上的各种力量，就可以毫不怀疑地认识道：谁控制印度洋，谁就掌握了印度。""从近三百年的历史来看，任何强国，只要掌握住绝对制海权，又有力量打得起陆战，就可以控制印度帝国。"[①]

如果说，以前的学者和政治家们是从争霸对手所在地理位置及军事和商业贸易的角度理解地缘政治利益重心所在的话，那么，随着20世纪太平洋地区大国的崛起及其对世界资源需求迅速扩大，战略大师们日益注意到：在现代市场经济中，不仅市场决定生产，而且资源也决定生产。一国的实力不完全取决于该国的生产力总量，而决定于该国可绝对控制并能稳定地获取世界资源的总量；一国在全球政治中的胜负兴衰，不再单纯地决定于它所表现出的财富总量，而决定于保证这些财富不断得以产出从而使生产稳定、持续、健康发展的资源占有量；国家的失败，不再表现为国家财富的丧失，而表现为国家生产这些财富的生产力及支撑这种生产力的海外资源供应线路，特别是控制这些线路的军事力量的丧失。因此，这一时期的地缘政治不应再仅仅是一个单纯争夺控制世界地理要道和控制世界市场的理论，它已深化为以控制世界资源为中心的理论。在他们的理论中，控制世界不再是以控制某一地区为前提和目标，而是以控制世界资源贮藏丰富和开发条件最好的地区为前提和目标；地缘政治体系的学说，应是一个随资源中心变化而变化的动态学说，而不再仅仅是"地理决定外交"的静态学说；特定时期人们对贮存于特定地区的特定资源的需求程度规定着的世界资源中心，同时也是这一时期的地缘政治体系的中心。如果说，以往的地缘政治是对手确定战略的话，那么，新的地缘政治逻辑则是，资源决定战略：谁控制了资源，谁就能控制了对手；控制了对手，也就控制了世界。

资源价值与地缘价值在时间和空间上合二为一并以前者为主要矛盾的主要方面，是现代地缘政治理论的鲜明特色。在这新的视野中，印度洋在

---

① 潘尼迦：《印度和印度洋——略论海权对印度历史的影响》，德隆等译，世界知识出版社1965年版，第81、88页。

世界地缘政治体系中的关键意义再次得到大国政治家的高度重视。在这方面理论贡献最大的，是在20世纪70年代曾任美国总统的理查德　尼克松（Richard Nixon）。将地缘政治利益与资源政治利益紧密地结合并使前者服从于后者，是尼克松考虑全球战略时贯穿始终的和突出的思想方法。他写道：

谁在波斯湾和中东控制着什么的问题，比以往任何时候更加是谁在世界上控制着什么这一问题的关键。

英国早就看到这一情况到来了。在20世纪50年代初期，他们试图使美国相信，波斯湾问题"不仅具有经济意义，而且还具有高度的战略和政治意义"。英国人比美国人更易遭受攻击，因此，他们需要更清楚地认识这些问题，但他们也更有经验，在波斯湾尤其是如此，因此，他们能更加清楚地认识这些问题。

虽然世界上大部分地区一直到1973年发生阿拉伯石油禁运之后才知道波斯湾有一些小小的酋长国，但是英国的统治者们一百五十年来一直在注意它们的事务的最微小的细节。

英国最初在19世纪初进入了海湾，以阻止海盗破坏他们的贸易。从那时起一直到20世纪70年代初期，英国军事力量维持了秩序，提供了保护，并解决了分布在海湾沿岸各个酋长国里的争端。

在整个海湾和阿拉伯半岛周围，英国一直居于至高无上的地位。在亚丁、阿曼、卡塔尔、巴林、科威特和阿拉伯联合酋长国这些通常叫做"海盗海岸"的酋长国里，英国是酋长们和世界其余地区之间的联系。他们用机智、彻底和强硬手腕来执行他们的任务。1934年，在一场保卫他们的亚丁港的运动中，英国人利用奉承、贿赂和周密策划的显示武力的做法，同现在叫做南也门的内陆的各位统治者缔结了不下1400项"和平条约"。正是在英国的保护伞下，巨大的跨国公司在它们寻找石油的努力中开始在这个地区进行勘探。

英国不仅控制了海湾，而且还控制了从印度洋各个地区来到海湾的通道。印度洋各个地区包括新加坡、马来亚、缅甸、印度、锡兰、亚丁、苏伊士、肯尼亚、南非、澳大利亚、迪戈加西亚和印度洋的其他岛屿，这些地方在以前某个时候全是英国属地。波斯湾和波斯湾外面的印度洋都是

"英国的内湖"。

英国把它在波斯湾的势力一直保持到1971年。但是，英国在第二次世界大战以后分阶段地摆脱了它在"苏伊士以东"所负的责任，从而造成了一系列力量真空，这些真空由苏联人煽动的反英民族主义者填补了。[①]波斯湾的战略重要意义今天集中于两个因素：它的位置和它的石油。军事力量和经济力量现在都有赖于石油。这个基本事实在20世纪最后这几十年里使波斯湾成了全球风暴的风眼。如果苏联有力量关掉中东的石油龙头，它就会有力量使工业化西方的大部分国家向它屈膝。为了做到这一点，苏联人没有必要像他们接管阿富汗那么实际接管波斯湾国家。他们通过外部压力或内部动乱，使西方得不到这些国家的资源，也可达到他们的目的。

苏联人长期以来就知道这一点。苏联持不同政见的物理学家安德烈萨哈罗夫追述了苏联一位高级官员1955年在克里姆林宫发表的一次谈话。这位官员解释说，苏联在中东的政策的长期目标就是"利用阿拉伯民族主义给欧洲国家在获得原油方面制造困难，从而获得对它们的影响"。这番话是1973年石油危机之前十八年说的。

在21世纪的某个时候，核能、太阳能、地热能和其他能源可能得到充分发展，以满足世界上的大部分能源需要。但现在我们生活在石油时代。在今后几十年里，这一点使波斯湾地区具有特别的战略重要意义。这意味着，世界上最多事、最不稳定和最受危害的地区之一，也是世界上最重要的地区之一。[②]最近，苏联主席列昂尼德 勃列日涅夫向索马里总统西亚德 巴雷（当时还是苏联的盟友）交心说，"我们的目的是控制西方所依靠的两大宝库——波斯湾的能源宝库以及中部和南部非洲的矿藏宝库"。

美国只是部分地依靠进口石油和战略矿物，而欧洲和日本则绝对地依靠海外来源。我们用的石油有一半是进口的，但是欧洲进口百分之八十五，日本进口百分之百。至于矿物，西欧进口百分之八十，日本进口百分之九十五。进口的小规模中断只会给美国造成不便和烦恼，但却可能在我们的工业化盟国中造成恐慌。因此，它们比我们甚至更有理由对于苏联向"西方所依靠的两个大宝库"推进感到关注。

苏联领导人把眼睛盯在现代社会的经济支柱上。他们的目的是破坏西

---

① 尼克松：《真正的战争》，常铮译，新华出版社1980年版，第92—93页。

② 同上书，第88—89页。

方工业机器。西方工业国的重要原料依靠外国来源，这一点是我们的主要脆弱性之一。这一点以及许多生产国固有的不稳定，决定了苏联在像中东、非洲和拉丁美洲这种地区的战略。

大多数美国人对于非洲地图像对于南极地图一样是不熟悉的。大多数人分不清马里和马拉维；他们也不知道索马里或者厄立特里亚在什么地方，更不知道为什么在那里发生的事件可能决定世界的未来。他们也说不上像南也门、阿曼、霍尔木兹海峡、巴林或者卡塔尔这些地方在哪里。然而，这些地方以及同它们类似的其他地方，对于美国的利益以及西方的利益却是十分重要的。它们对莫斯科未取得战略统治地位的努力是很重要的，美国对这些地方的无知或不感兴趣，使苏联人得到了他们的最大有利条件之一。[①]如果苏联在向非洲渗透方面继续取得成功，它将在它的更大的战略中取得很大进展，这个战略就是包围世界这个"城市"，使工业化西方得不到它赖以生存的资源。甚至是资源丰富的美国，有几种现代经济必不可少的基本资源，是非常依赖进口的。铬就是说明这种依赖性的潜在危险的一个例子。

大多数人在想到铬时，就想起汽车上的高级装饰。但是，对战略计划人员来说，铬意味着滚珠轴承、精密仪器、导弹等东西。一架喷气飞机需要三千六百多磅铬。正像一位专家所说，"如果没有铬，就没有高质量的飞机引擎。"没有铬，就生产不出不锈钢。全国科学委员会最近得出结论说，美国在铬方面的长期脆弱性大于在石油方面的脆弱性。铬已经供应不足，而我们迫切需要它重建我们的武装部队。我们本国的铬矿石数量小，质量差；我们所需的铬有百分之九十二必须进口。最近，我们的两个主要来源是南非（百分之三十三）和苏联（百分之二十五）。而且，在世界上已知的铬矿中，百分之九十六在南非联邦和津巴布韦—罗得西亚。

这种重要的依赖性说明苏联为什么特别要把南部非洲——西方许多人对其有强烈感情的那一部分非洲——作为干涉的目标。苏联的行动很少是没有目的的，而他们目的总是战略性的，从来不是道义性的。因此，必须从世界这一地区的资源以及从这些资源对西方的重要性这种背景，来看待苏联为了在南部非洲这块已经是混水的地方进一步推波助澜而顽固地进行的努力。据一种权威的估计，光是南非共和国就拥有世界石棉的十分之

---

① 尼克松：《真正的战争》，常铮译，新华出版社1980年版，第28—29页。

一，世界铬矿的四分之三，世界铂类金属的一半以上，世界的一半黄金，三分之一的锰矿，五分之一的铀矿，三分之一的金刚石：具有几乎是无法估计的战略和经济重要性的一个矿物宝库。

扎伊尔的铜和钴，罗得西亚的铬，南非的黄金、金刚石、锰和铂类金属——这些就是苏联在南部非洲所赌的一部分经济赌注。他们已经控制了在好望角两边的安哥拉和莫桑比克的优良港口。如果南非处于他们的控制之下，他们将能够控制好望角附近的海路，北约的欧洲国家所需战略原料的百分之七十、所需石油的百分之八十是通过这些海路运输的。[①]70年代末，克里姆林宫对海湾形成了钳形包围。一边从西南进行包抄。1978年苏联向埃塞俄比亚空运了2万名古巴士兵，以便一方面支持埃塞俄比亚政府与索马里进行战争，一方面从沙特到红海对岸建立军事设施。那年晚些时候，亲苏集团在南也门夺得了政权，使苏联在阿拉伯半岛上有了一个滩头堡。不久，南也门公开向北也门发动军事进攻。恐怖主义分子以南也门为基地对沙特阿拉伯采取行动。游击队也以南也门为基地袭击阿曼的一个边界省份。钳形包围圈的另一边是从东北方向包抄。1978年在阿富汗一场军事政变使共产党上台。阿富汗共产党政府很快就与莫斯科签署了协议。当人民起义威胁要推翻共产党政权时，苏联侵占了这个国家。有了阿富汗的基地，苏联的战斗机、轰炸机便可以飞到霍尔木兹海峡。克里姆林宫领导人从两个方向同时推进，企图控制这一"石油咽喉"。我们必须把苏联与阿富汗之间的战争看成是我们与莫斯科竞争中的一场至关重要的战役，而不应该把它看成是发生在遥远地方的一场边缘冲突。[②]

尼克松只不过是以其现实主义风格拉开了以资源为核心的地缘政治冲突及其理论变革的序幕。"谁在波斯湾和中东控制着什么的问题，比以往任何时候更加是谁在世界上控制着什么这一问题的关键。"在这里，波斯湾，从而印度洋及其沿岸地区成了围绕资源而构筑的世界地缘政治体系的核心所在。尼克松之后，包括中国在内的东亚各国于20世纪80年代始迅猛发展，以及由这种发展而产生的资源需求，使人们自觉或不自觉地将目光

---

① 尼克松：《真正的战争》，常铮译，新华出版社1980年版，第36—37页。
② 尼克松：《1999：不战而胜》，王观声等译，世界知识出版社1997年版，第130、155页。

投向波斯湾，投向印度洋，投向印度。这也就是从1998年印度核试迄今，印度外交竟在短短几年内从最低谷戏剧性冲向巅峰的重要原因。

三　印度以它现在所处的地位，是不能在世界上扮演二等角色的

福兮祸所伏。目前印度在大国战略中的地位升值，其速度之快反倒使人对印度有些担心。印度是距世界资源储量最丰富、地缘利益最集中地区的最近和最大的国家。正因此，印度独立后首任总理贾瓦拉哈拉尔　尼赫鲁对印度的未来说了一句非常意味深长的预言，他在对印度共和国历史有广泛影响的《印度的发现》一书中说："印度以它现在所处的地位，是不能在世界上扮演二等角色的。要么就做一个有声有色的大国，要么就销声匿迹，中间地位不能引动我，我也不相信中间地位是可能的。"为慎重起见，我们再看看原文是怎么写的：

India，constituted as she is，cannot play a secondary part in the world. She will either count for a great deal or not count at all. No middle position attracted me. Nor did I think any intermediate position feasible.[1]

如果我们读了K.M.潘尼迦写的《印度和印度洋——略论海权对印度历史的影响》这本对印度未来的国防政策有深刻影响的小册子，就会对尼赫鲁的这句名言有更为深刻的认识。潘尼迦在全书结束时说："印度来日的伟大，在于海洋。"这句话进一步解读就是：仅就印度的地理位置与印度目前所具的版图而言，如果没有世界一流而只有中等水平的海权，那印度注定是"没有前途"（notcountatall）的。

为什么这样说呢？彼得大帝解释得极清楚，他叮嘱后代："推进到印度，它是世界的仓库。"[2]后来，不仅俄国霸权，而且历代世界霸权都严格地遵守着这句战略格言。

---

[1]　Jawaharlal Nehru: *The Discovery of India*，Teen Murti House，1999，p.56.

[2]　《彼得一世遗嘱》，转引自李际均《军事战略思维》，军事科学出版社1998年版，第145页。

如果说，近代历史上印度洋周边曾是当时世界最大的殖民地"仓库"，因而是大国必争之地的话，那么，到现代，仅就油气资源储量最为丰富的波斯湾中亚地区存在于北印度洋这一事实，就足以使印度洋与大国的"生死攸关利益"产生了联系；如果再考虑到密集于印度洋上的航海线路以及对大国全球战略具有重大地缘战略意义的马六甲海峡和曼德海峡分布于印度洋两面的事实，印度洋及其沿岸在近现代史上就不可避免地成了非一流大国而不能控制，非一流大国也不能自主存在的绝对排他性的地区。

控制印度洋，就必须控制印度。对世界霸权而言，控制印度的最彻底的办法就是从心理上和地理上分解印度。第二次世界大战结束之前，在独立问题上，印度也存在过"两条路线斗争"。一条是以苏巴斯　钱德拉　鲍斯（Subhas Chandra Bose）为代表的强力派，主张用暴力赶走英国殖民者，建立强大的印度国家；另一条是受过"良好的"英式教育的尼赫鲁，主张以民主的和间接的方式实现印度独立，并以中间道路为印度在大国中争取生存和发展空间。[①]然而就在第二次世界大战快要结束的时候，钱德拉"因飞机失事"身亡，印度在尼赫鲁领导下，独立之初就建立了英式的民主制度并接受了英国人安排的印巴分裂的事实。前者使印度国民心理在独立之初就处于分裂状态，而后者则从地理上使印度和巴基斯坦长期处于分裂和相互消耗状态。这两点对印度未来发展造成了几乎是不可抗的阻力。且不说由英国人一手策划的印度分裂所耗竭和将要无休止耗竭的印度（和巴基斯坦）的国民财富，累加起来将是怎样的一个天文数字，我们只要看看从20世纪70年代英迪拉　甘地提出的包括计划生育在内的许多改革政策到现在都难以推行的事实，以及国内各党为眼前的短期利益无休止地扯皮甚至不惜倒阁致使国家重新大选的事实，就不难知道英国人留给印度的"民主"，已使印度空耗了多少时间，错过了多少历史机遇；也不难明白，在历史规定的有限时间和空间内，这样的"民主"是不会将印度引向

---

① 尼赫鲁在接受埃德加　斯诺采访时说："印度永远不会出卖自己的独立而加入任何一个'阵营'。我们将竭尽自己一切力量防止它们之间的任何战争，万一发生这种战争，我们将尽一切努力不卷进去。我们根本经受不起跟强大的敌人作对。我们唯一的机会是争取五到十年时间，搞建设。"《斯诺文集》第1卷，新华出版社1984年版，第468页。

世界一流国家方向的。[①]英国人和美国人为了本国的发展，曾对爱尔兰人和印第安人（Indian）进行了残酷无情和灭绝人性的屠杀，[②]而英国人在印度独立之前却给它设计了一个导致印巴分离的"蒙巴顿方案"。英国人和美国人从19世纪本国工人大规模的罢工浪潮以及他们后来用大规模的殖民扩张及由殖民地返回的大量财富来缓和日益尖锐的社会和政治矛盾的经验中明白，只有在国家经济已进入市场成熟期，海外有在强大海军保护下的利润回流及由此在国内培养出相当数量的中产阶级的情况下，彻底的议会制民主对国家发展才是有保障和有利的，而对一个刚刚独立的贫穷国家是不利的。对于一个大国来说，非市场经济国家，不会有可持续的现代议会民主制度；贫穷的市场经济初期的国家，不宜于建立成熟和完全的议会制民主；最后，没有海权，从而不能将战争远远地推向海外并将世界资源和利润源源不断地送回国内的国家，则不能坚持和发展议会制民主。法国大革命就是为民主而发生的，然而也正是在这一时期产生了至今仍令西方人恐怖的"断头台"。俄国人是为"民主"才把戈尔巴乔夫和叶利钦推上台并接受了苏联解体的事实，但正是叶利钦和俄国人民发现自己"许多梦想"却没有因民主制度的建立而成为事实时，[③]他们又推出强力人物普京为新世

---

① 2000年年初，笔者赴印度学术访问一年，其生活水平总的感觉是仿佛回到三十年前的中国。且不说穷人在印度人口中所占的比例及贫困程度，仅就其"民主制度"的效果而言，笔者真不能给予较高的评价。工人罢工、学生罢课、公务员为增加工资而拒绝上班，学校里到处都是大字报和传单，就像中国的"文化大革命"在印度重演。

② 从印第安人（Indian）后来的命运看，哥伦布将中美洲一些岛屿误认为是印度，将当地人误认为是印度人，这对今天的印度人来说，真是莫大的幸运。

③ 曾参与解体苏联并成为俄罗斯联邦第一任总统的叶利钦在世纪末的最后一天，主动辞职并怀着内疚的心情要求人民原谅。他说："我要求你们的原谅。原谅我们分享的许多梦想没实现这个事实。原谅本对我们似乎简单的事情，结果却困难得使人痛苦这一事实。对于那些相信我们以举手投足之劳，就可以从灰暗、停滞的极权过去，一跃而进入光明、富裕、文明的未来的人，我要求他们原谅我不为他们的一些希望而辩护。我自己相信过这点，即举手之劳就可以克服任何事。结果发现我在一些事情上太天真了。在某些地方，问题看来非常复杂。我们是在错误和失败中强行前进，很多人在这困难时期遭受到冲击。我要让你们知道，我以前从未说过这些话，今天重要的是把话告诉你们。你们每一个人的痛苦都引起我内心的痛苦。多少无眠的夜晚，担心地忧虑着，到底需要怎么做，才能使人民生活得更好。我没有比这个更重要的任务。现在我要离开了。我已经尽我所能，不仅是我健康的所能，而是在所有难题的基础上尽了我的所能。"

Yeltsin's resignation speech, Friday, 31 December, 1999, 10:40 GMT（http://news.bbc.co.uk/2/hi/world/monitoring/584845.stm）。

纪的领袖，这正如19世纪初的法国人在大革命狂热之后推出拿破仑为自己新世纪领袖一样。英国在印度独立之初就促使其过早地享用"议会民主"这种富人用品，并在美国鼓动下，[①]印度知识精英界自我陶醉于这种空虚感之中。其结果只能是使印度永远不能将国内力量集中形成可以出击的拳头，使印度的政治精英被这种"民主"体制耗拖得精疲力竭，最后使印度在险恶的国际竞争中不能高速发展。而没有发展速度，在当今世界就没有国家的生存；尤其是在美国已将中国作为潜在战略竞争对手的时候，发展速度就对印度具有生死存亡的意义；就如美、苏冷战时期，发展速度对中国具有生死存亡的意义一样。

与太平洋地区不同，对美国来说，由于印度洋所据有的对西方世界具有生死攸关意义的地缘政治地位，美国（还有英国及整个西方世界）当然不希望印度洋中心地带（具体说就是印度）出现与之可以抗争的大国，尤其是核大国。如果不是这样，印度洋地区就不可能出现像塞舌尔、马尔代夫及斯里兰卡那样的小国；如果不是这样，厄立特里亚就不能从埃塞俄比亚这样的大国中独立出去，美国也不会为一个小小科威特而兴师动众。从世界地缘政治体系的角度看，巴尔干和南亚次大陆是从西东两侧支撑和护卫欧亚大陆心脏地带即中东、中亚控制权的两个战略支点。20世纪末，美国在俄国衰弱之际，促成了南斯拉夫的解体，并通过科索沃战争将北约军事力量楔入巴尔干南部地区，从而改变了几个世纪以来俄国人在巴尔干的传统影响。那么，在新世纪，中国之后的下一个目标是谁呢？如果中国真的垮了下去，那它只能是印度。我们假设，如果印度地处南极洲或格陵兰岛一带，不管它怎样发展，它必是美国最"成熟"的伙伴，但谁让它处在世界海权的心脏地带呢，谁叫它侧卧于波斯湾而又具有核打击力量呢，谁又叫它近几年海军发展得那么张扬呢？仅凭这些，海上霸主美国与印度就不可能是"最牢固和最成熟的伙伴关系"，从本质上说，二者在地缘战略上是绝对不可调和的竞争关系。美国和英国绝不可能把彼得大帝和勃列日涅夫没得到的，而它们又为此苦守几百年的印度洋转让到印度人手里。

那么，为什么长期以来，英、美国家能够允许印度这样一个大国存在

①　2000年9月瓦杰帕依访美期间，美国总统克林顿称："我们已建立起最牢固和最成熟的伙伴关系，印度的成就就是我们的共同的成就。印度和美国可以改变世界。"同天印度报纸称："这两个最大的民主制度国家已经走到一起。"参见TheHindu，Sep.19，2000。

于这一地区，为什么美国人在科索沃之后，没有将其战略重点立即转入印度洋而是转入西太平洋呢？在这点上，印度确实应感谢英国的占领和印度本身的贫穷。由于印度曾被英国人长期占领，这在客观上使印度的大国版图得以保留甚至扩展；印度独立后，世界立即进入冷战时期。其间，由于苏联的咄咄攻势使美、英国家根本无暇顾及贫穷的印度；苏联垮台后，中国又紧接着崛起，美国又将目标转向中国。如果没有其他大国（比如俄罗斯）再次迅猛崛起，可以说，目前的形势就是中国人给印度创造的和美国人给印度留下的历史上最后一次发展机会。美国断定其特有的"民主体制"将使印度不可能有能力在短期内抓住这次机会。我们也完全可以假设，如果印度具有今天中国这样的发展速度及成就，而中国反处于印度目前的发展阶段，美国一定会像今天联盟印度一样再次联盟中国，并毫不犹豫将其战略重点指向印度。

如果研究19世纪末和20世纪初英国和美国对华政策，就会发现，正是为了制衡印度、日本与俄罗斯的需要，它们才没有，可以肯定将来——如果中国真的不幸步了苏联后尘——也不会彻底肢解中国陆地版图，它们只会用促使中国一些地区"高度自治"的方式瘫痪中国政府的国家治理能力，这是军事上的"瘫痪战"的政治运用。而根据20世纪英国对印政策的经验，从宗教和地理上分裂印度将是21世纪的世界霸主的最有可能的选择。如果说当年英国人肢解的是印度西北部的话，那么，将来世界霸权国家则最有可能从印度南部下手。从地缘战略需求看，对世界霸权国家最有利的是将印度的版图限制在北纬15度以北即泰米尔纳德邦以北地区，将印度的有效国力限制在北纬20度以北即孟买以北，尤其是东北部地区。印度在世界霸权国家的全球战略中的地位仅限于用它阻止中国力量进入印度洋及从西南方向拖住中国向太平洋及南中国海发展。在这样的定位中，如果印度配合世界霸主在遏制中国的行动中真的立了"大功"，也就是说，中国真的垮了下去的话，届时印度——如果它还没有迅速崛起为可与霸权国家抗衡的一流国家的话——参加"分赃"的最好的结果也只能是，以放弃北纬15度以南地区，换回世界霸主对其向北部地区和西藏南部地区扩张的认可，当然这时也就顾不上"征求"达赖集团的意愿了。而目前受印度南部泰米尔人同情的斯里兰卡北部的泰米尔人的独立运动，将会在条件成熟的时候为霸权国家所启用，届时第二个"科索沃"将会在印度南部地区重演。除此之外，如果它仍坚持与中国作对而不与中国、俄罗斯合作的话，那么，21世纪的印度的确不可能有其他前景。

至于这种厄运降落到印度头上的时间，取决于印度将来外交政策作出何种选择：如果印度不参加美国遏制中国的行动，中国的发展就可为印度分担并减轻来自美国对印度的战略压力，印度就可获得较长的和平发展，特别是在印度洋上发展自己实力的时间；如果印度与俄罗斯及中国形成战略性合作关系，印度就会获得更长的自我发展的时间和更多的机遇，并在印度洋地区获得中国和俄罗斯的有力支持——这正如中国目前在南中国海和台湾问题上获得俄罗斯支持一样；如果印度参与美国遏制中国的行列，那么，21世纪"未来的岁月"，就不会是阿德瓦尼所预言的"属于我们印度"，而是像本文所预言的那样，印度将不得不接受美国在印度洋——这也是印度地缘政治利益的"心脏"——上的生死挑战，就像昨天的南斯拉夫曾被迫在地中海接受美国的生死挑战一样。届时，印度人就会对尼赫鲁所说的"印度以它现在所处的地位，是不能在世界上扮演二等角色的。要么就做一个有声有色的大国，要么就'销声匿迹'"这句话及尼赫鲁时期的对华政策有新的和更深的理解。

四 结论：印度将是西方多米诺牌局中最后倒下的一张

第二次世界大战后的美国史是美国全球战略从幼稚到相对成熟的历史。20世纪50年代，美国就像一夜之间发了财却没有花钱经验的暴发户，似乎以为有了钱就有了一切。为了遏制苏联和中国，它在朝鲜半岛投入大量兵力，结果却败在中国人的手中（在中美实力对比极为悬殊的情况下，美国被迫讲和就是中国的胜利）。接着美国又开始拉筑从符拉迪沃斯托克到菲律宾继而到中东地区的意在防御"共产主义"的链条，其结果又在1955年的万隆会议及1973年越美在巴黎草签和平协定中，烟飞灰灭。20世纪50年代和70年代的朝鲜战争和越南战争的痛苦惨败反使美国的全球战略变得成熟起来。从反共右派尼克松开始，美国将自己的对手按多米诺规则排列一起，并着手向中国示好。在与中国的合作中，美国迫使苏联从阿富汗及越南从柬埔寨撤兵。此后，1989年戈尔巴乔夫访华，中苏关系开始好转，美国则利用当时苏联领导人的"幼稚病"①，迅速促成了苏联的解体并利用阿富汗以北的五个独联体国家将俄国力量进一步向北挤压。苏联解体前后，中国在邓小平的领导下，抓住历史机遇，使中国经济在向市场经济转轨中迅速崛起。发展使中国对海外利益和海权利益的需求增大以及随之而来的是美国遏制中国的步伐日益加紧。小布什上台后迅速调整对华政策，将美国的战略重心转向太平洋，并加快与日本、菲律宾、印度等国及台湾当局在遏制中国问题上的战略合作。

从20世纪亚太地区的历史看，中美关系最终将是朋友关系。但在美国人的国际政治词典中，"朋友"的含义就是打不败的对手。为取得先发制人式的战略主动，美国已在中国主权范围内公开向中国步步进逼。与19世纪末美国不得不接受并赢得英国和西班牙在东太平洋上的挑战一样，中国现已处在不直面接受并誓死赢得美国挑战就没有退路的关口。与20世纪50年代新中国通过打赢朝鲜战争后获得国际社会尊重的道理一样，拥有光明前景的中国外交，在今天也不得不更多地依托于军事实力来实现。

现在，包括印度在内的整个世界都在注视着这场较量及其结果，并以此决定它们未来的对华政策。对印度而言，如果中国赢得这场挑战，印度将在相当长的时期内保持目前这种受到多种力量"追求"的外交环境和经济发展机遇；反之，印度将不可避免地在美国人垒起的自苏联经中国最后到印度的多米诺牌局中，成为最后倒下的一张。如果不信，那就请去研究一下美国在印度洋中心的迪戈加西亚军事基地②及其作用。

目前印度以"中国威胁"作幌子，发展海上军事力量。其实，对此首先感到警觉的并不是中国而是美国；美在南中国海迅速加强海军力量意在防御的不仅是中国而且还有印度。2001年3月30日，美国《基督教科学箴言报》发表该报记者约翰　迪林《亚洲日益崛起，美军运筹帷幄》的文章说得明白：美国是太平洋和印度洋的主宰，它可能会遭遇到新的竞争。到2025年，中国和印度都会成为不可小视的海上对手。五角大楼正重新探讨

---

①　此处借用列宁"左派幼稚病"的提法，转指戈氏在国际政治问题上的"幼稚病"。

②　迪戈加西亚基地，位于印度洋中部的查戈斯群岛，是美国在印度洋的唯一的海上基地。基地占地2700公顷，平时驻有1500官兵。拥有港口、海军航空站、通信站和其他后勤设施。利用该基地可支援中东和波斯湾，监视和控制印度洋海域。

今后20年对美军的要求。这项研究由战略家安德鲁　马歇尔负责。到目前为止，印度一直全力以赴处理与巴基斯坦风暴迭起的关系，今后20年内，它也有可能扬帆起航。五角大楼的规划者说，印度可能会跟中国一样，设法扩大海军，最终控制印度洋。美国可能会在印度洋和南中国海失去立足之地。

现在，印度声称将具有导弹远程打击能力，以对付"来自中国的威胁"，但事实上远程导弹对美国则更具有威慑力。可以肯定，今天印度的成就，尤其是海上而不是北方山区的国防成就，根本不可能像克林顿所说的那样被美国人也视为自己的成就。如果印度海军力量真的达到某种程度，即使没有达到预期的遏制中国的目标，美国也会从太平洋迅速掉头进入印度洋。如果印度届时没有能力迎接这场挑战并遭受厄运的话，西方大国在打败并肢解印度后，就会随后在某个"和会"上重新洗牌。于是，新一轮多米诺牌局将再次垒起，届时世界就像是又玩了一场游戏。

第三节　印度的大国战略与南亚地缘政治格局

一　大国战略与强势外交

近年迅速崛起的印度经济是支撑印度推行大国战略与强势外交的内在动因。从1992年至1999年期间，印度的GDP平均增长6.8%左右。印度1998—1999财政年度出口总值已从上一财政年度(1997—1998)的324亿美元，增至336亿美元，增长幅度为3.7%。软件业的高速发展是带动印度近年经济发展主要因素。印度政府于1991年撤销对软件出口及软件公司赢利征收的税项后，软件出口从1991年的1.64亿美元，上升至1998年的二十多亿美元，占全国出口4.5%。据印度全国软件服务公司联合会统计，印度软件出口额1995—1996年度仅为7.34亿美元，而在1998—1999年度，印度软件业产值已达到40亿美元；其中出口额已突破30亿美元，比上一年度猛增84%，是1995—1996年度的4倍以上；1999—2000年度，印度软件业产值为57亿美

元，出口额为40亿美元。印度的软件出口目前在其出口总额中所占比例为
10.5%。^①在印度人民党上台前一年即1997年，印度按美元计算的国民生产
总值为3739亿美元，居世界第15位；按印度购买力平价计算的国民生产总
值，仅次于美国、中国、日本和德国，名列世界第五。^②这些为印度人民党
上台后全力推行大国战略奠定了良好的经济基础。

　　1998年3月19日，瓦杰帕伊宣誓就职总理。印度人民党上台组阁后，立
即对外宣布新政府的外交战略。同日，印度外交秘书迪克西特发表谈话，
表示新政府要放弃印度自80年代以来国大党政府推进的温和外交政策，不
会再向邻国作出单方面的让步。提出要重新审视

　　"国家面临的军事和政治威胁"，印度将保留"使用一切选择的权
利，以确保印度的安全、领土完整和统一"。为此"要重新评估我们的核
武器政策，保留制造核武器的权利"，最终达到"在国际事务中印度要得
到与其面积和能力相符合的地位"。^③

　　富有攻势的关于国家安全的理论，不能不产生富有攻势的外交战略。
近代以来，印度国家安全战略一直在以北方陆地还是以南方海洋为国防重
点的两难中选择。印度前外长贾斯万特·辛格在《印度的防务》(*Defending
India*)一书中认为：失去对印度洋的控制是印度近代亡国的重要"分水
岭"。他说："印度历史的转折点并不是最终发生在陆地上的冲突"，
"我们只需思考一下17世纪和18世纪的一个重要失误，就可正确地评价
印度洋和通向印度的海路的重要性。这个失误导致外国势力到达印度洋沿
岸，最初是为了贸易，发展到后来就是为了征服"。"在这里，陆地上的
胜利是紧随着海上的征服而来的"，"因此有必要承认，出现一个意义重
大的战略转移，即陆路被海路所取代"^④。20世纪90年代的海湾战争和科索
沃战争及21世纪初"9·11"事件后美国打击阿富汗的军事行动，使印度政
要们更加认识到制海权对于印度国家安全所具有的生死存亡的意义。

　　印度政府同时也明白，中国对印度洋地缘政治利益并不像美国那样具

---

　　①　《新闻周刊》2001年第32期。

　　②　孙培钧、华碧云：《印度国情与综合国力》，中国城市出版社2001年5月版，第45、
第47页。

　　③　参见*BJP's 10-point Freedom Charter: National Agenda for Governance*；（www.
indiaelection.com）。

　　④　Jaswant Singh：*Defending India*，Macmillan Press Ltd.，Britain，1999.pp.265-266.

有急迫的现实需求，中印在印度洋上并不会发生现实冲突。近年来随着中印关系的逐渐改善，特别是印度成为事实上的有核国家以后，由中国挑起的两国直接发生大规模战争的可能性基本不复存在。而印度多年来的重陆军轻海军的国防投资政策，已造成印度海上防务虚弱。鉴于此，近几年印度以"中国威胁"为幌子，采取瞒天过海的方式，渐次实现军事安全战略从北方陆地向南方印度洋的倾斜。

2000年9月，印度总理瓦杰帕伊访问美国期间，在对美国国会议员的讲演中说："我们寻求的是一个没有大国威胁其稳定和安全的亚洲，我们也不想以挤占别人的空间来实现自己的统治。"[①]印度国防部长费尔南德斯在国防战略研究所讲话表示：印度的国防现代化应与中国保持同步，国防水平不能低于中国；鉴于可能发生的有限的核战争，能够保证和平的手段就是印度可靠的威慑，不管它是核武器还是常规武器威胁；"我们的邻国已发生了许多变化，这将影响我们未来的力量平衡。这些自然而然地提出许多问题，例如中国现代化对我们今后几十年意味着什么。"[②]10月18日，费尔南德斯在部队司令年度会上提出要持续注意和分析印度周边日益恶化的安全环境。他强调中亚独联体国家、次撒哈拉地区的国家，尤其是环印度洋国家及与印度洋相邻的东盟地区的地缘战略的重要性。加速实现军事现代化，获取高精尖武器是政府的优先考虑。他透露印度政府已批准独立研制航空母舰的计划。[③]11月26日，费尔南德斯在全国军校联合会成立52周年纪念会上说：印度将在下个世纪成为世界领袖之一，在这个过程中，中国是印度的最大竞争对手。2001年3月5日印度内政部长阿德瓦尼在安达曼群岛首府布莱尔港视察时称："20世纪属于西方，中国在21世纪想成为世界的领导，但本世纪未来的岁月属于我们印度。"

由于印度是陆海大国，北部与巴基斯坦、中国、尼泊尔及孟加拉等国接壤，边界问题和国内民族问题突出，因而陆军不可避免地要在印度国防安全中扮演主要角色。但近年来印度政府日益注意到印度洋对印度经济发展和国防安全的重大意义并将国防建设的重点向印度洋持续偏移。据印度国防部年度报告：1996年到2000年的国防支出中，陆军军费支出年均递增

① TheHindu, Sep.15, 2000.

② TheHindu, Oct.10, 2000.

③ TheHindu, Oct.19, 2000.

15%；空军约9%；海军约18%。[①]《简氏防务周刊》披露：印度2001—2002年度军费比上年度增长13%，陆军虽占整个预算的60.4%，但和上年度相比，陆军在三军中增额最少。印度空军于2001年4月下旬公布新的战略方案，呼吁增加15个战斗机中队，将空中巡逻范围向印度半岛以南推进。时任印国防部长的辛格在两年一次的司令官会议上保证"全力支持"空军，"满足它的所有作战要求"。在4月20日结束的两年一次的海军指挥官会议上，印度海军决定增强对陆地纵深打击能力，使作战水平达到新高度。目前，印度海军正通过购置各类新型武器来实现装备现代化的目标。6月初印度与俄国签订的为期10年的军售合同主要集中在海空及核威慑、外层空间技术领域。印要求几乎所有新造的战舰上均装备反舰导弹。6月13日印成功试射首枚超音速巡航导弹，射程达280公里，这类导弹预计在两年内可装备印度海军。10月1日印度接受俄国交付的第二艘升级型"基洛"级潜艇。这两艘潜艇装备有独立的空气推进器，能载8枚可携核弹头的巡航导弹；装配有电子作战系统，该系统可向印海军指挥中心和航行在印度洋的战舰发送预警数据。印度计划建造6艘排水量为3500吨，共可携带36枚弹道导弹的核潜艇，力争在2010年前形成海上核打击能力。7月25日，印度政府批准一项价值1亿美元的开发计划，打算建立专用C41网络以增强印度海军的目标探测与攻击能力。2002年1月19日印度海军参谋长马德维德拉　辛格海军上将在印度南部港口城市科钦表示，印度军队拥有可信的反击能力，其造成的破坏程度超出对方的想象。印度海军拥有的火力已超出"足够"的范围，能执行任何类型的作战任务。在回答印度海军是否已在军舰上装载了核武器时，他强调，任何奉行"不首先使用核武器"的国家都会确保拥有海、陆、空三位一体的"第二次打击"的核能力。2月8日，印度和俄罗斯签署一个涉及范围广泛的军事协议，为双方即将进行的数十亿美元的军火交易奠定基础。2月6日，美国《世界网每日新闻》转载美国战略预测公司《印度扩展核能力》文章评论道："印度的采购单清楚地反映了三个问题。第一，印度在集中发展海上能力。第二，它的战略计划范围已经扩大，并非专门针对巴基斯坦的威胁。第三，印度真正想成为一个核大国"，"它突出反映了新德里决心发展能够威慑南亚任何挑战的三位一体战略核力量，并使印度取得该地区霸权地位。这是印度防备决策的主要目标"。2月28

① 据 Indian Defence Yearbook 2001（Natraj Publishers, India）提供的数据计算整理。

日，印度财政部部长在对国会的演讲中表示，印度增加了2002年至2003年3月的国防预算，军方预算总额为133亿美元，比去年增长了14%。国防部部长费尔南德斯在预算宣布后发表谈话，对军费的增加表示满意。费尔南德斯说，他优先考虑的问题是军队装备的更新换代，国防部将抓紧购买先进的喷气式教练机和俄罗斯的"戈尔什科夫元帅"号航空母舰。5月23日《简氏防务周刊》报道，印度将成立战略核司令部，并拟于6月开始正式运作。据悉，战略核司令部隶属于印度空军，总部设在南方空军司令部总部所在地提卢万纳塔普拉姆，并在新成立的国防联合参谋部的领导下运作。美国《航宇日报》2003年11月17日称，印度海军计划从以色列购买无人机装备安达曼群岛的新无人机基地。2001年，印度从以色列飞机工业公司购买了8架"搜索者"Ⅱ和"苍鹭"无人机。印度海军想买更多无人机对关键的海军设施进行监视。海军计划要为拟议中的安达曼群岛无人机基地至少再购买10架"苍鹭"。11月26日俄罗斯国防部部长伊万诺夫对印度进行两天的访问，印度将与俄罗斯签订价值16.5亿美元的合同，购买"戈尔什科夫海军元帅"号航空母舰和20—25架"米格-29"战斗机。

与此相应，印度外交迅速向西太平洋地区伸展。1998年8月24日，印度海军与新加坡海军讨论使双方联系制度化及双方签署谅解备忘录问题。10月24日，印度海军访问菲律宾，受到菲律宾国防秘书的接待。12月15日，印度与越南签署两国文化交流计划。2000年4月，印度国防部部长访问越南，印度与越南签署了多项防御合作协定；22日印度国防部长费尔南德斯透露：印度和越南、波兰正在就联合生产军事装备问题进行谈判。同月，印度国防部长在一份声明中称印度将与越南日本分别在南中国海举行联合海上演习。2000年2月28日，印度与新加坡海军在安达曼海域进行为期11天的反潜艇作战演习。2001年1月，印度总理瓦杰帕伊对越南、印尼进行访问。舆论普遍认为这是印度"面向东方"外交迈出了重要一步。2002年1月2日，台湾《联合报》"援引可靠消息来源"报道，台湾当局派出了校级军官担任驻印度武官，而印度空军高级将领也曾经到台湾岛访问，与台湾"空军司令"陈肇敏会晤。报道还补充说，台湾当局与印度的军事联系是在李登辉时期开始建立的。

多年来，印度一直抱怨缅甸与中国关系密切，指责中国以缅甸为进入印度洋的基地。2000年起印度改变以往在印、缅关系上所持的消极态度，采取实用主义和现实主义的外交攻势。7月，印度陆军参谋长访问缅甸。此后相继有内阁秘书、海军参谋长访问缅甸，11月，缅甸和平与发展委员会副主席访印。2001年2月，印度外长贾斯万持·辛格不顾西方所谓"民主国家"不与"军人政权"交往的惯例，对缅甸进行访问。辛格与缅甸各界人士进行了广泛接触，并就两国关系及共同关心的问题达成一些共识。引人注目的是，辛格于13日出席了印、缅基础设施合作项目德穆—葛礼瓦—卡列密公路的开通仪式。这条公路最终连接印度东部各邦和缅甸首都仰光公路，设计全长273公里，它的开通对印度从陆地上进入东南亚十分有利。在公路开通仪式上辛格称："发展与缅甸的关系关乎印度的国家利益。"2003年9月印度参谋长联席会议主席及印度海军司令辛格对缅甸进行了访问，与此同时两艘印度军舰已于10日抵达仰光，准备同缅方举行联合军事演习。印度官员称，这是印度首次同缅甸举行联合军事演习，相信此举将向该地区发出强有力的政治信号，同时加深两国的防务交流。11月初印度副总统辛格·谢卡瓦特对缅甸进行为期四天的正式访问。谢卡瓦特是自1987年印度总理拉吉夫·甘地访问缅甸后16年来出访缅甸级别最高的印度领导人。其间，印方承诺将向缅甸提供5700万美元信贷，以用于缅甸首都仰光至缅第二大城市曼德勒铁路的改造。此外，双方还签署了互免公务及外交护照签证协定和人力资源开发合作谅解备忘录。双方决定，将两国的双边贸易额从2002年的4亿多美元提高至2006年的10亿美元。东盟成员国缅甸地处南亚和东南亚的交会处，是连接南亚和东南亚的纽带，印、缅外交已成为印度"东进"政策的重要组成部分。

二　安全战略的两难选择

核试后，印度外交举措最引人注目的变化是印度与美国关系迅速升温。2001年2月15日至19日，印度在港口城市孟买举办国际舰队检阅活动，印度及来自美国、俄罗斯、法国、日本、南非等19个国家的120余艘军舰参加了检阅。在各国军舰上，美国一反惯例，是唯一在参展舰艇上并列挂着美国和印度国旗的国家。检阅活动中，印国防部部长费尔南德斯说，现在世人已认识到印度海军必须在远至日本的航线上扮演更重要的角色。4月5

日辛格访美，5月1日布什发表NMD讲话，2日，印度政府对布什讲话表示欢迎。12日，布什表示支持瓦杰帕伊关于克什米尔和谈方案并计划访问印度。7月18日晚，美参谋长联席会议主席谢尔顿上将开始对印度进行为期三天的访问。7月19日谢尔顿在会见时任印度国防部部长的辛格后向记者表示，美国和印度都有加强两国实质性军事关系的共同愿望。谢尔顿还同印度参谋长联席委员会主席、海军参谋长库马尔进行了会谈，并会见了印度陆军参谋长、空军参谋长和其他高级军事官员。他说，目前两国军方的对话将继续进行。9月11日，美国遭恐怖主义袭击后，随即挥师阿富汗。打击阿富汗塔利班，摧毁巴基斯坦与印度抗衡的后方战略依托，这符合印度的战略利益。因此，印度给予美国军事打击行动以积极配合。2003年2月27日美国核管理委员会主席梅泽夫宣布，美国和印度将在核安全问题上扩大合作。8月4日法新社报道称，印度国防部副部长和一支高级军官组成的小组当天前往华盛顿参加一个国防政策小组会议，讨论增强印、美国防合作的方式。两国将制定明年军事演习的日程和细节。印度希望说服美国取消对转让军民两用技术和高技术系统的限制，印还将谈采购深潜救援船、特种部队使用的人员传感器和光学武器装置等。《防务新闻》的报道称，美国驻印度大使馆发言人9月30日表示，美印之间的军事合作关系正在不断加强，这是美国寻求防御合作的一部分。该发言人指出，印美两国已经决定在明年至少举行六次陆地联合军事演习。此外，印度国防部官员近日表示，印度政府已决定投资2000万美元采购高技术装备，同时计划在未来两年内建立防空系统。

就在印、美关系上升的同时，在一些战略利益上印、美矛盾开始显现。"9·11"事件后的第七天即2001年9月18日，与美国开展反恐军事行动的方向相反，印度国防部宣布成立安达曼—尼科巴战略防御司令部，以加强其在印度洋东面的防御力量。

控制马六甲海峡是印度海洋战略的重要部分。安达曼·尼科巴群岛（下称"安岛"）位于马六甲海峡的西北端，是印度的东方门户。据此可扼守从马六甲海峡进入印度洋的航道并控制孟加拉湾，必要时还可染指亚齐和东南亚事务。其次，马六甲海峡是目前仅次于霍尔木兹海峡的世界第二大海上能源通道。如果马六甲海峡被封锁，这势必对严重依赖原油进口的印度经济构成重大打击。1967年印度在安岛布莱尔港设立基地，1984年设安岛要塞司令部；2001年印国防部将其扩大为战略防御司令部。未来若有战事，印度可借助部署于印度大陆东西两侧的海军军区，与本土陆军相呼应，在空军的配合下形成强大的陆海空一体化的综合国防力量，并对美国在印度洋上的迪戈加西亚基地形成犄角攻势。

目前，印军在安岛设立一个机场，印强调空军必须具备从该机场起降飞行的能力。印军方认为将飞机部署到安岛，能确保其在孟加拉湾的制海权。印将部署一个战斗机中队和俄制"米-8"或"米-17"直升机用于后勤补给和兵力投送。为增强安岛海军对地攻击能力，印度陆军还专门抽调一个旅约3500人的兵力进驻安岛，今后几年内将陆续增兵达到8000人的规模。印度还将在科科群岛附近岛屿设立先进的远程监控雷达，监控范围达200海里。新成立的安岛战略司令部将同时统辖印度陆海空三个军种部队和海岸警备队，是印军首个跨军种的"联合防御司令部"。印海军中将阿伦　普拉卡什被任命为该司令部的首任总司令。

"9　11"事件后，印度紧随美国NMD立场及支持美国军事打击恐怖主义的卖力表现，不仅没有得到所期望的回报，反而因美巴关系急速升温而受到冷遇，印度机会主义外交受挫。印总理曾分别向布什和布莱尔提出将克什米尔问题纳入反恐行动，但美英反应十分冷淡。就在印度军方宣布成立安岛战略防御司令部的当天（9月18日），辛格借会见中印名人论坛代表的机会向中国示好，称：印中两国互不构成威胁，在和平共处五项原则基础上发展对华关系是印度的基本政策。与此相反，印度在10月16日接待美国国务卿鲍威尔到访时，机场场面冷清，既没有见到红地毯，外长辛格也没有亲自到机场迎接。鲍威尔会谈中提出敦促印度立即恢复与巴基斯坦之间的公路和铁路交通，向巴基斯坦飞机重新开放领空等建议，均被印度外长辛格拒绝。

美国南亚战略是其全球战略的重要组成部分，目的是在欧洲和东亚两翼对俄中战略合围大体成型之后，实现对中亚中东地区的地缘利益及其油气资源利益的有效控制。"9　11"事件使美国借机挥师中亚。美国宣称反恐怖战争将是长期的，这意味着美军事力量将在中亚地区长期存在下去。一旦美国军事顺利介入中亚，如不出现国内政权更替，巴基斯坦势将被纳入美国势力范围。这有利于美国开通并控制从中亚独联体国家经阿富汗、巴基斯坦、最终进入阿拉伯海的油气管道线路；如果再考虑到美国在中亚和沙特的军事力量将对波斯湾形成的钳制态势，美军在中亚地区的长期存在，不能不使石油自给率仅有35%左右的印度对其在北印度洋上的能源安全利益产生忧虑。

印度的大国战略及强势外交一开始就是自我矛盾的。从印度的地缘政治看，由于印度和巴基斯坦在克什米尔地区难以解决的矛盾，印巴经常发生军事冲突，印度不得不在北方克什米尔实际控制线驻扎大量陆军，以应付所谓巴基斯坦"军事威胁"。由于克什米尔主权争执长期困扰，印度国防始终摆脱不了北方陆权和南方海权孰轻孰重的两难矛盾。

但从另一方面看，印度发展具有核打击威力的海军，这不可避免地要与美国及其盟国在印度洋上的地缘战略利益发生难以调和的矛盾。

历史上印度洋一直被英、美海权国家视为必须绝对控制的地缘利益。美国国防部2000年12月发表的《21世纪美国的战略》报告称："能否保卫美国领土、我们的公民和我们的经济繁荣将取决于自由贸易和能否得到战略资源以及国际水上通道。"印度洋是世界战略资源及国际重要水上通道最密集的地区，美国所需部分石油，西欧所需80%、日本所需几乎是100%的石油，都须从波斯湾进口。因此在冷战期间，印度洋，尤其是位于北印度洋的波斯湾地区一直是美国全球安全战略中的重中之重，也是大国争夺最激烈的地区。目前，印度利用中美矛盾，全力加速具有核打击威力的海军建设，这不可避免地要与美国乃至整个西方在印度洋的地缘战略利益发生不可调和的矛盾。2000年11月和次年1月16日，美国海军调研船"鲍迪奇"号及英国海军船只"斯克特"号进入印方宣布的专属经济区，曾受到印度海军和海岸警卫队舰船的拦截。2001年3月印度政府曾就此事要求美、英两国政府就此作出解释。美国驻印度大使馆的新闻秘书表示："根据《联合国海洋法》，从事军事研究的船只无须事先通知。这件事已经结束了。"美国《防务新闻》2001年11月28日报道，印度国防部部长乔治　费尔南德斯在27日举行的印度海岸警卫队司令官会议宣布，政府已经批准为海岸警卫队新建10个海事基地。

目前，海岸警卫队在全部近海地区共有20个基地。根据计划，在未来5年内，印度将耗资2.5亿美元用于建立新基地。海岸警卫队计划在这五年内采购30艘新型近海巡逻艇和快速巡逻艇、2艘气垫船、6架海军监视直升机和未透露数量的固定翼海上侦察飞机。印度海岸警卫队目前有9艘海上巡逻艇、1艘先进海上巡逻艇、21艘快速巡逻艇、15艘拦截艇、14架"道尼尔"（Dornier）海上监视飞机和15架"猎豹"（Chetak）攻击直升机。"9·11"事件后印度在安岛设置战略防御司令部使其与部署于印度西海岸的印度另外两大海军军区相互响应，并依托本土核打击力量，对其南面的美国迪戈加西亚海军基地构成犄角攻势，这不能不引起美国军方的担忧。五角大楼一项研究认为，今后20年内印度可能会控制印度洋，并使美国在此失去立足之地。① 印度计划试射射程超过5000公里的"苏里亚"洲际弹道导弹，这已超出印对付"中国威胁"的需要，此举已引起美军方注意。2001年6月4日美国务院官员透露，即使美国解除对印度的大部分制裁，也将严格遵守核不扩散条约规定的定义，不把印度作为"有核国"对待。8月21日，美国国防部负责国际事务的助理部长彼德·罗德曼表示：美、印关系是有限的，"印度不可能成为美国的盟友"。"同巴基斯坦建立关系对美国来讲是非常有价值的。""核问题"有可能就是美国在与印度接近之初就为日后解决印、美矛盾埋下的伏笔。②

---

① 2001年3月30日，美国《基督教科学箴言报》发表该报记者约翰·迪林《亚洲日益崛起，美军运筹帷幄》文章说：美国是太平洋和印度洋的主宰，它可能会遭遇到新的竞争。到2025年，中国和印度都会成为不可小视的海上对手。五角大楼正重新探讨今后20年对美军的要求。这项研究由战略家安德鲁·马歇尔负责。到目前为止，印度一直全力以赴处理与巴基斯坦风暴迭起的关系，今后20年内，它也有可能扬帆起航。五角大楼的规划者说，印度可能会跟中国一样，设法扩大海军，最终控制印度洋。美国可能会在印度洋和南中国海失去立足之地。

② 中新网2006年4月25日电据巴基斯坦《每日时报》报道，美国驻印度使馆24日发表的一份声明称，美国不承认印度是核武国家，它无意修改《核不扩散条约》或就《核不扩散条约》进行重新谈判。声明称："美国不承认印度是核武国家，但是它理解印度不会以非核武国家的身份加入核不扩散条约。美国理解印度将继续保持其战略项目，不过美国政府认为印度核领域的未来增长将主要表现在民用领域。"美国驻印度使馆称，美印两国政府2005年7月和2006年3月发表的联合声明明确地阐述了美、印核合作协议的目标。在布什总统对印度进行访问后，印度官员曾私下称，美国已接受了印度"事实上"的核大国地位。《美驻印度使馆：美国不承认印度的核武国家地位》（http://world.people.com.cn/GB/1029/42354/4328307.html）。

三 变动中的南亚地缘战略格局

1998年印度人民党上台推行带有机会主义特点的强势外交对南亚地缘战略格局造成了多方面的和深远的影响。

与核武器的出现使第二次世界大战结束迄今没有发生世界大战道理一样，印度成为事实上的有核国家，使南亚大国之间发生大规模的国家总体战的概率大大降低，但大国之间，尤其印、巴两国之间的战略威慑的烈度将相应加强。这种战略格局的变化使印度国防重点有可能发生自北向南的倾斜。值得说明的只是，为了避开美国的警觉，印度国防的这种战略重心的变化是在"中国威胁"的幌子下用瞒天过海和小步低调的方式进行的。但因其自身不可克服的内在矛盾，随时间的推移，在南亚北方地区原有矛盾的基础上，美国与印度在南方印度洋上的地缘安全利益的矛盾将会逐渐显现。南亚地区矛盾空间将进一步扩大，矛盾内容更加复杂。

美、印重新接近的过程也是美、印之间新矛盾发生和发展的过程。首先，波斯湾是印度石油需求的主要供应地，美国军事控制阿富汗的直接结果之一是巴基斯坦进入可以被美国控制的势力范围，驻扎中亚与阿拉伯半岛的美国军事力量将对波斯湾形成钳制态势，并与美国的迪戈加西亚海军基地北南呼应，从长远看，这对印度的地缘和能源安全产生重大影响。其次，美、印双方均视印度洋为其绝对的海权利益所在。印度首任驻华大使潘尼迦及印度人民党重要领导人，印前外长辛格等在其著作中都明确指出印度洋对印度安全的极端重要性，认为"谁控制印度洋，谁就掌握了印度"（潘尼迦）；从美国方面看，美国也不会容许在世界海权"心脏"地带即印度洋地区有一个像印度这样的据有核威慑的海上力量的崛起并长期存在。目前，中国和俄罗斯在印度洋地区并不具有现实和直接的军事安全利益，从而也不对美国和印度的印度洋利益构成"现实威胁"。但印度以牺牲其在印度洋安全的长远利益，从美国那里换取比如军事技术等短期利益，可以预计的是，随着美国影响力在中亚和阿富汗及巴基斯坦持续加强，美、印在印度洋乃至中亚的矛盾将会有所上升，这对印度的未来安全乃至整个南亚地区的稳定都将产生非常不利的影响。①

四 简短的结论

南亚地缘战略格局因印度的强势外交以及"9　11"事件的发生已出现了重大变化：首先，塔利班瓦解使巴基斯坦失去与印度抗衡的后方依托，南亚地区的地缘战略天平向印度倾斜，印度在与巴基斯坦战略抗衡中进一步取得优势地位，并成为南亚地区的实力中心；其次，印度成为事实上的核国家，这使北方有核国家间的核威慑水平在被迫相应提高的同时，南亚地区发生全面战争，尤其是南亚有核国家间发生全面性总体战争的可能性已大为降低；最后，印度的崛起使印度对印度洋及中亚的安全需求持续增大，印度在与美国改善关系的同时，印度在印度洋和中亚地缘利益上与美国矛盾也相应增加并处于不利地位。不管印、美之间如何掩饰，也不管印

①　美国国家情报委员会2005年1月13日周四发表的报告称，于2020年年底前，中国和印度将成为经济巨人，与美国匹敌。报告指出全球化在削弱美国势力的同时对亚洲有利，中国和印度更会成为新兴力量。报告预计在2020年前中国的国民生产总值将居世界第二，印度的经济实力亦将超越大部分欧洲国家。在美国政府国家情报委员会的研究《全球未来地图》(*Mapping the Global Future*)预测中，中国和印度的崛起成为焦点。报告把其重要性跟19世纪德国冒起和20世纪初强大美国相提并论。中国和印度成为"新兴全球玩家将改变地缘政局，影响力可能跟先前两个世纪的强国同样重大"。报告预测，丁2020年前中国国民生产总值将仅次于美国，而印度国民生产总值将超越大部分欧洲经济体，中国和印度亦势将成为科技领袖。虽然欧洲有潜力提高其国际地位，但面临"长期经济停滞不前"，除非吸纳穆斯林国家的移民来抵消人口锐减。报告称，日本亦将面对老化危机，或会阻碍其经济复苏，迫使该国重新评估自己的角色。"东京或须在'抗衡'或'追随'中国之间作出选择。""美国的强国地位亦将被削弱，但于2020年继续是在所有势力范围上最重要的单一国家。"虽然中国和印度中产阶级数目极可能急剧扩张，但由于在成本考虑上有越来越多技术性工序外移，发达国家的中产将受难。国际企业将倾向亚洲而非西方，越来越多企业在中国、印度或巴西等国家建立总部。报告中指出，能源需求将增加，但由于产油区位于中东、俄罗斯、西非和委内瑞拉等局势不稳定地区，石油供应中断可能造成问题。直至2020年之前，经济增长显著但分布不平均，强国冲突的可能性低于过去一世纪任何时刻。报告也预期中国及印度的崛起会改变全球地缘政治。与此同时，其他转变亦很可能塑造新面貌，包括巴西、南非、印尼甚至俄罗斯的经济崛起，虽然这些国家对地缘政治的影响较小，但或会巩固中、印日益重要的地位。资料来源：《中印将成经济巨人 20年内崛起抗衡美国》(http://info.news.hc360.com/html/001/002/003/013/98769.htm)。

美矛盾以何种形式表现，南亚地区以印、巴矛盾为基调的传统格局，将逐渐转向印度与大国之间，尤其是与美国之间更广泛利益协调和矛盾为基调的新格局，这种新格局——这是美国单边霸权主义与多极化共存时代必然出现的现象——将在今后相当长的时间内影响着印度外交的政策及其基本走向。

第四节 阿富汗战争与不对称世界格局

就在阿富汗战争被人们开始淡忘的时候，这场战争的深远影响似乎才刚刚显示出来。研究这场战争的经验及其影响，对于中国的未来是有意义的。笔者试从战争目的、战略策略、军事技术革命及历史意义等方面，对这场战争进行分析。

一 阿富汗战争与美国能源战略——阿富汗战争起因分析

"9 11"事件发生后，美国发誓不抓住本 拉登决不罢休，为此美国发动了新世纪第一场战争：2001年10月7日，美国开始对阿富汗塔利班进行了大规模轰炸。2002年1月24日美国正式确认塔利班已经在阿富汗境内彻底瓦解，[①]但仍称反恐怖主义的行动将是长期的。

这里，人们就提出了一个问题：美国发动这场战争的目的究竟是什么，我们知道，美国是世界上能源消费量最大的国家，能源消费占全世界的四分之一，可能源生产只占世界的19%，它的石油储量只占世界的2.12%。因此，美国石油产量和消费总量近十年来出现较大缺口，并且储量

---

① 2002年1月美国副国务卿阿米塔奇表示，塔利班已经不能控制阿富汗任何地区，因此美国对阿富汗制裁措施决意书中"由塔利班控制的阿富汗"的文字无效，并已经修正。这份决意书是在1999年美国总统下令对阿富汗塔利班政权进行制裁时制定的。阿米塔奇已在2002年1月24日修定决意书，而技术性修定版也已刊登在联邦登记册里。

也大幅下降：1989年至1999年美国石油产量从4.29亿吨下降到3.54亿吨，下降了17.5%，而同期石油消费则从7.95亿吨上升到8.83亿吨，上升了11%，占1999年全球消费总量的25.9%；同期美国已探明石油储量从336亿桶降为286亿桶，[1] 而"今天这样的困境悄然而至，因为多年来的快速增长撞上了能源基础设施几十年来的投资不足所造成的供应方面的实际障碍"。[2] 目前不能说这些必定会导致美国能源出现重大危机，但能源短缺加大无疑会使目前美国的经济衰退雪上加霜。自2000年下半年起，由于电力供应短缺，美国加州已经经历了数次局部轮流大停电，对硅谷亦不能幸免。截至2001年3月美国加州电费涨幅达40%。4月，美国对外关系委员会提交的能源战略报告开篇就向美国政府提出警告："21世纪伊始，能源部门处境危急。由于种种因素，一场危机随时可能爆发，并且会不可避免地影响到今天全球化世界中的每个国家。虽然很难确切地预见到一切危机的具体起因，但有一点却很明确，能源的中断可能会严重地影响美国和世界经济，并且会以种种显著的方式作用于美国的国家安全和对外政策。"[3] 在已过去的10年里，美国石油产量下降而石油消费量上升，在美国对进口石油依存度过高（50%以上），以及美国因近年能源生产设施老化而导致生产能力长期滞后的条件下，大幅增加和保障海外石油供给，成了小布什政府上台后制定外交政策的重要考虑。

亚洲近年石油消费总量的大幅增长，更增加了美国战略学者的忧虑。美国对外关系委员会提交布什政府的关于美国能源政策的长篇报告称："国际能源机构或者经合组织成员国在1974年该机构创建时主宰着全球石油贸易，今天，它所占的份额正在迅速下降。在1985年到2000年期间，仅东亚国家在全球石油消费中所占的份额就从不到20%增加到27%以上，因为该地区占了世界需求总增量的80%。""在国际上，最近10年来的快速的经济增长也使得世界生产石油和天然气的能力达到了极限。由于在20年来的很长一部分时间里，石油的实际价格不断下跌，所以寥寥无几的拥有世界主要储量的生产国没有得到激励因素，以促使在新的基础之中投资，而且，70年代所遗留下来的生产力方面所起到缓冲作用的剩余也逐渐消失

---

① 国务院发展研究所：《世界发展状况2001》，时事出版社2001年版。

② 美国能源战略研究报告：《21世纪的战略能源政策挑战》（2001年4月）。

③ 同上。

了。"①2000年12月美国国家情报委员会公布的《2015年全球趋势》报告认为："亚洲将推动能源需求的增加，并代替北美成为世界的主要耗能地区：世界需求的一半以上都将来自亚洲。中国——其次是印度——的能源消耗急剧增加。到2015年，波斯湾只有十分之一的原油将运到西方市场，而四分之三将送往亚洲。"2001年5月16日美国联邦政府发表了《国家能源政策报告》指出："美国在2001年面临70年代石油禁运以来最严重的能源短缺，这将导致对（美国）经济的破坏，生活水平下降和影响国家的安全。"

里海是仅次于中东的世界第二大储油地。它位于欧亚大陆的接合部，石油储量主要集中在哈萨克斯坦、土库曼斯坦和阿塞拜疆。据估计，里海石油储量高达约270亿吨，天然气储量14万亿立方米。陆上石油储量也有几十亿吨，天然气陆上储量30亿立方米。这样丰富的油气资源不能不引起能源消费大国的注意。

长期以来，美国一直为里海石油输出线路大伤脑筋。1999年11月，在美国总统克林顿推动下，阿塞拜疆、土耳其和格鲁吉亚签订一项协议，要在巴库和土耳其港口杰伊汉之间修一条输油管道，计划2004年建成。美国还计划推动建设一条将土库曼的天然气经里海底部，再经阿塞拜疆和格鲁吉亚两国，利用巴库—杰伊汉管道输向土耳其，目的是利用这条管道将中亚石油国家与西方联系在一起，减少对莫斯科的依赖，同时也可避开伊朗这个所谓"高风险地区"。为此，在美国政府的压力下，英、美石油公司曾搁置了准备动工的一条被认为最经济的经伊朗的管道线路。但2001年3月俄罗斯与哈萨克斯坦共建的从里海沿岸的田吉兹油田到俄黑海港口新罗西斯克的管道宣告修通，首批试运原油已输入管道。这对美国无疑是沉重的打击。更令美国人担心的是，中国也于2000年宣布要修建一条从中国西部到东部沿海，全长四千多公里的"西气东输"管道计划。这条管道一旦修通，中国不仅会在经济上受益，在政治上还将中亚国家，乃至东北亚油气资源稀缺国家的利益与中国联为一起。美国一直试图推动一条从中亚经阿富汗、巴基斯坦，最终进入阿拉伯海的油气管道线路。1997年，美国加利福尼亚联合石油公司副总裁马蒂 米勒同塔利班就这条输油管道问题举行了谈判。但是，由于阿富汗内战不止和塔利班的反西方态度，使美国一直无法达到目的。

---

① 美国能源战略研究报告：《21世纪的战略能源政策挑战》（2001年4月）。

　　有人会问：美国已经控制着中东石油，这难道还不够吗？

　　其实，美国对阿拉伯半岛的石油供应一直有着这样的担心，即一旦中东局势出现动乱，西方就会因石油价格上涨而出现国内政治经济危机。美国自己生产的石油只能满足国内需求的一半，美国的西欧盟友的石油自给率更低。美国及其盟友不相信伊拉克或者伊朗能够保证对西方石油稳定的供应，也不敢将石油赌注全押在沙特等少数亲美的中东国家身上。拥有全世界最多石油资源的沙特阿拉伯正面临着许多社会和政治问题，而这些问题随时有可能转化为类似20世纪80年代初中东出现的反美浪潮。[①]在克林顿时期代表美国政府协调同中亚国家进行能源和贸易合作的卡利基，曾指责布什政府对里海的油气资源持消极态度。他在美国《外交》杂志上发表文章说："如果美国因为无所事事、轻率而丢掉过去已经取得的成绩或者坐失将来在该地区的机遇，那么这将是极其严重的错误。"

　　心动不如行动。布什的反应是迅速果断坚决的：在证据迄今仍不十分确凿的情况下，布什就打响了阿富汗战争。

　　事实上，"9·11"事件发生后，在缉拿和打击恐怖分子问题上，布什的选择很多，但布什偏偏将目标锁定在阿富汗。2001年9月26日，美国国务卿鲍威尔接受美联社采访时说，如果阿富汗塔利班政权交出本·拉登，并摧毁他领导的"基地"(al-Qaida)国际恐怖网，或许能够避免同美国发生战争。10月中旬美国又说，不管拉登结果如何，美国将把战争进行下去；这

---

　　① 沙特阿拉伯是美国在阿拉伯世界的主要盟国，但"9·11"事件之后，沙特与美国的矛盾迅速上升。2000年1月中旬沙特领导人表示希望撤离撤出自从1991年海湾战争以来驻扎在该国的5000名美国军人。因为它已使沙特在阿拉伯世界面临政治压力，沙特国内也认为它是负担。（2002年1月19日《华盛顿邮报》）1月28日，沙特内政部长纳耶夫王子(Prince Nayef)正式要求美国政府遣返一百多名目前正被关押在关塔那摩(Guantanamo Bay)的沙特籍阿富汗战俘。1月29日，沙特阿拉伯王储阿卜杜拉也对美国在中东政策表示不满，他说，他很难认同美国对以色列的支持。在接受《纽约时报》和《华盛顿邮报》的采访时，阿卜杜拉王储表示，作为阿拉伯国家的一员，他们很难接受目前巴勒斯坦地区所发生的一切，因为这有违基本的原则，是不人道的。"坦率地说，我们怎么能够认同美国呢？"他认为，在一定程度上，巴勒斯坦妇女和儿童被以色列恐怖分子射杀的场景刺激了巴勒斯坦人民采取自杀性爆炸的报复行为。美联社报道，沙特政府2002年2月6日首次公开承认，参与"9·11"事件的19名劫机者中15名是沙特人（http://www.chinesenewsnet.com）。此前美国中央情报局前局长伍尔西说："沙特阿拉伯必须对'9·11'事件负起大半责任，但我不认为对于他们除了客气之外我们目前应该有其他行动。"2002年1月21日，美国战略预测公司创始人乔治·弗德曼《沙特危机》一文认为，美国从沙特分阶段、从容地撤军结局"不可避免"。

是一场长期战争。这两句话通俗的说法就是：拉登并不是最重要的，重要的是美国在阿富汗的地缘政治经济长期利益；为此美国人必须做好长期流血的准备。

另外，美国出兵阿富汗还有更深远的地缘战略考虑。我们知道，20世纪90年代，美国初步实现了北约东扩和日、美同盟关系的巩固和扩大。1999年美国为首的北约利用科索沃战争将军事力量插入俄国传统势力范围巴尔干，同年波兰、捷克和匈牙利加入北约。波罗的海三国加入北约后——这是迟早的事，西方就在波罗的海到巴尔干再次拉起一道隔离俄国的新"铁幕"。在太平洋地区，美国已从日本经台湾地区、菲律宾到澳大利亚拉起遏制中国的新链条。此后美国人还没填补的政治真空只剩中亚地区。近年美国开始重视印度，其意在为进入中亚建立跳板。"9 11"事件后，美国干脆越过印度一步到位，将军事力量直接插入阿富汗。其结果就是美国为首的西方在西、东、南三个方向堵死了俄罗斯南下的战略通道并从西东两个方向扼住了中国经济必须依赖的中亚和东亚能源及其他战略资源的进口源头；在中国、俄罗斯、伊朗乃至印度等国之间插入阻止其可能出现的政治合作的楔子；美国在中亚的军事力量与沙特阿拉伯半岛的美国军事力量一起，对波斯湾石油输出口形成钳制态势，并以此与美国在印度洋上的迪戈加西亚基地的海上打击力量呼应，对正在崛起的印度海军力量形成南北夹击之势。如此一来，中亚和中东的石油资源就可以在美国的掌控下畅通无阻地流向西方，俄罗斯和中国连接中亚的油气输送线路将面临巨大的贬值压力，印度在不断崛起的同时将不得不面临美军南北夹击之势；最后，在出兵阿富汗这一石数鸟的布棋中，美国独霸世界的战略体系也就加速定型。

英国在军事打击阿富汗行动中始终是美国最坚定的盟友。"9 11"事件前几天，也就是2001年9月7日，英国石油公司（BP）宣布退出中国的"西气东输"工程。[①]两天之后，"9 11"事件发生，随之而来的是美国有

---

① 凤凰网2001年9月8日消息。

条不紊地将军队投向阿富汗。[①]目前看，英国石油退出中国西气东输工程的举动在时间上是有所考虑的。

对包括能源在内的战略资源的控制权是美国霸权的基础，也是美国地缘战略利益的关键所在。[②]美国曾从索马里撤军，因为那里没有美国迫切需要的战略利益。海湾战争中，美国没有从科威特撤军，但也没有推翻萨达姆政权，是因为美国在波斯湾有重大的战略利益，美国为此需要长期在科威特头上空悬一把"达摩克利斯剑"，[③]以确保科威特对美国军事力量的长期需求。

---

① 2004年4月1日，在一名前美国联邦调查局的翻译向英国媒体披露"9 11"事件前数月，美国不少高官就知道恐怖分子计划用飞机袭击美国，之后又传出一个令"9 11"独立调查委员会吃惊的消息：白宫扣下数千页克林顿政府的反恐文件，阻止这些机密文件交给"9 11"独立调查委员会。曾在美国联邦调查局担任过翻译的西贝尔 埃德蒙，向英国独立报透露说，她已在2月11日接受了"9 11"独立调查委员会的询问，并向该委员会证明，早在"9 11"事件发生前的数个月，布什政府很多高官就已经知道盖达组织计划用飞机袭击美国本土。埃德蒙说，她向"9 11"独立调查委员会证明，在2001年春夏期间，美国联邦调查局内部就有一种言论，称恐怖分子将在几个月后使用飞机发动袭击。她表示，有足够的证据证明恐怖分子计划发动袭击。"我告诉委员会的大部分内容，或者说90%的内容是在联邦调查局工作时获得的，大约有两百名翻译在一起工作，因此很容易知道很多事情"。资料来源：多维新闻"白宫扣机密文件想隐瞒真相？"

（http://www5.chinesenewsnet.com/MainNews/NorthAmerica/2004_4_2_3_23_1_866.htm）。

2004年4月8日，美国总统布什的国家安全顾问赖斯在"9 11"事件调查委员会的公开听证会上作证时承认，布什确实在2001年8月6日收到了一份题为《本 拉登决心袭击美国》的汇报文。资料来源：《赖斯为"9 11"袭击公开作证》（http://news.bbc.co.uk/chinese/simp/hi/newsid_3610000/newsid_3612200/3612299.stm）。

环球在线2006年8月8日消息：美国几位科学家近日四处披露一个足以令白宫官员火冒三丈的"惊天阴谋"："9 11"事件发生当日，可能是美国政府而非恐怖分子炸毁了世贸大楼。他们的根据是，发现大楼是由内部炸弹引爆的。得出这一结论的专家们他们中有的是美国威斯康星州大学里教授伊斯兰教的讲师，有的是布里格姆青年大学的物理学家。"寻找'9 11'真相的学者"团体的成员们在自己的官方网站上公开置疑政府的结论称："世贸大楼几乎毫无疑问是因为其内部有预谋的破坏而倒塌的……政府不仅默许'9 11'发生，还出于政治目的促成了这一事件的发生。"资料来源：《美学者：世贸大楼是美国政府阴谋炸毁的》（http://www.chinadaily.com.cn/hqsy/2006-08/08/content_659595.htm）。

② "能否保卫美国领土、我们的公民和我们的经济繁荣将取决于自由贸易和能否得到战略自然资源以及国际水上和空中通道。"美国国防部报告：《21世纪的美国战略 前言》，2000年12月。

③ 参见《从海湾到台湾——冷战后美国亚太外交政策分析》，载张文木《中国新世纪安全战略》，山东人民出版社2000年版，第157—159页。

　　现在，美国在阿富汗已完成了所谓"持久自由行动"，但美国似不会在中亚就此止步，因为美国在这里有着更为重大的战略利益。美国要将"反恐怖主义"战争长期进行下去，战争的结果还是老布什"沙漠风暴"策略的翻版：在打败塔利班并在阿富汗扶持一个新政权的同时也"无法找到"本　拉登，[①]这正如老布什打败伊拉克后又保留萨达姆一样，以使阿富

---

　　① 据最新出版的美国《时代》周刊披露，该杂志2002年1月下旬就把曾经担任阿富汗塔利班政权内政部副部长的哈克萨很早有意向美国方面提供奥马尔和本. 拉登的下落的愿望转达给了美国军方，但时至今日，却如"泥牛入海"没了下文，迄今没有任何美国情报人员与哈克萨进行过接触。对整天叫嚷要"彻底清除"恐怖主义并将其头目"法办"的美国人来说，这样的做法的确非常令人费解。据说，哈克萨曾前后五次给美国驻喀布尔大使馆写信，要求会见美国情报官员，但就是没有人搭理他。《时代》周刊估计，这五封信可能依然被埋在使馆堆积如山的邮件中，静静地等待工作人员把主要内容译成英文。(人民网多伦多2002年2月17日电)

　　2005年6月14日塔利班高级指挥官穆拉　阿卡塔尔　乌斯玛尼在接受巴基斯坦GEO电视台采访时称，一度被传生病、受伤的基地组织领导人本　拉登和塔利班领导人奥马尔都还活着，而且健康状况良好。乌斯玛尼说，奥马尔仍然领导着塔利班，并向塔利班组织发布指示。他说有关奥马尔健康状况不佳的消息是塔利班的敌人散布的谣言。他表示自己经常与塔利班高层领袖举行会议，但是拒绝透露奥马尔是否参加塔利班领导层的日常会议。在被问及是否能肯定这些指示来自奥马尔的时候，乌斯玛尼说："我能听到他的声音，我肯定他还活着。"他说，塔利班的势力遍及阿富汗，尤其在东部、南部和西南部省份已经占据优势地位。乌斯玛尼也宣称拉登仍然活着，但是拒绝透露拉登藏身之处。资料来源：《塔利班高官证实拉登依然"健在"，并称奥马尔也继续向塔利班组织发布指示》（http://world.people.com.cn/GB/1029/42361/3473029.html）。

　　东方网2005年6月20日消息：塔利班发言人拉蒂夫　哈基米20日通过卫星电话对阿富汗媒体说，"基地"组织头目本　拉登和塔利班领导人奥马尔仍在阿富汗。哈基米说，美国驻阿富汗大使哈利勒扎德此前关于拉登和奥马尔在巴基斯坦境内的说法是错误的。他说："为了证明我们在阿富汗，塔利班将在阿富汗中部或者南部地区举行新闻发布会。"哈基米还说："所有在阿富汗的媒体和驻阿美军都知道我的电话号码……美军不会不知道我的位置。美军曾声称他们能通过卫星发现地面上直径超过3英尺的任何东西，如果他们没有说谎的话，那也许是他们并不想找到我们。"资料来源：《塔利班发言人今日称：拉登和奥马尔仍在阿富汗》（http://world.eastday.com/eastday/news/node37955/node37956/node37965/node69189/userobject1ai1195895.html）。

　　中新网2006年6月20日电据美联社报道，美国中央情报局局长戈斯称他"非常清楚"本　拉登的藏身之处，但美国对一国主权的尊重让逮捕本　拉登的行动变得更加困难。《美国中央情报局局长：我非常清楚本　拉登藏在哪》（http://www.chinanews.com.cn/news/2005/2005-06-20/26/588572.shtml）。

汗新政权像科威特那样，对美国军事支持长期依赖。[①]对小布什个人来说，功成阿富汗，则意味着他成就了一件自拿破仑到克林顿，从彼得大帝到勃列日涅夫谁都没有实现的霸业，但这对阿富汗和中亚人民来说，甚至对美国外交而言，的确是另一场灾难的开始。

二　谁是赢家——阿富汗战场形势分析

战争永远是政治的继续。

美国出兵阿富汗，誓言要彻底铲除国际恐怖主义。但在美国主导的阿富汗战场上，美国多种作战目标似乎自相矛盾，其战争给美国带来的政治"红利"也因此大打折扣。

2001年10月7日，美国在喀布尔以北的高寒地带向塔利班开始发起空中打击。美国声称阿富汗战场的目标是彻底摧毁塔利班及与之相关的"基地"组织，但在阿富汗战场上，美军作战方式至少有两点让人费解。

谁都知道，塔利班的大本营在坎大哈，而坎大哈又离阿拉伯海上的美国军事打击力量最近，离巴基斯坦西南部边境更近。美国已得到借道巴基斯坦的许可，但美国不从巴境内离坎大哈最近边界地带对塔利班大本营发起攻击，却舍近求远，舍易求难，选择喀布尔以北开始轰炸；轰炸月余，仅有数万人的塔利班主力却基本保存。不仅如此，当时还常有美国"误炸"（又是误炸！）北方联盟前沿阵地的报道。这让人不能不问，美国究竟是在炸谁？是北方联盟，还是塔利班？如果是后者，看看地图就知道，美国就应当从阿拉伯海上和巴基斯坦西南边境奎达一带启战，直接空袭塔利班的大本营坎大哈。这不仅仅是因为坎大哈离美国海上基地和巴基斯坦西南边境最近，还由于这里地形相对平坦，最便于美国及其盟国以最小代价使用地面部队。此其一。

其二，11月13日塔利班主动撤出喀布尔。在返回坎大哈的途中，美国

---

　　① 2002年1月26日阿富汗临时政府总理卡尔扎伊起程前往美国。行前卡尔扎伊的发言人表示，"我们希望反恐行动继续进行"，直到恐怖分子的威胁消失为止。卡尔扎伊也可能要求美国在本　拉登及其追随者被根除后，暂停去年10月7日发动的军事行动。阿临时政府国防部发言人也表示，只要有必要，反恐行动就应该持续展开。

的间谍卫星和侦察机于15日凌晨1时左右发现住在一间小旅店的塔利班重要
人物聚会并及时对其实施空中打击，拉登的主要副手阿提夫身亡。然而，
令人蹊跷的是，从喀布尔到坎大哈近500公里（直线距离）的路上，能在
夜晚发现阿提夫的美国卫星却不能在几天里发现正在撤退的塔利班的大部
队？在辨识度极高的美国卫星监控中和完全丧失制空权的情况下，塔利班
竟能够将主力部队完整地拉回坎大哈？这让人难以理解。后来美国部队将
坎大哈团团围住，并有美国士兵伤亡的报道，如早知如此，美国又何必当
初：如果美国人于战争之初就从巴基斯坦西南边境切入，并在波斯湾海军
火力的配合下，从海、陆两向直接打击塔利班大本营坎大哈，然后一路北
上，与俄罗斯支持的北方联盟南北夹击，从纯军事的角度看，这样对塔利
班的打击肯定更具毁灭性。

那么，这究竟是为什么呢？

其实，在阿富汗战场上，美国政治目标与其军事目标已发生矛盾。从
军事目标看，美国一定要彻底铲除和摧毁塔利班及与之相关的"基地"组
织；但从政治上看，在已初步实现东欧、东亚地区对俄罗斯和中国的地缘
战略包围后，作为老布什和克林顿战略逻辑的必然结果，是美国必须将其
势力进一步插入中亚地区。且不说中亚地区蕴藏着仅次于波斯湾的石油和
天然气资源，而阿富汗又是输出这些油气资源的最有利于美国的通道，就
从全球地缘政治的角度看，控制中亚就可从西东南三面堵死俄罗斯南下进
入印度洋的陆上通道，打散中俄两国与中亚国家正在形成的联合并阻止中
国和俄罗斯在中亚占据更多的油气份额。另外，中亚是欧亚大陆的"心
脏"地带，不管是从经济还是从政治的角度看，控制世界陆权的关键是
控制欧亚大陆，而控制欧亚大陆的关键则是控制中亚地区。美国是一个以
海权为生命的国家。对美国和西方盟国而言，控制陆权才能最终确保其海
权。印度洋是世界海权体系的"心脏"，而控制阿富汗也就堵死了俄罗斯
进入印度洋的最近的陆地通道。

控制中亚，对美国来说最重要的不在于打败塔利班，而在于要在阿富
汗找到有实力反映美国利益而不是反映俄罗斯和伊朗利益的替代力量。环
顾阿富汗各派势力，唯有塔利班比较接近这一条件。塔利班反美，但在阿
富汗也只有塔利班反对俄罗斯和伊朗。如果美国迅速将塔利班力量彻底消
灭，那就意味着代表俄罗斯和伊朗利益的北方联盟在阿富汗国内成为唯一

有实力且无法制衡的武装力量；由此接踵而来的必然图景将是：美国人在前方流血开路，俄罗斯和伊朗人则在后面收获战果。这当然不是美国人愿意看到的。美国人选择喀布尔以北而不是南方的坎大哈作为战争的切入点，也没有及早消灭喀布尔一带的塔利班有生力量，其目的是为了阻止北方联盟的力量向南方迅速扩展。当时曾出现过几起美军"误炸"北方联盟前沿阵地的报道，稍作分析，就会明白这是美国在变相警告北方联盟：喀布尔及其以南是美、英的势力范围，北方联盟不要在不经美国同意的情况下，南下进入喀布尔。

与此同时，美国又做分化塔利班的工作。2001年9月26日，美国国务卿鲍威尔向"美联社"记者表示，塔利班政权因为庇护拉登正逐渐被国际社会孤立，但他不认为塔利班政权是疯狂的组织，只要塔利班政权愿意改变路线，并回应美国的要求，华盛顿不一定要推翻塔利班政权。10月17日，鲍威尔再次表示，阿富汗的战后政权将是一个尊重人民权力、受到国际社会普遍支持的政权。如果塔利班愿意采取积极的姿态参与其中，美国将考虑予以接受。显然，从政治考虑，美国并非真想彻底消灭塔利班，只是想从中分化出一个能反映美国和西方利益的所谓"塔利班温和派"。10月22日正在塔吉克斯坦进行访问的俄罗斯总统普京则针锋相对地宣称，俄罗斯将继续对阿富汗反塔联盟和原阿富汗总统拉巴尼进行政治和军事支持，塔利班不能参与未来阿富汗新政府的组成。普京在单独会见拉巴尼时称，俄罗斯仍然承认拉巴尼政府的合法性。

然而，最出乎美国人意料的是，塔利班于11月13日突然主动从喀布尔撤出，北方联盟则于当日一反12日向美国做出的不进喀布尔的承诺，迅速开进喀布尔。11月25日，北方联盟的领导人拉巴尼称，阿富汗不需要更多的外国军队，请有关各国高抬贵手。11月26日俄罗斯派遣由军人、工程技术人员、扫雷专家及外交官员组成的大约二百人的队伍开进喀布尔；不久，伊朗也重开驻阿富汗使馆。

这突如其来的变局打乱了美国在喀布尔以北与俄罗斯人划分势力范围的战略构想。从这一系列事件所必然产生的政治后果反推判断：美国当时对撤退途中的塔利班主力部队手下留情，没有实行毁灭性空中打击的深层原因，也是为了保留一支在阿境内唯一可以制衡北方联盟及其境外支持者的军事力量。如果这个推断成立，那么，美国曾帮助北方联盟消灭阿富汗北方城市昆都士塔利班守军，从政治上考虑，实为纯军事的鲁莽之举。当时美国有许多理由将这支已投降的部队"人道地"保留下来，作为在北方牵制北方联盟迅速向南扩张的军事力量。自从消灭困守昆都士的塔利班守军后，北方联盟就开始拒绝"外国军事力量"留驻阿富汗。2001年11月28日，在德国波恩出席阿富汗多方会议的北方联盟代表拒绝了联合国提出的向阿富汗派遣国际安全部队的建议。国际社会希望联合国派遣维和部队，防止侵犯人权事件发生；土耳其、印尼等国甚至已表示了派兵意向。但"北方联盟不愿将胜利成果拱手让给旁人"。[①]

就在阿富汗战争开启不久，有朋友寄来一幅阿富汗战场上牛拉车的漫画，拉车的牛是美国，车是美、英军队，赶车的人是布什和布莱尔，车上坐的则是由北方联盟士兵护卫着的俄罗斯高官，牛车正前方是喀布尔城门。现在看来，这幅漫画所描述的阿富汗战场形势是意味深长的。在阿富汗战场上，美国政治家们对塔利班最初的政策及其苦衷，塔利班既不知晓也不领情，美军方也未必领会。在打击伊拉克的"沙漠风暴行动"中深悟老布什没有摧毁萨达姆政权要义的鲍威尔，显然要比美国国防部部长拉姆斯菲尔德在政治上老道得多，而塔利班以牙还牙的立场则着实让小布什左右为难，最后美国人不得不最终作出了抛弃塔利班，另起"炉灶"的政策选择。

但是，在阿富汗建立一个能反映美国和西方利益的阿富汗国家力量谈何容易。

在军事问题解决即将塔利班彻底消灭之后，政治问题就随之提上日程，即何种力量可以在阿富汗实行有效治理并能代表美国政治经济利益。现在让美国人最头痛的是目前阿富汗临时政府的关键部门均为亲俄国和伊朗的人士占据，[②]而将阿临时政府变为亲美政府，这对目前的美国而言，既困难又需要时间，因此美国目前不希望阿临时政府的国防力量发展太快。英、美曾表示愿意资助阿富汗临时政府国防部并武装国家正规军，条件是

---

① 多维新闻社2001年11月28日电。

② 日本《每日新闻》2002年2月28日刊登该报记者春日孝之当天发自伊斯兰堡的一篇报道，题为《动摇的阿富汗权力机构》披露："在临时政府中，北方联盟已故将军马苏德派占据了内阁重要职务，被认为是事实上的马苏德派政权"，"新政权的内政部部长加努尼、国防部部长法希姆和外长阿卜杜拉等主要内阁成员均属于信奉马苏德将军派别。"（新华社东京2002年2月28日日文电）

军队总人数不得超过五万人。除了阿富汗临时政府主席卡尔扎伊向美国发出加入驻阿富汗维和队伍的邀请外，尚无其他阿政府高官对此有积极的表态。①

塔利班被美国打垮后，阿富汗再次出现内战和反西方的趋势着实让美国不安。2002年2月16日，国际维和部队入驻喀布尔后首次遭到袭击。②2月8日，土耳其《新黎明报》在头版显著地位报道说，阿富汗北方军阀杜斯塔姆任国防部副部长后，一直未停止与国防部部长法希姆争夺北方地盘的控制权并发生武装冲突。他计划夺取北方和东北部地区后，在土耳其的支持下成立一个北方自治邦，与阿临时政府分庭抗礼。自阿富汗临时政府成立以来，杜斯塔姆已夺占了若干原属塔吉克裔国防部部长法希姆部队控制的重要地区。杜斯塔姆拥有一支骁勇善战的乌兹别克军，在阿富汗北方联盟中拥有较大兵力。据报道，2002年1月，杜斯塔姆曾返回安卡拉探视妻小并会晤土耳其总理、外长、军方及情报官员，讨论阿富汗战后情势，并要求土耳其协助训练及建立阿富汗国防军。③另外，南部坎大哈省部族武装与赫拉特省部族武装也不时处于对峙状态。2月14日，在喀布尔机场阿富汗旅游部部长拉赫曼被痛打致死。卡尔扎伊向记者透露，这些人与拉赫曼在推翻塔利班的过程中结下了很深的仇恨，他们都是北方联盟成员。④2002年9月4日，巴基斯坦媒体报道说，阿富汗军阀、前游击队政权总理希克马蒂亚尔号召发动"圣战"，反抗驻扎在阿富汗的外国军队。希克马蒂亚尔表示，美国正在制造邪念，埋下阿富汗内战的种子，并有可能通过挑拨阿富汗各族群的关系造成这个国家的分裂。他还说，曾和他并肩与塔利班作战的北方联盟"为了美元已向美国出卖了灵魂，并成为杀害和掳掠阿富汗人的走狗帮凶"。⑤2003年5月前塔利班坎大哈总督穆拉　瑞赫马尼披露，美国推翻塔利班政权之后，大部分的塔利班领导分子都逃亡出走。他表示，对美国和阿富汗过渡政府总统卡尔扎伊的圣战将会持续进行。在过去几个月当中，塔利班经过了重新编组和部署，并提高对阿富汗南部和东南部的美国和阿富汗政府军的攻击力度，有数名包括美军在内的士兵被杀。2003年10

---

① 中国日报网站2002年1月28日讯。

② 中国日报网站2002年2月16日讯。

③ 人民网2002年2月11日讯。

④ 人民网2002年2月16日讯。

⑤ 《塔利班前官员发"圣战"警告》，BBC中文网，2003年05月04日。

月初，阿富汗北部的对立派别即由法希姆领导的塔吉克族派别和由国防部
副部长杜斯塔姆领导的乌兹别克族派别之间爆发战斗。12月，美国在阿富
汗驻军发动了有史以来最大规模的地面进攻行动——"雪崩行动"，目的
是清理塔利班和基地组织残渣余孽。过去几个月来，阿富汗武装分子在阿
南部和东南部多次发动进攻，造成四百多人死亡。美国和阿富汗政府都认
为，塔利班应该对此负责。[①]与俄国、伊朗相比，目前美国在阿富汗控制力
只是徒有其表，而这一结果在美国决定抛弃塔利班那一刻起就铸定了。

**武装的部落反对另一个武装的部落，是目前阿富汗国内政治的特点之
一，而枪杆子里面出政权，则是阿富汗国内政治的一般规律之一。**

俄罗斯和美国乃至伊朗一直都在为组建阿富汗国家强力部门的主导地
位而争夺。自从塔利班独控阿富汗政局以来，北方联盟就对俄罗斯和伊朗
产生了依赖性的关系。现任阿国防部部长法希姆原为北方联盟部队司令，
会讲俄语，据说1989年苏军撤出后他一直与俄军将领保持联系。马苏德死
后，法希姆遂接北方联盟部队司令。由于他在攻打塔利班时立下战功，被
选中担任阿富汗临时政府国防部部长。"9 11"事件之后，俄罗斯向北
方联盟即现在阿富汗临时政府的主要武装力量提供了大批装甲车、大炮等
重型武器。阿富汗空军司令穆罕默德 达乌兰曾表示，与俄罗斯协作建设
武装力量是阿临时政府的首选重点。军人已在起草重建军队的计划，其重
点是同莫斯科在军事技术方面合作。他说："不管是从经济观点来看，还
是从效率来看，这都是有利的。军队的整个人事制度和军事行动战术都是
从苏联那里学来的。绝大多数阿富汗军官，特别是高级军官都在前苏联受
过军事教育。"国防部部长穆罕默德 卡西姆 法希姆在会晤国际维和部
队参加国代表时也表示支持类似的观点。2002年2月4日，俄国外长伊万
诺夫访问阿富汗，次日离阿返俄之前表示"当我会见阿富汗临时政府领导
人的时候，他们差不多有一半的人都会说俄语，并且说话时都抱有一种好
感"。他们还多次强调，俄罗斯比别的国家更能够理解阿富汗，"这里谈
的不光是钱的问题。我们可以帮助他们培养干部，许多阿富汗人都在俄罗
斯学习过，他们的许多工程项目都是根据我们的技术建造的"。[②]2月10日，
阿富汗国防部部长法希姆将军访问俄罗斯，俄罗斯总统普京会见了来访的

① 《阿富汗美军发动大规模攻击》，BBC中文网，2003年12月08日。
② 千龙新闻网2002年2月8日讯。

法希姆，他说，俄罗斯准备提供力所能及的援助帮助阿富汗恢复经济和解决社会问题。法希姆将在莫斯科举行谈判，旨在购买俄罗斯的武器，装备新建立的阿富汗国家军队。俄罗斯可能会提出派遣军事顾问，帮助阿富汗重建军队。2003年7月10日，法希姆抵达圣彼得堡开始对俄罗斯进行访问的，11日，俄罗斯国防部长谢尔盖　伊万诺夫与法希姆举行会谈时表示，俄罗斯将竭尽全力帮助饱受苦难的阿富汗实现和平，让阿富汗人民过上安宁的生活。

伊万诺夫在会谈后对新闻界说，为了使阿富汗最终实现和平和国家开始正常发展，阿需要建立一支有战斗力的军队。他说，俄、阿两国签订的军事技术协定正在得到落实。目前俄正在为阿培养军官，向阿提供军用技术、燃料、通信工具等，为阿修理直升机和运输飞机。

2002年1月8日美国国防部部长拉姆斯菲尔德在C—SPAN电视网《华盛顿日记》节目中接受康尼　布罗德的采访时表示，支持阿富汗临时政府为减少国内的派系分裂而创建一支全国性军队的努力。拉姆斯菲尔德说："他们正努力使各派别加入这支全国性军队。他们正根据不同的县、不同的省或不同地区的具体情况采取各种方式来组建这支军队。"①2月5日，拉姆斯菲尔德表示，一支美国军事小组被派往阿富汗，与阿临时政府一起评估建立阿富汗国家军队的建议。拉姆斯菲尔德说，这个军事小组的规模不会很大，将与阿富汗临时政府主席卡尔扎伊及其国防部部长法希姆合作。2月7日美国在阿富汗军事行动的指挥官宣布只要塔利班和"基地"组织的残余部队还对阿富汗构成威胁，美军就会一直驻扎在阿富汗。2月18日，美国中央司令部参谋长查尔斯　坎贝尔到达阿富汗，开始帮助阿富汗建立忠于中央政府的国家军队。据美联社报道，美国驻阿富汗大使馆的一名武官说，坎贝尔此行是美国帮助阿富汗建立并培训阿富汗军队计划的一部分。美国士兵将在一个月以后到达阿富汗，帮助阿富汗训练大约六百名军官，然后这些军官将训练更多的阿富汗士兵。②2003年12月初，美国国防部部长拉姆斯菲尔德抵达阿富汗，与卡尔扎伊探讨阿富汗中央政府扩大控制权以及说服地方割据势力解除武装的努力。拉姆斯菲尔德的阿富汗之行为期一天，第一站是北部城市马扎里沙里夫。他还会晤两位对立军阀——塔吉克族指挥官法希姆和乌兹别克族将领杜斯塔姆。卡尔扎伊对美国近期宣布向

---

① 参见美国国务院国际信息局《美国参考》网页（http://usinfo.state.gov）。

② 中国日报网站2002年2月19日讯。

阿富汗追加20亿美元经济援助表示感谢。

2001年12月25日伊朗国家电台报道称，伊朗国防部部长阿里 沙姆哈尼暗示，伊朗将帮助阿富汗建立一支国家军队。该报道说，沙姆哈尼是在一次军事会议上做这番暗示的。他说，一支国家军队"将有助于重建该国的安全体系和打击毒品走私"。他还指出，这样做"对所有周边国家"都有好处。伊朗外交部部长卡迈勒 哈拉齐曾明确表示将参与阿富汗的战后重建，而伊朗内阁也已在12月23日决定立即指派一名"特使"协助阿进行重建工作。①

与此同时，美国和俄国及伊朗在中亚地缘政治利益上的争夺日益加剧。长期以来，塔利班原教旨主义对中亚各国安全产生了巨大威胁。塔吉克斯坦连年战乱，"乌兹别克斯坦伊斯兰运动"在1999年和2000年对乌兹别克斯坦和吉尔吉斯斯坦南部的多次袭扰，都对中亚各国社会和政治造成重大冲击。这使中亚独联体国家对俄罗斯军事保护产生严重依赖。"9 11"事件后，俄国对美国打击塔利班的军事行动给予巨大支持，但其后果却令俄国人所料不及。与苏联解体使欧盟与美国的矛盾上升的原因一样，在塔利班被美国打败的同时，中亚各国在安全上对俄国的军事保护及政治依赖的必要性也随之大打折扣，中亚独联体国家摆脱俄国控制和加强与西方关系的愿望同步增强。"9 11"事件后，乌兹别克斯坦立即表示将为美国提供基地和地空走廊；吉尔吉斯斯坦、哈萨克斯坦和塔吉克斯坦及作为中立国的土库曼斯坦均表示如美需要，他们将为美在阿军事行动提供相应的帮助。2001年12月7日至9日，美国国务卿鲍威尔访问乌兹别克斯坦和哈萨克斯坦，此间吉尔吉斯斯坦议会通过为美军提供比什凯克附近的马纳斯机场的决议；塔吉克斯坦政府也决定于12月20日起为美国开放距阿富汗边境100公里处的库里亚布机场。媒体报道，乌兹别克斯坦政府已与美签订协议，允许美在乌长期驻军。随美国政府与乌兹别克斯坦政府和吉尔吉斯斯坦政府间协议的签署，美国获得在中亚长期驻扎军队的权利。目前，美国在乌兹别克斯坦、塔吉克斯坦和吉尔吉斯斯坦已部署了五千多名美军。塔吉克斯坦长期依赖俄国的军事力量保护以维持其政局稳定，这时也向俄罗斯提出让俄201摩托化步兵师和边防部队离境的请求。作为回报，美国已决定向乌兹别克斯坦提供一亿美元的"一揽子援助"，作为使用机场

---

① 中新网北京2001年12月26日消息。

和领空的补偿，美还将在今后十年里持续向乌斯坦提供80亿美元的经济援助。美国将向吉尔吉斯提供高额军用飞机起降费。英国政府也决定向吉尔吉斯提供2000万美元的援助。在西方巨额援助下，中亚独联体国家与俄国的离心倾向进一步加大。2001年12月28日，乌兹别克斯坦、哈萨克斯坦、吉尔吉斯斯坦、塔吉克斯坦四国首脑在塔什干会谈并同意建立排除俄罗斯的新地区合作机构"中亚共同体"。在阿富汗美国也加快其排他性政治渗透。2002年1月31日，美国国务卿鲍威尔和英国外交大臣斯特劳称，他们的国家正在密切关注伊朗在阿富汗西部可能进行的图谋。鲍威尔在与来访的英国外交大臣斯特劳会谈后称，伊朗对后塔利班政府的重建发挥过积极作用，但是美国不允许伊朗在阿富汗政权结构上多管闲事。鲍威尔说，一旦伊朗的行为惹扰美国政府，美国就会采取"大量手段"让它停止一些不当行为。他说："我们要让伊朗明白，现在不是搞密探行当的时候。"①

　　美军在中亚的可能长驻迹象及中亚国家的离心倾向，引起俄国和伊朗的警觉。2001年12月俄外长伊万诺夫表示：希望美国兑现自己的承诺，在结束阿富汗的军事行动后，撤离中亚国家。2002年1月12日，俄罗斯国家杜马主席根　谢列兹尼奥夫率团访问哈萨克斯坦和塔吉克斯坦，在哈萨克斯坦期间表示，莫斯科可能动用否决权，反对在中亚部署美国军队；在会见俄罗斯边防局驻塔吉克斯坦边防集团司令并参观了俄边防军训练中心后，强调应加强俄罗斯在中亚的存在。他认为法国和意大利军人在塔的存在是暂时的，他们的活动和进一步存在的问题必须受到联合国的监督。他表示俄反对在塔吉克斯坦"出现美国或者北约的各种基地"。②2月9日，俄罗斯共产党主席久加诺夫在纪念库兹涅佐夫海军学院成立175周年的会上说，中亚地区具有战略意义，北约在那里驻军不仅对俄罗斯、中国和部分阿拉伯国家的安全构成威胁，还将会引起整个国际关系体系的崩溃。久加诺夫说，目前地缘政治的变化对俄罗斯极为不利。他举例说，吉尔吉斯斯坦不久前通过一项法律，允许一些国家的战斗机今后可以在吉尔吉斯斯坦境内着陆。从军事上讲，这些国家的飞机没有任何必要在那里着陆，任何反恐怖主义的借口都掩盖不了这些国家的真实目的。③2002年1月29日，美国总统

① 中国日报网站2002年2月1日消息。
② 《莫斯科对美国在中亚加紧活动感到不安》，俄《独立报》2002年1月14日。
③ 新华社莫斯科2002年2月9日电。

在《国情咨文》中将伊朗、伊拉克和朝鲜列为"邪恶轴心",此后不久,俄罗斯立即表示反对。伊朗驻俄罗斯大使莎菲2月6日曾宣布,俄罗斯总统普京将于今年上半年对德黑兰进行国事访问。针对美国所谓伊朗在利用阿富汗军阀动摇新的阿富汗政府的指责,伊朗最高领导人哈梅内依2月25日在与来访的阿富汗领导人卡尔扎伊会谈后说,任何国家都不能以帮助阿富汗重建为借口,试图影响阿富汗的内政,重建阿富汗的援助不应该用在把外国的价值观强加于阿富汗。他说,一个强大和令人骄傲的阿富汗拥有自己的宗教信仰,这个信仰没有给外国干涉留下任何空间。可以预料,俄国和伊朗将在决定阿富汗未来政治走向上有更为实质的合作,而不管美国人对这些合作是否满意。

那么,谁赢得这场战争带来的战略"红利"呢?如按战场形势已展现的政治而非道义逻辑分析,我们只能说,美国人歪打正着,通过阿富汗战争低调初步赢得了中亚五国,而俄国人则在"与美反恐合作中"不动声色地赢得阿富汗。但从全球和地区战略形势上看,由于美国具有强大的政治经济和军事力量,俄国在阿富汗所获的"红利"只是局部和战术性的,而美国则是战略和全局性的。至于阿富汗,可以预计的是,在未来的时间里,如果美国还不能在阿富汗培植出具有亲美色彩的阿富汗国防力量,那么美国在阿富汗的角色将可能只是徒有虚表的前台演员,而俄国人和伊朗人则可能是阿富汗政治的幕后导演。如果阿富汗现政府还无法在短期内建立一支独立的代表阿富汗利益的国家武装力量,那么,反映各大国利益并由大国幕后操纵的武装的部落反对另一个武装部落的混战,可能是今后阿国内政治舞台上的主剧。

三 制海权、制空权与国家安全——阿富汗战争结局分析

从2001年10月7日美国向阿富汗塔利班宣战到12月7日塔利班放弃坎大哈并决定向阿临时政府投降,共计61天。从纯军事角度分析,这是一场难度大但结局利落的战争。

自19世纪以来,阿富汗是大国必争但却没有那个大国可以完全得手的

地方。①英国和俄国是美国成为世界霸主之前的两个世界级的霸权国家。英国三次出兵阿富汗，除最后一次是当年议和外，其他两次作战时间均在三年之上，英方损兵折将却无功而返。冷战时期苏联依靠其强大的常规作战力量和地缘优势，在阿富汗进行了为时六年的持久战，结果阿富汗战场成了苏联帝国的"坟场"。

如果将上述英国和苏联在阿富汗进行的几场战争，与美国在朝鲜和越南进行的战争作一比较，人们会觉得他们失败并不奇怪，因为他们均陷入了"人民战争的汪洋大海之中"。从拿破仑入侵俄国到美国入侵越南，再到勃列日涅夫出兵阿富汗，传统形态下的人民战争都无一例外的是弱国抵御强国入侵的"撒手锏"。如果再将这些传统战争与20世纪90年代发生的海湾战争和科索沃战争结果相比较，人们也许会说，这是因为伊拉克和南斯拉夫离海太近，没有多少海上力量，而它们面临的对手又是具有强大海上作战力量的美国为首的西方国家；但如果将上述战争与21世纪第一年小布什发动的打击阿富汗塔利班的军事行动相比，似乎就会觉得这是一场全新的战争：战争结果并不是美国人再次为传统人民战争所拖垮，相反美国人只用了61天的时间和一两万地面部队，就在阿富汗高山峻岭中打赢了这场近两百年西方人从未打赢过的战争。

这是为什么呢？

我们知道，情报、速度和后勤，是常规战争胜败的关键，而支撑这三大要素处于领先地位的却是现代科学技术。美国利用卫星信息监控技术和导弹远距离精确打击与准确拦截技术在科索沃兵不血刃却大获全胜的军事战绩，使我们看到，科技革命已使这三个要素发生了革命性的改变：过去常规战争中必须依靠陆军才能完成的情报获取、闪电式打击和后勤跟进的

---

①　1838年，英国以阿富汗拒绝和英缔结反对波斯和沙俄的同盟为借口，入侵阿富汗。次年国王多斯特•穆罕默德（1793—1863）弃都北逃。8月英军攻陷喀布尔，立舒加（1816—1845）为王，此后，阿富汗人展开游击战争，迫使英国于1841年12月签订撤军条约；次年英军复克喀布尔，再遭重创后彻底退出阿富汗。1878年11月英国以阿富汗拒绝接受其保护而投靠俄国为借口，二次出兵阿富汗，迫使阿富汗于次年5月与之签订《甘达马克条约》，9月阿富汗人民起义并开展游击战争，迫使英军于1881年退出阿富汗。1919年阿富汗国王阿马努拉即位后，致信英印总督，要求废除英国的外交控制权，英国拒绝并于同年5月出兵阿富汗，阿人民奋起反抗。8月双方缔结和约，英国承认阿富汗独立。1979年12月苏联因不满阿富汗阿明政权，出兵阿富汗并占领喀布尔。在阿富汗人民的激烈反抗下，1986年7月，苏联总统戈尔巴乔夫被迫宣布从阿分批撤军。

工作，现在只依靠卫星和远程导弹在外层空间和遥远的海上就可以完成。第二次世界大战，乃至越南战争中，战争模式已完成了从制陆权到制海权再到制空权的立体转换(航空母舰又使这种三位一体的立体战争具有更大的机动性和综合作战能力)，但总的说来，这只是在常规战争内部发生的军事变革。现在我们将面临的是以卫星监控技术和导弹远程精确打击和拦截技术为先锋、以争夺低层空间和浅层海域为核心内容的军事革命。在新军事革命中，第二次世界大战时期的飞机和战舰群间的大规模决战的战法将为在卫星监控技术引导下的导弹远距离精确打击和准确拦截技术所代替。这时决定战争胜负的主要因素已不取决于一国陆军的数量，而取决于该国的海军和空军的高科技含量及由此形成的作战能力。建立在卫星监控技术之上的海上远距离导弹精确打击和准确拦截技术，是新世纪军事革命的重要标志。[1]

在阿富汗战争爆发前，有人对这种结论还持相当的疑问，批评"一些人对马汉的海权论的崇拜几乎到了偏执的地步"，认为"中国始终无法在发展海上力量上倾注太多的资源（海军要比陆军昂贵得多）"。[2]也有人在因特网上发表《从技术层面分析美国打阿富汗的战术可能性》文章，得出结论："美国真的要打阿富汗，在战术上可谓是困难多多，动用地面部队的条件，没有像打伊拉克那样便利。就算打南联盟那样的效果，也是无法达到预期的目的。"但阿富汗战争结局已使我们认识道：尽管传统的"诱敌深入"、"开展全面的人民战争"和主要依靠陆军力量实行本土防卫的常规作战方式在中国抵御外敌入侵的历史中曾起到过巨大的和不可抹杀的积极作用，但在现代高科技条件下，如果还是墨守成规，没有进一步发展和创新，那它就不能达到保卫国家主权安全的目的。

阿富汗地处欧亚大陆中心地带，地势自北向西南倾斜。山地和高原占全国面积的五分之四，平原分布在西部和北部。兴都库什山山脉斜贯中部、东段山势险峻，西南部有沙漠。国内以普什图族为主，其次有乌兹别克族、哈扎拉族、土库曼族、俾路支族等。正是这样有利于"开展人民战争"的地形和居民构成，才使得几百年西方和俄国入侵者在阿富汗屡战屡

---

① 参见《世界军事技术革命与中国未来安全》，载张文木《中国新世纪安全战略》，山东人民出版社2000年版，第84—91页。

② 参见《再论中国的大战略》，《战略与管理》2001年第4期，第33、37页。

败；但也是同样的地形和居民构成，21世纪之初的美国却在阿富汗战争中取得了迅猛胜利，其对手还是占阿富汗40%以上的普什图人。若从作战人员的精神素质看，塔利班是古今罕见的坚定、忠诚和具有自觉奉献精神的作战群体。[①] 从执政到政权瓦解的那一天，它没有出现过大规模内讧和背叛；在敌人力量处于绝对优势而自己作战条件极度艰难的条件下，塔利班官兵中也极少出现为金钱或个人求生向敌人出卖包括朋友或领袖的行为；[②] 整个战争过程中，尽管塔利班屡败屡战，但到最后一刻，他们也没有向美国人做过哪怕是语言上的妥协。[③] 即使如此，塔利班在战场上也没有因此获得胜利。

那么，美国人是凭借什么打赢这场战争的呢？从阿富汗战争全程分析，毫无疑问，还是高技术条件下的制海权和制空权。但这已不是第二次世界大战意义上的制海权和制空权，而是建立在外层空间卫星侦测技术条件下的制海权和制空权。[④]

兵舰未到，卫星先行，这是美国在这次阿富汗军事行动中的最重要特点。2001年10月5日，就在向阿富汗塔利班宣战前两天，美国国家侦察局从加利福尼亚州的范登堡空军基地用"大力神-4B"运载火箭秘密发射了一颗任务高度机密的KH-11侦察卫星。这颗侦察卫星用以收集地面资料和电子信号。该卫星载有一台数码相机，可以拍到地面小至10厘米的物体。接

① 塔利班战士时常穿白衣战斗。"一个阿富汗士兵告诉《美国新闻与世界报道》记者说：'塔利班战士穿的是穆斯林死后待葬的衣着。他们知道，美国轰炸起来，他们必将死无葬身之地，就穿着他们的坟墓来战斗。'一个美国国防部官员说，他们不逃跑。"（章杨：《美国的战争》，第69页）转引自王小强《文明冲突的背后》，香港大风出版社2004年版，第264页。

② 截至2002年2月，只有关于曾经担任阿富汗塔利班外交部长穆塔瓦基勒和内政部副部长的哈克萨向西方"投诚"的报道。详见人民网2002年2月18日；联合早报电子版2001年10月15日。

③ 美政府2001年9月22日宣布悬赏2500万美元用于捉拿制造"9 11"事件的凶手。9月24日悬赏奖金又提高到3000万美元。（"多维新闻网"2001年9月23日报道。）10月11日，拉登表示，将向任何活捉一名美军士兵的人员给予5万美元的奖励。（"多维新闻社"2001年10月11日报道。）塔利班安全机构负责人哈卡尼21日对记者发表谈话说，"美国人悬赏2500万美元捉拿本 拉登。我们虽是一个穷国，但我们愿出5000万美元捉拿布什"。（人民网2001年11月22日讯）

④ 有人将控制外层空间和低层空间合称为"制天权"，不确。"天"不是一个科学术语。现代意义上的"制空权"自然应当包括对外层空间的控制，正如未来意义上的"制海权"也必然要包括对深层海底的控制一样。

着，美国派出U-2侦察机和全球鹰无人侦察机。U-2侦察机可以在21000米的高空飞行，既拍摄地面照片，也窃听通信；全球鹰大型无人驾驶飞机在阿富汗战区首次飞行。它长13米，能在19500米的上空飞行，视力可穿透云层，并传回照片。据报道，美国在对塔利班作战中，使用了四大侦察定位技术：一是先进的KH-11、KH-12"锁眼"系列照相侦察卫星。美将多颗"锁眼"卫星调集到中亚地区上空，其地面分辨率达0.1米，能自动将照片传送到地面接收站及指挥中心。二是无人侦察机。美已向邻近阿富汗的基地派驻多种无人侦察机，可在空中完成情报处理。三是激光光标定位仪。此装置安装在武装直升机机鼻上，它包括一个热成像瞄准器，与飞行员头盔同步移动。四是全球卫星定位导航系统（GPS）。能使美军士兵不依赖气象条件在地球表面任何一点确定自己的坐标和精确时间，并获得相关导航信息。这些高科技信息技术犹如一张大网，昼夜监视阿富汗全境。

其次，美利用强大的制海权迅速调动其他地区作战力量直奔阿拉伯海。开战前已有大批驱逐舰、巡洋舰、航空母舰云集阿拉伯海。截至12月下旬，美国已经从世界各地调动了两万名以上的兵力，集中于中东地区的卡塔尔和科威特。

10月7日美国对阿富汗塔利班宣战，同时从阿拉伯海上和阿富汗北方联盟的基地对阿富汗境内的目标实施持续空袭。攻击目标主要是塔利班的防空导弹、燃油补给站、机场及通讯系统。轰炸中、美军使用了威力巨大的GBU-28激光制导炸弹。这种钻地炸弹长5.85米，带弹翼直径4.47米，投掷距离5000米，可穿透30米厚的土层、6米厚的加固混凝土层。第二轮打击过后，塔利班政权的大部分通信、交通、空防炮基地、雷达设施被基本摧毁，塔利班当局已无法统一指挥各地军队，其高射炮及少数的导弹无法准确攻击英、美战机。美国总统布什和国防部长拉姆斯菲尔德10月10日均表示，美军已摧毁了85%的攻击目标，基本上已掌握制空权，美军飞机可自由飞入阿富汗上空。

美国在掌握阿富汗制空权并使阿境内塔利班军事组织系统的内部联系彻底瘫痪后，塔利班庞大的和准备用于"人民战争"的军事躯体，又被美国的导弹进一步切割为失去能动反应力因而只能任人宰割的"肉块"。11月13日塔利班放弃喀布尔返回坎大哈。10月底美军地面部队全面进入阿富汗，此后，与北方盟部队一鼓作气，直捣坎大哈。12月7日塔利班交出坎大哈并向临时政府投降。从10月7日开战到塔军投降，战争持续时间仅61天。

仅从纯军事而非纯政治的角度看，阿富汗战争实质上就是一场高技术条件下的信息战。由于美国人掌握了建立在外层空间卫星技术基础上的制海权和制空权，优先采用卫星技术，对塔利班军事部署了如指掌。掌握了塔利班的情报，又掌握了制海权和制空权，美国就可以用强大火力切断塔利班作战系统之间的通信联系，将庞大的军事作战系统点击切割成互不关联，从而各部分没有能动反应力的"板块"。此后，美国再派为数不多的地面部队进入阿富汗将这些被动的"板块"围而歼之。1991年的海湾战争中，萨达姆是这样被打败的；1999年的科索沃战场上，南联盟也是这样被打败的；这次美国人又用同样的方式赢得了阿富汗战争。由此可以推论：在21世纪的战争日历上，克劳塞维茨式的大部队"主力决战"的作战方式到此寿终正寝；如果入侵者不对入侵国实行长期军事占领政策，传统的"诱敌深入"的战法在相当程度上也面临新挑战。2001年12月22日，美国《华盛顿邮报》刊登该报记者爱德华　科迪写的"塔利班的'藏着等'战略失败了"，文章写道：

随着新政府在喀布尔上台执政，阿富汗战争已降级为在阿富汗东部崎岖的山中和在巴基斯坦西部的部族地盘上寻找塔利班和"基地"领导人的搜捕行动。这里的分析家们认为，10月7日开始的这场战争如此快速地推进到这一步，主要原因在于塔利班和"基地"组织奉行的"藏着等"战略失败了。

他们说，"藏着等"战术是以阿富汗游击队在自己国家险峻地形上的英勇善战和美国向来不愿本国人员有所伤亡为前提的。但是在美国前所未有的准确轰炸和阿富汗军方反对派占领了惩罚性空袭炸平地带的现实面前，"藏着等"战术失败了。

就像塔利班领导人在轰炸之初描述的那样，这个战略的内容是：首先，在美国战机有条不紊地摧毁军事基础设施和装备的阶段，要藏起身来避免塔利班战士及外国同盟军受到伤亡。他们当时说，这一主张的目的是保存力量，等待美国地面部队的到来——等待时机从只有阿富汗战士能够驰骋自如的山中据点对美军造成无法承受的大量人员伤亡。

大毛拉贾拉勒丁　哈卡尼是极力支持此项战略的人之一。他是上个世纪80年代阿富汗反抗苏联侵略军战争中著名的游击队指挥官，最近是驻在临近巴基斯坦边境的霍斯特地区的塔利班高级官员。在美军狂轰滥炸时，他曾在10月讥讽美军指挥官，预言美国部队在遇到阿富汗战士时将会出现何种状况。

现在，两个月过去了，哈卡尼已不知躲藏在何处，他的兄弟穆罕默德•易卜拉欣据说已在美军昨天对哈卡尼管辖的帕克蒂亚省加德兹市附近一个车队的空袭中死亡。

哈卡尼和塔利班其他指挥官奉行的这种作战策略主要是根据阿富汗在上个世纪80年代的经验制定的。当时，经过10年"打了就跑"的战争，受到美国支持的穆斯林游击队终于迫使苏联侵略军撤兵。但是十多年后，对抗双方已经不同了；塔利班的指挥官们在许多方面也还在运用上次战争的打法。

据这里一位有见识的分析家说，反苏战争结束后的这些年出现了许多重大变化，使塔利班和"基地"组织的"藏着等"战略变得过时了。

上个世纪80年代，穆斯林游击队能够用美国提供的便携式"毒刺"防空导弹骚扰苏军的武装直升机和运输飞机。尽管没有击落多少苏军飞机，但"毒刺"导弹的威胁限制了苏军进行空战的能力。

但是，塔利班手中的防空武器几乎都不具备以其可靠性、射程和制导系统能够对装备着最先进电子对抗系统的高空飞行的美国战机构成有力威胁。这位分析家说："他们是在与一支以前从未见过的空军作战。"

他说，美国新式制导武器的准确性更为可怕。这种武器由激光束或由预先编制的程序引导，对美国特种部队从地面指定的目标实施打击。在美国向阿富汗投下的炸弹中，估计其中的三分之二是精密制导炸弹，远远高于海湾战争期间使用的数量。

这种战术在上个世纪80年代对苏联来说是闻所未闻的。但美国两个月来一直实施此种战术，使塔利班和"基地"士兵难以按预先计划找到躲避轰炸的藏身之所。

这一点前不久在阿富汗东部白山山脉的托拉—博拉周围对"基地"士兵的袭击中充分体现了出来。尽管塔利班士兵有山洞和掩体藏身，周围有跌宕起伏的山峦地形保护，但在美国无情的连续轰炸下，在地面的阿富汗民兵的欢呼声中，塔利班士兵还是被迫四处逃散。

北方联盟民兵指挥官们对阿富汗北部多座城市的接管——首先是马扎里沙里夫，然后是塔卢坎、喀布尔、昆都士以及西部的赫拉特——大多是在美国的毁灭性轰炸迫使塔利班撤退或协议投降后实现的，几乎没有进行过地面决战。[①]

"失败是成功之母"，但在许多情况下，成功却是失败之父。古代中国陆战的光辉历史却成了近代中国海上失败的原因；第一次世界大战中法兰西民族英雄贝当，在希特勒立体闪电战前却屈膝投降；同样的道理，正是得益于传统的游击战术并能屡战屡胜的光荣历史，却使阿富汗塔利班在21世纪高科技战争中被美国打得一败涂地。世纪初发生的阿富汗战争连同此前不久发生的海湾战争和科索沃战争及其后果则告诉我们，建立在卫星监控技术之上的远程导弹精确打击和准确拦截技术，已成了未来保卫国家主权安全的关键。在未来战场上，谁掌握在外层空间卫星引导下的监控技术、预警技术和精确制导技术，谁就掌握了低层空间的制空权和制海权，从而也就掌握了战争的主动权；而不能利用高科技手段掌握战争主动权的国家，不管从进攻还是从防御的角度看，其安全是绝对得不到保障的。

四　从雅尔塔体系到不对称世界格局——阿富汗战争意义分析

阿富汗问题总是世界格局发生历史性转折的风标。

美国对阿富汗塔利班的大规模的军事行动已经结束。现在，人们关心最多的是阿富汗战后政权走向问题；对新生的阿富汗政权来说，它考虑最多的也是如何平衡大国，尤其是平衡美国和俄国关系的问题；对国际战略学者来说，他们考虑的最多的则是阿富汗战争带来的世界格局变化问题。而在这所有问题中，后者最具根本性。

世界只能是格局中的世界，格局只能是由若干支点支撑的国家间的力量结构；而世界格局的变化首先表现为大国力量比例关系的变化。它主要包括大国地缘政治利益划分比例原则和军事战略力量划分比例原则。历史表明，如果这两大支点倒塌，建立在其上的世界格局及相应的时代特征，

---

① 新华社联合国2001年12月23日英文电。

也就随之解体和消失。

第一次世界大战结束到第二次世界大战爆发前，和平是人们普遍追求的愿望，但确立这时世界格局基本支点却是1919年巴黎和会确定的大国地缘政治利益划分原则和1921年的华盛顿会议上确定的大国军事战略力量划分比例的原则，这些原则的总和便构成了战后"凡尔赛—华盛顿体系"。第二次世界大战中，德国、日本、意大利三国向"凡尔赛—华盛顿体系"原则挑战并使之瓦解。第二次世界大战结束到苏联解体，人们称之为冷战时期，这一时期的世界格局的支点，是1945年2月雅尔塔会议上苏、美、英三大国确定的战后各自地缘利益划分原则和1972年苏、美两家签署的《反弹道导弹条约》确定的战略武器比例原则，其特点是保持苏、美之间战略平衡。

苏联解体后，世界一时处于无序状态，人们把这一时期称之为"后冷战时期"（或"冷战后时期"），但这只是人们对苏联解体后的国际政治格局的不确定性特征所作的不确定描述。当时苏联突然解体使美国突然陷入因没有对手而无所适从的状态。但自20世纪90年代下半叶起，美国的战略家开始从现实主义的角度思考和谋划有利于美国国家利益的世界"大棋局"。

国际格局是各国，特别是大国力量的对比关系。而大国力量并不是由GDP堆积起来的"体重"总量，而是由这些总量转换成的对国际事务的影响力。反映这种影响力的指标最终和最直接的表现就是各国间地缘政治利益和军事战略力量的比例关系。军事力量强大的一方，在世界地缘政治利益分配中能占据较大的份额。世界地缘政治利益分为关键利益和一般利益。谁有力量控制世界地缘政治的关键利益，谁也就控制了世界。因此，大国间世界地缘政治关键利益及相应的军事战略力量的划分的比例关系，便成了世界格局构成的主要支点。

第二次世界大战后，世界地缘政治的特征可以用"一个中心、两个基本点"来概括。一个中心，就是中亚和中东地区；两个基本点，就是两洋即以欧亚大陆为依托的大西洋和太平洋地区。中东、中亚地区是欧亚大陆的结合地带，经典地缘政治学认为它是世界地缘政治的"心脏地区"，甚至认为谁控制这一地区，谁也就控制了世界的关键部位；当然，谁控制了大西洋和太平洋及其所依托的欧亚大陆的关键地区，谁也就基本控制了世界的全部。

苏联解体是随着华约解散而开始的。华约解散意味着戈尔巴乔夫时期的苏联自动放弃雅尔塔体系确认的苏联在东欧地区的地缘政治利益。尽管如此，美国及其盟国并未因戈氏的让步而作出善意的回应。1997年北约开始实行东扩并于1999年接纳波兰、捷克和匈牙利加入北约，1999年以美国为首的北约又通过科索沃战争将向俄国传统的地缘势力范围即巴尔干地区事实上纳入西方的势力范围。如果波罗的海三国加入北约——这是迟早的事，那么，在欧洲与俄国之间曾存在的冷战"铁幕"，将再次立起并大幅向东推移。在远东地区，日本众议院于1999年4月27日通过了新日美防卫合作指针三个相关法案，美国众议院2000年2月1日通过了《加强台湾安全法》，同年5月3日菲律宾参议院也批准了美菲两国签署的《来访部队协议》，此后美日、美台、美菲准军事同盟关系日益加深。2001年7月底在堪培拉举行的美澳国防部长年度安全磋商中，美提出了将美澳同盟与美日、美韩同盟相连接的构想。参加会议的美国国务卿鲍威尔及国防部部长拉姆斯菲尔德表示，澳大利亚、日本、韩国是美国在亚太地区的主要战略伙伴。至此美国在东欧和远东地区的以俄罗斯和中国为遏制对象的军事链条已基本拉起。

与冷战时苏美在全球范围内寸土必争的形势相反，俄罗斯在苏联解体和科索沃战争中放弃其在东欧和巴尔干传统势力范围后，2001年10月17日俄罗斯又主动宣布放弃苏联在越南的金兰湾基地和古巴的军事基地。至此，除了中亚和中东地区外，俄罗斯已自动放弃了雅尔塔会议上分配给苏联的绝大部分地缘战略利益。此后，在俄、美地缘政治利益的争夺中，只有在中亚这一关键地区，美、俄力量尚处"拉锯"状态。

在美国及其盟国对俄罗斯和中国实行西东两线合围的同时，俄、中两国也日益意识到战略合作，特别是在中亚地区实现战略合作的重要性。1996年4月和1997年4月，中国、俄罗斯、哈萨克斯坦、吉尔吉斯斯坦和塔吉克斯坦五国元首在上海和莫斯科签署了《关于在边境地区加强军事领域信任的协定》和《关于在边境地区互相裁减军事力量的协议》，1998年7月，中、俄、哈、吉、塔五国领导人在阿拉木图签署了《阿拉木图联合声明》，2000年7月5日，"上海五国"元首在杜尚别会晤，重申打击恐怖主义、贩卖武器、贩毒、非法移民等犯罪活动。五国商定，将签署多边合作条约与协定，五国边防、海关和安全部门负责人定期会晤。17日，俄罗斯总统普京访问中国，中、俄两国元首签署了中俄《北京宣言》和关于反导问题的联合声明，并商定两国将签署睦邻友好合作条约；宣言强调，中俄签署和通过的所有政治文件是两国关系得以良好发挥的牢固基础。2001年2月20日，中俄两国外长通过电话表示共同支持苏美1972签订的《反弹道导弹条约》的立场；俄外交部在一份声明中说：双方"将这一条约视为维持全球战略均衡的基石"。2001年6月15日，哈、中、吉、俄、塔、乌（兹别克斯坦）六国元首从保障成员国"稳定与安全"的目的出发宣布成立《上海合作组织》并发表《上海宣言》。

与此同时，美国也加快了争夺中亚地区的步伐。北约在接收波兰、捷克和匈牙利三国后，继续向中亚挺进并在中亚积极推进北约"和平伙伴关系计划"，根据该计划，美国等西方国家将为中亚国家提供装备、培训军官并举行联合军事演习。1996年哈萨克斯坦、吉尔吉斯斯坦和乌克兰三国组建"中亚维和营"，1997年，北约首次在中亚地区举行"中亚维和营"军事演习。此后此类演习每年举行一次，而且规模越来越大。1999年"中亚维和营"军事演习在美国举行。1999年12月1日哈萨克斯坦国防部副部长托古索夫和美国国防部长代表辛尼在阿拉木图签署了哈美2000年军事合作计划。2000年4月美国国务卿奥尔布莱特先后访问了中亚地区的哈萨克斯坦、乌克兰和吉尔吉斯斯坦并承诺予这些国家以大量经济援助，2001年1月，美国向乌克兰提供价值30万美元的通信装备，2月21日美国驻哈萨克斯坦大使宣布美将向哈提供价值400万美元的通信设备以帮助哈萨克斯坦加强边防力量。3月美国和蒙古签署2001年两国军事合作计划，双方决定加强双边高层军事交流，美将邀请蒙方参加亚太地区的双边和多边军事演习，资助蒙古参与各种地区性会议和研讨会。美国2001财年国防预算出现新增部分：即为蒙古边境巡逻部队提供200万美元的通信设备援助，这占美国为整个亚洲提供军事援助资金的一半。此外，美国控制的世界银行将给乌兰巴托贷款3200万美元。有报道说，美国正采取谨慎的、不为人所注意的方式慢慢填补蒙古这个战略空间。在完成这些外交铺垫后，2001年10月7日，美国出其不意，利用"9　11"事件迅速出兵阿富汗，并在战争结束后使其军事力量在中亚地区获得长驻权利。目前阿富汗战争基本平息，但美国却宣布这是一场远没结束的战争。俄罗斯除了口头不满外，已无力阻止美国及其盟国在阿富汗及中亚地区采取的任何重大外交和军事行动。尽管在阿富汗战争中略有"赢利"，但俄罗斯得鱼忘筌，塔利班被消灭后俄在中亚的影响反大幅降低，中亚将在更大程度上进入美国势力范围。

美国在20世纪50年代全面继承大英帝国的地缘政治遗产后，在新世纪之初美国又全面接收苏联时期的地缘政治遗产。阿富汗战争后，包括中亚在内的世界地缘政治的关键利益已基本转入美国手中。世界地缘政治的天平已完全倒向美国。雅尔塔体系构成的支点之一即地缘利益平衡的原则，在俄国方面已基本丧失。2001年12月12日上午10点（美国时间）布什总统在白宫玫瑰园发表讲话，正式宣布美国退出美苏1972年达成的《反弹道导弹条约》，俄对此反应无力。至此，雅尔塔体系构成的另一个支点即军事战略平衡的原则也为美国率先破坏，军事战略力量的天平连同全球战略力量对比的天平已整个倒向美国。如果我们沿着历史的脉络再回头研究1991年苏联解体迄今连续发生的一系列重大事件所贯穿的意义，就会发现，冷战时期及其之后出现的短期过渡的"后冷战时代"，在美国对阿富汗成功的军事打击和美国顺利退出《反弹道导弹条约》的行动中正式结束。

如果说20世纪末苏联从阿富汗撤军标志着一个时代行将终结的话，那么，21世纪初，美国阿富汗的军事行动成功，则标志着另一个时代即将开始。美国在阿富汗战场上的胜利与美国单方面退出《反弹道导弹条约》的结局，为雅尔塔体系及其后来具有过渡性质的"后冷战时代"画上了一个重重的句号。此后，世界政治从雅尔塔战略平衡格局（体系），经"后冷战时代"的短期过渡，开始转入以"一超多强"为主要特征的实力不对称的世界格局之中。在这个格局中，美国是具有世界影响力和控制力的唯一超级大国；中、俄、印、欧盟等国，则处于地区性大国的地位；曾在冷战时表现出的以战略平衡为特征的"东西矛盾"，已不复存在，居于优势地位的以美国为首的整个北方世界，与处于不对称弱势地位的南方世界的矛盾成了贯穿世界新格局始终的最基本矛盾。从历史逻辑看，南北矛盾实质上是资本出现后，最早隐藏在资本中心国内部的工人阶级与资本家的矛盾发生国际性转移，并在国际范围内转化为处于资本中心的压迫民族和处于资本外围的被压迫民族矛盾的后果。压迫民族和被压迫民族的矛盾在昨天表现为宗主国与殖民地的矛盾，那么在今天它则表现为处于资本中心的北方国家和处于资本外围的南方国家的矛盾。第二次世界大战后，苏联崛起并与美国争霸，这样，在南北矛盾主轴上又增加一对"东西矛盾"。苏联解体后，东西矛盾消失，历史矛盾返回到它的纯粹形式即作为资本中心和资本外围矛盾的现代表现形式的南北矛盾之中，并作为当今世界格局中的基本矛盾决定着其他诸如全球化与多极化、一超和多强、霸权与反霸权、恐怖主义与反恐怖主义、南方国家内部及北方国家内部的各种矛盾发展的基本走势。[①]

第五节 中国的能源安全与可行战略

对能源消费大国而言，能源安全概念直接与能源供给的程度相联系。一国的能源安全程度将直接由该国能源供给对能源需求的满足程度来确定。自近代英国工业革命以来的经济发展问题，更多的是能源问题。[②]而自20世纪50年代以来每次能源危机过后，接踵而来的就是经济危机。[③]

长期以来，特别是20世纪90年代以来，中国经济增长在相当的程度上受到能源供求关系的制约。1993年我国开始成为石油净进口国，1996年中国原油进出口逆差出现。此后中国开始意识到能源安全问题。

[①] 自第一个资本中心国英国诞生以后，世界基本矛盾经历如下演变：从资本主义早期的资本中心国内部的工人阶级与资本家的矛盾，在19世纪下半叶这种矛盾出现国际化转移，开始外化为宗主国与殖民地、帝国主义与殖民地、半殖民地国家的矛盾。这种矛盾被列宁称为压迫民族和被压迫民族的矛盾。在第二次世界大战后，由于大量的处于被压迫地位民族国家在民族民主革命中出现，这种矛盾则以"南北矛盾"的形式表现出来。但不管怎样变化，它都是原来隐藏在商品内部使用价值与价值、资本和劳动力的矛盾，及由此出现资本中心国内部的工人阶级和资本家的矛盾、资本中心和资本外围的矛盾的不同的转换和表现形式。

[②] 1770—1900年全球工业化初期阶段，世界人口增长了2倍，能源消费总量却增长了6倍；在1900—1992年，全球工业化初期阶段，世界人口增长了3倍，能源消费却增长了75倍。

[③] 1950—1973年间，当石油按1980年价格计算是2美元/桶时，世界总产值年均增长5%，人均总产值年均增长31%；1973—1979年间，当石油价格增加到12美元/桶时，世界总产值年均增长是3.5%，人均总产值年均增长1.7%；1979—1983年间，当石油价格上涨到31美元/桶时，世界总产值是1.7%，而人均总产值年均增长为0。（资料来源：［美］世界观察研究所《经济、社会、科技：1984年世界形势评述》，科学技术文化出版社1984年版，第7、9、25页。转引自王能全《石油与当代国际政治经济》，时事出版社1993年版，第143页。）2001年4月美国能源战略研究报告《21世纪的战略能源政策挑战》认为"从40年代末以来的几乎每一次经济衰退都是以石油价格的暴涨为前奏的"。

　　2004年是中国政府提出"全面建设小康社会"国家发展目标的一年，也是国际能源出现危机的一年。伊拉克战争后，国际能源形势骤然恶化，国际油价创历史最高水平。[①]与此同时，我国能源消费总量和能源对外依存度及相应风险也持续飙升。[②]这不可避免地要影响中国国民经济的发展和国家发展目标的实施。为此，未雨绸缪，加强中国能源安全的研究并制定可行能源发展战略，将直接关系到国家发展目标能否顺利实现。

一　国际能源安全的基本矛盾

　　1. 经济多极化发展引起的能源消费与需求不平衡运动是当前国际能源体系的基本矛盾

　　资源问题本质上就是政治问题，而政治问题永远是围绕着人类基本的生存问题。"人们为了能够'创造历史'，必须能够生活。但是为了生活，首先就需要衣、食、住以及其他东西。因此第一个历史活动就是生产满足这些需要的资料，即生产物质生活本身。"[③]国家不过是一种攫取世界

────────

　　①　2004年10月18日在亚洲市场，11月份美国原油期货每桶报55.33美元，创下了新的历史纪录。从2004年1月到10月下旬，油价已经上涨了70%。专家预测，若北半球2004年冬比预期寒冷，油价有可能达到60美元的价位（http://news.bbc.co.uk/chinese/simp/hi/newsid_3750000/newsid_3751900/3751938.stm）。

　　②　2004年11月3日，国家发展和改革委员会能源局副局长吴贵辉说，我国能源消费总量已经位居世界第二，约占世界能源消费总量的11%。［资料来源：参见"国家发改委：我国成为世界第二大能源消费国"（http://www.people.com.cn/GB/shizheng/1027/2963185.html）。］

　　另外，国际能源总署（IEA）最近出版《2004年世界能源展望研究报告》，报告主要描述2030年以前全球能源体系的发展趋势，认为在一次性能源结构中，石油仍然占据最大的比重，并且具有重要的战略意义。报告指出，2030年的能源需求将比目前上升近60%，中国的一次能源需求比例占全球16%，中国的石油进口量将从目前的每天两百万桶增加到一千万桶，中国对进口石油的依赖度将达到74%。报告分析，能源安全风险将在短期内增加。中国、印度以及多数OECD国家等油气进口大国，将越来越依赖中东成员国和俄罗斯等石油储量大的国家，随着贸易扩大，石油物流关键点中断的风险也会不断增加。［资料来源："国际能源总署：中国须因应油源可能中断风险"（http://www.peacehall.com/news/gb/china/2004/11/200411040304.shtml）。］

　　③　马克思、恩格斯：《费尔巴哈》，参见《马克思恩格斯选集》第一卷，人民出版社1972年版，第32页。

资源的强力系统。国际关系，尤其是大国关系紧张程度往往是国际资源紧缺程度的反映。

经济全球化本质上是占据高势能经济地位的优势国家对全球或地区资源，尤其是稀缺资源的控制和汲取的过程。在中世纪，农业是占优势地位的生产方式。土地是人类生存的基本资源，人口是生产的基本动力。地多粮就多，人多税负来源和兵源就广。兵多粮多，国家就强大。因此，这时国家崛起和帝国扩张的过程基本都是掠夺土地资源的过程。近代资本大国崛起和资本帝国的扩张，在不同的时期对资源有不同的需求。在资本主义早期，市场是资本国家崛起的稀缺资源，于是就有了资本中心国家用血与火开辟殖民市场的历史。这一时期，国家力量的大小是以殖民市场的拥有量为标志的。在当时各资本主义大国中，英国是领土最小，而拥有殖民市场最大的国家，在这个基础上形成了维持几百年的日不落大不列颠帝国。为此世界爆发了两次世界大战。20世纪70年代，殖民地国家纷纷独立并成立了主权国家。80年代至90年代，这些独立国家，尤其是以中国经济为主动力的亚洲国家的经济迅速发展，并在这种发展中为西方资本中心国家提供了拥有巨大潜力的新兴市场。由此造成生产力在北美、欧洲，特别是亚洲的巨大发展，这使国际资源需求由市场转向常规矿物资源。这样，常规矿物资源，尤其是其中可作动力燃料的能源，便成了这一时期国际间激烈争夺的稀缺资源。如表2—1所示：

表2—1　世界及各地区一次能源[①]**生产、消费量及地区所占世界生产消费总量比重**

（单位：标准煤万吨）

年份	1990	2000	8年间增长（%）
世界			
生产总量	1149119	1295815	12.8
占世界（%）	100	100	
消费总量	1086462	1213823	11.7
占世界（%）	100	100	
亚洲			
生产总量	325057	446375	37.3
占世界（%）	28.3	34.4	

---

① "一次能源"包括固体、液体、气体及电能四种形态。

续表

年份	1990	2000	8年间增长（%）
消费总量	265914	385517	45
占世界（%）	24.4	31.8	
北美洲			
生产总量	297979	322413	8.2
占世界（%）	25.9	24.9	
消费总量	319603	374939	17.3
占世界（%）	29.4	30.9	
南美洲			
生产总量	46653	73928	58.5
占世界（%）	4.1	5.7	
消费总量	31304	43421	38.7
占世界（%）	2.9	3.6	
欧洲			
生产总量	151137	319089	111.1
占世界（%）	13.2	24.6	
消费总量	234606	350592	49.4
占世界（%）	21.6	28.9	
大洋洲			
生产总量	22717	35773	57.5
占世界（%）	2.0	2.8	
消费总量	14939	18486	23.7
占世界（%）	1.4	1.5	
非洲			
生产总量	70344	98237	39.7
占世界（%）	6.1	7.6	
消费总量	28189	40869	45
占世界（%）	2.5	3.4	

资料来源：根据国家统计局《国际统计年鉴》2003年、2004年提供的统计数据计算整理。

由表2—1可知，从1990—2000年间，世界能源生产总量大于消费总量，这说明，世界能源生产与消费在总量上不存在短缺性矛盾。从另一面看，世界能源消费与需求发展的不平衡日益突出，消费重心与需求重心日渐出现分离。消费增速较高的地区，大多都不是消费总量较大的地区。原来欧美为世界能源消费大户的同时也是需求大户，到20世纪末欧美仍保持消费大户的同时，亚洲已成为能源需求力最旺盛的地区。20世纪末，亚洲、北美、欧洲三家能源生产量占世界生产、消费总量比重分别为85.1%和87.2%，亚洲地区生产和消费总量1990年至2000年间分别增长37.3%和45%；欧洲分别为111.1%和49.4%；北美地区分别为8.2%和17.3%。其中，欧洲、亚洲能源生产消费增速最快，亚洲能源消费增长远远快于能源生产的增长，而北美地区在保持能源消费大户地位的同时，能源生产缓慢，远远跟不上消费总量的增长。世界能源需求中心正在从欧美地区向亚洲地区转移。而在能源消费构成中，即以原油的液体能源消费最快，其中亚洲液体能源消费增速远远高于北美、欧洲两大地区。如表2—2所示：

表2—2　　　　　　　　　　　　　世界及主要地区能源消费构成

（单位：标准煤万吨）

地区	年份	固体	液体	气体	电能
世界					
	1990	323854	401079	256318	105213
	2000	321954	430548	326145	135175
亚洲					
	1990	121467	95048	32117	17282
	2000	143647	131273	72128	28469
北美洲					
	1990	70801	132065	82260	34477
	2000	83144	145295	103706	42795
欧洲					
	1990	67137	85297	45372	36764
	2000	67650	102231	126210	54510

资料来源：根据国家统计局《国际统计年鉴》2003年、2004年提供的数据整理。

这种国际能源消费与需求之间的不平衡发展，尤其是亚洲地区能源需求的持续走高的趋势，使美国在克林顿后期就日益将能源问题列入国家战略议题。

1999年11月，在美国总统克林顿推动下，阿塞拜疆、土耳其和格鲁吉亚签订一项协议，要在巴库和土耳其港口杰伊汉之间修一条输油管道，计划2004年建成。美国还计划推动建设一条将土库曼的天然气经里海底部，再经阿塞拜疆和格鲁吉亚两国，利用巴库—杰伊汉管道输向土耳其，目的是利用这条管道将中亚石油国家与西方联系在一起，减少对莫斯科的依赖，同时也可避开伊朗这个所谓"高风险地区"。为此，在美国政府的压力下，英美石油公司曾搁置了准备动工的一条被认为最经济的经伊朗的管道线路。但2001年3月俄国与哈萨克斯坦共建的从里海沿岸的田吉兹油田到俄黑海港口新罗西斯克的管道宣告修通，首批试运原油已输入管道。这对美国无疑是沉重的打击。更令美国人担心的是，中国也于2000年宣布要修建一条从中国西部到东部沿海，全长四千多公里的"西气东输"管道计划。这条管道一旦修通，中国不仅会在经济上受益，在政治上还将中亚国家，乃至东北亚油气资源稀缺国家的利益与中国联为一体。美国一直试图推动一条从中亚经阿富汗、巴基斯坦，最终进入阿拉伯海的油气管道线路。1997年，美国加利福尼亚联合石油公司副总裁马蒂　米勒同塔利班就这条输油管道问题举行了谈判。但是，由于阿富汗内战不止和塔利班的反西方态度，使美国一直无法达到目的。2000年下半年美国加州发生数次局部轮流大停电，使美国政府对能源问题的紧迫感愈发强烈，2001年至2003年小布什借"9　11"事件发动对阿富汗和伊拉克战争，军事力量直插世界石油储量最丰富的中亚、中东地区。

"9　11"事件，是南北关系冷战后严重激化的重要标志。它进一步证实了邓小平同志的基本判断："世界和平与发展两大问题，至今一个也没有解决。"冷战后两北问题进一步激化的根源在于目前世界资源即包括能源在内的世界常规矿物资源总量的严重短缺，以及目前有利于西方发达国家的世界资源配置体系的严重不合理。现有的国际资源总量及其配置秩序有利于维持北美和欧洲经济体的现有消费水平，而不利于也不足以再支撑起新崛起的东亚经济体与美欧共享同等量的消费水平。20世纪80年代后东亚整体性地转入市场经济并参与国际资源全球化分配，这将对现存的国际资源分配体系造成冲击。对此，作为世界霸权的美国只能有三种选择，不同的选择会产生不同的结果。（1）要么欧美降低现有消费水平，让出部分国际资源以满足东亚发展，其结果必然是美国自觉地调整现有的利于西方的国际资源配置体系以缓和新矛盾。（2）要么进一步牺牲南方国家的利益，迫使南方国家进一步让渡资源，以缓和东亚与欧美因世界资源短缺造成的紧张关系，其结果则是南北矛盾加剧，恐怖主义愈演愈烈。（3）要么削弱东亚或欧洲的部分发展，以缓和因资源短缺而激化了的南北矛盾，弱化恐怖主义产生的根源。其结果则是单极霸权与多极化力量冲突加深，冲突方位或是东亚或是欧洲。目前观察，"9 11"事件之后，美国正在自觉或不自觉地将其力量投注于第二种选择。美国所指责的三个"流氓国家"，其中两个在中东地区，这说明美国在限制欧洲和东亚的同时，将打击力量投向南方世界中能源利益与地缘利益相对富裕与集中的中亚、中东地区。这在美国军事力量深深插入中亚之后，对海外能源供给依赖日益严重而海外利益的自保能力严重不足的中国将造成巨大的能源安全的政治压力。

2. 中国国内能源安全面临的主要是结构性矛盾

能源为国民经济发展提供动力，与改革开放初期相比，21世纪初中国能源安全的基本形势是：供需总量大体平衡，但结构性矛盾突出。具体表现为：

（1）能源平衡差额负增长持续扩大，总需求大于总供给。中国经济的发展受能源供给和需求变化的制约。但在不同时期，能源制约中国经济发展的方面是不同的。如表2—3所示：

表2—3　　　　　　　　　　　　　　　　　　　　（单位：万吨标准煤）

年份	能源生产总量	能源生产增长率(%)	能源消费总量	能源消费增长率(%)	国内生产总值增长率（%）	进口量	出口量
1980	63735	-1.3	60275	2.9	7.8	261	3058
1981	63227	-0.8	59447	-1.4	5.3	252	3178
1982	66778	5.6	62067	4.4	9.0	395	3485
1983	71270	6.7	66640	6.4	10.9	363	3483
1984	77855	9.2	70904	7.4	15.2	371	4621
1985	85546	9.9	76682	8.1	13.5	340	5774
1986	88124	3.0	80850	5.4	8.9	741	5745
1987	91266	3.6	86632	7.2	11.6	661	5795
1988	95801	5.0	92997	7.3	11.3	912	5767

续表

年份	能源生产总量	能源生产增长率（%）	能源消费总量	能源消费增长率（%）	国内生产总值增长率（%）	进口量	出口量
1989	101639	6.1	96934	4.2	4.1	1765	5746
1990	103922	2.2	98703	1.8	3.8	1310	5875
1991	104844	0.9	103783	5.1	9.2	2022	5819
1992	107256	2.3	109170	5.2	14.2	3334	5633
1993	111059	3.5	115993	6.2	13.5	5492	5341
1994	118729	6.9	122737	5.8	12.7	4342	5772
1995	129034	8.7	131176	6.9	10.5	5456	6776
1996	131616	2	138948	5.9	9.6	6837	7529
1997	132410	0.6	137798	-0.8	8.8	9964	7663
1998	124250	-6.2	132214	-4.1	7.8	8474	7153
1999	109126	-12.2	130119	-1.6	7.1	9513	6477
2000	106988	-2.0	130297	0.1	8.0	14331	9026
2001	120900	13.0	134914	3.5	7.3	13471	11145
2002	138369	14.4	148222	9.9	7.8	15769	11017
2003	160300	15.8	167800	13.2	7.9		

资料来源：

国家计委交通能源司《中国能源白皮书》（1997），中国物价出版社1997年版。

《中国统计年鉴》（2004），中国统计出版社2004年版。

《中国经济年鉴》（1999），中国经济年鉴社1999年版。

国家统计局工业交通统计司编《中国工业交通能源50年统计资料汇编》（1949—1999），中国统计出版社2000年版。

由表2—3可知，中国改革开放以来，我国能源安全形势，发生了两大转变。1980—1990年的10年间，制约中国经济发展的能源因素是：能源消费不足，除1987—1988年经济过热及1989—1990年经济调整特殊时期外，中国能源生产总量大体高于能源消费总量，出口量远远大于进口量。而每次经济下滑，都与能源消费增长不足有关，而与能源供给不足无关。可以说，这10年中我国的能源形势基本是安全的。但从1990年起，中国国内生产总值在保持7%以上的增长的同时，中国能源消费总量开始接近生产总量，能源进口量大幅上升。到1992年能源生产总量已略低于国内能源消费需求总量，2000年能源生产与消费总量缺口迅速拉大，从1992年的1914万吨扩大到−23309万吨。2001年起,中国能源生产增长加快,到2003年已近能源消费总量。但能源进口已从1990年的1310万吨扩大到2002年的15769万吨,出口从5875万吨扩大到11017万吨,进出口分别增长1103.7%和87.5%。同时能源平衡差额负增长持续扩大:从1990年的−2565万吨标准煤增长到2002年的−3903万吨标准煤。[①]这说明,中国能源在供消总量大体平衡的同时,总消费已大于总供给,能源需求对外依存度(年进口量占年消费量的比例)[②]迅速增大。中国能源安全形势已亮起红灯。

(2)清洁能源需求增大,结构性矛盾突出。中国能源需求对外依存度迅速扩大的原因在于其内部结构性矛盾日益突出。目前,在我国使用量最大的煤、石油、天然气和水电常规能源中,产需矛盾比较突出的主要集中在清洁高效能源品种,尤其是石油品种生产的增长不能满足迅速扩大的国内需求。

表2—4　　　　　　　　1980—2000年中国一次能源生产与消费构成

年份	占能源生产与消费总量的百分比(%)							
	原煤		石油		天然气		水电	
	生产	消费	生产	消费	生产	消费	生产	消费
1980	69.4	72.2	23.8	20.7	3.0	3.1	3.8	4.0
1981	70.2	72.7	22.9	20.0	2.7	2.8	4.2	4.5
1982	71.3	73.7	21.8	18.9	2.4	2.5	4.5	4.9
1983	71.6	74.2	21.3	18.1	2.3	2.4	4.8	5.3
1984	72.4	75.3	21.0	17.4	2.1	2.4	4.5	4.9
1985	72.8	75.8	20.9	17.1	2.0	2.2	4.3	4.9
1986	72.4	75.8	21.2	17.2	2.1	2.3	4.3	4.7
1987	72.6	76.2	21.0	17.0	2.0	2.1	4.4	4.7
1988	73.1	76.2	20.4	17.1	2.0	2.1	4.5	4.7
1989	74.1	76.1	19.3	17.1	2.0	2.1	4.6	4.7

---

① 中国统计局编:《中国统计年鉴》(2004),中国统计出版社2004年版。

② 范维唐:《新世纪我国能源面临的挑战》,《光明日报》2001年11月19日(http://www.sdinfo.net.cn/luntan/content/T1125.htm)。

续表

年份	占能源生产与消费总量的百分比（%）							
	原煤		石油		天然气		水电	
	生产	消费	生产	消费	生产	消费	生产	消费
1990	74.2	76.2	19.0	16.6	2.0	2.1	4.8	5.1
1991	74.1	76.1	19.2	17.1	2.0	2.0	4.7	4.8
1992	74.3	75.7	18.9	17.5	2.0	1.9	4.8	4.9
1993	74.0	74.7	18.7	18.2	2.0	1.9	5.3	5.2
1994	74.6	75.0	17.6	17.4	1.9	1.9	5.9	5.7
1995	75.3	74.6	16.6	17.5	1.9	1.8	6.2	6.1
1996	75.2	74.7	17.0	18.0	2.0	1.8	5.8	5.5
1997	74.1	71.7	17.3	20.4	2.1	1.7	6.5	6.2
1998	71.9	69.6	18.5	21.5	2.5	2.2	7.1	6.7
1999	68.3	68.0	21.0	23.2	3.1	2.2	7.6	6.6
2000	66.6	66.1	21.8	24.6	3.4	2.5	8.2	6.8
2001	68.6	65.3	19.4	24.3	3.3	2.7	8.7	7.7
2002	71.2	65.6	13.7	24.0	3.1	2.6	8.4	7.8
2003	74.2	67.1	15.2	22.7	2.9	2.8	7.7	7.4

资料来源：

国家计委交通能源司《中国能源白皮书》（1997），中国物价出版社1997年版。

《中国统计年鉴》（2000），中国统计出版社2000年版。

《中国统计年鉴》（2004），中国统计出版社2004年版。

　　由表2—4可知，1981—2003年，原煤始终是我国能源生产和消费的主体，也是中国能源结构中最稳定的部分。在1980年到2003年的能源生产消费结构的变化中，煤炭、天然气、水电供需比重大体平衡。在清洁能源中，原油生产和消费比重严重失衡：从1980年到2003年，石油生产在能源生产总量中的比重从23.8%下降到15.2%，而石油消费在能源消费总量中的比重从20.7%上升到22.7%，而在前两年即2001年曾达到24.3%。供需矛盾突出。从这些比重关系的变动中可知，清洁能源需求增大，及由此引发的结构性矛盾是中国能源安全的主要矛盾，而石油短缺是我国国内能源安全主要矛盾中的主要方面。如表2—5所示：

表2—5　　　　　　　　1980—2002年中国石油平衡表

（单位：万吨）

年份	生产量	消费量	平衡差额	进口量	出口量(−)	进出口逆差
1980	10594.6	8757.4	1837.2	82.7	1806.2	1723.3
1985	12489.5	9168.8	3320.7	90.0	3630.4	3540.4
1990	13830.6	11485.6	2345.0	755.6	3110.4	2354.8
1991	14099.2	11790.0	2309.2	1249.5	2930.7	1681.2
1992	14210.0	12900.0	1310	2124.7	2859.6	734.9
1993	14524.0	14000.0	524	3615.7	2506.5	−1109.2
1994	14608.0	14960.0	−325	2903.3	2380.2	−523.1
1995	15005.0	16064.9	−1059.9	3673.2	2454.5	−1219.2
1996	15733.4	17436.2	−1702.8	4536.9	2696.0	−1840
1997	16074.1	19691.7	−3617.6	6787.0	2815.2	−3971.8
1998	16100.0	19817.8	−3717.8	5738.7	2326.5	−3412.2
1999	16000.0	21072.9	−5072.9	6483.3	1643.5	−4839.8
2000	16300.0	22439.3	−61393	9748.6	2172.1	−7576.4
2001	16395.9	22828.3	−6432.4	9118.2	2046.7	−7071.5
2002	16700.0	24779.8	−8079.8	10269.3	2139.2	−8130.1

　　资料来源:国家计委交通能源司《中国能源白皮书》（1997），中国物价出版社1997年版，第141、150—151页。

　　《中国统计年鉴》（1998），中国统计出版社1998年版。

　　《中国统计年鉴》（2000），中国统计出版社2000年版。

　　《中国统计年鉴》（2004），中国统计出版社2004年版。

　　尽管近20年来我国石油产量有很大的提高，从1980年的10594.6万吨增长到2002年的16700万吨，但从1994年起石油生产开始不能满足石油消费的需求，1993年起进口量开始大于出口量。20世纪90年代以来，我国国民经济按年均9.7%的速度增长，原油消费按年均5.8%的速度增加，而同期国内原油供应增长速度仅为1.67%。1993年我国成为石油净进口国。[①]此后进

---

　　① 净进口，即当年的原油与成品油的进口总额超过了出口总额，逆差主要在成品油的进出口上。中国原油进出口逆差出现在1996年。参见徐小杰《新世纪的油气地缘政治》，社会科学文献出版社1998年版，第107页。

口量逐年增大，尤其是"九五"期间，石油进口量从1996年的4536.9万吨增加到2002年的10269.3万吨，进出口逆差从−1840扩大到−8130.1，增长了341.8%。海关总署公布的最新数据显示，2004年前7个月中国进口原油达到7063万吨，比2003年同期增长了39.5%，2004年7月份单月原油进口为961万吨，比2003年同期增长了40%。在2004年中国进口原油不仅有减少，反而继续呈现爆炸性增长的势头。2004年前三个季度，全国累计进口原油9031.4万吨，同比增长34.4%。预计2004年原油进口量将首次超过1亿吨，原油对外依赖度将接近40%。[①]与此对比，中国国内原油产出2004年增长缓慢，7月份的产出和去年同期相比增长4.4%至1483万吨；前7个月全国原油总产量较上年同期增长2.2%至1.0055亿吨，合350万桶／日。国际能源署（IEA）的数据显示，全球石油需求增长的三分之一来自中国，中国石油消费对外依存度已超过40%，[②]石油安全已经成为摆在中国面前的现实问题。未来15年内，我国国民经济如以7%左右的速度发展，原油需求将以4%左右的速度增加；同期国内原油产量增长速度只有2%左右，低于原油需求增长速度，国内原油供需缺口逐年加大。预计2005年原油需求2.45亿吨左右。[③]届时，我国石油供需矛盾将进一步加剧，对外依存度将进一步加大。

另外，我国石油储量和产能接替的难度尚未缓解。据国家石油工业"十五"规划提供的数字和结论显示，尽管我国第二轮资源评价表现出"我国石油储量开始进入稳定增长期"，但随着勘探程度不断提高，新发现的油田规模总体呈变小趋势，而且新增探明储量中低渗透与稠油储量所占比例逐年加大，储量品质变差，新增及剩余储量可动用性较差。全国剩余可采储量[④]为23.8亿吨，储采比[⑤]为14.8，已开发油区储采比只有10.9。根据开发油田的一般规律，在这样的储采比配置下，稳产处于临界状态，上产

---

① "数字天下：今年原油进口将超亿吨对外依赖度近40%"（http://www.people.com.cn/GB/news/36248/36249/2997741.html）。

② 中国石油和化学工业协会发布的分析报告显示，2004年1—8月，我国原油对外依存度超过四成，升至41.8%，比2003年同期提高了6.9个百分点（http://www.people.com.cn/GB/news/36248/36249/2944131.html）。

③ 国家石油工业"十五"规划。

④ 可采储量：特定经济技术条件下可以采出来的最终油气总量。在最终可采储量中除去累积产量，即为剩余可采储量。

⑤ 储采比：探明储量与当年的产量之比，以年表示。储采比越高，潜力越大。

难度较大。同时，在役油田稳产难度加大。主要产油区目前已进入中后期开发阶段，主力老油田进入高采出程度、高含水率双高开采阶段，主力油田挖潜效果减弱，稳产难度加大，采油成本上升。

2003年年初中国地质科学院发表报告指出，除了煤之外，后20年中国实现现代化，石油、天然气资源累计需求总量至少是目前储量的2倍至5倍。研究结果表明，中国的主要油田都已接近生产结束期。到2020年，中国需要进口5亿吨原油和1000亿立方米天然气，分别占国内消费量的70%和50%。[①]

所有这些都意味着在我国现有海外影响和外交控制力不变的情况下，在中国石油需求对外依存度增大的同时，我国石油安全风险也相应增大。

由上分析可以得出三个具有内在联系的结论，目前中国能源安全现状明显表现为如下递进式矛盾结构：一是国内清洁能源，特别是石油的需求大于供给，供求矛盾呈刚性上升。二是中国能源安全问题并不主要是供给总量与需求总量的矛盾，而是由清洁能源供给不足引发的结构性矛盾，这是中国能源安全问题中的主要矛盾。三是石油又是中国清洁能源中需求增长最快而供给能力日益严重不足的品种，因此，石油短缺是我国国内能源安全主要矛盾中的主要方面。

二 中国石油安全环境严重恶化

1. 世界石油产需总量平衡，石油需求中心与消费重心不平衡发展

目前有一种观点认为2004年国际石油陷入危机是国际石油需求，尤其是亚洲石油需求大规模增长所致，美国国际经济研究所的资深研究员和全国石油委员会委员，并担任过总统经济顾问委员会委员的能源市场经济学家菲利普　弗勒格（Philip Verlger）就当前的石油危机发表看法，他说：2004年世界上出现了两个新的主要角色，影响到全球的能源需求，这就是中国和印度的崛起。90年代，这两个国家的能源消耗只有每天350万桶，占全球石油消耗的5%。但是13年后，也就是2003年，这两个国家的石油消耗

---

① 《中国矿产资源短缺危及国家安全》，凤凰卫视消息（http://www.phoenixtv.com/home/finance/fortune/200301/13/21660.html）。

量翻了一番，在全球石油消耗中所占的比例超过了10%。显然，弗勒格将当前石油危机的原因归结为中国和印度的石油消费的大规模增长。①

但近十多年的世界石油产需总量数据并不支持这样的观点：1993年世界石油生产和消费量分别为3187.0百万吨标准油和3139.3百万吨标准油，产需平衡差额为47.7百万吨标准油；

2003年世界石油生产和消费量分别为3697.0百万吨标准油和3636.6百万吨标准油，产需平衡差额为60.4百万吨标准油。10年间，世界石油生产总量和消费总量保持着产量略大于消费总量的大体平衡。如表2—6所示：

表2—6　　　　　　　　　1993—2003世界石油生产、消费量

（单位：百万吨标准油）

年份	世界石油生产量	世界石油消费量	产需平衡差额
1993	3187.0	3139.3	47.7
1994	3235.0	3198.5	36.5
1995	3278.9	3246.3	32.6
1996	3373.9	3322.7	51.2
1997	3472.9	3398.0	74.9
1998	3540.0	3416.9	123.1
1999	3468.0	3485.1	−17.1
2000	3604.4	3526.1	78.3
2001	3585.7	3538.2	47.5
2002	3561.7	3562.6	−0.9
2003	3697.0	3636.6	60.4

资料来源：根据BP 2004 Statistical Review of World Energy数据整理。

这说明两点：

（1）近十多年的亚洲能源消费并没有造成世界石油的生产与消费总量的失衡，当然也就谈不上是亚洲能源消费增长造成当前的世界石油危机。

① 资料来源："美资深专家：油价可能涨到每桶70美元"（http://www7.chinesenewsnet.com/gb/MainNews/SocDigest/Economy/2004_10_10_17_25_1_939.html）。

（2）2004年年底高居50美元左右的石油价格，并不是所谓世界石油总供给与总消费失衡所致，更不是所谓亚洲消费量增大而致，而是由于世界石油资源在确定的国际配置体系中以亚洲为主动力的石油需求中心与以西欧、北美为主的消费重心相分离所致。

第二次世界大战前后世界能源"需求中心"与"消费重心"统一于欧美国家并摆动于欧美之间。20世纪90年代后，亚洲崛起造成亚洲能源需求强劲增长，并使世界"需求中心"与"消费重心"相分离。这正如饥饿的人有巨量需求但不一定有巨量消费。这种需求与消费的分离，而不一定非得是粮食供给不足，也能造成粮食价格上涨，进而造成饥荒——这是诺贝尔经济学奖得主阿马蒂亚·森在《贫困与饥荒》一书中得出的重要结论。目前在世界石油供给总量仍大于需求总量的情况下，人口最多，石油需求最旺盛的亚洲地区却不拥有更不能控制相应的可用于消费的石油存量。这种有需求而无相应消费供给量的现实，是当前石油价格上涨的深层原因，而产生亚洲国家这种能源需求与消费相分离从而消费"权利失败"[①]的根源，恰恰是由北方国家不惜通过战争强力垄断的不平均的国际能源配置体制。[②]

2. 石油需求中心向亚太转移，中国在获取海外份额油方面遇到更激烈的竞争

由于高沸点、高能量和低污染的品质，石油日益成为支配世界能源消费的重要部分，在未来20年内石油仍将在世界能源消费中处于领先地位。1991年至2001年间，世界石油生产与消费迅速上升且大体平衡，但地区不平衡性十分突出。如表2—7所示：

---

① 这里借用阿马蒂亚·森的概念。

② 1998年诺贝尔经济学奖得主阿马蒂亚·森的见解值得注意。他说："要理解饥饿，我们必须首先理解权利体系，并把饥饿放在权利体系中加以分析。"（参见[印度]阿马蒂亚·森《贫困与饥荒》，商务印书馆2001年版，第5页。）他认为饥荒产生的原因不在于供给不足而在于穷人的"粮食权利"失败。他说"粮食权利所反映的是一个人或一个家庭可支配的最大粮食数量，实际消费量可能小于这一数量"，"一个人之所以挨饿，要么是因为他没有支配足够食物的能力；要么是因为他拒绝使用这种能力。权利方法（entitlement approach）所重视的是前者发生的可能性，而不考虑后者发生的可能性"。（参见[印度]阿马蒂亚·森《贫困与饥荒》，商务印书馆2001年版，第61、131页。）石油消费也是一种"权利"，而目前这种石油"权利"多集中于北方国家，而南亚国家，尤其是亚洲国家能源需求增长而石油消费权利下降的现实，是我们理解当前能源价格高居不下的钥匙。

表2—7　　　　　　1993—2003年世界及各地区石油生产和消费

（单位：百万吨标准油）

地区：北美洲	1993年	占当年全球比重（%）	2003年	占当年全球比重（%）
生产	652.9	20.5	671.8	18.2
消费	939.3	29.9	1093.2	30.1
南美洲				
生产	255.7	8.0	339.5	9.2
消费	178.5	5.7	216.6	6.0
地区：欧洲和欧亚大陆				
生产	659.8	20.7	818.0	22.1
消费	987.0	31.4	942.3	26
中东				
生产	951.1	29.8	1093.7	29.6
消费	178.7	5.7	214.9	5.9
非洲				
生产	330.4	10.4	398.3	9.4
消费	98.0	3.1	120.2	3.3
地区：亚太[①]				
生产	337.2	10.6	375.8	10.2
消费	757.6	24.1	1049.1	28.8
世界				
生产	3187.0	100	3697.0	100
消费	3139.3	100	3636.6	100

资料来源：根据BP2004StatisticalReviewofWorldEnergy提供的数据计算整理。

　　由表2—7可知，北美洲一直是世界石油消费第一大户，但10年间，其消费总量在世界石油消费总量中的比重只上升了0.2%，同期石油生产比重却下降了2.3%。亚太地区能源和消费是世界增长最快的地区，10年间该地区能源产量在世界生产总量下降了0.4%，但其消费总量却增长了4.7%，其

———————

　　① 主要包括澳大利亚、中国（含台湾、香港地区）、印度、日本、韩国、新加坡和泰国等。

增速远远高于世界其他地区，成为世界石油消费第一增长大户。中国和印度是亚太地区石油生产和消费大国。中国石油生产在亚太地区总产量中的比重10年中增长了1.4%，印度下降了0.4%，而中印消费总量比重却上升了6.6%和1.4%。如表2—8所示：

表2—8 中国、印度石油生产消费总量及其在亚太所占比重

（单位：百万吨）

中国	1993	占亚太当年比重(%)	2003	占亚太当年比重(%)
生产	144.0	42.7	169.3	52.2
消费	140.5	18.5	275.2	26.2
印度				
生产	29.0	8.6	36.7	9.8
消费	62.7	8.3	113.3	10.8
亚太				
生产	337.2	100	375.8	100
消费	757.6	100	1049.1	100

资料来源：根据BP 2004 Statistical Review of World Energy提供的数据计算整理。

亚太地区这种石油产量比重增长滞后，消费比重却大幅上升的反差现象，预示着该地区石油供给短缺及由此引起的对外依存度将持续扩大。这是中国能源安全不可回避的矛盾。

能源自给能力及其需求对外依存度，是评估一国能源安全环境的两个关键标志。从1993年开始，中国的石油消费数额、生产数额、进口数额和进口依存度（年进口量占年消费量的比例）逐年增大，国内外学者对此有不同的预测，但其计算结果大体近似，认为到2020年中国石油对外依存度将从1994年的1.9%飙升至62%左右。[①]其间中国将在获取海外份额油方面遇到更激烈的竞争。如表2—9所示。

---

① 日本能源经济研究所常务理事藤木和哉（Kazuya Fujime）在《亚洲的石油供给与能源安全》（Oil Demand/Supply Outlook and Engerge Security in Asian Countries议论文中，认为今后10—20年亚洲国家初级能源的对外依存将由1980年0.1%上升到2010年23.2%和2020年31.9%，在天然气、煤、石油三项常规能源中，石油将由1980年的3.9%增加到2010年的60.6%和2020年的71.5%，是增长最快的能源品种；亚洲国家中，中国2010年和2020年石油对外依存度分别为43%和54.9%，印度为77%和85.7%。

表2—9　　　　　　　　中国石油生产、进口和依存度的统计和预测

（单位：万吨）

年份	年消费量	产量	进口量	进口依存度（%）
1994	14964.72	14674.72	290	1.9
1995	15749.96	14901.96	848	5.4
1996	17239.81	15851.81	1388	8.1
1997	19604.85	16219.85	3385	17.3
1998	18937.00	16016.00	2921	15.4
1999	20400.00	16000.00	4400	21.6
2000	23300.00	16300.00	7000	30.0
2005	28000.00	18000.00	10000	35.7
2010	34000.00	19500.00	14500	42.6
2015	39800.00	19000.00	20800	52.3
2020	48400.00	18500.00	29900	62.0

资料来源：中油网（http://www.oilnews.com.cn/gb/misc/2003–03/12/content_177751.htm）。

3. 美国石油生产滞后，石油消费对外依存度将持续增高

美国石油消费占全球石油消费的四分之一强，而美国石油消费对外依存度则超过50%以上。因此美国石油供给形势在相当程度上影响着中国乃至整个亚太地区的能源安全环境的好坏。美国石油产量和消费总量近十年来出现较大缺口，并且储量也大幅下降：1991—2001年美国石油产量从4.22亿吨下降到3.49亿吨，下降了17.3%，而同期石油消费则从7.66亿吨上升到8.96亿吨，上升了17%，占2001年全球消费总量的25.5%；[①]1989—1999年美国已探明石油储量从336亿桶降为286亿桶。[②]在已过去的10年里，美国在石油产量大幅下降的同时，石油消费量大幅上升，这使增加石油供给成为美国外交重要议题。1990年美国借伊拉克战争在沙特、科威特获得常驻基地；此后美国军事力量随美国外交日益向中亚地区会聚。1998年美国用"战斧"巡航导弹打击阿富汗境内目标，1999年美国肢解南联盟，2001年美国大兵强入阿富汗，2003年美国以"莫须有"的理由入侵并占领伊拉

① 资料来源：BP Statistical Review of World Energy 2003。转引自《世界经济年鉴》2003/2004卷，世界经济年鉴编辑委员会出版，2004年版，第577—578页。

② 国务院发展研究中心世界发展研究所：《世界发展状况2001》，时事出版社2001年版，第234页。

克，① 导致伊拉克形势严重动荡，油价一路飙升。截至2004年10月6日纽约原油期货上涨直冲每桶52.02美元的历史巅峰水平。预计今后一段时间内，大幅增加和保障海外石油供给，尤其是海湾地区的石油供给，将是美国石油政策的中心目标，将是美国制定外交政策的重要考虑。届时国际能源环境将进一步恶化。②

三 经济全球化挑战中国能源安全

1. 加入WTO后中国石化工业压力增大

石油化工工业是我国重要的支柱产业。近年来我国石油化工工业发展速度较快，主要产品产量已居世界领先地位。中国加入WTO将使中国的石

---

① 新华网消息据法新社报道，美国前国务卿鲍威尔在2005年9月9日播放的一个电视访问节目中说，他在联合国提出的美国入侵伊拉克理由的讲话是他个人历史上的一个"污点"。鲍威尔在2003年2月向联合国安理会发表的讲话中，强烈地提出了美国对伊拉克开战的理由。他在讲话中提供了伊拉克拥有大规模杀伤性武器的"证据"，其中包括卫星拍摄的卡车。鲍威尔将这种卡车说成是伊拉克的移动生化武器实验室。美国在入侵伊拉克后，在伊拉克境内进行了搜寻，但并未找到任何核武器和生化武器。鲍威尔在接受美国广播公司的新闻节目采访中说，在我个人历史上，这是个"污点"。他说，"我是代表美国向全世界提出这一理由的人，这永远是我历史的一部分，那是令人痛心的，现在还感到痛心。"资料来源：《鲍威尔承认美国侵伊时曾经说谎称之为历史污点》（http://news.sohu.com/20050909/n226913574.shtml）。

② 2004年10月6日纽约原油期货上涨达到每桶52.02美元。华盛顿著名的能源市场经济学家菲利普 弗勒格（PHILIP VERLEGER）表示，国际原油价格虽然在最近突破了50美元一桶大关，但这并没有到顶，2005年可能会达到60美元一桶，2006年还可能进一步攀升到80美元一桶。弗勒格说："我们今天所处的环境跟1970年到1973年和20世纪60年代末我们所处的环境非常的相似。1973年到1974年的石油危机和后来出现的经济衰退的祸根是在60年代就种下了。"60年代，欧洲和日本的经济增长刺激了石油消费，六年中全球石油消费增长速度是每年7.6%，而更加发达的国家如美国、加拿大等的石油消费增长速度基本没有变化，为5%。这2.6%的差距就意味着每天的石油需求量增加500万桶，为后来发生的石油危机埋下了祸根。弗勒格指出，与60年代相似的是，2004年世界上也出现了两个新的主要角色，影响到全球的能源需求，这就是中国和印度的崛起。90年代，这两个国家的能源消耗只有每天350万桶，占全球石油消耗的5%。但是13年后，也就是2003年，这两个国家的石油消耗量翻了一番，在全球石油消耗中所占的比例超过了10%。资料来源：《美资深专家：油价可能涨到每桶70美元》（http://www7.chinesenewsnet.com/gb/MainNews/SocDigest/Economy/2004_10_10_17_25_1_939.html）。

油市场及我国石化工业面临巨大的冲击和压力。

　　我国石油化工工业主要产品产量虽大、品种虽全，但投资和技术水平、生产成本、质量均不理想，精细化工产品对进口依赖大。我国国产成油中高档润滑油仅占总量的10%，质量和品种均与国际先进水平有较大差距；加工汽油中的硫、芳烃、苯含量不能完全满足国际市场要求；高附加值产品比重低，如国外合成纤维差别化率为30%至40%，我国只有10%。我国目前化学工业中，技术含量高、附加值高的精细化工产品所占比重仅为35%以上，而传统基础化工产品所占比重在50%以上，国内相关行业升级换代所需高档化工产品大量依靠进口。我国乙烯装置平均规模为21万吨，最大为45万吨，远低于国外先进水平。[①]

　　目前，国外大公司加强技术开发。成品油、润滑油市场的20%，合成树脂市场的52%，合成纤维原料和化纤产品市场的53%，合成胶市场的44%，均已被国外大公司占领。中国进入WTO后，市场占有率将会在近期内进一步下降。外商将进入成品油分销市场，这将打破目前我国石油石化大公司专营成品油批发的局面。今后国内石油石化产品市场饱和乃至过剩局面更趋严峻，一般石油化工产品投资回报率下降趋势不可逆转。这将使我国石油化工工业投入资金的回收周期延长，投资风险增大。另外，外商拥有贸易权和分销权后，将直接在中国国内设立贸易机构和分销网络，这不仅可以降低进口产品的经营成本，而且依靠其高质量的服务和管理优势与我国石油化工企业进行技术人才和管理全方位的竞争，使我国国内企业处于更为不利的经营地位。[②]另一方面我国国内也存在着优质能源天生不足的问题。我国国内原油"以重油居多，含蜡量高，提取轻油的技术要求高于世界其他一些富油国"。[③]目前，国际上对发动机燃料提出越来越严格的环保要求。这在近期内将迫使我国对国外精炼产品技术及其产品有较大的依赖，并使中国石化工业在进入WTO后面临十分严峻的竞争压力。

　　造成上述我国能源结构性矛盾的根本原因，是国际环保压力以及由此

---

　　① 参见张泰《"WTO"与中国石油化工工业的发展》，《经济研究参考》2001年第57期。

　　② 同上。

　　③ 周大地：《中国存在优质能源危机》，《中国经济时报》2001年7月15日。

而产生的对清洁能源的需求持续增大。[①]但与国际发达国家相比,我国能源结构中清洁能源所占比重还远低于西方发达国家。这说明中国对清洁能源的需求趋势十分强劲。如表2—10所示:

表2—10　　　　　世界主要国家一次能源消费量构成(2003年)

（单位：百万吨标准油）

国别	石油	天然气	煤炭	核能	水电	总计
美国	914.3	566.8	573.9	181.9	60.9	2297.8
法国	94.2	39.4	12.4	99.8	14.8	260.6
德国	125.1	77.0	87.1	37.3	5.7	332.2
英国	76.8	85.7	39.1	20.1	1.3	223
中国	275.2	29.5	799.7	9.8	64.0	1178.2

资料来源：BP 2004 Statistical Review of World Energy。

数据显示,中国与西方发达国家能源消费结构正好呈反向变化。表中发达国家能源消费结构均以清洁能源消费为先。在石油、天然气、原煤三大能源品种中,前二者是美、法、英能源消费的主体部分,即使在煤炭资源丰富而石油资源不足的德国,石油消费也是处于绝对优先的主体地位。中国消费结构正好相反,其原煤消费远远高于本国其他一次性能源消费量,居于绝对优先的地位。1997年后,我国煤炭生产总量开始下滑,其原因是洁净能源供给和需求增大。这说明,环境保护的压力是能源产业面临

————————

① 2003年中国能源生产和消费总量为160300万吨和167800万吨标准煤,与1990年的103922和98703万吨标准煤相比,分别增长了54%和70%。2003年,原煤生产和消费总量在当年能源生产和消费总量中所占比重分别为74.2%和67%,与1990年相比,在产量比重大体持平的情况下,消费比重下降了9.1%。2003年原油生产和消费总量在当年能源生产和消费总量中所占比重为15.2%和22.7%,与1990年的19%和16.6%比,分别下降了3.8%和增长了6.1%。2003年天然气生产和消费总量在当年能源生产和消费总量中分别为2.9%和2.8%,与1990年的2%和2.1%比,分别上升了0.9%和0.7%。2003年水电生产和消费总量在当年能源生产和消费总量中所占比重分别为7.7%和7.4%,与1990年的4.8%和5.1%比,分别上升2.9%和2.3%。在十多年的持续增长的能源生产和消费总量中,原煤消费在保持其能源基础地位的同时呈大幅下降趋势,石油、天然气和水电等清洁能源,尽管在能源生产和消费总量中所占比重较轻,但其上升势头却锐不可当,其间,与原煤消费总量比重生产总量比重大体持平的同时大幅下降9.1%相对应,同期原油消费总量的比重在其生产总量比重下降3.8的同时却上升6.1%。[根据国家统计局编《中国统计年鉴》(2004)统计数据整理。]

的基本压力，也是促使我国能源结构发生上述变化的主要原因。而国家计委和原地矿部曾联合牵头组织各有关工业部门和各省（自治区、直辖市）开展的对我国主要矿产资源对2010年国民经济建设保证程度论证工作后得出结论认为，到2010年我国煤炭资源可以保证需求并且有出口潜力，而石油、天然气则不能满足国内需求，需靠进口补缺。[①]

2. "入世"给其他常规能源供给带来新压力

（1）世界煤炭工业迅速发展已使我国煤炭生产面临越来越大的压力。煤炭是我国的主要能源，也是我国经济发展的主要动力支撑，目前约占一次能源构成的67%以上，远高于国际24.37%的平均水平。[②]但同时我国煤炭生产仍存在不容忽视的问题。一是，组织结构不合理。2000年全国矿井平均每处产煤只有三万多吨，国有重点煤矿平均年生产能力80万吨，市场占有率不到0.5%。没有形成产、运、销一体化综合经营体系，经营效益受外部条件严重制约。二是技术和装备水平低。全国煤矿非机械化采煤占60%，大中型矿井生产设备老化，中型煤矿生产技术水平极低，生产工艺落后，破坏和浪费现象严重。三是产品单一。2000年全国原煤入选比重只有35%，大量原煤未经加工直接燃烧，洁净煤技术开发利用进展缓慢。煤炭产业链短，高附加值产品少。四是国有煤炭企业受煤炭市场价格下滑影响，处境困难。国有重点煤矿整体亏损，煤款拖欠严重。自1996年起我国原煤产量大幅下滑，从1996年的13.96亿吨跌至2000年9.98亿吨，回到12年前即1988年的水平。2002年中国煤炭产量才勉强接近1996年水平达13.8亿吨。[③]

另一方面，世界煤炭工业迅速发展已使我国煤炭生产面临越来越大的压力。近年来世界煤炭工业通过兼并联合和跨国经营，竞争力增强。主要产煤国家中，前三四家煤炭企业市场的占有率提高到40%以上。德国矿井平均生产规模达到280万吨，英国180万吨，煤炭生产技术向遥控和自动化发展，煤炭工业由劳动密集型向资本技术密集型转变。目前日本、美国及欧盟国家开发洁净煤技术已先后进入工业化应用阶段。中国加入世贸组织后

[①]　国家发展计划委员会编：《"十五"规划战略研究》（下册），中国人口出版社2000年版，第530页。

[②]　世界经济年鉴编委会：《世界经济年鉴2002—2003》，经济科学出版社2002年版，第400页。

[③]　国家统计局工业交通统计司编：《中国工业交通能源50年统计资料汇编》（1949—1999），中国统计出版社2000版；《中国统计年鉴》（2004）。

我国能源供应将在一个更加开放的体系中配置，国外优质低价能源进入我国市场，将对我国技术和管理及与发达国家比尚不具备竞争优势的煤炭企业发展形成相当大的压力。[①]

（2）天然气在我国勘探和开发利用都相对落后。目前天然气在我国一次能源消费结构中所占比例远低于24%的世界平均水平和8.8%的亚洲平均水平。2002年天然气产量326.6亿立方米，预计2005年将达到600亿至700亿立方米，在一次能源消费结构中所占比例将上升到5%。我国天然气预计可采储量7万亿至10万亿立方米，可采95年。但同时我国天然气工业的发展受到多种因素的制约。我国绝大多数天然气产区地质条件复杂。如产层薄、含气丰度低和埋深大、地表条件恶劣，这使得上游成本投入高。另一方面，我国集中于西部的天然气产区和集中于东部的消费区相距远，管输费用高，占气价比例较大。这使得我国天然气价格偏高。其次我国天然气消费结构不合理。目前我国天然气主要用于化工、油气田开采和发电等工业部门。它们天然气消费所占比例在87%以上，但天然气作为工业燃料的气价承受力差，而气价承受力最大的居民却在天然气消费结构中所占比例不到11%。目前全国有配气管网城市少，新建和改扩的资金用量大且难以保证，这无形中加重了天然气工业压力。

（3）中国电力生产使用清洁燃料的成本将不可避免地大辐提高。目前我国电力生产主体部分是火电，而原煤是其燃料构成中的主体部分。2002年我国火力发电占当年生产量的80.9%（耗用原煤45887万吨，原油111.90万吨[②]），水电为17.5%，核电为1.5%。[③] 而在西方发达国家中，比如法国、英国、美国，包括德国，使用水能和核能这样清洁能源的比例远远高于中国。尽管中国热电、水电均居世界前列，但核电装机容量则远远落在发达国家后面。如表2—11所示：

---

① 数据来源：国家石油工业"十五"规划（http://www.tongling.ah.cn/zhlm/ztbd/15/text/057.htm）。

② 《中国能源统计年鉴》（2000—2002），中国统计出版社2004年版，第79页。

③ 根据《中国统计年鉴》（2004）数据计算整理。

表2—11　　　　　　　　　　世界主要国家总装机容量

（单位：万千瓦）

国家	总装机容量及各项在总容量所占重（1998）						
	总计	热电	比重(%)	水电	比重(%)	核电	比重(%)
美国	78284	58849	75.2	9943	12.7	9993	12.8
加拿大	11504	3164	27.5	6696	58.2	1640	14.3
法国	11244	2417	22	2510	22.3	6288	55.9
英国	7341	5566	76	426	5.8	1333	18.2
德国	11544	8337	72.2	888	7.7	2284	19.8
中国	31932	23754	74.4	7935	24.9	210	0.7

资料来源:《国际统计年鉴》（2003）。

中国数据年份为2000年，资料来源详见国家电力公司战略与规划研究部编《2000年电力工业统计资料汇编》。

表2—11中，2000年中国电力总装机容量及水电装机容量及热电、水电、核电各项在其中的比重，与1998年的美、加、法、英、德几个发达国家相比，热电和水电均居第二，但核电装机容量则远远落在其他发达国家后面。鉴于中国热能生产以高污染的煤炭为主要原料，而石油和天然气又不可能大规模进口被用于电力生产，因此，未来中国电力生产中，用于煤炭洁净技术的及发展其他清洁发电燃料的成本将不可避免地大幅提高，这对电力生产势必形成重大压力。

（4）中国海外能源依存度增大的同时，却对海外能源运输安全保障能力严重不足。能源安全，说到底是国家能源的对外依存度与国家对国际事务的政治、军事参与和控制能力之间的比例关系。对能源供给短缺国家而言，国家石油安全系数与国家对世界事务的外交和军事参与及控制能力成正比，而与该国能源需求的对外依存度成反比。一国能源对外依存度越大，而对外军事外交参与能力越小，则该国石油安全系数就越低，不安全的风险就越大。

对于现代国家而言，国家参与和控制世界事务的能力，就其核心部分而言，是海军在世界范围自由行动的能力。目前在世界各大国中，中国海上政治军事参与控制能力相应也较弱，与此相应，在同等对外能源依存度的国家中，中国能源安全系数也较低。美国石油对外依存度大大高于中国，但美国对世界事务的外交和军事控制能力居世界各国之首，因此，美国能源安全风险系数则同样大大低于中国。

为实现全面建设小康目标，今后我国国民经济可能仍将以7%的速度发展，这使石油需求必将以4%左右的速度增加，而同期我国国内原油产量增长速度只有2%左右，预计2005年原油需求将达2.45亿吨左右，随着工业化和城镇化进程的加快，石油需求将继续呈强劲增长态势。如不采取积极有效的能源战略，到2020年，我国对国际石油市场的依存度将达到50%左右。专家认为："如果中国的石油消费也达到工业化国家的平均水平，到2020年可能需要28亿吨原油，而中国自己所能生产的部分很可能还不到4亿吨。目前到今后世界石油的总产量将只有四十多亿吨原油，其中可以提供出口的只有十五亿吨左右，即使全部给中国也不够，实际上也不可能全部给中国。其次，当然还有运输方面的问题。国际石油主要出口地区是中东，以10万吨位级的油轮从海路运输到中国，是否可以畅通地通过已经极为繁忙的马六甲海峡都是疑问。"[①] 显然，中国对海外石油的依存度的增长是受到国际石油产量不足及中国对海外能源利益的强力维护手段不足等条件的严重制约，而这将使中国在短期内无法化解和承受石油消费对外依存度持续扩大所带来的风险及其资本支出。

中国加入WTO，对中国能源而言，意味着其生产与消费参与全球能源配置体系，其安全也融入国际安全体系。目前中国的能源供需已融入世界。2001年中国原油进口来源地区及份额分别为：中东地区56.2%，非洲地区22.5%，亚太地区14.4%，欧洲中亚地区6.9%。[②] 这说明，中国能源安全已成为世界能源安全体系中的一部分，中国能源安全与国际能源形势的变化发生着互动关系。据估计国际油价每提高1倍，美国国内的GDP就会下降2.5%左右；每桶石油价格上升10美元，每年将给美国经济造成500亿美元的损失，经济增长率将减少约0.5%，[③] "美国国际石油政策基本上所依靠的是维持自由获取中东与波斯湾石油的机会和波斯湾地区的出口自由地进

---

① 中国宏观经济学会研究员王建：《中国能源的长期供求形势》，中国宏观经济信息网 2001—07—12（http://www.macrochina.com.cn）。

② 《21世纪环球报道》2002年10月14日第3版。

③ 《国际石油的战略影响》，《现代国际关系》2003年第2期，第54页。

入世界市场的机会"。①它对世界能源丰富的地区及由此运输到美国的海上交通线有绝对的政治军事控制力，而"目前中国海军还不能够确保海上能源交通线的安全，过分依赖中东和非洲地区的石油和单一的海上运输路线使得中国石油进口的脆弱性比较明显。如果遇上特殊情况，正常的石油进口可能无法得到保证，国内的人民生活、经济运行乃至国防都会受到重大影响"。②鉴于中国未来"全面建设小康社会"发展目标对国际能源提出的巨大需求，以及中国海军严重滞后于中国能源海外依存度扩大的不平衡态势，在可预见的时期内，中国能源安全在国际能源安全体系中将是极其脆弱的，在世界各大国中，中国面临的能源安全将是最缺少保障和最没有底线的。

四　制定符合中国国情的能源安全政策

中国能源安全形势自20世纪90年代初起，就开始由80年代的总量平衡的矛盾转化为主要是由环保压力引发的结构性的矛盾，尽管其他能源品种也不同程度地存在着这类矛盾，但中国石油需求对外依存度持续提高与中国海外利益军事保护手段严重滞后，是当前中国能源安全形势基本特点。

对此专家们提出加大参与国际石油市场竞争力度，大量增加海外份额油的方案，③以及与之相对的"我国优化能源消费结构不能采取依靠进口石油的政策"方案，④另外还有诸如提高天然气消费比重、节约能源、建立石油储备基地、加快西气东输工程、大力发展如风能、太阳能等再生能源的方案。但总的说来，这些只是一种补充性质方案，并不能解决我国能源的

---

① 美国能源战略研究报告：《21世纪战略能源政策的挑战》（2001年4月）。

② 刘新华、秦仪：《中国的石油安全及其战略选择》，《现代国际关系》2002年第12期，第27页。

③ 国务院发展研究中心市场经济研究所副所长陈淮认为："当前在对我国石油安全的研究中，应当重点探索我国石油安全战略从消极的防御型体系向积极的主动出击型体系转变的新思路。""'与其贫中纷争，不如富中找'。我国要敢于、善于大规模加入到对国外油气前景非常优秀的地域的投资竞争中去"。（人民网2001年10月9日，详见《粤港信息日报》2001年10月8日。）

④ 王家诚在《我国石油需求与石油替代战略》一文中指出："根据我国的实际情况，从长远发展和战略高度分析，我国优化能源消费结构不能采取依靠进口石油的政策；若提出要达到发达国家现有能源消费结构水平的目标要求，更是不可取。"《中国工业经济》2000年第3期。

基本安全问题。

这里的关键性问题是，中国能源安全政策可否选择欧美大量依靠海外进口的模式，尽管这是一个最好的模式。对此，笔者认为是不可以的。这是因为欧美解决能源问题的前提是强大的制海权，而这恰恰是中国短期无法扭转的弱项。马汉说："商业影响需要通过在各地部署海军来得以存在。"[①]这话对我们理解欧美能源与海军关系以及破除将能源问题理解为纯经济行为的误判，是绝对有帮助的。

在国际能源运输方面，与世界其他大国相比，中国是绝对依赖海上运输的国家。如表2—12所示：

表2—12　　　　　　　　　国际能源运输方式

（单位：标准煤万吨）

国家和地区	年份	国际能源运输方式	
		空运	海运
世界总计	1990	5245	13752
	2000	13873	21281
中国	1995	0	151
	2000	0	443
美国	1997	2414	3400
	2000	2595	4752
法国	1990	551	365
	2000	737	433
德国	1990	560	294
	2000	1003	341
英国	1990	606	363
	2000	928	298
日本	1990	82	748
	2000	937	730
印度	1990	93	33
	2000	100	0

资料来源：《国际统计年鉴》2003年、2004年，中国统计出版社2003年版。

表2—12表明：在国际能源运输中，只有中国是绝对依赖海上运输的国家。尽管中国对能源的需求潜力远高于其他国家，但在海上运输通道控制

① 参见［美］马汉《海权论》，萧伟中、梅然译，中国言实出版社1991年版，第259页。

方面，中国却几乎没有控制力，而美国又是拥有绝对控制力的国家。这表明中国在国际海上能源安全体系中今后较长时期内，将不得不处于依附性地位。在这种形势下，中国如果选择欧美大量依靠海外进口的方法来保障中国的能源安全，那无异于将自己的发展命运托付给一个没有安全保障的世界，这将使中国的能源安全更加脆弱。[①]

另一方面，如果退回煤动力时代也会造成严重的环境污染问题，造成高昂的环保成本。2002年我国一次能源生产和消费总量分别为13.8亿和16.4亿吨标准煤，而其中原煤生产和消费量在能源生产和消费总量中的比重分别为71.2%和65.6%。煤炭成为我国环境污染的重要因素。2000年我国电力装机中火电约占75%，电力行业年燃煤量约占煤炭生产的一半。我国工业二氧化硫的排放总量1999年为1857万吨，到2003年则猛增至2159万吨。工业废气排放量从1999年的126807亿标立方米，到2003年已增至198906亿标立方米。1999年烟尘控制区面积为1.4万平方公里，2003年则猛增为3.3万平方公里。[②]使用清洁能源以阻止生态环境恶化，已成为我国经济可持续发展亟待解决的问题。[③]尽管在目前的条件下，任何非石油输出国组织国家都不能保证本国能源的绝对自给，但作为安全的能源政策应当确保本国能源基本的自给量。对在海外利益保障能力不足的国家而言，国家能源风险将随本国能源消费对外依存度扩大而同比例上升，当这种风险扩大到一定程度，能源风险就会转化为政治性的国家风险。

目前我国新型能源开发的形势是，除原油外，我国开发技术较为成熟的和用量较大的有原煤、天然气和水电。此外，还有一定数量的核能。我国风能和太阳能资源虽丰富，但大规模开发仍受诸多自然条件的限制。比较这诸多能源品种，原油、天然气属高热值、方便和洁净能源，但国内自

---

　　① "美国国内巨大的需求使它的对外依赖程度成为一个十分敏感的问题。它从自身的安全角度出发，提出石油对外依存度不能超过国内总消费量的1/3，战略储备量不能少于三个月的进口量。"徐小杰：《新世纪的油气地缘政治——中国面临的机遇与挑战》，社会科学文献出版社1998年版，第166页。

　　② 资料来源：《中国统计年鉴》（2004）。

　　③ 2004年11月，国家环保总局副局长王玉庆指出：我国经济高速增长，但万元GDP能耗水平超过发达国家3—11倍，资源和环境的承载力已近极限。粗放式发展还导致污染加剧，目前，COD排放总量达1400万—1500万吨，接近排放最大允许量的两倍。大气中二氧化硫排放总量为1900万—2000万吨，远远超出大气达标的1200万吨。城市垃圾每年接近1.4亿吨，处理率仅54.2%，无害处理率更低等。资料来源：《目前我国的资源和环境承载力已近极限》（http://www.people.com.cn/GB/shizheng/1026/2991185.html）。

给能力严重不足。随消费量持续上升，大规模进口引起的国家能源安全对外依存度不断增高，这将使我国经济承受如油价变动、地区冲突、国际突发事件乃至霸权国家对我国可能实施的经济制裁等风险的能力更加脆弱。中国水电开发技术较好，发电量和装机容量也已达到相当的规模，开发具相当潜力，但它与风能和太阳能一样，受天气、水文、季节地质及生态等自然变化制约较多，自然风险也不可忽视。[①]

鉴于目前我国对世界能源丰富的地区的实际控制力及海上能源运输线路的军事自卫能力非常有限，而采用英美石油安全模式，将我国能源安全建立在提高海外依存度的方法又不可能，因此将能源对外依存度保持在合理的范围，立足于科学利用本国现有能源优势，尽力提高能源自给率，从中近期看来，是降低中国能源安全风险的可靠方法。

科学的能源安全政策应是对历史正反两方面经验科学总结的结果。我国石油消费在能源总消费中的比重从1962年的6.6%增长到1978年的22.7%；煤炭消费比重则从1962年的89.2%下降到1978年的70.7%。20世纪70年代末，国际发生两次石油危机，各国政府开始关注能源安全问题，纷纷调整其能源政策，降低石油消费；我国于1977年提出压缩烧油的政策。1978年到1988年我国石油消费在能源总消费中的比重从22.7%下降到17%，煤炭消费则从70%上升到76.2%；1989年中国经济进入紧缩调整阶段，1990年石油消费比重下降至16.6%，此后国际国内环保呼声日高，石油消费比重持续上升，到2003年我国石油消费比重再次达到1978年22.7%的水平，而同期煤炭消费比重则从1990年的76.2%下降到67.1%。[②]此间，特别是1993年中国首次成为石油净进口国后，人们又旧话重提，中国能源安全又成为中国学者关注的热点，石油替代成了中国制定能源安全政策时考虑的重点和制定外交政策时的重要议题。

历史的经验表明，符合中国国情的能源安全政策应是安全和环保原则的统一，洁净、安全和高效应是中国能源政策的目标，而独立自主应是我国能源政策的立足点。从中近期看，具体政策选择有如下三点。

首先，立足本国优势能源，开发和推广清洁煤技术。我国煤炭资源丰

---

① 近几年中国水资源总量急剧下降：1999年中国水资源总量为28195.7亿立方米，2003年则下降为27460.2亿立方米。四年内下降2.6%。资料来源：《中国统计年鉴》（2004）。

② 资料来源：《中国统计年鉴》（2004），中国统计出版社2004年版，第275页；国家统计局工业交通统计司编《中国工业交通能源50年统计资料汇编》（1949—1999），中国统计出版社2000年版，第256页。

富，"找矿前景较好，可保证2010年需求"，[①]从能源安全的角度看，至少到21世纪中叶以前，煤炭作为我国基础能源的地位不会动摇。尽管煤炭是一种高污染的能源品种，但与20世纪90年代初即煤炭再次受到冷落的情况不同，目前洁净煤技术比如水煤浆技术、煤气化技术及其他洁净煤技术在我国已有了很大的发展。国家能源节约和综合利用"十五"规划已提出未来国家推广洁净煤技术，重点发展大型、先进的煤炭洗选加工技术、煤炭液化技术、大型煤气化技术、水煤浆制备和应用一体化技术、大型循环流化床技术、整体煤气化联合循环发电（IGCC）技术、高效低污染燃煤发电技术等，随着我国洁净煤技术日臻成熟及其产业化程度的提高，煤炭将仍是保证我国能源供应安全的支柱产业。[②]

其次，大幅提高核能消费比重。从更长远的能源安全政策考虑，在不断替换的能源链条上，仅仅将煤炭作为降低中国能源供给风险的唯一战略资源还是不够的。"虽然中国的煤炭往往被认为很充足，但是实际上，与世界平均可开采200年相比，中国的可开采年数只有60年。"[③]洁净煤技术只能减少而不能消除粉尘和二氧化硫的排放，况且煤炭超度开采也会影响到产地的地质结构和生态环境。鉴于此，根据发达国家能源发展经验，发展核能是今后应当考虑的重点选择之一。核电是一种不排放任何温室气体的高效和耐久能源。有几种核电堆型，如压水堆、沸水堆、重水堆都是比较安全可靠的。世界核电发展的经验证明，发展核电是降低能源对外依存度、保障国家能源安全的重要选择。1998年全球核发电量占总发电量的

---

① 国家发展计划委员会编：《"十五"规划战略研究（下册）》，中国人口出版社2000年版，第531页。

② 神华"煤变油"项目提速，已获得技术上的关键性突破，谋划3000万吨生产规模。神华集团2005年1月12日对外披露了此消息。神华称："煤直接液化的工艺流程业已打通，神华煤制油向实现产业化迈出了关键一步。"2004年8月25日，神华集团在内蒙古鄂尔多斯上马了我国第一个煤炭直接液化项目，并计划在2007年建成第一条500万吨的生产线。经过几个月的安装调试，2004年12月16日，日处理6吨煤的PDU装置在上海第一次投煤获得成功，并成功制出了实验油品。神华规划到2020年"煤制油"形成年产3000万吨油品的生产规模。按照规划，鄂尔多斯煤直接液化项目将在2007年建成第一条生产线，年用煤970万吨，生产各种油品320万吨。到2010年，该项目产量提升到每年500万吨；到2015年，产量增加到1500万吨；2020年，产量达到2000万吨。《21世纪经济报道》2005-01-17，11:17:16。《神华"煤变油"项目提速》（http://www.nanfangdaily.com.cn/jj/20050117/cjysy/200501170027.asp）。

③ 日本富士通综研经济研究所首席研究员田边敏宪：《建立东亚能源共同体》，[日]《世界周报》2002年12月10日。

17.1%，发达国家核电比重更大。法国核电已占全国电力生产总量的77%，日本占32%，英国占28%，美国占19%以上。而中国仅占1%以上。[①]中国有丰富的核能资源，天然铀及其加工能力已粗具规模。核燃料循环工业的各个环节相互配套。中国已能够自主设计制造30万千瓦压水堆核电站的成套设备。1991年12月，中国第一座自行设计自主建设的核电站秦山核电站并网发电成功，结束了中国无核电的历史。"九五"期间，中国开工建设的核电机组就有8套，2002年，秦山二期一号机组并网发电；广东岭澳核电站一号机组投入商业运行；秦山三期（重水堆）核电站一号机组成功并网发电。预计这八套机组全部建成后，中国的核电装机容量将达到900万千瓦，约占全国总发电能力的3%，并形成浙江秦山、广东大亚湾、江苏田湾三大核电基地。尽管如此，与西方发达国家相比，我国核电还有很大的距离，同时这也说明中国核电发展具有很大的潜力和空间。火力发电是我国用煤第一大户，适当加快我国核电发展，对于我国在按照洁净、安全、高效的原则推进能源替代战略，大幅提高能源自给率，减少对外依存度带来的风险，确保我国能源供应持续安全的供给，具有深远意义。[②]

---

① 瞿丽霞：《核电：发展之源》，《中国产经新闻》2000年6月18日。

② 近年来中国政府对核电发展予以高度重视。中新网2004年11月8日电：据央视国际消息，经过20多年努力，中国加快核电建设的时机已经成熟，条件基本具备。近日国务院决定，要加快推进核电自主化建设。通过统一领导，统一组织，统一技术路线，依托自主化项目建设等措施，实现自主设计、自主建设、自主制造和自主运营的目标。要深化核电体制改革，充分发挥市场机制作用，加强对外合作，积极做好有关依托项目技术招标的对外谈判和引进工作。抓紧组建国家核电技术公司。坚持科学决策、民主决策，确保核电发展不走错一步。（http://www.chinanews.com.cn/news/2004/2004-11-08/26/503682.shtml）。

2005年1月17日中共中央政治局常委、国务院总理温家宝在考察大亚湾核电站时指出，党中央、国务院高度重视核电发展，要按照国家发展能源的决策和部署，积极推进核电建设（http://www.stdaily.com/）。

香港文汇报2005年1月16日引述《纽约时报》的报道说，据某些参与中国核能计划人士的保守估计，从现在至2020年，按中国目前的核电计划需要每年平均建造近两座核反应堆。据预测，至2010年，中国的核电产出将翻两番，达到160亿千瓦，这一数字到2015年再会翻一番。中国能源研究所所长周大地表示："我们每年肯定要建造一座以上的核反应堆。我们面临的挑战主要是机制安排的障碍，需要更好地运行、融资和管理。"报道说，中国现在只有8座核电反应堆，占总发电量不到2%。到了2020年，即使国家实现核电发展计划，核电仅占市场供电量不足4%。这令中国成为唯一具有核能发展潜力的国家。（http://www7.chinesenewsnhttp://www7.chinesenewsnet.com/gb/MainNews/SinoNews/Mainland/2005_1_15_16_25_50_178.htmlet.com/gb/MainNews/SinoNews/Mainland/2005_1_15_16_25_50_178.html）。

最后，加快海军建设，扩大国际合作。历史表明，生存资源的稀缺到什么程度，大国关系就会紧张到什么程度，而海军是国家对世界产生实际影响力并由此分享国际资源份额的决定性的因素。因此，一国的能源安全不仅是经济问题，同时它更是一个政治问题，而政治问题的解决多是以军事为后盾的。现代海军是伴随国际贸易而同时出现的，而海军先行又是英美国家扩展国际贸易的基本路线。根据历史经验，未来中国在国际能源体系所拥有的相应份额，最终并不以商业谈判技巧而是以海上军事力量的大小为保证。目前中国扩大国际能源市场的步伐较快，而由此产生的维护中国已获取的国际能源利益的军事自卫手段却严重滞后。根据自科索沃战争以来国际形势的变化，没有海军保障的国家海外利益增长，随时都有被海上军事强国强行中断乃至终断的可能。从近代西班牙、荷兰与英国，英国与早期美国，乃至与中国清王朝冲突的经验看，军事特别是海上军事较量是大国解决国际贸易争端的终极手段。阿富汗战争后，北约力量大幅进入与中国能源进口关系密切的中亚地区，美国在中国东部海上拉起由日本，经台湾地区到南中国海一些国家的意在封锁中国海权扩展的链条日益收紧，这对中国未来的能源进口安全将形成巨大的制约，对此要早做准备，不然我国通过正常的国际经济活动而迅速扩大了的包括能源利益在内的全部经济利益，将会在因准备不足而可能出现的军事失利中迅速丧失。

五　简单的结论

第一，中国能源的稳定增长是其经济长期稳定增长的重要推动力，而90年代以来中国能源出现的基本矛盾并不主要是总需求与总供给的矛盾，而主要是由以石油天然气为主的清洁能源需求增长而引发的结构性的矛盾。[①]而造成这种矛盾的原因并不主要是这些年经济的快速发展，而是日益严重的国际国内的环保压力。而造成这些环保压力的也并不主要是经济的快速发展，而是生态问题造成的日益巨大的环保成本对经济发展造成的压力。

但是必须指出的是，从上世纪90年代迄今持续增长的中国能源需求正

---

① 1993年中国能源生产量与消费量间的平衡差额为−4934万吨标准煤，2003年为−7500万吨标准煤。1992年中国石油生产量与消费量平衡差额为1310万吨标准煤，2002年为−8079.8万吨标准煤。

在突破中国国内能源供需平衡基点，随着中国"全面建设小康社会"的战略目标的推进，中国能源供需国内平衡将被打破并对国际能源进口由相对依赖关系转为绝对依赖关系。由此，保证持续增长的中国能源需求将是未来中国外交政策长期不能回避的重要议题。

第二，如前分析，不惜通过战争强力维持的不合理的国际能源分配制度是造成目前居高不下的石油价格的根本原因。第二次世界大战之前，世界能源需求中心与消费重心统一于欧美地区，其间能源需求中心与消费重心不平衡变化导致70—80年代的石油危机和石油价格刚性上扬。第二次世界大战后，亚洲国家崛起，在目前世界石油供给总量仍大于需求总量的情况下，人口最多，发展最快并对世界财富增长贡献越来越大，[①]从而石油需求最旺盛的亚洲地区却不拥有相应的可用于消费的石油存量。在目前北方国家强力维护的不平均分配的能源格局不改变的情况下，世界，尤其是亚洲地区能源需求的持续增长，将使未来的石油价格经过2004年后的经济放缓和非石油能源开发造成石油消费和需求降低的过程后，再次刚性上扬并在2004年底的价格水平左右浮动；[②]与此相应，国际关系中20世纪90年代中

---

① 2004年9月20日为期两天的世界工商协会峰会在北京开幕，中共中央政治局常委、国务院副总理黄菊出席并致辞。本次大会主席、全国政协主席徐匡迪在主题报告中说，2003年中国GDP仅占全球GDP总量的3.89%，而对全球GDP增长的贡献率却高达15%。但是，即使中国实现21世纪前20年的发展目标，人均GDP仍只有3000美元，仍然只相当于目前中等发达国家水平的下限。《中国对全球GDP贡献率15%》，（http://data.stock888.net/040921/104, 1299, 1093005, 00.shtml）。

② 《专家认为：能源涨价难以避免》。新华网北京2004年12月3日电（记者赵承、刘铮）国家发展和改革委员会能源研究所所长周大地在接受新华社记者专访时认为，2005年能源需求仍将保持强势，价格上涨难以避免。2004年煤电油运的全面紧张，不仅影响了国民经济的协调运行，也引起社会各界广泛关注。从能源供应方面看。2005年电力供应增长速度达到15%。这在全世界来讲也是非常快的。2004年新增发电能力4100万千瓦，实际上前10个月发电设备的生产量已经超过5000万千瓦。在这种情况下，还出现了电力短缺。周大地认为，由需求原因导致的能源紧张局势2005年仍将持续。产业结构不合理化，高耗能产业增加过快，在当前非常突出。在宏观调控的大背景下，生铁、钢、水泥的增长速度还是非常快。这些行业新形成的生产能力必然要对2005年的能源消费产生拉动。"目前国内的能源价格问题，主要体现在煤价大幅上升。"周大地表示，"在煤炭供需偏紧的情况下，2005年价格下降的可能性不大。"能源价格是新的一波价格上涨的基础。由于市场的约束，能源价格上涨把下游产品压得很苦。家用电器、各种日用消费品的利润空间越来越小。周大地表示，能源价格压是压不住的，但应挤掉水分：把煤炭流通环节的暴利挤掉；把电力行业的低效挤掉（http://www.peacehall.com/news/gb/finance/2004/12/200412031519.shtml）。

后期大国政治中出现的浪漫色彩将大为淡化。

　　第三，2004年的能源价格飙升将使国际非石油能源需求及新能源投资增大。长期以来，中国能源生产和消费在原煤、原油之间此消彼长。从1957年到1980年中国石油生产和消费占能源生产和消费的比重从2.1%和4.6%增至23.8%和20.7%，原煤生产和消费则从94.9%和92.3%降到69.4%和72.2%。此后中国原油生产和消费一路下滑，到1995年降至16.6%和17.5%，而原煤生产和消费则增至75.3%和74.6%。

　　造成这种油降煤增现象的原因是20世纪70年代末的世界石油危机。1995年后，国际油价日趋稳定，中国石油生产和消费再次飙升，并于2000年接近1980年水平；与此同时，原煤生产和消费则降至66.6%和66.1%。2004年国际石油危机再次出现，据历史经验，预计世界能源生产消费将再次向非石油产品倾斜，中国开发核能及其他非石油清洁能源的投资将大幅增加。

第三章 经济全球化与中国海权

第一节 论中国海权

海权，对中国人来说是一个从鸦片战争开始认识而到今天仍未被充分理论消化，而在实践上又迫切需要理论回答的问题。笔者由海权概念切入，从一般到特殊，提出符合汉语语义和中国21世纪现代化实践的海权概念及建立于其上的理论体系，并运用这些概念和理论回答中国海权实践的现实问题。

一 概念及其误用

自海权理论创始人艾尔弗雷德·塞耶·马汉（Alfred Thayer Mahan，1840—1914）的《海权对历史的影响》（*The Influence of Sea Power Upon History* 1660—1783）及相关著作发表近百年来，海权问题成为军事学术的重要组成部分。中国学人广泛地将英文sea power的概念转译为汉语"海权"。[1]

海权是一个客观存在，不同国家在不同的经验基础上会有不同的理

---

① 参见[美]马汉《海权论》，萧伟中、梅然译，中国言实出版社1997年版；张炜、郑宏《影响历史的海权论——马汉〈海权对历史的影响（1660—1783）〉浅说》，军事科学出版社2000年版。

解。我们且不说马汉的sea power的概念是否与汉语的"海权"是一个意思，^①即使这样，建立在西方历史经验之上的sea power是否可以概括"海权"一词的主要语义，也值得讨论。

但是，不管怎么说，有一个共同点还是可以确认，这就是"海权"是一个涉及海洋的概念，这正如"陆权"是涉及陆地的概念一样。

既然涉及海洋，那就要有人问为什么要涉及海洋？

当然这是由于人类的生活而非仅仅人类的思想涉及海洋。既然人类生活在这个地球上，那么，从理论上说，人类中的个体或群体都有共享包括大气层内外的所有地球资源的权利。^②海洋是地球上除陆地资源外的最重要的资源，这样就引申出"海洋权利（sea right）"的概念；当主权国家出现后，"海洋权利"就成了"国家主权"概念内涵的自然延伸。但是，权利永远是要由力量来捍卫的，这样便从主权的"自卫权"概念中引申出具有自卫性质的"海上力量（sea power）"的概念。马汉说得明白，他说："法律的合理与否不取决于力量，但其有效性要由后者赋予"。^③海上力量是海洋权利自我实现的工具，特别是自人类进入主权国家时代，情形更是如此。1812年美国与英国海战是为了捍卫新生美利坚合众国的正当的海洋权利。1840年中英鸦片战争和1894年的中日甲午海战及2001年4月发生于中国南海的中美"撞机事件"，都是中国捍卫其海洋权利的军事自卫行为。

---

① 1897年，马汉在给伦敦出版商马斯顿的信中说，"我可以说，我经过深思熟虑所选用的，现在已这样流行的'sea power'这个名词，我是希望它能迫使人们注意并得到流行"。"我故意不用'maritime'这个形容词，是这个词太通俗，不能引起人们注意或是不能使人们把它放在心上。Sea power，至少其英语意义，看来已保留了我所使用的意义"。参见张炜、郑宏《影响历史的海权论——马汉〈海权对历史的影响（1660—1783）〉浅说》，军事科学出版社2000年版，第35页。

② 美国第三任总统托马斯　杰斐逊（1801—1809）曾为美国海权提出过这种思想，但遗憾的是这种思想却没有被19世纪末的马汉所发掘和继承。杰斐逊在《致纽约市坦慕尼协会和美国兄弟会（1808年2月29日于华盛顿）》和《致约翰　杰伊（1785年8月23日于巴黎）》两封信中说："海洋和空气一样，是人类共同的，与生俱来的权利，却任意从我们这里剥夺了，一些被时间、惯例以及是非感奉为神圣的行为准则被优势的兵力踩在脚下"；"我们在海上与其他国家的经常的战争为代价。我们自己所具有的最公正的品质并不能保证我们免于战争。……软弱只会招致攻击和伤害，而有了惩罚力量就能防止。为此我们必须拥有海军；海军是我们迎击敌人的唯一武器"。参见《杰斐逊选集》，朱曾汶译，商务印书馆1999年版，第328、358页。

③ [美]马汉：《海权论》，萧伟中、梅然译，中国言实出版社1997年版，第419页。

在这种斗争中前者发展出用以自卫本国"海洋权利（sea right）"的"海上力量（sea power）"。随着联合国的建立和发展，在国际社会普遍认可的条件下，联合国在有限的范围内被赋予了一定的国际权力。这样海权便发生了奇妙的变化：国际法赋予主权国家享有海上权利，主权国家又让渡出部分主权利益以形成联合国具有强制力的海上权力（sea power），而在没有联合国授权的情形下的"海上权力"则是海上霸权，使用这种力量的国家，则是霸权国家，这时霸权国家的"海上力量"便因失去自卫性质而异化为追求海上霸权的工具。确切地说，在没有联合国授权的情况下，国家根本就不具有行使"国际权力"的资格。卢梭说得好："权利一词，并没有给强力增添任何新东西；它在这里完全没有任何意义"；"强力并不构成权力，而人们只是对合法的权力才有服从的义务"；[①]卢梭反对通过霸道的强力统治世界，他说："即使是最强者也决不会强得足以永远做主人，除非他把自己的强力转化为权利，把服从转化为义务。"[②]而实现这个转化的合法中介，目前就是联合国。

但是，如果说，海上权利，是"国家主权"概念自然延伸，那么"海上力量"，就只是一个作为维护海上权利即海权的手段。这里值得提及的有两点：（1）在一个无政府的世界体系中，海上权利总是通过海上力量表现，人们不自觉地习惯于将英文的sea power混同于sea right，但事实上二者虽有联系但却是完全不同的概念，前者只是后者的载体和实现手段而不是海权本身。（2）国家海上力量（sea power）概念也是"海洋权利（sea right）"向"海洋霸权（sea hegemony）"转化的重要介质。所谓霸权，在国际关系中就是一国以实力操纵和控制别国的行为。[③]如上面所说的英国对美国，英国、日本及美国运用海上力量（sea power）对中国曾实施海上的侵略都是海洋霸权的行为；而中国对它们的海上反抗，则是中国维护其合

---

① [法]让 雅克 卢梭：《社会契约论》，何兆武译，商务印书馆2003年版，第9、10页。

② 同上书，第9页。

③ power，在中世纪的英文中写作pouer，源于古法语poeir，均指有做某事的能力（ability to）的意思，后伸展为某国对他国的影响力和统治力。（a nation，esp. one having influence or domination over other nations.）（见Websters，Second College Edition p.1116。）这种"影响力和统治力"已与原主权国家天然具有的正当合法的"海洋权利"相分离，转而异化为海洋霸权的范畴。（hegemony，leadership or domination，esp. that of one state or nation over others，Websters，Second College Eddition. p.649.）

法海洋权利的举动。因此海洋权利(sea right)和海上力量(sea power)及与后者相关的海上权力(sea power)的概念有性质的不同：权利是一种依法享有和行使的利益。而作为国家权利的海权，是只有主权国家才有资格享有的海洋权利。权力，特别是海上权力，则是一种强制力量，在国际社会中只有联合国或联合国授权国家和机构才有资格使用这种力量。"海上力量"与"海上权力"的概念，虽同出于英文sea power一词，但其语义确是有性质的区别。"海上力量"是个中性概念，它既可以为"海上权利"服务，也可以为"海上权力"服务，但在没有联合国授权的情况下，"海洋权利"与"海洋权力"则是对立的概念。因此，如果将"sea right(海上权利)"、"sea power(海上力量)"、"sea power(海上权力)"这三种不同语义的概念同译为汉语的"海权"，就容易产生理解上的混乱。[①]

确切地说，英文中的sea power一词表示的是"海上权力"和"海上力量"而非"海上权利"的含义。为什么会有这样的差别呢？这与欧美国家长期的海外殖民经验及相应的海上优势有关，也与亚洲、非洲、南美洲等资本外围地区长期收缩于内陆而忽视海洋及其相关权益的历史经验有关。马汉说："武力一直是思想借以将欧洲世界提升至当前水准的工具"。[②]这个"武力"在马汉的思想中就是sea power即"海上力量"。所以，欧美海权思想更多地侧重于力量、控制和霸权，即使是欧美一些国家在为自己的海洋权利而非权力斗争的时候，它们也更多的是从控制海洋而非从捍卫本国海洋权利的角度看问题。

这里还需要区分的是"海权"与"制海权（command of sea）"概念。二者虽都与汉语"权"字相联系，但意思大不一样。"海权"，如上所述，是一种属于法权范畴的概念，而"制海权"中的"权"则是指一种由"权势"引申出的"有利的形势"[③]的意思。因此，它与我们所讲的法权意义上的"海权"也不是一个意思，当然我们也不能将二者混用。

①　张序三先生主编的《海军大辞典》对此的解释较慎重。辞典没有就"海权"专列词条，而对"海权论"却做了两种解释，说："海权论（sea power theory），亦译'海上实力论'"。笔者认为，后一种解释即"海上实力"应是sea power的准确译文之一。参见张序三主编《海军大辞典》，上海辞书出版社1993年版，第7页。

②　[美]马汉：《海权论》，萧伟中、梅然译，中国言实出版社1997年版，第259页。

③　中国社会科学院语言研究所词典编辑室编：《现代汉语词典》，商务印书馆1996年修订第3版，第1048页。

最后需要特别说明的是，既然海权是只有主权国家才有资格享有的海洋权利，那么，对于没有国家主权资格的中国台湾地区来说，它也就没有海权，至于台湾地区目前拥有一定的海上武装力量，那只是连公司也会拥有的制海权（sea power or command of sea），而不是海权（sea right）。

二 中国海权特征

中国海权随中国主权同生，而中国意识到并力求捍卫、强化中国海权的努力却起步不久。中国目前的海权实践远没有达到追求"海洋权力(sea power)"的阶段，而只是处在捍卫其合法的海洋权利(sea right)的阶段。比如中国统一台湾和中国海区[①]其他属于中国主权范围的岛屿，这是中国海权实践的重要内容，但这只是在维护中国的主权及其相关海洋权利(sea right)，在对这些地区的海上利益实行海上保护，而不是在追求霸权意义的海洋权力(sea power)。而美国在台湾海峡的海军活动及对中国台湾的军事插手活动，则是一种霸权意义上的海权即"海上权力"实践。从这些意义上看，中国的海上力量（sea power），属于国家主权中的自卫权的范畴，而美国在中国台湾地区的海上军事介入，则是一种为实现其"海上权力"（sea power）的海洋霸权行为。如果我们不分青红皂白，一味将sea power的这两种语义转译为"海权"，而不是将sea power与sea right相区分，这会使周边地区和国家对中国的现代化实践及相关的海权诉求造成大的误解。[②]

①　中国海区，特指中国大陆东、南部相连的海域。包括渤海、黄海、东海、南海和台湾东侧部分海域。1840年至1949年间，日、英、法、俄、德等国从海上入侵中国达470余次，其中规模较大的有84次，较为著名的有中英鸦片战争、中法甲申战争、中日甲午战争和中国抗日战争等。参见张序三主编《海军大辞典》，上海辞书出版社1993年版，第1255页。

②　美国芝加哥大学教授，国际安全政策项目主任约翰·米尔斯海默（John Mearsheimer）是"中国威胁"观点的较著名的代表人物。他在新著《大国政治的悲剧》最后得出结论："显然，在21世纪早期，美国可能面临的最危险的前景，是中国成为东北亚潜在的霸权国。当然，中国成为潜在霸权国的前景，主要有赖于中国经济能否持续快速发展，如果是这样，中国不仅能成为尖端科技的最主要的发明者，而且也是世界上最富强的大国。它几乎肯定会用经济实力建立起强大的军事机器，而且出于合理的战略原因，它一定会寻求地区霸权，就像19世纪美国在西半球所做的那样。" *The Tragedy of Great Power Politics*, W.W.Morton & Company, Inc.2001, New York, p.401.

中国海权，是一种隶属于中国主权的海洋权利而非海洋权力，更非海上霸权。"但在当今的世界上，光有法律而没有力量就得不到公正"，[①]要使法理上属于中国的海洋权利事实上属于中国，中国就必须拥有强大的海上力量（sea power）。从这个意义上说，目前的中国海权，是目的与手段的统一。中国海权的概念应当包括从中国国家主权引申出来的"海洋权利"和实现与维护这种权利的"海上力量"两个部分，只是不包括西方霸权国家普遍攫夺的"海洋权力"。

中国海权，就其"权利"部分而言，包括实现中国"海洋权利"和"海洋权益"两部分。前者包括《国际海洋法》、《联合国海洋法公约》规定和国际法认可的主权国家享有的各项海洋权利。这部分权利随《国际海洋法》的变化而缓慢演化，比较确定。后者包括由海洋权利产生的各种经济、政治、文化利益，这部分权益随不同国家在不同时期的经济、政治和文化的变化而变化，属于海权中变化较大的部分。不同的国家依据《国际海洋法》享受着同种的海洋权利，但据有同一海洋权利的主权国家由于其经济、政治、文化处于不同的发展阶段而得到的海洋权益事实上却不同。即使排除海洋霸权的因素，一般而言，传统大国和新兴大国所拥有的海洋权益事实上要大于小国和正在衰落国家的海洋权益。在此之外，还有"海洋利益"，它是比海洋权益更广泛的中性概念。它既可能是来自海洋权利的合法的海洋利益，也可能为霸权需要而产生的非法的海洋利益。由于中国目前的海权实现能力尚未"溢出"其主权范围，所以中国的海权与海上霸权无缘。中国的海洋利益，更多地属于有待于争取和实现的合法海洋权益的范畴。

中国属于新兴的和正在向现代化转型的大国，也是联合国五个常任理事国之一，在国际事务中发挥着重要作用。中国经济已经成为世界经济的重要组成部分。中国国内生产总值占全球的比重由1978年的1%上升到2007年的5%以上，中国进出口总额占全球的比重由1978年的不足1%上升到2007的约8%。中国的发展为国际资本提供了广阔市场，中国累计实际使用外资超过7800亿美元，中国企业对外直接投资也在大幅增长。[②]中国发展有力促

---

① [美]马汉：《海权论》，萧伟中、梅然译，中国言实出版社1997年版，第418页。

② 2009年3月16日商务部新闻发言人姚坚说，近年来，中国对外投资发展较快，2008年，中国企业对外直接投资521.5亿美元，同比增长96.7%。对外承包工程完成营业额566亿美元，同比增长39.4%，新签合同额1046亿美元，同比增长34.8%。《我国发布境外投资管理办法支持企业走出去》，资料来源：2009年3月17日《人民日报》（http://politics.people.com.cn/GB/1027/8971166.html）。

进了世界经济和贸易增长。1978年以来，中国年均进口增速达到16.7%，已成为世界第三大、亚洲第一大进口市场。中国经济对世界经济增长的贡献率超过10%，对国际贸易增长的贡献率超过12%。2001年以来，中国年均进口额近5600亿美元，为相关国家和地区创造了约1000万个就业机会。中国已经成为国际体系的重要成员。中国参加了100多个政府间国际组织，签署了300多个国际公约。中国积极参与国际和地区事务，认真履行相应的国际责任。[1]

在经济快速增长的同时，中国对世界能源的需求也大幅上升。中国目前进口的石油主要来自中东地区，从中东进口的石油占进口总额的一半以上（56.2%），其次是北非。[2]进入市场经济的中国已成为与世界发生广泛联系的国家，其海洋权益泛布于世界各大洋并随中国经济总量的扩大而持续扩大；与此同时，中国实现其海权的内部需求动力和外部压力也在同时增大。这是中国海权与世界其他国家海权实践的共性方面。

但是，中国海权不可能不具有中国的个性。那么，中国海权的个性特征何在？

第一，国家统一进程与国家海权的实现进程相一致。目前的中国是一个尚未完全实现统一的国家，而这些尚未统一的地区又多集中在东部中国海区。这些地区既是中国领土，又是在实现中国海权中具有战略意义的海上支点。比如，台湾及其周围属于中国的岛屿，既是中国进入太平洋的前沿基地，又是中国东部地区经济黄金地带的前锋拱卫；南沙群岛，则是护卫中国在马六甲海峡通行自由权利的最前沿的基地。实现中国对台湾、南沙的主权，既是中国维护国家领土完整的正义事业，又是关系到能否实现中国海权的关键步骤。实现国家统一进程与实现国家海权进程的统一，这既是中国海权的特点，也是中国海权的优点，它决定中国在相当长时期内的海权实践的正当性和正义性，它也排除了在相当时期内中国的海权实践转向海上霸权的可能性。从这个意义上说，认为中国为实现其海权利益而发展海军是"中国威胁"和认为中国不应当发展海军的看法，都是不对的、没有道理和不符合逻辑的。

---

[1] 参见胡锦涛《坚持改革开放　推进合作共赢——在博鳌亚洲论坛二〇〇八年年会开幕式上的演讲》（http://politics.people.com.cn/GB/7112657.html）。

[2] 转引自刘新华、秦仪《中国的石油安全及其战略选择》，《现代国际关系》2002年第12期，第37页。

第二，特殊的地缘政治条件决定了中国海权属有限海权的特点。与法国的情形相似，而与美英两国不同，中国是一个陆海兼备型的国家；英美两国属两洋夹护中的国家。这种地理特点迫使英美两国必须将实现海权和扩张海洋利益放在第一位，以至它们最终异化为世界性的海上霸权国家。中国地理上则是一面环海、三面临陆的国家。由于三面陆上的安全压力使中国在长期的历史中发展出了强大的陆军而非海军力量。同样，这种地缘政治的特点和上述中国海权的特点，又决定了中国的海权——即使拥有与英美国家同样的财力——在实践中也不需要追求全球性的海上权力。20世纪末以来，中国东部面临的安全压力，特别是捍卫台湾、南沙地区中国主权的安全压力日益严重，而中国应付这些压力的手段恰在这一时期却严重不足。正是在这样的特殊历史条件下，笔者才特别强调捍卫海权，特别呼吁全力发展中国海上军事力量。但这并不表明中国要走英美式的，尤其是苏联式的无限海权和海上霸权的道路。中国海权应是有限海权，其特点是它基本不出主权和国际海洋法确定的中国海洋权利范围，海军发展不出自卫范围。

第三，中国海上军事力量发展是远期战略的上述有限性与近期策略上的无限性的统一。中国人对海洋战略利益的认识是从鸦片战争、甲午海战失败后开始的，而从经济全球化视角认识海权却是在中国经济从计划经济体制向市场经济体制转型进程中开始的。在古代世界，由于不具备远航动力技术，因此东部大海反倒成了保护中国东疆安全的自然屏障。鸦片战争、甲午战争及抗日战争初期的海上失败，也只是使中国人从"边防"的角度认识海权的意义。20世纪80年代改革开放到21世纪初，中国经济已深深地融入经济全球化进程并对国际市场和资源产生了日益深厚的依存关系。鉴于此，中国不可能不需要发展出在全球范围得以保护其海外利益的海军力量，并随中国海外利益的扩大而扩展。这种扩展进程是无限的，但其性质却不出自卫的限度。

在与世界相互依存程度日益加深的进程中，中国东部沿海地区在对外开放中已发展成为中国经济产值增长最快的黄金地带。与此同时，中国与西方霸权国家的矛盾，尤其是海上矛盾也在上升：为了堵截中国力量，特别是中国的海上军事力量向太平洋扩展，美国启动日本、台湾地区、菲律宾、澳大利亚一线的同盟关系，提升日本的军事作用和暗助台湾分裂主义势力的扩大。在与台湾分裂势力的斗争和对日益严重的东部海上安全的关注中，中国意识到海军发展滞后情况如此严重以至不能保护中国最基本的海洋权利。这反倒诱发"台独"分子不断铤而走险、挑战中央政府的对台政策底线的企图。更为严重的是，可能出现的"台湾独立"恶果还会牵动从日本到东盟整个东亚政治的格局，使其对中国东部产生自然的钳合之势，并进一步对中国东南沿海各省产生无形的离心作用。这就是说，台湾问题的恶化将牵动中国现代化的全局，而要遏制"台独"势头的决定性力量就是中国的海洋战略力量即中国海军的快速崛起。中国海军是中国海洋战略力量的关键，鉴于此，集中一切力量快速推进中国的海军建设，将在全球范围内的军事弱势转化为局部地区的强势，并以此解决分布于中国海区的主权和海权问题，是21世纪初中国国防建设的重要内容。

台湾问题的实质是中国海军问题，而在台湾问题上，中国海军问题又实质上是祖国和平统一问题：要实现台湾连同其合理的现代文明成果完整平顺地回归祖国，非海军大规模地扩展则不可能。

三 世界军事变革与中国海军跨越式发展战略

海军是国家海洋战略力量的核心部分，是海权必须依托的军种，这正如sea right必须以sea power为依托一样，但它却不是国家海上战略力量的全部。战略力量，不管是在陆地上还是海上，是对敌方具有总体打击能力的军事力量，因此中国的海上战略力量就不应当是海军单一兵种的事，它应当是随世界军事技术变革而发展的国家防务力量的总体表现。在第一次世界大战之前，海军更多的只是陆军的配合军种，陆军是这一时期的国家战略力量的核心兵种。第二次世界大战期间，海战已成了战争胜负的决定因素之一。国家战略力量更多地通过海军表现。航空母舰是第二次世界大战中出现的最具海上作战力的战舰，之所以如此，并不在于它的大小，而在于它首次明确地打破兵种界限，将战船变革为集陆海空战斗力融合为一体的立体作战平台。这时表现于航空母舰的战斗力，已不再只是海军舰艇的单一战斗力，而是一种集陆、海、空、电子通信等军种为一体，并通过航空母舰这一巨型作战平台在海上机动发挥的新型战略力量。航空母舰及其航空母舰作战体系所表现出的战争力量已不再仅是海军的，而是国家的战略力量。[①]

　　"海军一向是最新技术成就的集中点，对技术的发展和变化非常敏感。"[②]20世纪下半叶以来，卫星技术及由此带动的空中预警技术、导弹定点精确打击技术的迅猛发展，国家海上战略力量的技术含量及其有机合成水平大大提升：它已由第二次世界大战时期的由飞机、潜艇、海上航空母舰火力打击力量共同担负的小立体战争提升到由外层空间的卫星侦察技术、低层空间预警技术以及深海[③]的潜艇、声纳技术配合陆海定点精确导弹打击的大纵深和大立体战争；这时海上作战已远非海军一个兵种得以完成的事，而是国家核心技术及由此形成的国家总体作战力量的综合表现。[④]随外空卫星信息技术的出现及深海技术的进步，大立体作战模式日渐替代集中于航空母舰平台上的小立体作战模式，以至如没有外空信息技术和深海潜艇配合，航空母舰不管其技术含量如何，充其量也"只不过能起到浮动棺材的作用"[⑤]，而不能形成有效的作战力量。目前，美国一艘航空母舰出航，除外空卫星定位、空中预警和海面其他舰群护卫之外，还有庞大的水下潜艇群护航。而与此相比，中国的海上作战力量还有较大的距离。除了中国尚未发展出航空母舰外，中国在外空卫星技术和深海潜艇及声纳技术方面，尽管有一定的发展，但已在近20年中被拉开了距离。从这个意义上看，近期中国海上安全风险大，未来中国海军建设任务将更加繁重。正因此，将有限的国防资源科学合理地配置于海军建设就是中国海权理论和实践应当考虑的课题。

　　地区格局与国际格局一样，没有大国间的军事较量则不能确立。而打

----

　　①　苏联海军元帅戈尔什科夫（1910—1988）用"国家的海上威力"的概念来概括海军问题。他在《国家的海上威力》一书中将国家的海上威力看做是一个体系，但"构成海上威力的各组成部分的作用，并不是一成不变的，这些取决于具体的历史条件，然而，海军的主导作用却是贯彻始终的"。[苏]谢　格　戈尔什科夫：《国家的海上威力》，三联书店1977年版，第2页。

　　②　[苏]谢　格　戈尔什科夫：《国家的海上威力》，三联书店1977年版，第299页。

　　③　根据《中国大百科全书　大气科学　海洋科学　水文科学》(中国大百科全书出版社1987年版，第11、302、623、664页)划分海洋沉积物的深度标准，笔者将"深海"的概念定义在200米以下。

　　④　鉴于此，笔者在行文中所使用的"海军"的概念，已脱离其传统的"兵种"含义，而是"国家海上战略力量"概念的转述。

　　⑤　[美]T.S.伯恩斯：《大洋深处的秘密战争》，王新民、辛华译，海洋出版社1985年版，第84页。

破大国力量均衡的往往不在于军事量的竞赛而在于质的突破。

　　20世纪下半叶所发生的上述军事革命也使各国的国防军事力量配置发生了结构性的变化。其重要特点在于，大立体战争技术的迅速发展使国家军事力量由分布于国家内部不同地区以陆军为主体的军团作战力量组合转变为分布于海外针对不同对手的作战力量的有机合成。国家作战力量的配置已不再基于地区，而是基于任务。任务决定作战力量的使用与组合，这是开始于20世纪末并必将主导21世纪的大国国防结构调整方向的重要特点。21世纪的国防力量将不再是一块块横摆在平面并需最高首长亲自拼接的板材，而是一个根据不同作战任务而任意组合的"作战魔方"，而构成这个"作战魔方"的材料已不是传统的陆海空三军军种的简单合并，而是集外层空间的卫星技术，低层空间的预警技术，浅、深层海域的潜艇及相关军事技术，配合陆海平面精确导弹打击技术的体系合成。国家的国防体系将由原来的若干相互独立军团转变为几个可根据任务变化而随时自我调整的大型"作战魔方"，这时最高首长不再担负调动和组织军团的任务，而只负责国家"作战魔方"启动时机、数量和战略方向；而"作战魔方"只负责完成战役任务。

　　20世纪末与21世纪初，世界发生了海湾战争、科索沃战争、阿富汗战争和伊拉克战争。这四场战争的特点都是美国集外层空间的卫星技术，低层空间的预警技术，浅、深层海域的潜艇及相关军事技术，配合陆海平面精确导弹打击技术有机合成的"作战魔方"体系，用以对付传统的板块分割式的军团地区防御作战体系，结果是前者无一例外地打败了后者。而在伊拉克战场上，军团地区防御作战在美英军队一体化"作战魔方"面前几乎无所作为。发动伊拉克战争一旦由最高首脑确定，美军就会调动从外空卫星侦察到海上导弹的大立体精确打击力量，配合陆空强力突入的小立体打击力量，在伊拉克军团中强行撕开裂口。与第二次世界大战时期不同，伊拉克方面的失败并不在于伊拉克军团的整体毁灭，而在于其各防御军团被美军"作战魔方"的一次次突入和分割。在科索沃战争、伊拉克战争中，在南斯拉夫联盟、伊拉克方面，任务的执行是按军团和兵种分配的，而在美方，每次任务的执行则都是由一体化合成"作战魔方"实现的。现在我们在研究发生在20世纪末与21世纪初的这几场战争时，更多地强调美军先进的军事技术及其一般构成，然而在笔者看来，我们更应看到美军先进技术的有机合成与使用方式。以最快的速度将由高技术集合而成的"作战魔方"及时、准确、整体性地推进到作战地点并迅速释放出有效战斗作用，是现代战争成败的关键，也是未来中国新军事变革的方向。

第二次世界大战结束同时也是世界新军事变革的开始：在原子弹将热兵器推上顶峰的同时也意味着建立在传统的热兵器之上的世界性的大规模战争形式的结束；在低空飞机、浅海潜艇配合陆上坦克集团军大纵深作战的小立体战争在第二次世界大战中达到极限的同时，也预示着更大范围的大立体的作战样式即将到来。朝鲜战争和越南战争是由美国主导的传统小立体战争样式的回光返照。美国在朝鲜战争和越南战争中的失败、苏联在古巴导弹危机中的失败以及美苏争霸的压力，促使世界军事变革在美苏的带动下向外空和深海两大领域迅速推进。外空信息技术革命使弹道导弹及其精确打击成为可能，核动力战略潜艇的出现又使彻底消除有核国家战略打击和报复的能力成为不可能。20世纪80年代里根时期，美国专家提出"星球大战"计划，此后，美国外空信息技术突飞猛进，这在20世纪90年代初的"爱国者"拦截导弹在海湾战争成功运用中初战告捷。继而1999年科索沃战争、2001年年底的阿富汗战争和2003年的伊拉克战争中美国的胜利使人类正式告别了在传统的飞机、坦克掩护下主力军团大规模决战的小立体战争模式，取而代之的是以外空卫星制导和陆海导弹精确打击为主，少量精锐地面部队定点突入的大立体战争模式，而积极主导和推进这场军事革命并由此确立其主导地位的就是美国。2002年阿富汗战争后，美国单方面宣布退出1972年美苏签订的《反导条约》，决意打破世界大国之间的战略均势，建立美国在外层空间军事安全领域的绝对优势地位。可以肯定的是，随外层空间的绝对优势确立，开发深海战略优势将是美国军事革命的新领域。

中国海军建设起步早但发展慢，这既是中国海军历史的特点也是它的优点。正如中国国防没有力量参与美苏"确保相互摧毁"核战略的竞争，中国也就省去后来大规模削减战略核武器的负担的道理一样，中国海军由于其相对落后却使它拥有开发新领域的后发优势。对中国国防安全而言，现在的问题是由美国推进和主导的依托外空信息技术的新的战争样式不仅拉大了中美之间的军事技术的距离，并由此严重影响到中国的国家安全，特别是中国海区主权的安全。为此中国必须急起直追，将有限的国防资源科学合理地配置于海军建设，尽量在最短的时间内缩小中美之间的技术差距。

那么，我们如何才能达到这样的目标呢？我们是否还需要沿着美国人制定的"路径"从外空起步与美国开展全面的外空竞赛呢？根据历史经验，如果我们利用后发优势反其道而行之，将有限的国防资源优先用于深海开发，这可能会在较短的时间内形成更为有效的威慑力量，并以此带动中国海军的跨越式发展。这是因为：

第一，自20世纪80年代开始的外空技术革命已近饱和，而深海技术的开发正方兴未艾；第二，深海武器比陆地和天空武器更具机动性和隐蔽性，更有利于完成国家战略攻防任务；第三，相对陆基弹道导弹而言，深海核动力战略武器可确保国家的二次打击能力更久地处于安全状态；第四，发展包括潜艇在内的深海作战工具，是发展包括航空母舰在内的水面舰艇的基础，国家海军的终极作战力量并不在于海面舰艇的战斗力而在于水下舰艇的战斗力，也就是说，在大规模的战略打击后只有深海作战力量具有战略报复和二次打击的能力；第五，中国是一个发展中的国家，其国防任务更多地带有战略防御的性质，将有限的资源优先用于深海开发，既有利于遏制"台独"势力、实现国家统一的近期目标，又有利于确保国家战略防御政策的终极效果。

中国东北是国家装备制造业的重心，如果中国东北海上军事重工业能随西部航天工业在21世纪之初再度崛起并东西呼应，这将为中国大立体国家防务体系，特别是海上防务体系的跨越式发展提供有力保障。

四 中国海权扩展原则

海军是国家海权扩展的重要手段。鉴于历史上一些国家的惨痛教训，有的同志提出中国没有必要发展海军，也有的同志则从与大国争霸的角度强调发展中国海军的重要性。然而，在笔者看来，这些都是不准确的。事实上中国海权扩展有其特定的原则，即它不能超出并要服务于中国海权（sea right）的内容和范围。

那么，中国海权包含哪些内容和范围呢？

从近中期看，中国面临着统一祖国、收复主权岛屿的严峻任务，这既是中国政府必须肩负的伟大历史使命，又是中国捍卫国家海权的重要内容。因此，在统一台湾及周围属于中国主权岛屿的问题上，中国加快海军建设的意义无论怎么估计都不会过高。未来中国海军统一国家的军事行动，将与俾斯麦统一德意志、林肯统一美国南方的行动一样，无论和平还是非和平的方式，只要达到目的，其意义都是极其伟大的。从这个意义上说，也仅在主权范围内说，中国海权扩展是无限的。同时在维护海外政治经济权利方面，中国海权及其实现力量即中国海军的扩展又是有限的。这由于在这些领域中有许多问题需要在国际海洋法框架中多边协商解决，中国海军目标只是确保这些多边协商结果的合法执行。从这个角度看，中国海军的建设仅限于自卫性威慑范围。中国海军建设的目标将永远服务于中国以平等之地位独立于世界的要求。"不称霸"，这不仅是一句口号，它更是中国政治家从世界大国兴衰成败的历史中总结出的成熟的强国经验。殷鉴不远，正是由于德、意、日及苏联的无限军事扩张导致其国家衰落，也正是由于南斯拉夫、伊拉克等国家跟不上世界军事技术变革的浪潮而被肢解或被打败。鉴于这些历史经验，不管是无限制的中国海军扩张还是基本放弃中国海军现代化建设，这对中国的未来而言，都是灾难性的意见。我们当持辩证的态度对待中国海权问题，并使中国海军建设行稳致远，在辩证的思路中获得有利于中国崛起的大发展。

第二节　制海权与大国兴衰

制海权[1]，对中国人的现代化实践来说是一个既熟悉又陌生的事物。下面我们从对近代以来大国兴衰成败的经验分析中，提出制海权之于主权国家，尤其对中国这样一个向现代化转型中国家的进步所起到的"助产婆"[2]

---

[1]　制海权（command of the sea），是指交战双方依靠海上优势，在一定时间内对一定海洋区域所取得的控制权。张序三主编：《海军大辞典》，上海辞书出版社1993年版，第8页。

[2]　"暴力是每一个孕育着新社会的旧社会的助产婆。暴力本身就是一种经济力。"马克思：《资本论》第1卷，人民出版社1975年版，第819页。

的作用。

一 资本全球化与制海权理论的产生

理论总是应时代需要而生。而催动制海权理论产生的是资本全球化及相应的资本多极化的历史运动。

英国资本主义工业革命确立了其在未来必将深刻影响历史进程的资本全球化运动的源头地位。资本使一般产品转变为商品，使一般的生产转变为商品生产。商品，这个支撑起庞大资本主义社会的最微小的和最基本的元素，其价值与使用价值的矛盾构成资本运动中的最基本的矛盾。资本追求剩余价值的本性，迫使它必须以不断消灭包括作为消费主体的劳动者在内的使用价值以使资本升值；当这种价值与使用价值的矛盾在国内市场范围内达到不可调和的程度时，这个国家的政治经济就会因消费主体的极度萎缩而发生危机，以致国内劳资矛盾非社会革命不可调和，资本再生产难以为继。这样便产生了国内资本向海外扩张和国内市场向海外转移的需求和倾向。原来存在于国内市场且无法调和的价值与使用价值、资本与劳动的对立便转化为资本中心国家与资本外围地区，即宗主国与殖民地及其现代表现即北方国家与南方国家的矛盾；人的世界便异化为资本中心和资本外围对立的世界。处于资本中心地区的资本拥有者这时已演化为共同对资本外围地区的其他民族进行剥削的民族，并由此产生了围绕资本中心国的世界各国资源被纳入全球性配置的现象。资本中心国不断通过与外围地区不平等和不对称的掠夺，使自己在高额利润的不断回流中始终处于优势；并迫使外围地区的国家陷入为崛起既要反对资本霸权，又要利用国际资本的两难困境之中。这些外围国家，不管其性质如何，都试图通过与资本中心国进行交易以加入到旧的资本中心，或打破旧的资本中心后形成以本国资本为主的新的资本中心，这就必然会产生与资本全球化相对立的资本多极化运动及其与资本中心国霸权行为的冲突。结果要么新崛起的国家为霸权国家打败，或被资本中心国家接纳并成为其中一员；要么产生霸权更替，新霸权兴起。从英国工业革命迄今的世界历史几乎没有逃出这条规律。

与资本全球化和多极化凯歌并进的，还有拿破仑失败后人类经历的整整一个世纪的和平与发展（或所谓"总体缓和与局部冲突并存"）的历史进程。说和平，拿破仑战争失败后，英国和俄国就开始了从欧洲到中亚阿富汗的那场接近一个世纪（从1814年的维也纳会议到1907年英俄协约）的"冷战"，其间，除1853—1856年的克里米亚战争外，直至1914年第一次世界大战爆发前，西方世界几乎就没发生过像样的战争。说发展，从18世纪60年代开始英国资本主义工业革命，至19世纪30年代前后，西方国家陆续进入大规模的工业化阶段。有数据显示，1918年前50年间，世界经济年增长2.1%，比19世纪上半叶年均增加一倍。按不变价格计算，1800年至1900年间世界经济年均增长1.54%。[①]经济的发展使西方在全球政治中日益居于优势地位，居于资本中心并控制较多世界贸易和资源的国家，就会在世界财富增长中占据较大的份额，而这些在世界财富增长中占据较多份额的恰恰就是拥有强大海军和广泛制海权的国家。从近代西班牙、英国到现代美国崛起并成为世界霸权国家的历史变动中，人们发现：与中世纪不同，全球化时代的国家财富的增长与国家海权而非陆权的扩张是同步上升的。这是因为，海洋是地球的"血脉"，因而也是将国家力量投送到世界各地并将世界财富送返资本母国的最快捷的载体。于是，控制大海就成了控制世界财富的关键。

在这样的历史大背景下，制海权理论便应运而生。比较成型的制海权理论是由艾尔弗雷德·塞耶·马汉提出的。主要著作有《制海权对历史的影响：1660—1783》（*The Influence of Sea Power upon History: 1660—1783*）、《海军战略》（*Naval Strategy*）等。马汉在其论著中分析制海权对军事、民族、领土和商业各方面的影响，被西方公认为研讨海军战略问题的权威。马汉认为，国家的强大、繁荣和商业贸易与国家制海权息息相关。美国要想成为强国，就必须抛弃"大陆主义"，在世界贸易方面采取更富于进取性和竞争性的政策。这就要求美国必须拥有一支强大的海军，占领海上关键岛屿作为海军基地以保护美国在海外的商业利益。海军的目标是打垮敌国海上封锁，夺取制海权。他从英国成功的经验中认识到制海权对于国家发展的重要性，他说："决定着政策能否得到最完善执行的一

① 转引自张跃发、刘养洁《民族国家与世界经济1500—1900》，时事出版社1999年版，第365页。

个最关键的因素是军事力量”；“以战争为其表现天地的海军则是国际事务中有着最大意义的政治因素，它更多的是起着威慑作用而不是引发事端，正是这种背景下，根据时代和国家所处的环境，美国应给予其海军应有的关注，大力地发展它以使之足以应付未来政治中的种种可能”。[①]马汉关于制海权的理论提出后，在英国、德国、日本等国广泛传播，并成为后起的德、日等新兴工业国家制定外交政策的重要依据。

随着人类活动及其战争空间的扩大，制海权内涵及其实现手段也发生相应变化。第二次世界大战以前，制海权主要表现为对作战海面的控制，第二次世界大战期间发展到对作战海区的低层空间和潜层水域及相应的电磁空间的立体控制；20世纪90年代后，军事技术发展最快也最见效的是依托于卫星技术的信息革命，其标志是外层空间、空中预警和海陆空精确远程打击力量有机结合。与此相应，制海权覆盖范围也就进一步扩大到外层空间和深层水域，其内涵及实现手段也就进一步发展为在外层空间、空中预警两大技术链拉动和引导下，集陆海空远程精确打击技术及其被应用于海上作战的力量结构。尽管如此，百年前马汉提出的关于制海权的基本原理仍是今天英美国家制定外交政策的重要理论基石。与此相应，在全球范围内平等地享有海事权利，平等地分享海外市场和资源则成了像中国这样的新兴市场经济国家向国际社会提出的最重要的，当然这对拥有巨大制海权的资本中心国家来说也是最不情愿接受的正当要求。

二 制海权与大国兴衰

政府化解国家内部危机与外部强权压力的能力是决定国家兴衰的关键，而制海权在化解近代市场经济国家内外危机与压力的过程中扮演着决定性的角色。这也许是近代大国兴衰史留给我们后人最重要的经验。下面我们从近代大国兴衰及对制海权在其中所起的关键作用，进行个案比较分析。

1. 欧洲

19世纪的国际关系与20世纪比较确有相似之处。从1814年拿破仑向英国和欧洲挑战失败到1914年的第一次世界大战，世界陷入以英俄为主要对

---

① [美]马汉：《海权论》，萧伟中、梅然译，中国言实出版社1997年版，第396页。

手并历时整整100年的大国"冷战"时代。此间，德国、美国、俄国和日本等后发国家工业产值在世界工业中所占的份额快速增长。但与此不相适应的是，这些新兴的工业国家在迅速发展的同时却没有同步增长的海外市场。

海外投资及相应的高额利润回流不足成了新兴的工业国家经济快速发展的严重障碍，它所产生的直接后果是国内资源价格和生产成本飙升、社会分配不均、贫富差距持续拉大、劳资矛盾以几何速度增长——有意思的是，这个过程对今天进入市场经济并经常受到西方指责的亚洲国家来说才刚刚开始。

19世纪欧洲市场经济国家普遍爆发了社会动荡。在英国有1837年、1842年和1848年著名的人民宪章运动以及1886年和1889年伦敦发生的大规模工人罢工和游行；在法国有1831年和1834年里昂工人的两次起义，1848年巴黎工人的"二月革命"和"六月起义"以及1871年的巴黎公社革命；在德国有1848年巴登、符登堡、黑森和巴伐利亚爆发的大规模人民暴动。这些罢工示威最后大多遭到本国政府严厉甚至是极其残酷的镇压。但同时，国内社会压力也促使这些国家政府将目光投注于海外扩张。随着这些国家海上力量的增长及相应的海外市场的打开（比如19世纪中叶英国对中国和印度等东方国家的殖民战争）和由此产生的高额利润向本国的回流，欧洲出现了"工人贵族阶层扩大"的现象，主张革命和暴动的政党内部的"机会主义、修正主义的倾向也不断增长"，[①]国内本已激化的矛盾在高额利润的回流补偿中也逐渐缓和。国内矛盾通过外部市场的扩大和利润回流而缓和，国内的缓和又强化了国家的外向发展能力。19世纪后期，法、德、俄等后发市场经济国家纷纷进入世界大国的行列。

2. 美国

在美国真正获得稳定的海外市场之前，它也经历过国内政治严重动荡甚至国家分裂的危险。在1833年至1837年间美国共发生罢工173次。19世纪中叶，美国国内又发生南方州要求脱离联邦的分裂运动及由此引发的以北方州胜利为结局的南北战争。南北战争后，美国形成统一的国内市场，市场经济快速发展。与此同时，由市场经济快速发展造成的社会两极分化和社会矛盾也同步加剧。1890年美国矿山雇用十岁以上的童工达60万人，

---

① 周一良、吴于廑：《世界通史　近代部分》（下册），人民出版社1962年版，第358页。

10年后增加了2倍。1870年到1880年间，工人的实际工资每年降低1/10弱。1877年7月美国爆发规模巨大的全国铁路大罢工。从纽约到加利福尼亚和从加拿大到墨西哥的主要线路全部瘫痪，几个城市一度被工人占领。为了镇压这次罢工，拉瑟福德·伯查德·海斯（Rutherford Birchard Hayes，1877—1881）总统"派遣了2000名正规军，有些部队是从印第安地区强行军赶来的"①。至少有50人在政府镇压中丧生，几百人受伤，大批罢工者被捕。19世纪80年代，美国社会矛盾进一步激化。1886年5月1日，全国1万多个企业35万工人全部停工并上街游行示威。单在芝加哥和纽约分别就有4万和2万多名工人罢工。②两天后罢工遭到政府的镇压，除罢工冲突中死伤外，有4名工人被法庭判以绞刑。"实际上，这时陆军已变成了宪兵队——国家警察。"③为了应付日益严重的工人罢工示威活动，美国各州加快了国民警卫队的建设。1881年到1892年期间，各州修订了民兵法。到19世纪90年代初，警卫队人数已超过10万人。"它最主要的活动就是在工业纠纷中维持秩序。1877—1903年，各州共运用警卫队700次以上，其中半数用于执行罢工治安任务。"④这也说明这时美国资本主义市场经济已发展到因发展而不能再发展的阶段，国内分配严重不均、贫富差距严重分化所导致的国内阶级尖锐对立已严重阻碍了国家经济及相应的民主政治的可持续发展。

与中国当前的经济不平衡所引发的矛盾相似，当时美国政府也面临着公平还是效率的两难选择。若选择公平，在国内，其代价就是提高累进税以牺牲部分民族资本精英阶层的利益，挫伤其利润竞争动力；由此，在国外，这将削弱本国参与国际竞争的能力以及相应的打破英国、西班牙在东太平洋主要用于遏制美国的海上霸权的能力，而如果不能冲出英国和西班牙的海上霸权封锁并获相应的制海权，美国就不能获得稳定的海外市场及其相应的国际利润，这反过来又会加重美国国内由国内市场疲软、生产过剩及两极分化带来的经济危机，并最终导致总体性国家危机。如果选择效

---

① [美]阿伦·米利特、彼得·马斯洛斯金：《美国军事史》，军事科学院外国军事研究部译，军事科学出版社1989年版，第250页。

② 为纪念这次大罢工，1889年，第二国际成立大会上正式通过决议，规定"五一"为国际劳动节。

③ [美]阿伦·米利特、彼得·马斯洛斯金：《美国军事史》，军事科学院外国军事研究部译，军事科学出版社1989年版，第251页。

④ 同上书，第251—252页。

率，其代价要么是国内社会鸿沟将持续扩大，以至无法维持现存的政治统治和市场经济的有效运行，最终导致社会革命和政府倒台；要么就是回避挑战，走一条依附型买办道路，依靠国际资本，高额盘剥本国下层劳动者，损害国家利益以保证少数买办阶层的利益，最终走一条听命于国际资本的发展道路——现在阿根廷、哥伦比亚和巴西等拉美国家走的正是这条道路；要么就是走开辟稳定的海外市场道路，获得高额的国际利润回流以保障资本精英集团和国内多数劳动者的基本利益，并由此维护国内相对公平，这样美国就必然要挑战当时的海上强国即英国和西班牙的霸权。

最终，早期美国人勇敢地选择了挑战霸权的道路。美国政府采用马汉的制海权理论并使之迅速转化为国家对外政策。[①]美国军事历史学者阿伦·米利特（Allan R.Millett）、彼得·马斯洛斯金(Peter Maslowski)在其著作《美国军事史》（*For the Common Defense A military History of the United States of America*）中对美国选择制海权政策的目的做了明白的解释：

决策者们在寻找新的边疆，主要是为了扩展商业而非扩张领土，他们把扩张主义者的能量引向对海外市场进行侵略性搜寻，以便缓和工业生产过剩的局面，恢复市场繁荣，维持国内安定。然而，美国并不具备通向海外市场的自由通道，欧洲各国控制着亚洲和非洲的大部分市场，一些欧洲国家还用贪婪的目光盯住拉丁美洲，切斯特·阿瑟总统确认美国是"太平洋的盟主"，同时也把加勒比海视为自己的内湖。然而，如果美国不参加帝国主义争夺，列强们就会剥夺它在这两个地区进行出口贸易的机会。因此，政策制定者们极力主张捷足先登的帝国主义政策：即在其他对手动手攫取之前，美国就应抓住某个理想的地区。[②]

越来越多的战略家对传统的沿海战略提出质疑。他们领悟到，电报和快速蒸汽巡洋舰的出现给商业性的袭击带来了困难，而且，现代海军的舰只不应是单独航行或滞留在海岸附近来保卫重要的港口，而应该集中成舰队，在海上采取进攻性行动。正如一位国会议员在1887年所说，我们需要

---

① 1901年西奥多·罗斯福在写给马汉的信中说："我亲爱的战略家，务必不要谈论你的活动的结束！我们必须依赖你这位在社会思想方面的第一流教育家之一，在今后许多年里我必须依赖你。"参见《美国对华政策文件选编》，阎广耀、方生译，人民出版社1990年版，第417页。

② [美]阿伦·米利特、彼得·马斯洛斯金：《美国军事史》，军事科学院外国军事研究部译，军事科学出版社1989年版，第253页。

的是这样一支海军，"它能使我们在远离海岸的地方迎击来犯之敌"。①

　　1889年3月，本杰明　特雷西向国会提交的报告忠实地反映了马汉制海权的观点，指出美国海军需要一支战斗力量。1890年美国国会终于放弃了大陆政策和孤立主义，开始摆脱旧的近海作战思想，建议发展可以用于深海作战的、现代化的海军。到19世纪末，美国的海军力量已由原来世界海军的第十二位跃居第五位。②1895年英国属地圭亚那和委内瑞拉发生边界冲突，美国强行干涉，英国被迫接受美国的"仲裁"；1898年，美国吞并夏威夷，击败西班牙，占领古巴和菲律宾；1903年又策动巴拿马脱离哥伦比亚独立，由此一跃成为东太平洋上的海权强国。

　　国际贸易、国内人均收入与美国海军力量的同步提高和增强，可以说是美国市场经济由19世纪下半叶的国内动荡转入20世纪良性、平稳、健康发展轨道的重要特征，也可以说是美国发展市场经济的最重要的成功经验。从19世纪90年代中期开始，美国每年对外贸易顺差开始急剧上升。"从1895年到1914年，全国的出口收入超过进口付款的累计数，已达100亿美元。"同期美国制造业翻了一番，工业制成品的出口上升了近5倍；1890年到1914年商业运输船舶从340万吨上升到700万吨，增加了2.06倍；1897年到1914年间，美国在国外的投资增加了5倍。在海外市场及利润回流扩大与增长的同时，美国政府用于管理机构和社会福利的支出也大幅度增加：美国州政府的经费从1902年的1.88亿美元上升到1913年的3.88亿美元，到1922年就飙升为14亿美元。同时县政府的经费，特别是用于公路和教育的支出大幅增加。从1902年的9.59亿美元上升到1913年的20亿美元，到1922年更升至46亿美元，州、县两级政府的经费加在一起大约相当于1870年到1917年间联邦政府支出的两倍。③1914年，美国国民收入已达370亿美元，比同期英国的110亿美元高2.36倍，比同期法国的60亿美元高5.17倍，比同期德国的120亿美元高2.08倍。该年美国人口为9800万，远远高于英国（4500万）、法国（3900万）、日本（5500万）、德国（6500万），但美国当年

---

① 美国军事历史学者阿伦　米利特、彼得　马斯洛斯金：《美国军事史》，军事科学院外国军事研究部译，军事科学出版社1989年版，第253—254页。

② 王连元：《美国海军争霸史》，甘肃文化出版社1996年版，第39—40页。

③ [美]H. N. 沙伊贝、H. G. 瓦特、H. U. 福克纳：《近百年美国经济史》，彭松建等译，中国社会科学出版社1983年版，第216、218、220、238、257、258页。

人均收入为337美元，在同期诸强国如英国（244美元）、法国（153美元）德国（184美元）中遥遥领先。[①]随着国民财富在国内生产力和海外市场的迅猛扩张中激增，各种关注社会公平和向弱势阶层倾斜的立法也相应提出和建立。从1900年到1914年美国出现改良主义运动，其目标之一是促使政府更多地反映消费者利益，包括降低运输费用、提高公共卫生水平、增加清洁和安全的住宅，使现代政府更多关心社会实际福利和人道主义目标。[②]第一次世界大战和第二次世界大战后，欧洲英法霸权国家普遍衰落，美国一跃成为世界性海上强国，它在世界财富和资源分配中占据主要份额。1950年到1974年，以1958年美元不变价格计算，美国人口实际家庭消费从1520美元上升到2548美元，增长了67.6%；根据1974年的物价，按人口平均的消费为4139美元，按平均家庭3.48人计，每家每年总消费即为14404美元；[③]1949年到1975年，美国国民总产值从2570亿美元增至14990亿美元，增长了483.3%；而家庭消费开支从1770亿美元增至9630亿美元，增长了444.1%；国内私人投资总额从360亿美元增至1830亿美元，增长了408.3%。[④]经济发展与家庭消费及私人投资大体平衡发展，这反过来又促使美国国内多数人口进入中产阶级以及建立成熟的民主制度成为可能。

中产阶级和民主制度的成熟发展使美国彻底告别了依附型市场经济发展道路，从资本中心的外围跃入国际资本中心集团。而这一切成就的强力保障恰恰就主要是美国海军，而不是美国人的善良愿望。对此，马汉说得简单明了，"决定着政策能否得到最完美执行的一个最关键的因素是军事力量"，而"以战争为其表现天地的海军则是国际事务中有着最大意义的政治因素"。[⑤]

3. 日本

中国衰落与日本崛起是近现代太平洋西岸所发生的最重要，也是最值得研究的现象。

日本于16世纪末期由丰臣秀吉初步完成国家统一，与此同时，西方殖

① [美]保罗　肯尼迪：《大国的兴衰》，王保存等译，求实出版社1988年版，第296页。

② [美]H．N．沙伊贝、H．G．瓦特、H．U．福克纳：《近百年美国经济史》，彭松建等译，中国社会科学出版社1983年版，第258—259页。

③ 同上书，第570页。

④ 同上书，第501页。

⑤ [美]马汉：《海权论》，萧伟中、梅然译，中国言实出版社1997年版，第396页。

民贸易及传教士也渗入日本。德川幕府时期，在日本民族资本尚未发展起来的情况下，海外商业资本大量涌入日本，导致日本农民大量破产。1637年岛原两万多农民发动大规模起义，起义被镇压下去后，德川幕府发布"锁国令"，禁止与海外贸易，驱逐外国教士。锁国政策直到1853年在美国海军的压力下才结束。锁国期间，国内商业资本兴起，再次造成农民破产、武士阶层瓦解。农民暴动1844—1853年45次，1854—1863年72次，1864—1867年59次。1853年和1854年日本被迫向美国东印度洋舰队司令官准将柏利屈服并与美国签订屈辱性的《日美和好条约》，1858年日本又被迫与美国、荷兰、俄国、英国和法国签订了一系列不平等条约，这迫使日本向西方列强开放。开放导致日本成为西方资本外围市场，日本黄金大量外流，国内物价飞涨，手工业者和农民大量破产，武士阶层纷纷瓦解。[①]1866年，就在中国太平天国运动刚刚失败不久，日本全国爆发空前的市民暴动。加上在1840年和1856年两次鸦片战争中清王朝的惨败，这不仅对中国人，同时也对日本人产生强烈的刺激——这与今天的海湾战争（1991）、科索沃战争（1999）、阿富汗战争（2001）和伊拉克战争（2003）对整个第三世界的刺激一样。内忧外患，迫使日本认真考虑其国家发展道路。

1868年，日本国内发生明治维新运动。但这次维新运动在日本建立的并不是所谓"民主制度"，而是日本资产阶级精英们效法德国俾斯麦"铁血政策"建立的"以德国宪法为蓝本"[②]的军国主义体制。[③]1853年和1854

---

① 1853年开港以后，日本对外贸易剧增。1860年输出为470余万美元，输入为160余万美元；1867年输出为1200余万美元，输入为2160余万美元。八年间输出入贸易总值增加4倍多，其中输出只增加了1.5倍，而输入增加了12.5倍，输出多为原料而输入则为工业品。1859年至1867年，日本三都物价上涨了二至七倍。参见周一良、吴于廑《世界通史 近代部分》（上册），人民出版社1962年版，第419页，按原书对增加倍数的计算有误，此处已订正。

② 1868年起开始明治维新。政府"制定了一部以普鲁士德国的宪法为蓝本的宪法，对法制进行了改革"，并"从英国皇家海军请来的专家为日本建立一支现代化的海军出谋划策，从普鲁士总参谋部请来的专家帮助他们实现陆军现代化。日本军官被派往西方国家的陆军和海军学院学习，尽管本国已建立起军火工业，但仍从国外购买现代化武器"。"在所有这一切的背后，有着引人注目的政治义务，即实现国家'富国强兵'的号召。对于日本人来说，经济实力和陆军实力是同步发展的"。详见[美]保罗 肯尼迪《大国的兴衰》，王保存等译，求实出版社1988年版，第251页。

③ 明治维新后"军事工业和纺织业是日本大工业的重点，军事工业的发展尤其迅速"。详见周一良、吴于廑《世界通史 近代部分》（下册），人民出版社1962年版，第89页。

年海上的失败使日本人意识到是海军而不是陆军关系到日本未来的命运。此后日本军事战略发生了由制陆权向制海权的重大转变。与此同时，马汉著作传入日本，得到天皇的重视和赏识，并对日本国家安全战略思想的形成产生了革命性的影响。19世纪后半叶，日本海军战舰吨位飙升，从1880年的1.5万吨，上升到1914年的70万吨，增长46.7倍，成为世界第七海上强国。①海军战斗力的增强提升了日本的国际地位。1894年7月，日本与英国和美国签订条约，并得到英国对日本侵略中国和朝鲜的默许。25日，也就在日英条约签订后第九天，日本便发动了甲午战争，在海上一举击败中国。根据1895年的中日《马关条约》，强割中国的澎湖列岛和辽东半岛及台湾，获进入南中国海的战略跳板，并在列强瓜分中国的狂潮中，将福建划入其势力范围；此后，日本开始为用武力将俄国的势力赶出东北亚做准备，1902年1月30日，日本与英国签订同盟条约并获英国对日本向俄国发难的默认。1904年2月8日，日本向俄国在中国旅顺口的部队发起攻击，并在次年5月击溃俄国在东北亚的全部海上力量，日本由此成为独霸东北亚的地区强国。1910年日本与朝鲜签订《日韩合并条约》，宣布"朝鲜国王将朝鲜的统治权永久让与日本"。

　　日本在东北亚崛起之初，就与美国在远东的利益，特别是在南海海权利益上发生冲突。19世纪50年代美国部分政客曾建议占领中国台湾，此建议遭美国务院否决。②甲午海战后，日本占领台湾。美国退而求其次，试图在中国福建三沙湾获取一个由美国海军单独用于贮煤的军港，结果为日本政府断然拒绝。③日俄战争后，美国总统西奥多　罗斯福"感到日本取得胜利，将意味着有朝一日美日之间发生战争。但是，他相信只要对日本

　　① 详见[美]保罗　肯尼迪《大国的兴衰》，王保存等译，求实出版社1988年版，第247页。

　　② 参见阎广耀、方生译《美国对华政策文件选编》，人民出版社1990年版，第180页。

　　③ 1900年11月19日，美国国务卿海约翰给驻华公使康格的密码电报，全文如下："绝密。补充最近的电报。鉴于将来一旦发生战争在中国海岸上有一个海军贮煤站的重要性，海军部长迫切要求你抓住第一个有利机会为合众国获得三沙湾作为自由和单独使用的军港，并附加这样的保证：将来不得把以克拉基岛的东端为圆心，半径为20海里的一个圆形地区转让给任何其他强国，或由任何其他强国控制或使用，也不得由中国政府在该地设防。"12月7日，美国国务卿海约翰为此要求美国驻日公使"非正式而又谨慎地了解清楚"日本政府对美国获得福建三沙湾作为海军基地的态度。12月7日，日本驻美公使致函美国务卿海约翰，对美国的要求予以拒绝。参见阎广耀、方生译《美国对华政策文件选编》，人民出版社1990年版，第183—184页。

持尊重态度，日美冲突还是可以避免的"。①鉴于此，美国对日本让步日益增多，以至于1908年日本驻美公使高平与美国国务卿鲁特达成《鲁特——高平协定》，美国竟同意"日本和合众国在太平洋地区都拥有重要的外国岛屿，两国政府都为在该地区有一种共同目的，共同政策和共同意图所鼓舞"。②这实际上表明美国已默认日本可以与美国分享太平洋的利益。欧洲爆发大战后，日本进一步攫取德国在中国山东的利益，1915年日本驻华公使向袁世凯提出"二十一条"，美国再次退让，在同年3月13日美国国务卿布赖恩发表声明，表示"合众国坦率地承认，版图的接近造成日本和这些地区之间的特殊关系"。1917年11月美国与日本秘密签订《兰辛——石井协定》，承认日本"在中国，特别是在它的领土与之接近的部分，有特殊的利益"。③

日本的崛起和军事上的胜利，迫使美国在亚太地区节节退让。1905年日本打败俄国之后，"罗斯福政府在亚洲最为关注的是，避免和日本发生冲突"。④这种退让政策，从西奥多·罗斯福到富兰克林·罗斯福，即从20世纪初一直延续到太平洋战争爆发。到太平洋战争爆发前夕，朝鲜和中国东北三省已沦为日本殖民地，中国东部沿海地区已被日本分裂为数个傀儡政权。不妨假设日本当时到此止步，并将其力量仅收缩在东北亚地区，而不是扩充到东南亚乃至整个太平洋地区，日本就有可能在美国国内中立情绪高涨的情况下获得美国对日本势力扩张的认可，并成为唯一可以与美国分享亚太地缘政治利益并以东方门罗主义的姿态垄断亚洲利益的地区霸权国家。⑤所有这一切又都仰仗以日本强大的海上作战力量——在太平洋战争中还结合空中打击力量——为基础的制海权实现的。而日本——连同整个轴心国——的失败，如果仅从纯军事的角度考虑，也正是从其制海权在太平洋上（和大西洋）的失败开始的。

---

① [美]孔华润：《美国对中国的反应》，张静尔译，复旦大学出版社1989年版，第58页。

② 参见阎广耀、方生译《美国对华政策文件选编》，人民出版社1962年版，第497—498页。

③ 同上书，第500—506页。

④ [美]孔华润：《美国对中国的反应》，张静尔译，复旦大学出版社1989年版，第64、71页。

⑤ 参见[美]罗伯特·达赛克《罗斯福与美国对外政策：1932—1945》"第三部分：外交政策内幕1939—1941"，伊伟等译，商务印书馆1988年版，第246—450页。及[日]重光葵《日本侵华内幕》第七章日美谈判部分，齐福霖等译，解放军出版社1987年版。

4. 中国和印度

应该说，制陆权是决定古代大国兴衰的关键因素之一，中国的"武经七书"[1]，无不以制陆权为主题。由于古代国家的兴衰更多的是建立在以自然经济的农业为基础的税负贡奉及藩属朝贡制度之上，[2]耕地而非海洋是提供大规模税负收入主要来源。因此，这一时期税负来源丰富的王朝国家，往往也就是强大的陆上王朝帝国；而获得丰富税负来源的前提是拥有广大领地和众多的农耕人口。因此，尽可能扩大和占有土地（和人口规模）而不是扩大海洋就成了中世纪帝国崛起的普遍方式。要做到这一点，军事上就要求拥有强大的制陆权。由于中国和印度拥有强大的制陆权，所以它们才在古代世界中获得较好的发展，并成为古代世界的超级王朝大国；由于古代埃及、巴比伦拥有较强的制陆权，这才有了在古代世界与中国和印度并立的四大文明古国。如上所述，制海权是决定近现代大国兴衰的关键之一，由于中国和印度及其他东方古国在这方面没有危机意识，所以古代东方文明在近现代世界中衰落了。

卡尔　马克思所称的"亚细亚"生产方式[3]是东方经济的重要特征。它在中国的表现就是从井田制中解放出来的小农业生产方式。与原始部落及西方的庄园经济相比，中国小农业生产方式在短期内更能解放个体劳动者的积极性。由于战国时期的秦国率先采用小农业生产方式，它才比中国境内的其他城邦有更充分的人力条件完成统一中国的大业；也正基于此，从中国秦王朝建立到明王朝，尽管有规模远比西方巨大的社会动乱频繁发生，中国还是获得了远比西方快得多的发展。即使到清朝道光年间（1821—1851），中国的国民生产总值仍居世界之首，高于整个欧洲的总和，而1700—1820年的经济增长也高于日本和欧洲。1820年中国GNP是欧洲的1.22倍，1890年中国GNP是日本的5.28倍；中国的GNP增长率从1700—

---

① "武经七书"是宋神宗元丰年间（1078—1085）选编颁行的武学必读的七部兵书，它包括《孙子》、《司马法》、《尉缭子》、《六韬》、《吴子》、《三略》和《唐李问对》。南宋高宗时，"武经七书"为选拔将领考试内容之一。

② 可参考黄枝连《亚洲的华夏秩序——中国与亚洲国家关系形态论》，中国人民大学出版社1992年版。

③ 见马克思《政治经济学批判　序言》："大体说来，亚细亚的、古代的、封建的和近代资产阶级的生产方式可以看是社会经济形态演进的几个时代。"《马克思恩格斯选集》第2卷，人民出版社1972年版，第83页。

1820年一直领先于欧洲和日本。[①]但在1820年后的20年即1840年，中国却被英国在鸦片战争中打败，[②]1895年在甲午战争中又被日本打败，中国因此失去香港和台湾并被迫签订了一系列丧权辱国的条约。

由此可以说明中国近现代的失败并不在于GNP及其增长速度不够或不如西方，与俄国彼得大帝（1672—1725）以及同时代的日本明治天皇（1852—1912）、美国西奥多　罗斯福总统（1901—1919）相比，清政府缺少的就是像他们那样将制海权思想转化为坚定不移和具有攻势的国家战略的国家意志。

鸦片战争失败和太平天国运动被镇压后，清政府开始注意海军建设问题。甲午战争前，清政府造舰47艘、购舰59艘；从1867年至1911年，清政府官办海军各类学校共培养各种骨干人才1799人。1885年，清政府设立总理海军衙门。在其存在的10年间，先后共有10位海军总理大臣、会办大臣和帮办大臣任职，但无一人出身于海军或受过海军专业训练。至于该衙门的总办、帮办和章京们，则几乎都是八旗出身，他们不仅没有海军知识，还千方百计地谋取私利。而十几岁就考入福州海军学堂（1866）、二十几岁毕业（1879）于英国格林威治海军学院（Greenwich Naval College）并担任北洋水师学堂校长的严复（1854—1921），竟也无奈为"实现自己平日的抱负"和"提高自己言论的社会影响"，[③]于1885年、1888年和1889年，三次参加"结果都没有录取"[④]的乡试。就在晚年的马汉为美国的扩张运筹帷幄的时候，严复却郁郁于病榻之上。

至于清政府的海军作战理论，更是一副老态龙钟和无所作为的守势，与日本已表现出的咄咄逼人的攻势形成鲜明对比。甲午战争前，中日两国海军实力相当，但清政府依据"海守陆攻"作战指导原则对日作战，而日本战时大本营则制订了一个以海军争夺制海权为核心的"作战大方针"，把海军的海上作战问题放在整个战略的高度优先考虑，使整个战略带有明

①　安格斯　麦迪森：《中国经济的长远未来》，楚序平、吴湘松译，新华出版社1999年版，第57—58页。

②　张墨、程嘉禾：《中国近代海军史略》，海军出版社1989年版，第172—174页。

③　王栻：《严复传》，上海人民出版社1982年版，第16页。

④　同上。

显的海军制胜的特色。①1895年中国在甲午海战中的失败，自鸦片战争后进一步刺激了中国青年知识分子关于制海权与国家兴衰问题的讨论。②1910年，中国留日学生创办《海军》杂志载文痛陈"所谓帝国主义者，语其实则商国主义也。商业势力之消长，实与海上权力兴败为缘，故欲伸国力于世界，必以争海权为第一义"；"立国之道，国防而已，处此弱肉强食之秋，立国之元素在军备，军备之撷要在海军"。③

1913—1933年中国经济更是获得了长足发展，④但从1931年起，中国东北三省遭到日本的吞并，1933年日本军队又直逼平津并迫使国民党政府同日本签订《塘沽协定》。1937年中日战争全面爆发，到太平洋战争前夕，整个中国东部地区已沦陷日本之手。而此间中国在制海权和制空权上无力反制日本入侵，则是中国抗战初期失利的关键原因。⑤

我们再来看印度。中国和印度可能是除俄罗斯之外世界上最大的陆军大国，但这两个在中世纪文明中赢得光荣和辉煌的国家却在近现代战争中，由于没有制海权而几遭灭顶之灾。尽管这两个国家都在第二次世界大战中因搭上同盟国的"顺风车"而成为战胜国。但第二次世界大战后，中国人对近现代失败的总结远不及印度人来得深刻。

---

①　参见皮明勇《关注与超越——中国近代军事变革论》，河北人民出版社1999年版，第10、366、367页。

②　19世纪70年代，随着南北洋海军建设的迅速发展，中国旧有的海战理论已明显落后，发展近代海军学术、确立新的海战理论势在必行，为此江南机器制造局、天津水师学堂和一部分驻外使节开始翻译西方有关著作，如《海战新义》、《各国水师操战法》、《海军调度要言》等。参见皮明勇《关注与超越——中国近代军事变革论》，河北人民出版社1999年版，第357页。

③　转引自皮明勇《关注与超越——中国近代军事变革论》，河北人民出版社1999年版，第380—381页。

④　参见安格斯　麦迪森《中国经济的长远未来》，新华出版社1999年版，第260页。

⑤　1937年5月29日，陈纳德踏上了中国的土地。6月3日，蒋介石、宋美龄接见了他。宋美龄曾在美国佐治亚州读书。陈纳德与她一见如故。此时，宋美龄任航空委员会的秘书长，实际上领导着中国空军。宋要他担任她的专业顾问，并给他两架T-13式教练机，以便他视察中国空军的现状。通过考察，陈纳德得知国民政府名义上有500架飞机，但实际上只有91架能起飞战斗。《空中飞虎陈纳德》（http://www.gchjs.com/hsez/cld.htm）；抗战前中日海空力量比较的翔实资料可参见吴敬安《世界空军》，中华书局1936年版；欧阳格《世界海军军备》，正中书局1937年版。

就在印度在北方与中国发生边境冲突的1962年，印度首任驻华大使潘尼迦（P.M.Panikkar）发表《印度和印度洋》（*Indian and Indian Ocean*），[①]对印度近代以来几乎所有重大失败都作了深刻的分析。他以明确无误的口气写道：

考察一下印度防务的各种因素，我们就会知道，从十六世纪起，印度洋就成为争夺制海权的战场，印度的前途不决定于陆地的边境，而决定于从三面围绕印度的广阔海洋。（pp.1—2）从近三百年的历史来看，任何强国，只要掌握住绝对制海权，又有力量打得起陆战，就可以控制印度帝国，独占其贸易，剥削其无穷资源。（p.81）而今天的情形可不一样了。印度已经自由了，如果印度在印度洋上的权利不能由印度自己来维护，这个自由可说一文不值。（pp.87—88）今后，如果印度再搞纯粹大陆观点的国防政策，那是瞎了眼。（p.87）

潘尼迦最后得出结论：

印度如果自己没有一个深谋远虑、行之有效的海洋政策，它在世界上的地位总不免是寄人篱下而软弱无力；谁控制了印度洋，印度的自由就只能听命于谁。因此，印度的前途如何，是同它会逐渐发展成为强大到何等程度的海权国，有密切联系的。（p.89）

无独有偶，37年后，印度人民党资深要员、印度前外长贾斯万特·辛格（Jaswant Singh）在1999年发表的《印度的防务》(*Defending India*)一书中再次强调印度洋对印度国防的极端重要性。他认为，失去对印度洋的控制是印度近代亡国的重要"分水岭"。他说，"印度历史的转折点并不是最终发生在陆地上的冲突"，"我们只需思考一下17—18世纪的一个重要失误，就可正确地评价印度洋和通向印度海路的重要性。这个失误导致外国势力到达印度洋沿岸，最初是为了贸易，发展到后来就是为了征服"；

---

① 详见潘尼迦《印度和印度洋——略论海权对印度历史的影响》，德隆等译，世界知识出版社1965年版。

"在这里，陆地上的胜利是紧随着海上的征服而来的"，"因此有必要承认，已经出现了一个意义重大的战略转移，即陆路被海路所取代"。[①]

现在，人们常常嘲讽印度海军的快速发展，但从笔者的观点看，他们这种从亡国经验中痛定思痛的精神恰恰是让人，特别是让与印度人有过同样惨痛经历的中国人敬佩和学习的地方。

以史为鉴，可知得失。从以上大国兴衰成败的历史经验中，我们不能不认识到，从某种意义上说，强大的海军和制海权是市场经济和民主政治的火车头。没有制海权，就很难有稳定、安全的海外市场和资源以及由此产生的海外利润回流，还有由回流利润滋养的社会稳定和民主政治的平稳发展。[②]大国，特别是已进入市场经济快车道的中国，其GNP或GDP如不与制海权相结合，就不能保证自身持续增长及由其支撑的市场经济国家的可持续发展，这与中世纪王朝国家的财富如不与制陆权结合，就不能自保并支撑其国家走向繁荣与强大的道理一样。

三　制海权扩展的限度

如前所述，资本全球化将制海权推入主权国家发展的历史进程之中，并将海权作为现代主权国家的权利之一而出现于历史舞台，但是，历史经验还表明，制海权的扩展并不是无限的，它同时也受国情国力的制约与规定。适度，则国兴；过度，则国亡。美国与日本、德国在近代是以制海权为军事先锋而崛起的国家，其兴衰成败的历史后果却判若云泥。

如上所述，近代日本和德国是以发展制海权为先导的而非单纯的GNP积累而崛起的地区大国。但是，资料显示：日本经过19世纪末的军事扩张，

---

① Jaswant Singh, *Defending India*, Bangalore, Macmillan Press Ltd., 1999, pp. 265-267.

② "有航海技术的国家在经济上和军事上的发展速度要比其他国家快得多，这绝不是偶然的。在不同的历史时期，意大利、英国、荷兰、法国、葡萄牙、土耳其以及美国就属于这类国家。所有的现代化强国都是海洋国家。"谢·格·戈尔什科夫：《国家的海上威力》，生活·读书·新知三联书店1977年版，第100页。

到1937年全面发动侵略中国的战争时，其制海权的扩展潜力已接近国力的极限，到太平洋战争爆发前，日本国力已开始萎缩。1937年美国、苏联、德国、英国、法国、意大利和日本七大国中，日本国民收入位居末位，而国防开支在国民收入中所占比例却居第一位。同年日本在七国中的战争潜力为第六位，美国的战争潜力是日本的11.92倍。[①]面对悬殊如此巨大的国力差距，日本不仅没有意识到收缩战线、巩固和消化已掠夺到手的地缘政治利益的迫切性，相反，它却在德国、意大利初期胜利的鼓动下，于1937年和1941年重复了拿破仑向欧洲两个大国即英国和俄国挑战的战略性错误，全面发动致其死命的侵华战争和对美的太平洋战争。[②]结果，日本及其殖民地的战争潜力在亚洲大陆和太平洋两向分别为扩张制陆权和制海权的目标所消耗殆尽，[③]并于1945年8月在美国、苏联和中国的合击下，遭到灭顶之灾。至此，日本明治以来所取得的全部政治经济"成就"和地缘战略利益也由此灰飞烟灭。

在欧洲战场，希特勒德国也在海陆两向过度扩张，这使本国国力不足以支撑其庞大的作战目标，并于1945年在盟国的打击下败亡。至此，俾斯麦为德国强盛奠定的基础在威廉二世和希特勒海陆两向的过度扩张中元气

---

① 参见[美]保罗　肯尼迪《大国的兴衰》，王保存等译，求实出版社1988年版，第408页。

② 1941年7月31日，日本军令部总长永野军令总长将7月2日御前会议作出进攻越南南部，"不惜对英美一战"的决定面呈天皇，当被天皇问及日本对美作战能力时，永野回答："对美战争不能维持一年半以上，胜利就没把握。"[日]重光葵：《日本侵华内幕》，齐福霖等译，解放军出版社1987年版，第271页。

③ 据日方资料记载，1943年年初，日军陆军总兵力约240万。在第一线作战的部队共114万，其中，中国战场66万、太平洋战场48万。1943年，"日军共有70个陆军师团，占其陆军总数的55.7%"。1945年4月14日，丘吉尔在给罗斯福的电文中强调如日本入侵印度东部，"这将对我们的全部战争计划造成无法计量的后果，包括加尔各答的丢失和通过缅甸与中国的全部联系的断绝，这还是开始……没有理由不认为日本将控制西印度洋。结局将是我们在中东全部地位的崩溃。这不仅是由于我们到中东和印度的航线截断，还由于阿巴丹（伊朗）的石油供应线路被阻断，无石油我们就不能维持我们在印度洋地区的海上和陆地的地位"。而罗斯福则认为日本不可能发动对印度的进攻。这种估计的基础就是日本在太平洋进攻中的兵力运用已经达到极限。韩永利：《战时美国大战略与中国抗日战场：1941—1945》，武汉大学出版社2003年版，第161、223页。

大伤。[①]从19世纪60年代日本（明治时期）和德国（俾斯麦时期）崛起到20世纪40年代战败，耗空了两国百年来聚集起来的国力。[②]

现在让我们将目光投向太平洋东岸的美国。

美国与日本、德国几乎是同时崛起，但它却不仅没有在百年后毁灭，而且还在21世纪成为继17世纪英国之后的"第一个全球性大国"[③]。美国曾在其处于弱势但却是万分必要时，勇于直面挑战，突破英国、西班牙等海

① 有意思的是，俾斯麦似乎对这种灾难的出现有某种预见。他退休后，"有一次他在大学生面前说，他们将到1950年还为皇帝和帝国而举杯庆祝。但在私下的讲话里他常很悲观地谈到帝国的未来和未来的危险。有一次他说，有可能，上帝给德国安排好第二次分裂的时间和在此基础上而出现的一次新的光荣时代的可能性"。（参见威·莫姆森《俾斯麦》，陈宝译，河南教育出版社2001年版，第162页。）德国后来的历史证明了俾斯麦的预见的准确性：1949年，德国正式分裂为德意志联邦共和国（9月20日成立）与德意志民主共和国（10月7日成立）。

笔者认为，俾斯麦是19世纪60年代涌现出的和林肯、明治天皇等齐名的政治家。他深知德国处于法俄两面夹击的不利困境，并小心翼翼地通过交叉结盟的方式和低调外交以防止俄法结盟的策略。他在位期间发动丹麦战争、普奥战争和普法战争，改变了法国黎塞留（1585—1642）缔造的不利于德国的欧洲大陆地缘政治形势。通过王朝战争统一了德意志，为德国市场经济的发展奠定了统一的民族市场。俾斯麦外交思想的精华在于不惧挑战，敢于果断使用武力，但决不透支国力；在他看来，国力只能用于国家可承受的并且是对国家利益最重要的地方。俾斯麦因此与威廉二世分道扬镳并对其扩张政策提出严厉的批评。正是由于威廉二世及其顾问们"急于表明其气概"的"性格弱点"（[美]保罗·肯尼迪：《大国的兴衰》，王保存等译，求实出版社1988年版，第259页。），造成德国超度使用国力并导致德国毁灭的后果。基辛格博士认为："由于他（俾斯麦）了不起的建树，使得他所缔造的德国经历了两次世界大战的失败、两度遭到外国占领及国家分裂达两个世代之久，却仍巍峨屹立。"（[美]亨利·基辛格：《大外交》，顾淑馨、林添贵译，海南出版社1998年版，第116页。）从这个意义上说，俾斯麦实际上是一个真正的和平主义者。美国学者威·莫姆森认为，"在帝国建立之后几十年里，俾斯麦伟大的外交成就几乎没有被德国民族和它的政治家们所理解"，"其中部分原因是用'铁血首相'的错误形象来反对魔鬼的形象而造成的"。（参见威·莫姆森《俾斯麦》，陈宝译，河南教育出版社2001年版，第171、170页。）

② 对此就连蒋介石也早有洞察。在日本人对华作战日臻峰巅的前夕和德国人席卷西欧之际，他在日记中已有"倭人气量短窄，事尚彻底，非死即生，决无对弱者中途妥协与让步之理"（1938年11月11日）和"德人只知武力不懂政治亦殊可怜也"（1940年10月1日）的认识。转引自黄仁宇《从大历史的角度读蒋介石日记》，中国社会科学出版社1998年版，第348页。

③ Zbigniew Brzezinski, *The Grand Chessboard:American Primaryand Its Geostrategic Impereatives,* BasicBooks, a division of HarperCollins Publishers, Inc., 1997, p. 10.

上霸权封锁,一跃成为东太平洋上的海权强国。尽管如此,第二次世界大战前的美国仍一直小心翼翼地避免在海外过度扩张海权。两次世界大战中美国虽然经济实力雄厚,但它都是在不得已的时候才向海外派兵。第二次世界大战后,美国在世界大战的废墟中反而成为经济实力最强大的国家。

但美国战后占据绝对优越的经济实力也曾使美国在其海权扩张中表现出"威廉二世"式的轻率——后来的小布什更是重蹈覆辙。为控制整个太平洋,1946年,美国参谋长联席会议曾制定"边疆"西移计划,根据这项计划,美国海军第七舰队开进日本,占领了琉球群岛和小笠原群岛,并把冲绳建成它在亚洲的最大海军基地。1947年,美国海军占领了马里亚纳群岛、加罗林群岛、马绍尔群岛等。但美国的这种扩张势头在朝鲜半岛和中南半岛却受到严重挫伤。1950年美国出兵朝鲜并与中国交手,损失惨重;20世纪50年代中叶,法国从越南退出后,美国贸然独担"拯救民主世界"的重任,结果又被拖在越战的泥潭中不能自拔,国力开始在海权扩张中透支。1960年美国生产总值在世界生产总值中所占的百分比为25.9%,到1970年下降为23%,1980年继续下降到21.5%。而与此同时,日本、中国等在世界生产总值中所占的百分比则快速上升,1960—1980年,日本在世界生产总值中所占的百分比从4.5%增长到9%;中国从3.1%增长为4.5%;到1980年"世界银行关于人口、人均国民生产总值以及国民生产总值的统计数字,实际上已经非常明显地显示出全球经济力量的多极分配趋势"。[①]尼克松看到美国国力因其海外过度扩张而下降的现实,果断调整美国外交政策,结束越南战争、恢复与中国的关系。至此,美国国力开始回升。20世纪90年代初,苏联自我解体,但美国并未停步,于1991年、1999年及2001年,与北约一起连续通过海湾战争、科索沃战争和阿富汗战争在海湾地区、巴尔干地区及中亚地区插入其军事力量,全面回收苏联地缘政治遗产并于2002年退出《反导条约》,打破原有的战略武器平衡。"在仅仅一个世纪的时间里,美国既改造了自己也受国际动态的改造——从一个相对孤立于西半球的国家,变成一个具有全球影响和控制力前所未有地遍及全世界的大国"。[②]

---

① 详见[美]保罗·肯尼迪《大国的兴衰》,王保存等译,求实出版社1988年版,第532—533页。

② Zbigniew Brzezinski, *The Grand Chessboard: American Primary and its Geostrategic Imperatives,* Basicbooks, a division of HarperCollins Publishers, Inc., 1997, p. 3.

以史为鉴，古为今用。从鸦片战争迄今160多年，中国经济已从自然经济转入市场经济。进入市场经济后的中国，不得不再次面对海洋之于市场经济发展的逻辑联系，以及制海权之于国民财富的增长及国家安全所具有的生死意义。1820年中国的经济水平及GNP曾居世界第一，但在20年后，中国却在海上惨败于英国的"坚船利炮"，1890年中国国民生产总值是日本的5.28倍，但五年后中国又为日本在海上打败并为此遭受险被彻底肢解的厄运。今天，中国经济增长率和国民生产总值再次跃入世界前列，那么，在新世纪之初，如何避免重蹈前朝覆辙，及时制定面向海洋、注重制海权的国家安全战略，保卫已取得的经济成果，到21世纪中叶，"把我国建成中等水平的发达国家"，这的确是值得中国学人在读史中认真思考的问题。

第三节　经济全球化与中国海权

没有一支强大的海军，中国就肯定没有伟大的未来。海军关乎中国的海权，海权关乎中国的未来发展。没有海权的大国，其发展是没有前途的。[1]中国正在走向世界，我们对海权的诉求从来没有像今天这样强烈。

一　历史向世界历史的转变

概括来说，在历史上人类只经历过两种生产方式，不同的生产方式都对外部环境有不同的需求。在上古和中古时期，人类采用的是自然经济的生产方式，有渔业、牧业、农业。这种生产方式有一个显著特点，即生产和消费是统一的：生产是为自己，每一个生产单位同时又是一个消费单位。来自农村的孩子回到家里就会有跟城里居民不一样的感觉：城里居民

---

　　[1]　"海军的强大是促进某些国家进入强国的行列的诸因素之一。历史证明，如果没有海上军事力量，任何国家都不能长期成为强国。"谢·格·戈尔什科夫：《国家的海上威力》，生活·读书·新知三联书店1977年版，第100页。

住的是一套房子，家的功能就是居住；在农村就不一样了：一入院门，左边是一个纺织机，墙上挂的是镢头，右边是牲口。再往里是厢房，老人住右边，左边儿子、儿媳住。后边有个厨房，再后边有羊圈、茅厕等，这显然是一个消费与生产融为一体的单位。它自给自足，在家里大部分生活用品都可以生产。但有两样除外：一个是铁，一个是盐，所以自古盐、铁是最赚钱的买卖。这种一家一户的个体自然经济形态基本上和外部不发生联系。每家每户都有一块地，全家种，种了以后自己留够吃的，剩下的拿到集市换别的产品。这种生产方式从原始社会一直到现在延续了几百万年，在中国一直到"文化大革命"结束以前。那时农村有集会，赶集去是拿家里剩余的一点东西去换其他产品，而不是拿专门生产的东西参与交换，这与市场经济性质完全不一样。

过去我们常问农村为什么不早点实行机械化，怎么不早点实行科学管理。这是因为自然经济排斥科学。一家一块地，小农私有产权就不可能实行机械化规模经营。每块地都是分割的，需要很多劳力。有人说，[①]如果农村早按马寅初说的搞计划生育就好了，但马寅初用市民眼光研究中国农村的成果，在中国小农经济形态改造之前是不可能推行，更不可能实现的。当时如果像现在这样一家只生一个孩子，就可能使许多农民家庭失去男劳力。而没有男劳力，这家的地就没人种。没男人种地，对小农业家庭而言，与"绝后"一样，可是天大的事。小农业生产方式决定了它就得靠人的自然劳力在小块土地上完成自家的整个生产。人多力量大，确是当时促进农业生产力的基本规律。

但是自从英国资产阶级革命以后，随着资本主义和市场经济的出现，世界发生了天翻地覆的变化。市场出现，并不就是市场经济出现。古代的市场和资本主义市场不一样，跟后来的社会主义的市场也不一样，古代的市场就是"大集"或"庙会"，农民将家里的剩余产品拿到集市上交换。市场经济形态下生产单位不是为自己而是为他人进行商品生产。如西方加

① 马寅初认为中国的确存在着严重的人口问题。人口基数大，增殖快。马寅初提出解决中国人口问题的途径：①积极发展生产；②控制人口数量；③提高人口质量。在控制人口数量方面。他特别强调，提倡晚婚，实行计划生育；在提高人口质量方面，他认为只有提高人们的知识水平，才能有科学技术的高速度发展，才能有生产力的高速度发展，国家和人民才能富强起来。《新人口论》是20世纪50年代马寅初研究中国人口问题的重要成果。

拿大一些大农场主，生产出的小麦卖给市场，而自己吃的粮食则要去市场买，与自然经济下的自给自足的生产完全不同，这时生产的目的不是为自己。农场主今年的收成好坏不重要，重要的是今年卖得好坏。整个社会生产形成分工和不同分工间的商品交换。比如做鞋过程中有生产布和生产鞋底的，最后是整个鞋的生产者和消费者进行交换，形成一系列生产和消费交换流程，开始是国内交换，后是国际间的交换，最后生产和市场整个地与世界联系在一起。这个过程马克思称之为"历史向世界历史的转变"。[①]

二　英国和法国是资本全球化和多极化历史的发祥地

现代人们以为全球化是近些年的事，其实，它是世界第一个资本主义国家英国工业革命成功以后的事。全球化是指处于高势能地位的资本向处于低势能的外围市场扩散，并不断制造新的外围市场的过程；通过资本优势获得高额利润，并由此不断形成压迫外围市场的新优势。英国是"资本的母国"（马克思语），当然也是资本全球化进程的源头。在英国，资本主义交换先是在国内发生，其目的是追求利润。追求利润就使人类经济有了麻烦：本来生产和消费是统一的，现在则必须通过市场交换来完成。这样，就产生了生产与消费对立的现象。生产者为了追求高额利润尽量压低劳动力购买价格，其结果也就是因老百姓手头没钱而破坏了国内消费市场。生产者也是国内最基本的消费群体，劳动者在利润不断上升的同时却因收入减少而使其支付能力降低，结果是国内消费市场的持续萎缩。19世纪40年代，英国工人罢工、游行就是国内消费市场萎缩的直接后果。为了在不降低利润的同时又保证国内的政治稳定，英国只好开辟国外市场，

---

① 　"世界历史"，黑格尔术语，是指一个建立在工商业基础上开放和相互联系的世界。工业文明以前的历史在他看来只是"历史"，即处于"非历史的、没有开发的精神"阶段的历史，是"非历史的历史"。他以非洲为例说："我们对于阿非利加洲正确认识的，仍是那个'非历史的、没有开发的精神'，它还包含在单纯自然的状态之内，可是在这里只能算做在世界历史的门限上面。"（参见黑格尔《历史哲学》，王造时译，世纪出版社集团、上海书店出版社2001年版，第108、102页。）马克思借用黑格尔概念将前者向后者的转变称为"历史向世界历史的转变"。（《马克思恩格斯选集》第1卷，人民出版社1972年版，第51页。）

搞殖民地。印度是英国较早的殖民地。起初印度的纺织业生产水平比英国高，英国就用各种方法摧毁了印度的民族工业，强迫印度人必须消费英国的纺织品。这使大量的超额利润返流到英国，英国便因此富起来了。19世纪70年代英国出现工人阶级贵族化现象，整个国家成了一个大生产单位，原来英国工人阶级遭受的苦难，现在被转嫁到殖民地国家的人民身上。英国与印度形成宗主国与殖民地的关系，这是原来英国国内畸形的生产与消费矛盾的国际转移。世界各民族在资本的推动下日益卷入国际市场，任何一国的政治状况都与外部世界发生了紧密的联系。英国殖民地出现的任何变动，都会在英国本土引起政治动荡。[1]马克思曾以1840年鸦片战争后的中国为例对此作过分析，他在《中国革命和欧洲革命》（1857）一文中说，"中国这样重要的一个市场缩小的时候，正是西欧发生歉收，从而使肉类、粮食及其他一切农产品涨价的时候。这将引起工业品市场的缩小，因为生活必需品每涨一次价，国内和国外对工业品的需求量就要相应地减少"，"如果有一个大市场突然缩小，那么危机的来临必然加速，而目前中国的起义对英国正是会起这种影响"。[2]马克思的分析在当代国际关系已发生巨大变化的情况下仍未过时：在今天，南方国家，尤其是中东石油国家，只要有一点波动，西方国家就惊慌，20世纪70年代发生的两次"石油危机"至今仍令西方人记忆犹新。1973—1974年和1979—1980年石油输出国组织不顾西方国家反对大幅提高石油价格，1974—1975年以及1979—1982年，西方就爆发了经济危机。

较早对资本全球化有较深理解的还有拿破仑，在当时的政治家中，他似乎是能较深地理解法国大革命产生根源的人。法国是第一个遭受全球化危害的国家。法国开始是英国最早的外围市场之一，法国人开始不了解英国工业革命对法国未来的意义。中世纪的法国比英国富裕，在12—13世纪的英国，在英语中夹杂两句法语，是贵族身份的标志。英国资本主义革命后，法国当时很多技术人员都跑到英国去了。几年过后英国发展很快，多

---

[1] "英国经济依赖于进口原料，如果不进口食品，它的居民就会受到饥饿的威胁，因此，英国对海上的封锁有着特别深刻的感受。"谢·格·戈尔什科夫：《国家的海上威力》，生活·读书·新知三联书店1977年版，第170页。

[2] 《马克思恩格斯选集》第2卷，人民出版社1972年版，第4、6页。

数法国学者不理解英国怎么就能后来居上，超过了法国。

这就要说到人类历史中出现的市场经济方式。这完全是一种新的生产方式。与自然经济不同，这种经济是以利润为目标和动力，而不是以自给自足式的消费为目标和动力。市场经济为的是利润，不是生产者自己的消费。法国开始在琢磨办法赶超英国，开始认为只要法国富裕了就能强大，用现在的话说就是"只要有钱就行"，有的东西可以用钱买，但国家的生产力却不是拿钱能买来的。认识到这一点对处于资本外围国家的人很重要。1786年法国跟英国签订《伊甸条约》，其性质有点儿像我们加入WTO。法国是一相情愿，认为只要自觉"融入全球化"，就会受惠于英国工业，就会与英国一样快速发展。但法国没有想到英国资本的势能比较高、产品的附加值比较高，英国在工业生产体系处于优势竞争地位，这使法国经济不堪英国资本的冲击。

法国的情况如何呢？法国自认为与英国比有资源优势，想拿红葡萄酒等低劳动力成本产品跟英国交换，以为肯定赚钱。结果是英国资本到了法国，法国农民一下子就解体了。这使笔者想起20世纪60—70年代，我们想买美国一台计算机，几乎用了一个省的橘子才能换回来。拿农产品或附加值比较低的东西换资本附加值比较高的东西，是没有竞争力的。当时法国农民是小农业，没办法跟英国工业品竞争，价格战也打不过英国。这同我们现在的粮食没有办法跟西方竞争是一个道理。西方粮食进来比我们的便宜多了，农民种地就没有意义。

农民解体使法国经济陷入失控状态。失去土地的农民涌到城市，法国彻底混乱了。有一部分人说是腐败问题，有人说是官僚问题，但不管怎样还是出现了"法国大革命"。开始是君主立宪派，接着是吉伦特派，最后是雅各宾派，它重视反腐败并倡导个人自由和人权。比较完备的现代人权理论发轫于这一时期的法国。大家知道《人权宣言》是在法国大革命初期推出的，但断头台（guillotine）也是在革命的后期即雅各宾专政时期出现的。法国在喊人权最凶的时候出现了断头台，这是绝妙的讽刺。当时上断头台的多是那些所谓的"贪官"和"贵族"，但"野火烧不尽，春风吹又生"，砍头并不能解决根本问题。

拿破仑时期法国当时面临的主要对手是英国，1798年3月5日，法国督政府任命拿破仑为远征英国的总司令。但他打击英国的方向并没有直接选择英国本土，而是英国的殖民地。他提出远征埃及、切断英国同印度的通道并由此打击英国的计划。该计划为督政府批准后，拿破仑于5月19日率三万法军远征埃及。为什么到埃及去呢？埃及是英国通往印度的地理咽喉。当时英国的存在不只是英国本身的存在。大家看现在一些自然经济国家，自给自足，它自己生产自己用，跟外部没关系，除武力干涉外，别人真拿它没办法。英国不一样，当时的英国本身是一个世界工厂：它从殖民地廉价掠夺原料并高价在殖民地出售其产品。英国赚了大量钱以后再用以提高本国社会福利，缓和原已激化了的国内矛盾。拿破仑从埃及入手，掐断英国与印度的联系，他认为几个月内必能占领印度。他曾计划挑动印度内部的民族分裂，并以此干预印度内政并控制印度。[①]印度是大英帝国的基础，占领印度，对英国经济而言，就是釜底抽薪。

就像现在某些人说全球化理论有益，可包治南方国家的百病一样，亚当·斯密把"自由贸易"吹上了天，认为不管强的、弱的都应参加自由交换。亚当·斯密当然愿意世界贸易，因为他是英国人，英国经济势能高、辐射力强，它就希望资本外围地区对它更多地开放；能量小的国家就不能像它那样自由，就得通过限制经济高势能国家的产品来保护和发展自己的民族经济。当时很多学经济学的人都听亚当·斯密的，拿破仑不信。拿破仑说："在世界当前情况下，任何国家要想采用自由贸易原则，必将一败涂地。"对英国经济学家亚当·斯密持激烈批判态度的德国历史经济学家弗里德里希·李斯特认为：就当时法国的商业政策来说，他这句话所表现出的政治智慧超过了他同时代的一切经济学家。这位伟大天才，以前并没有研究过这些学说，"这对于他，对于法国来说，真是一件好事"。[②]有人说1789年的法国大革命是一场资产阶级革命，但从某种意义上讲，它又是由英国资本冲击在法国产生的一场政治动乱。只有拿破仑看出了问题的要害。

全球化和多极化是一对对应概念。全球化和多极化是互动的，全球化促进了多极化，多极化反过来进一步使全球化负面影响受到限制，使世界秩序发生变化。如果说全球化的源头生发于英国，那么生发多极化的源头就是法国，创造这个奇迹的就是拿破仑，而试图向以英国资本为中心的世

① 参见《拿破仑文选·下卷》，陈太先译，商务印书馆1980年。

② [德]弗里德里希·李斯特：《政治经济学的国民体系》，陈万煦译，商务印书馆1961版，第69页。

界秩序挑战的第一人也是拿破仑。但他失败了。他败在哪里呢？他败在海上：拿破仑没有海权，他在海上打不过纳尔逊舰队。"虽然法国拥有强大的陆军，但海军力量的薄弱却成了法国政府的宏大政治行动计划——夺取埃及和印度从而削弱英国的殖民势力——破产的主要原因之一。"[1]拿破仑观念保守：他打英国的时候，美国科学家给他送了个用蒸汽发动的轮船模型，拿破仑说我不信那些，只信我的士兵。就这样，因一个技术问题拿破仑失去本属于他的历史，这与拿破仑由于最先采用群炮攻坚技术而赢得了他的历史的道理一样。[2]

后来拿破仑怎么解决资本全球化与多极化这个矛盾呢？他通过暴力强行介入国际资本的中心。登陆英国计划失败后，拿破仑于1806—1812年实行以英国为封锁对象的"大陆封锁体系"，他从大陆开刀：把欧洲整个封住，建立了一个大欧洲"共荣圈"——日本人后来的思路与此很相似，不准英国产品进来。另一方面，他用暴力打散欧洲的庄园经济，使农奴转变为自由农民。同时他全力启动法国民族资本，扩大生产，让法国工业资本家随军占领欧洲市场；法国的军队走向哪里，产品就走向哪里，整个欧洲形成了一个以法国资本为中心的全封闭市场。法国明令全欧洲不准跟英国进行贸易交换，否则就会受到惩罚。但是由于拿破仑没有海权，最终还是失败了。如果说英国纳尔逊领导的海军是拿破仑的海上克星的话，而俄国库图佐夫率领的俄国陆军则是拿破仑帝国的陆上克星。1812年拿破仑远征俄国，遭到惨败。后法国虽降，但拿破仑时期建立的资本主义生产力并未破坏，这使法国由此一跃挤入国际资本的中心，在全球化进程中成为最早的"北方国家"成员。

---

① 谢·格·戈尔什科夫：《国家的海上威力》，三联书店1977年版，第109页。

② 苏联海军元帅谢·格·戈尔什科夫（1910—1988）对拿破仑的海上失败有过精彩的评论，转录如下：

英国人成功的真正原因首先在于拿破仑战略上的片面性。这种片面性的产生是由于他醉心于陆上战区的行动，不了解海军的作用和忽视海军的作战潜力，因而也就不善于在同当时英国那样的海上敌人进行作战时使用海军的结果。

当拿破仑需要一些天才的元帅来实现他的陆上远征计划的时候，他善于从军队中发现他们。而法国海军在这些远征过程中屡遭失败的情形乃是拿破仑没有能力及时估价法国海军拥有的潜力并在同敌人进行战斗的时候加以使用的又一例证。

参见谢·格·戈尔什科夫《国家的海上威力》，生活·读书·新知三联书店1977年版，第357、358页。

三　经济全球化催生海权新观念

自从英国资本主义工业革命主导世界经济潮流之后，海权就成了工业国家对外开放的重要助推器，是国家发展战略极重要部分。

海洋是最廉价的运输载体。与陆地不同，海上航行没有国界障碍，在公海上它是畅通无阻的。从军事角度看，与陆上运输比，从海上集中调动装备、军力等，所需时间应是最快的。比如从"9　11"到美国发动阿富汗战争，美国调运兵力装备时间不到一个月。由于海洋的天然无障碍特点，与陆地防务相比，在广阔的海上拥有基地，可大大减少战时所用守备兵力：只要掌握了海上运输线，就可以最机动的方式集中最优势兵力在海外某一区域实施作战。而在陆上取得的每个军事胜利都得部署大量守备兵力以巩固成果，同等数量的部队，海上比陆地使用起来会更加高效。海军可以在一国沿海自由运动并拥有广阔的打击面，而陆军则不能，陆军只有靠其数量扩大其防卫面。这正如鸦片战争中，中国陆地防御兵力远比进攻中国的英国海军多，英方能够及时调动，并在必要处随时集中使用，而中国陆军则要处处修炮台、修兵营、增加驻防。

正是人类的经济活动与世界发生了日益密切的联系，人类才产生了海权的观念。

英国人和美国人开始也都没有海权意识，他们也是骑着马打仗的。在第二次世界大战前美国的海军尽管发展很快，但其军事作战主体观念基本上还是囿于骑马舞大刀的陆战决定论。巴顿将军①特别反对这种作战方式，认为未来的战争将是坦克集团军在飞机配合下的大纵深立体战争。有人说

---

①　巴顿（George Smith Patton，1885—1945），美国陆军上将。加利福尼亚州圣加夫列尔人。毕业于西点军校和陆军军事学院。早期在骑兵部队服役。1916年参加美军对墨西哥的武装干涉。1917年，在驻法美国远征军中从事美军第一支坦克部队的组建工作，并参加圣米耶勒和马斯—阿贡讷战役。战后仍返回骑兵任职，同时从事坦克作战的研究工作。1940—1942年参加北非作战，先后担任坦克旅长、师长和军长。1943年7月升任第7集团军司令，参加西西里岛登陆战役。1944年6月，盟军在诺曼底登陆后，率第3集团军转战法国、德国，进至捷克斯洛伐克和奥地利边境。德国投降后，任第15集团军司令兼巴伐利亚军事行政长官。重视坦克作用，强调快速进攻。1945年12月死于车祸。著有回忆录《我所知道的战争》。

巴顿的观念是超前的，其实不然，他只不过跟上了那个大多数人尚未意识到的时代。当时还有一个同样"认识超前"的人物就是戴高乐。戴高乐在军事学院读书时写了一本书，讲的大致是集团军大纵深作战。他提出未来战争与第一次世界大战的打法不同。作战前锋力量主要不是人力，而是坦克群、集团军，配合飞机的立体式联合作战力量；并且作战时也不主要是正面攻坚，而是纵深到敌人背后席卷过来。希特勒打法国时用的就是这种方法。马奇诺防线是一战英雄贝当的作品。经验证明，国家在什么地方成功，往往就在什么地方失败。失败是成功之母，同时成功也是失败之父。德军根本就不走马其诺防线，而是从阿登森林插入法国，长驱直入，然后再从法国后面横扫法国，整个法国一个月就被打败了。第二次世界大战前戴高乐这本书在法国没有被认可。书出版以后，法国也没人知道。戴高乐军校毕业后在国防部任职，当时只不过是个小职员。

　　第二次世界大战前，作战观念已发生了两次革命。先是陆权革命，它使人们认识到控制地面要塞是战争成败的关键；后来是海权革命，西班牙人和英国人较早地认识到这个问题：海军最早是从保护商船开始的。他们的海军从最早的意义上来说既是海盗又是保护者，它伴随着商船走，因为途中海盗太多。而真正开阔人们对大海认识的是麦哲伦和哥伦布。麦哲伦和哥伦布发现的不仅是新大陆，他们实际上不自觉地开辟了一个海洋时代。海洋对当时的人们说来是一个新的认识空间，大海将使世界联系在一起。麦哲伦和哥伦布没意识到他们的探险活动将对历史产生的伟大意义。

　　英国海军早期将领大都是海盗出身，所以我们军事学习不要觉得课本上的东西有多重要，最重要的还是实践。海上实践形成了英国人的海权观。真理只有在具体客观对象中检验，正如刀刃利否取决于所及对象。检验我们中国军事理论的标准就是打得赢和守得住。打败了或打赢了又守不住，说什么也没有用。我们讲制海权、制空权等理论，都是为了在未来的战争中打得赢和守得住。

四　强大的海军是国内财富积累和民主政治发展的保证

　　英国和美国是两个很有意思的国家，既是朋友又是冤家。较早去北美洲的人主要是从欧洲特别是从英国逃过去的清教徒。这些清教徒有自由的信念，要闹革命，要开辟新世界，在英国行不通并遭到迫害，就坐船逃亡。最著名的一艘船叫"五月花"（May Flower）号，后人将"五月花"信念视做美国精神的先驱。早期美国人的精神实际上是一种叛逆精神，赶到美国去的是宗教叛逆者。那时美国是英国的殖民地，英国压迫它、欺负它。1775—1783年美国人武装反抗英国殖民压迫，建立了美利坚合众国。1811年美国与英国海战，英国战败。1812—1814年美国再次与英国发生战争，英军一度占领华盛顿，最终还是为美国人打败。美国这时进行的战争是争取独立和维护其独立主权的战争。

此后美国面临的主要挑战是英国和西班牙的海上霸权，但美国并未向霸权屈服。1898年美国占领夏威夷并于次年使之成为美国的领地；同年便占领古巴和菲律宾；1903年11月又唆使巴拿马脱离哥伦比亚并获得美对巴拿马运河的永久性使用和占领的权力。就这样，美国步步为营地打破了英国和西班牙的海上霸权。英国以压迫美国开始，后来打不过美国，又以与美国人为朋友并与美国分享海权利益而结束。未来的中国与美国的关系发展可能也走这个路子。有人说中美之间是朋友，这是毫无疑义的。从长远的观点看，中美肯定是朋友，但美国人找朋友的标准是打不败的对手，永远如此。凡是能打败的，没有一个被美国当做平等的朋友。吴庭艳、达赖、蒋介石，都跟美国特别紧，但美国从来不尊重他们，说变脸就变脸，一甩手就不认人。美国人只与打不败的对手交朋友，比如毛泽东。所以未来的中国若想与美国人交朋友，就必须先成为美国人打不败的对手。

在海权理论建设方面，早期美国人是我们的先生。美国人的海权理论产生于强烈的反霸权愿望和实践。艾尔弗雷德 塞耶 马汉是海权理论的创始人。但是在马汉提出制海权理论的初期，美国人并没有真正认识到海权对美国未来发展的重要性，相反倒是英国人注意到了这一点。马汉在英国受到特别高的待遇。因为英国的百年海洋实践在马汉这里被高度理论化了。美国人没有太多的海上实践，在老罗斯福前后，美国政府开始注意到这一点。当时资本主义市场经济的快速发展使美国国内也产生了英国和法国曾经历过的社会两极分化和劳资矛盾激化问题。19世纪下半叶，美国国内工人运动频频发生，有的规模和影响相当大，比如"五一国际劳动节"和"三八国际劳动妇女节"就是纪念1886年5月1日美国芝加哥、底特律、纽约等城市举行的大罢工和1909年3月8日美国芝加哥妇女举行的示威游行得名而来。为了缓解国内社会矛盾，美国政府于19世纪末期开始注重海外市场的开拓，这样，海军问题便日益引起国会的注意。

大凡市场经济国家，不管其性质如何，也不管是否愿意，它必然是世界性的。外部世界发生任何变动，都会导致国内发生变化。一旦利润成了生产的从而人的主宰，生产与消费、资本与劳动就会形成对立性矛盾，社会生产就会在这种矛盾的推动下畸形发展。为了不致中断生产过程，市场经济国家就必须注意在保证国家利润的前提下调和国内劳资矛盾。而要做到这一点，出路只能是将国内矛盾转嫁到海外，按资本的原则，从海外——开始还是凭借暴力——获得高额利润，并由此不断拓展新的海外市场。只有高利润回流，国内才可能有充分用于调和阶级矛盾的资源。看看美国，那边还在科索沃打仗，国内这边同样可以闹克林顿与莱温斯基的绯闻，哪个国家能这样？只有美国。为什么呢？它国内有的是钱。百万元打个总统绯闻官司，跟闹着玩似的。其次就是它有强大的海军。凡是威胁到美国的因素，不管在哪，美国海军就可以就地将它消灭在萌芽之中。

所以说强大的海军是国内财富积累和民主政治发展的保证。海军必须是远程的，不然就不配称海军。如果中国有了像美国那样强大的远程海军，中国公民也能像今天的美国人那样在战时唱歌、跳舞、不紧张：这就是海军的好处。战争不能等它起来或找到家门口以后再做准备、再鼓足勇气跟它打。勇气不重要，最重要是将威胁及时地消除于"青萍之末"。2001年6月美国国防部长拉姆斯菲尔德在美参议院军事委员会上谈美军战略调整时曾说："作出调整的最安全和最佳的时刻是在它独占鳌头的时候，而最危险的时刻是等到一个富于新竞争的对手来临并找到方法来打击你的时候。"这句话对任何国家都是适用的。防御必须是积极的，而要做到这一点，就必须有海军。有人说台湾要试导弹，对我们来说，代价最小的办法就是将这种企图在其初发阶段就将它消除。以色列当时打伊拉克核反应堆时就是在最初就将其除掉，何况台湾还是我们自己的领土，我们绝不能允许台湾出现这种情况。但要做到这一点，就必须有海军，而且是一支战斗力可覆盖东经120度至125度海域的海军力量。必须清醒地看到，解决台湾问题的核心是中国的海军问题。中国海军的力量如果不能扩展到台湾以东海区，台湾与大陆的和平统一（绝对不是所谓"和平解决"）是不可想象的。没有硬的一手，即使在我们手边的东西也是拿不回来的。台湾是中华人民共和国的一部分，这没有什么可讨论的。为了和平统一台湾，我们必须把台湾抱在我们海军的怀里，我们对"台独"分子的威慑力越强大，它跟我们谈的主动性也就越大。

20世纪初美国国内出现的危机促使美国政府开始关注马汉的海权理论及海军建设问题，从而使美国建设了一支强大的海军，并冲破英国、西班牙的霸权封锁。马汉的海权理论生逢其时！当时西奥多·罗斯福总统在给马汉写的一封信里说："我亲爱的战略家，务必不要谈论你的活动的结束！我们必须依赖你这位在社会思想方面的第一流教育家之一，在今后许多年里我必须依赖你。"[1]20世纪初，美国的海军已进入世界前列，发展特别快；到第二次世界大战前它已成为一个很强的海权国家。

那么同期的中国又怎么样呢？

那时的中国军事基本上都是注重于陆权理论，这和西方的性质不同。西方的陆军军事理论是外向型的，中国是内向型的，就是研究国内关隘、要塞以及人口等。那时我们对外不交换，也不需要大海。郑和下西洋跟哥伦布不一样，他远航大海不是要与外部交换，只是炫耀，炫耀皇威；听说他还负有秘密任务要找前朝的遗老遗少。到近代我们需要打海战的时候，我们观念还没有变，我们在东南沿海修长城抵御海上侵犯。

除陆军外，中国古代的骑兵比较发达。这又是为什么呢？我们不妨看一看中国地形图。

中国的地形很有意思，西边是喜马拉雅山、昆仑山，东部沿海整个是被大海包围着。总体看古代中国人实际上是在大自然保护的摇篮里生活。喜马拉雅山是天然屏障。亚历山大大帝（the Alexander the Great，356—323 BC）是亚里士多德的学生，了不起。凡是一个伟大的思想家必然要创造一支伟大的思想之剑，即实践其思想的行动家。亚历山大曾听他老师亚里士多德说，你往东走，见到大海，你就走到世界的尽头了。当年亚历山大打到印度的时候，见到大海，看到印度洋，他以为这就是世界的尽头，就没再往前走。事实上，他再往前也无法走了，有喜马拉雅山挡着。如果印度与中国之间是一马平川的话，那这个故事对我们中国的意义就不一样了，今天的中国云南可能由此就是另一番文化景观：云南文化中可能就会有希

---

① 阎文广、方生：《美国对华政策文件选编》，人民出版社1990年版，第417页。

腊文化的色彩。历史就是这样奇怪。1903年英国打拉萨，到了冬天，英国人冻得被迫撤回印度。美国现在说要在西藏怎么样，可它绝对不会派部队到西藏，西藏高原的高寒缺氧气候，洋人们受不了。

我们看中国东部和北部，东部是大海，也是天然的保护屏障，在蒸汽动力为基础的远程航海出现之前，征服大海远比征服大陆困难。忽必烈远征日本败在海上就是明证。古代中国另一个比较发达的兵种就是骑兵。这和北方游牧民族长期南犯有关。哪里有压迫哪里就有反抗，凡是受刺激的物体必然会生长出一种反制功能。我们身体上的指甲、牙齿等，都是由于刺激出现的。军事上也是这样。有了大海的保护我们的海上作战力量反而没有发展起来。一直到近代才知道敌人从海上也能过来。见了西洋蒸汽船我们不知道怎么打，还用抵御北方游牧民族南犯的方法，修长城。可是修城墙的速度能快过船速吗？深挖洞、广积粮的那种打法是不适合于海上的，当时我们没有关于海上作战的观念，1840年鸦片战争我们打了败仗。这不仅对我们中华民族，而且对整个亚洲，特别是日本的心理刺激都较大。但当时我们还没有真正意识到海权对中国的意义，而日本却迅速意识到这场新军事革命对日本未来的意义。1895年甲午海战中国又被日本打败并由此丢了台湾。

到了20世纪30—40年代中国与日本人再次交手，我们又落后了一步，这次落后在于我们没有制海权，同时也失去制空权。这使我们在抗战初期连连受挫。当然在战略战术上国民党部队也有问题。当时蒋介石打仗的章法是从日本人和德国人那儿学来的。搞反清革命时中国不少有志青年到日本去学军事，蒋介石也去了。而日本人在明治维新前后也曾到德国人那儿学习，因此日本和德国战略战术思想属于同一个体系。写《战争论》的克劳塞维茨是这个体系的集大成者，他讲求大部队决战。台儿庄战役，从战术意义上看，可谓是一场没有赢输的战役，双方对等消耗殆尽，用现在的话讲就叫"零和"。好的战略战术是以少赢多。毛泽东曾写过文章讲，好的指挥员就是将数量劣势转为数量优势，集中优势兵力，各个歼灭敌人。平型关战役的胜利就是毛泽东军事思想的结晶。抗日战争中的国民党战场上蒋介石没有制空权。看抗战电影的时候，就会发现日本人都是飞机先行，大炮跟进。不管怎么讲，我们的抗日战争毕竟是胜利了，但我们必须清醒，那是由于日本人在海上动了美国，除中国外，日本又树立了一个强敌。在中国大陆东部，日本基本掌控了制陆权，而在太平洋战场上，日本败在制海权。自从日本丧失了太平洋面上的制海权，日本人就败局注定。

近现代史上遭到的军事挫败，并未使我们深刻反省其深层原因。这是由于我们跟外部经济没有发生关系，其次我们还有胜利喜悦的掩盖，使我们在感情上不愿深入思考我们曾经历的失败产生的原因。新中国成立之初我们虽提出建设强大海军的口号，但当时经济和外部联系不密切，我们对海军的作用及相应的海军建设尚未有实质性的认识飞跃。

五 中国已将部分命运托付给了没有安全保障的世界

世界历史上有两个国家的建设经验值得我们中国学习：昨天我们从苏联人那里学到了计划经济的经验，今天我们还得从美国人那里学习市场经济的经验。苏联用计划的体制优先发展重工业的方法，低成本、快速地建立了以大工业为骨架的国民经济体系，把一个软绵绵的没有脊梁骨的农业国硬是打造成一个强大的工业国。在当时苏联也存有两种建设思路，一种是布哈林的思路，先从农业和轻工业开始，慢慢搞，有了一定的资金积聚后，再搞重工业。这相当于武训的做法，大家知道电影《武训传》中武训这个人也很爱国，但爱国的方式却显迂腐：他到社会上以最屈辱的方式去化缘。一分一分地攒，攒足了应该买武器了吧？他不，他办教育，从小孩抓起。他也认为人才是关键，教育出的人才多了以后再强国。这其实是一种回避挑战的无所作为的意识。布哈林也是这种思路，不从大工业做起，这当然不行。与没有武器就不能改变命运一样，在当时没有工业就不能强国，而落后是要挨打的。

斯大林认为苏联应走与西方不同的反常规的道路。他搞农业集体化。为什么呢？作为生产资料的土地集体化利于低成本搞工业建设。笔者下乡时有这方面的经验：国家要修条铁路，公社一声令下，一路绿灯，国家不用花多少钱就把地征到手了。当时我们中国一直从东到西的大三线建设，要按西方市场的原则，其生产资料的交易成本几乎就是个无法承担的天文数。但由于我们的计划和集体所有制体制，在我们那么穷的情况下大三线也搞出来了，大型的工业基地也建成了。布哈林的办法书生气十足，不管用。斯大林意识到战争迫在眉睫，他不允许布哈林还在那里按所谓理论逻辑搞工业，于是他采用一部分有新思想的干部，用计划和集体的方式很快就把工业化这事办成了。1940年希特勒打过来时，苏联重工业刚好发挥作用。敌人前面进攻，苏联后方兵工厂转起来了，大量的坦克、飞机源源不断地从后方开到前线。结果苏联不仅取得反法西斯战争的胜利，而且成为第二次世界大战后世界最强大的国家之一。保家卫国，没有国何谈家！没有国你什么都没有，什么都是空的，就像第二次世界大战中有钱的犹太人一样。

有人说只要综合国力强了、钱多了就行，但是，大清时中国有的是钱，问题只是钱没有用到关键处。八国联军进来的时候，入侵者跟叫花子一样，见了我们故宫里大缸上的金子都掠刮。你说我们GNP低吗？综合国力低吗？文化低吗？我们的宫女都会背唐诗，打我们的那些人都会背莎士比亚的诗吗？应该不会。那你说谁的文化水平高呢？文化这时能起作用吗？事关生死存亡的关键时候，还是要枪杆子来解决问题。英国人在东面海上取得胜利，利用海上作战的机动性，一直打到了天津。老佛爷害怕了，我这么多的强将精兵，洋人怎么就打到我跟前了。因为他们有制海权啊。我们那时不知道这个。

国家成长与身体成长的道理一样，大家看自己的身体，身体肌肉和神经伸向哪里，骨头就跟向哪里。骨头、牙齿、指甲是硬的，这是国家的军队，神经是商人，肌肉是文化团体，所有这些才能构成国家走向世界的肌体。美国也是这样，它的四肢伸到世界，它的毛细血管伸向世界各个角落，它像血吸虫一样将世界大量的财富都顺着这些管道吸回美国本土。那支撑这些毛细管道的是什么呢？是国家军队，走在最前面的是强大的国家海军。所以从这个意义上来说，我们不能单纯地认为，只要国家GDP上去了就会万事大吉；这与胖并不是人健康与强壮的标志一样。地主家的孩子胖，怎么穷人的孩子都把他们打哭了呢？关键是拳头硬、灵活。大自然中熊猫够胖了，长得也不错，但上树摔成骨折还得人给它治。狼、豹子为什么能存在下来？灵活、爪牙厉害，能蹦能跳能咬。国家也是一样。**国际法不管它多么公正，如没力量配合就是废纸一堆。**

毛泽东当时搞的是计划经济。计划经济是不是就真的像一些经济学者所说的那么不好呢，显然不是。笔者下过乡，农村组成人民公社，曾有人说人民公社快搞糟了。到农村后笔者才知道毛泽东为什么要快搞农业集体化：国家工业化起步阶段要和农业发生交换，土地、工厂都要发生交换。如果农村还是私有制，那中国的现代化成本就会因生产资料交换成本过高以致无法进行。国家每用一块农耕地都得付钱，这样什么也干不成。毛泽东快速搞人民公社，土地归国家所有。生产资料交易中的制度成本降了下来，国家迅速完成基本建设，这是真正的"多快好省"。

2000年笔者去印度，体会到了当时尼赫鲁搞"混合经济"的后果。尼赫鲁开始时也搞社会主义，后又转为"混合经济"，既有私有制又有国有制，结果步履维艰，用一点地就给地主钱，生产资料的交易成本极高。地主在议会有代表，可维护其私有利益。印度基础设施至今陈旧。笔者在新德里，有一次印度整个北方停电有两天之久，说是哪儿出了故障，电力系统坏了。这要在西方，甚至在中国，都是事关国防安全的大事。而在印度这事却是此起彼伏，经常发生。印度北方有些邦至今都是最富的大地主掌权。南方共产党搞得好，受到人民拥护，南方喀拉拉邦大街小巷挂的尽是镰刀斧头共产党党旗。在印度任何书店都能买到马克思、恩格斯、列宁、毛泽东的书，还有邓小平的书，都译成了英文或印地文。为什么呢？印度的穷人多，穷人知道马克思、列宁是为穷人说话的，毛泽东是为贫苦农民说话的，共产党给农民分土地。因此他们挂共产党党旗是发自内心的。共产党在喀拉拉邦执政时间很长，一个最重要的原因就是做到了"耕者有其田"，贫民有温饱。印度共产党在其辖区内没有搞打土豪、分田地。尼赫鲁也没有搞，因此在所有制改造上，不如我们彻底。中国的发展现在已开始第二个飞跃：中国的计划经济已为新中国打下了钢筋铁骨，此后的任务就是打通全身的神经脉络，让身体各关节正常和自然循环，各部正常"营养"交换，搞市场经济。社会主义市场经济是邓小平对中国最伟大的贡献，市场经济提高了生产力，此后中国与世界的联系便不可分割并越来越紧密。**中国从世界革命的一部分转变为世界经济，继而世界政治的一部分；中国的历史从此才成为世界历史的一部分。**

现在中国内需疲软，原因在于两极分化严重，造成大部分百姓手头的钱太少，没钱就没有消费。你看我们产品多了，价格这么低，可在国内就是卖不出去，市场经济条件下，产品滞销就不能实现利润，所以就只有依靠海外市场拉动。国内老百姓不仅不能分享生产发展的红利反而陷入贫困，贫困造成消费市场疲软，其结果就是我们对国际资本依赖日益严重并使我国经济失去民族市场根基，这样，国际市场一旦有风吹草动，我们的经济就吃不消。比如这些年，欧盟对中国温州打火机进口不断提高"门槛"，因为中国温州的打火机竞争力强，到欧洲一下就占领了那里的市场。西方人竞争不过就会人为制造麻烦，说打火机有质量问题。这是小事。如果说美国和欧洲发生经济危机，那么中国工厂的产品就会积压，工人的工资就发不出去，又会有一大批人下岗，就是大事。

另外，生产发展不仅仅是生产本身的问题，还有资源消耗问题。中国经济发展迄今，现在才发现这种资源内耗模式已走到尽头。生产力的良性发展应该是生产力在发展的同时，资源消耗在下降。我们现在是生产力上升的同时资源消耗也在上升，其速度后者还比前者快，这种发展模式已给我们造成生态灾难。我们现在主要是在靠国内资源支撑生产力，如果我们用挣来的钱再去补资源、搞生态，正负抵消，GDP增长就会回到它的起点，等于什么都没有。[①]这是不正常的经济发展方式，短期内还可以，长期不能这么搞。美国人的危机观、消费观跟我们不一样，他们停会儿电就是大事。2001年年初，加利福尼亚断断续续地民用停电在美国国内就跟地震一样。我们中国要是民用电停一会儿，一般来说没什么事。但将来就不行了。我们的高速公路都上去了，如因能源供给不足、石油因紧缺而价格上升，这就会摧毁中国的汽车市场继而摧毁汽车产业，到最后只能让少数有钱人买汽油，没钱人把车放在家里，过期报废。那当然不行。我们得想办法。中国一些地方的煤已挖得不能再挖了，再挖下去地质结构就会发生变化。我们现在所需石油已有三分之一靠进口，美国几乎一半靠海外的石油

---

①　国家环保总局和国家统计局2006年9月7日向媒体联合发布了《中国绿色国民经济核算研究报告2004》。这是我国第一份经环境污染调整的GDP核算研究报告，标志着中国的绿色国民经济核算研究取得了阶段性成果。研究结果表明，2004年全国因环境污染造成的经济损失为5118亿元，占当年GDP的3.05%。虚拟治理成本为2874亿元，占当年GDP的1.8%。绿色GDP是指从传统GDP中扣除自然资源耗减成本和环境退化成本的核算体系，能够更为真实地衡量经济发展成果。除了污染损失，此次核算还对污染物排放量和治理成本进行了核算。结果表明，如果在现有的治理技术水平下全部处理2004年点源排放到环境中的污染物，需要一次性直接投资约10800亿元，占当年GDP的6.8%左右。资料来源：《人民日报》2006年9月8日第1版（http://paper.people.com.cn/rmrb/html/2006-09/08/content_11252848.htm）。

来供应，但我们对海外石油进口线的保护几乎无能为力，它完全掌握在美国海军手里，这对当代中国来说是致命性的，因为当代中国已将自己的部分命运（即市场和资源）托付给了世界，而且是一个没有安全保障的世界。

六　没有海上军事远投能力，海外贸易保护就是一纸空文

中国的地理环境有一个东接财源西接能源的优点。东部接着市场，西部接着世界石油宝库。我们与俄罗斯及中亚国家搞了个"上海五国"。阿富汗战争后，我们在中亚的影响力大为削弱，海上我们又没有控制力，这很麻烦。现在有人研究中国的能源战略，认为中国应当走出去和参与国际市场竞争。我们现在跟一些国家签了贸易合同，取得了很大胜利。但如果没有军事自卫能力，尤其海上军事自卫能力，我们就不能保证我们的合同协议的有效性。说实话，美国轻则施压，重则搞个政变就能在一天之内把这些合同协议全都变成废纸。[1]马克斯·韦伯说过："部署一打舰只在一定时刻比掌握一打可以废止的贸易协定更有价值。"[2]这话对我们理解贸易与海军的关系绝对是有帮助的。

保卫海外能源自由贸易权利的能力取决于海外军事投送能力的远近。没有海上军事投送能力，海外贸易的保护就只是一纸空文。有人说，美国干吗要惹我？"欲加之罪，何患无辞"，不是说我跟你好，你就得对我好。南斯拉夫当年在美苏抗衡中可说是为美国立了大功，怎么样？苏联一解体，美国一甩手，回手给南斯拉夫一巴掌，全完了。南斯拉夫曾经是中等发达国家，人民享受了近50年的幸福，一打就完了。南斯拉夫长期受西

---

①　2003年12月16日中国商务部网站消息：伊拉克的临时石油部宣布，终止或冻结前伊拉克政府与俄罗斯、中国、法国签订的三个石油合同，其中与俄罗斯Lukoil的合同被终止，另外一个和中国公司开发al-Ahdab油田的合同被冻结。38亿美元的Lukoil合同在1997年首签，目的是发展伊拉克西部的Qurma油田的第二期工程，并且准备在联合国制裁令解除后马上开始经营该油田。西部Qurma第二期油田估计蕴藏了25亿桶石油，投产后每天产量可以达到60万桶。合同的终止首先是基于法律上的理由，其次是在商业上考虑合同是否完整无误，条款是否对双方都公平以及合同的执行是否有其他目的（http://xyf.mofcom.gov.cn/article/200306/20030600101171_1.xml）。

②　转引自戴维·比瑟姆《马克斯·韦伯与现代政治理论》，浙江人民出版社1989年版，第46页。

方影响，知识分子觉得美国讲人权，不会真打我们念书人，在科索沃战争中，他们每人戴一个星靶，走到桥头上唱豪迈的英雄歌曲。但等导弹打过来之后，一看是真的，是可以爆炸的，这些学者们后来就不再出来了。真导弹与假导弹是不一样的。战场是国民教育的最后课堂。理念不是从书斋里走出来的，现实问题也不是光靠理念就能解决的。跟美国这样的霸权国打交道，就得靠力量。在国际斗争中，力量（军事）要走在前边，不然的话，我们的经济成就是保不住的。中国的经济体越长越丰腴，但只是软绵绵的丰腴，原因在哪儿呢？没有骨头。有一点儿骨头也缺钙。骨头就是军队。可喜的是，近些年中央开始重视这方面的问题，军队建设，尤其是海军建设已有了长足进展。

我们中国的安全观念也正在经历着一个面向现代化、面向世界、面向未来的大变革。

邓小平同志给我们定了一个百年奋斗目标，就是在21世纪中叶，将中国建成中等发达国家。目标决定手段。目标既定，一切都会发生变化。小平同志曾说"教育要面向现代化、面向世界、面向未来"。[①]这首先从思想观念上解放了人。当经济发展起来后，我们由此才发现中国国防也需要有一个面向现代化、面向世界、面向未来的大变革。打赢未来的战争不能再指望"诱敌深入"的战术。在你一贫如洗的时候，你可以诱敌深入。现在我们整个东部地区已接近现代化水平，成了国家经济发展的主动力所在。这时再诱敌深入，即便是打赢了，作为国家存在的核心能力即经济再生能力也没有了。

笔者在海外与中国商人交往，他们担忧的是他们在海外的安全。我们嫁到国外的姑娘强烈地祈盼中国强大，因为她们在国外受委屈多。你看美国，一个记者失踪问题就跟巴基斯坦纠缠不休，就得死要见尸、活要见人。未来中国的海外侨民走到哪里都要有底气，要有安全感。这靠什么？靠我们的军人，尤其是我们的海军。我们现在的军事外投能力在哪儿呢？我们海军出海远程友好访问的能力倒是有，但这是展示、交流，问题不大。但打起仗来，中国海军出海范围可能就不会太远。发生在我国南海的"撞机事件"和目前日益严重的台湾问题，就是我们海军力量不足的反证。

中美"撞机"事件，发生在我们家门口。有人说这是正常的，美国军

① 《邓小平文选》第3卷，人民出版社1993年版，第35、46页。

机到这儿来看看有什么了不起的。但我们的军机如果到夏威夷转一圈，你敢说这对美国人也"是正常的"吗？估计还没到夏威夷上空美国就会将它打下来了，当然有可能又是"误打"。前一段时间，中国在古巴没怎么着，美国就开始炒作中国与古巴有什么关系。孔华润先生是研究中美关系的专家，他曾在比较中美两国得失原因时说："美国人半个多世纪以来一直要求在中国获得权益，并且得到了这些权利；中国人要求在美国获得某些权益，却遭到拒绝。区别就在于：美国人不仅有自己的一套种族观念和政治信条，而且有炮舰作为后盾来强行推行这套东西。"[①]美国是跟它安全有关的事就是自己的事。大家读美国的战略报告，美国的"本土"两个字绝不意味着就是位于北美的国土，它还包括了它在全球所有已控制的像迪戈加西亚这样大大小小的岛屿。在美国人看来，美国是一个世界的概念：美国就是世界，世界也就是美国。美国的国务院跟我们的国务院不一样。美国国务院是世界的概念，是管世界事务的。有人说美国怎么这么坏，到处都去管。其实国家政治不重好坏，只重利益。美国商人到处投资，美国还得靠中东的石油，其欧洲盟国也要靠中东的石油，它怎么能不管？我们对美国人的外交政策不理解，只是因为我们没走到它那一步。美国眼中的安全观念是世界的，它海外越安全，本土就越安全。它始终都是这样，这个思想就是从19世纪末马汉那个时候开始的。这不仅对当时的美国人，甚至对今天的中国人来说，都是一种全新的安全哲学。

七 国家利益所在即我们国家安全边界之所在

中国的安全哲学不应只是生存的而应是发展的哲学；中国的国际政治学也不应是自守家门而应是面向世界、面向未来和面向现代化的学说。发展是一个国家主权中必然拥有的一种权利。既然中国是发展的，那么，中国也应该是世界的，中国概念就应当是一个世界性的概念。

---

① 转引自孔华润主编《剑桥美国对外关系史》（上），王琛等译，新华出版社2004年版，第321页。另外，1869年在美国国务卿菲什给美国驻德大使班克罗夫特的指示中就美对华政策交代得很清楚："为了实施条约，必须进行另一次战争。条约所包含的特许权是用武力从该帝国政府夺取的。"参见阎广耀、方生选译《美国对华政策文件选编》，人民出版社1990年版，第87页。

　　全球化不能不包含着自卫手段的全球化。进入全球化进程中的国家的安全是"边界安全"与"安全边界"的统一：前者是主权安全或领土安全，后者是利益安全；前者是有限的，后者是无限的，也就是说，安全边界越远大，边界安全就越有保障。我们的主权安全即边界安全是一个国家生存的概念，而发展则在时空上是无限的，它不仅涉及世界一切地区，必要的话，它还包括外层空间和深层海域。由此便派生出涉及发展利益的"安全边界"的概念。安全边界就是利益边界。我们的利益走向哪里，我们的安全边界就得走向哪里，我们的军事力量就得走向哪里。经济走向世界，外交、政治也应走向世界，所以我们不能不考虑保护我们在世界的利益。[1]过去在自然经济下，边界安全和安全边界是合一的。那时候危险的概念是敌人入侵，把敌人入侵定为安全与否的标尺。但是在全球化时代，国家安全就应当考虑到国家利益安全而并非仅仅只考虑国家领土安全。只要威胁到我们的国家利益，而不管利益在哪里，就威胁到我们的国家安全。国家利益所在即我们国家安全边界之所在。而联系全球各地区的最便捷的通道就是海洋，所以我们必须拥有强大的海军。在革命年代，没有人民的军队，便没有人民的一切；但在国家发展的年代，没有强大的海军便不会有国家的一切。[2]

　　我们的石油消费的主要部分将来要依靠中东进口，我们的产品要依赖国际市场，我们对海外贸易的依存度已达60%以上。在公正的情况下，我们按照WTO的规则做事，这问题不大。但不公正怎么办？西方随便找个借口，就会制裁我们。找借口很容易。大家知道"银河号事件"，就是美国人没事找事。我们的海军到不了那里，没有办法，你就得让人家上船检查。还有印尼部分人挑起的排华事件。有人解释说，他们入了人家的国籍了，我们管不了。但这正如我们家的姑娘，尽管嫁出去了，跟我们还是有关系的。嫁出去了是人家的人，但你不能欺负她。受欺负了，我们不好说你什么，但我们接回娘家，这是可以的。现在咱家外嫁的姑娘受气了却没

　　① 2005年6月24日，中国商务部研究院信用管理部主任韩家平接受记者采访时表示：我国企业海外应收账款累计额约有1000亿美元，并且还会以每年150亿美元的速度增长。2005年曝光的长虹40多亿元人民币的海外坏账损失只是其中的冰山一角。资料来源：《千亿美元海外欠款缘何难以追回专家出招追讨》（http://politics.people.com.cn/GB/1026/3502993.html）。
　　② 裴克安等译：《尼克松回忆录》（*The Menoirs of Richard Nixon*），世界知识出版社2001年版，第681页。

处躲，是因为娘家没有力量。再从经济战略考虑，这些人大部分是有投资能力的，如果接回来100个，国内投资也会增多，因为保障他们的人身安全会使他们相信中国的投资环境是安全的。把命都保了，他为什么不回来投资啊？但是我们没有办法，我们海军力量到不了那里。我们只有表示"遗憾"。尼克松说得好："抗议的声音远在几千里以外，是听不见的。"

在安全边界和边界安全的关系上，毛泽东处理得比较有长远眼光。1950年，我们刚解放，很弱。毛泽东为什么作出参加抗美援朝的决定呢？这是由于东北是我们的重工业基地，[①]毛泽东绝不能让它旁边有美国军事存在。美国一旦把北朝鲜占了，就可以影响我们战后仅留的一点决定中国未来经济命运的重工业家底。美国人今天说不会进犯中国，那么明天呢？美国当时的报告里确实是说不进犯中国，毛泽东却不那么想，他认为口头承诺没有用，报告里写的也没有用。国际斗争中不管是谁，一旦得寸就会进尺，没有道理可言。所以毛泽东选择了参战并赢得了战争。如果从武器对比上说美国绝对领先，它1945年就有原子弹，我们1964年才有。那时候毛泽东敢拍板，最后战争在"三八线"停下来。脊梁硬才能赢得和平，中朝边境到现在近60年了没打过仗。

还有1950年进军西藏。大家知道1947年印度独立，中国国共两党正在进行事关中国命运的大决战。当时蒋介石代表的是买办力量，共产党代表工农力量。1947—1948年，印度和美国都开始考虑西藏问题了。尼赫鲁这个人是受英国教育的，没有"泥腿子"厉害，他一点点地搞"前进政策"。而我们的毛泽东兵贵神速，出手不凡，1949年10月新中国成立，次年春就出兵并一举拿下西藏。试想如果尼赫鲁将1962年军事入侵西藏的行动提前到1948—1949年，那不管你后来怎么谈，西藏也不会是今天的情形，很可能雅鲁藏布江不保。所以政治有时候不能犹豫，该出手就得出手。片刻犹豫，敌人都会掏光你的利益养你的后悔。1949年年底新中国成立，1950年初毛泽东就进军西藏。1962年毛泽东又对尼赫鲁的不轨企图再

① 1950年3月中央财委的关于《全国财政经济现状》报告中指出："煤炭、钢、铁、电力等基本工业大都在东北，按原有设备计，我国炼铁能力年为300万吨，东北占71%，炼钢能力为147吨，东北占91%，轧钢能力为70万吨，东北占50%，全国现有发电设备207亿千瓦，东北占30%，各项主要化工如酸等工业，东北比重大，东北资源又比较丰富，目前工业建设的重点应放在东北。"转自引董志凯主编《1949—1952年中国经济分析》，中国社会科学出版社1996年版，第285页。

出重拳，中印此后再无战事。毛泽东以斗争求和平，在他们的任期内将中国的安全边界在可能的条件下推得较远，他们的伟业无愧于中国。

八 获得制海权，也就在相当程度上获得了历史的主动权

五十多年过后的今天，我们的国民经济重心移到东南部地区。如果说中国西部地区和东北地区的国防工业是中国生存安全的重心所在，那么，中国的东南地区则是我们国家发展安全的重心所在，既然如此，中国的安全边界就绝不能与中国的东南沿海重合，至少要扩展到台湾以东海区。台湾如不在我们所控制的范围内，上海、广州，包括江苏的边界安全就无法保障。跟毛泽东当时理解东北问题的道理一样，当时中国的经济建设要靠东北，东北是重工业中心，日本人、苏联人的一些建设都留在那里，毛泽东要利用这个旧工业基地。今天我们面临着的不仅有安全边界的威胁，比如海外能源进口线路不保，而且边界安全也面临巨大的威胁，比如台湾、南沙的统一和收复任务日益艰巨。

从经济史来说，人类迄今所经历的所有经济形式可概括为自然经济和市场经济；从军事史来说，制陆权与制海权是造就古今大国兴衰的重要杠杆。①中世纪国家是依靠地区性的和封闭条件下的资源配置维持的。在这样的资源配置中居于主导地位的国家，就是地区性贡赋体系中的中心国家，并由此保持其大国的地位，而保持这样地位的国家的军事前提就是强大的制陆权。比如古代埃及、古代中国、古代印度、古代巴比伦都曾是这样的国家。到了近代，特别是第一次工业革命后，市场和利润成了生产的主导力量，资本及与此相应的包括市场资源在内的资源配置在全球范围铺展开来，此时国家兴衰取决于其在资本全球化和资源全球性配置中的地位。其

---

① 在笔者的概念体系中，"制陆权"和"制海权"已涵盖了"制空权"、"制外空权"、"制电磁权"，甚至所谓的"制思想权"等概念。这是因为，影响人类生活的最基础、最直接，或者说是最立得住的空间是陆地和海洋，我将它们称为绝对空间。人类战争的任何手段及由此产生的空间占有也都首先服务于对陆、海空间控制和占有的目的。这个目的笔者称之为绝对目的。如不分主次，不区分概念间的主次涵盖关系，军事学研究就会衍生出无限多"制×权"的概念而让人无所适从。

间居于主导地位的国家可以获得较多的市场和资源，从而获得大国必需的物质条件。同样正是这些国家，比如现在的北方七国，在世界资源和市场的分配中占据主要份额，才使其成为大国。既然世界资源配置方式已突破中世纪的地域封闭性质并转化为世界性的开放性质，而海洋又是畅流世界各个角落的最便捷的载体，那么从军事上控制海上主要战略通道即掌握制海权，就成为大国控制世界资源并据此保持其大国乃至霸权地位的主要方式。同样，新兴国家也正是通过优先发展海军并争取与大国平等分享海权利益而进入大国行列的。**近代历史表明，率先获得制海权的国家，也就在相当程度上获得了历史的主动权**。[①]比如英国与西班牙、荷兰的海上较量，美国与英国、西班牙的海上较量，胜利的一方也就成了主导历史前进方向的国家力量。当然，后来又出现制空权、制太空权（外层空间）的军事技术革命，但其性质还是服务于制陆权和制海权的。在21世纪的今天，建立在卫星信息监控技术和导弹远距离精确打击与准确拦截技术的制海权，仍是国家兴衰的决定性的杠杆。美国在20世纪末发动的海湾战争、科索沃战争及21世纪初的阿富汗战争中取得的军事胜利，都是很好的说明。

要保护我们的国家利益，在军事上要赶上军事技术革命浪潮，情报、速度与后勤是三个最关键的要素。现代情报靠卫星，速度靠远程导弹，远程导弹使陆军攻坚和后勤跟进的工作量大为简化。阿富汗战争中，美国可以从阿拉伯海上用导弹打阿富汗的山洞或摧毁某个堡垒。高科技使后勤也省了许多事，作战速度也因此得到极大提升。高科技使军事作战中的情报、速度、后勤这三个关节点都发生了革命。南斯拉夫在这个问题上掉以轻心，他们曾设想诱敌深入，打人民战争，让敌人陷入人民战争的汪洋大海之中。听说南斯拉夫的军人不认输，可败了就是败了，败了国家就完了。现在美国人打仗，基本上不用大部队南征北战。美国在朝鲜战争和越南战争中两次都因伸入内陆而失败，那个时候它没有经验，再就是没有远程精确打击的技术。

航空母舰是实现制海权的最重要工具。航空母舰是制空权、制海权，

---

① 实际上，马汉的《海上力量对历史的影响》主要引用了1660年至1783年英国、荷兰、法国、西班牙在争霸过程中在海军、军事、外交和商业等方面所发生的事件，以便表明下列主张，即获得制海权或控制了海上要冲的国家就掌握了历史的主动权。参见[美]罗伯特 西格《马汉》，刘学成等译，解放军出版社1989年版，第194页。

从某种意义上还包含一部分制陆权的作战力量三位一体的统一。航空母舰不应被理解为一支战舰，而应被理解为一个最具机动性质的国家海上作战大平台。航空母舰可以具有比陆地运输更快的速度，根据战争需要，将集海陆空为一体的作战力量及时推进到作战海区。

有人认为，随着导弹远程精确打击技术的出现，航空母舰不仅成为多余，而且还成了海上毫无自卫能力的"活棺材"，因此发展航空母舰应为发展远程精确打击武器所代替。

其实，这是一种误解。因为远程精确打击技术并不是导弹技术的产物，而是外层空间、卫星及以此为载体的信息技术发展的结果。而现代航空母舰本身就已与现代卫星信息技术紧密结合并据此拥有远程精确打击能力。问题是远程精确打击仅具有本土防御的意义，对于世界范围的制海权而言，则意义不大，它解决不了关于海外商业争执、资源进口线受阻及海外商人和侨民保护问题。一句话，航空母舰不是一般的战舰，它也不仅仅属于海军，它是一个集海陆空及一切最先进军事技术为一身并在全球范围具最机动性质的作战平台。它本质上是国家作战力量而不仅仅是海军作战力量的标志。其次，航空母舰是与经济发展概念相联系的因而具有攻势性的军事工具，而发展本身就是一种攻势社会运动。没有航空母舰，或没有与航空母舰同等效力的海上机动作战平台，我们在国际上任何重大涉我事件中，就不会有实质性的发言权利；就不能对影响我国海外安全的行为，在其初始阶段进行制止；最后，中国日益卷入世界的巨大海外利益就不会有实质性的保障，从而中国国内经济就会因资源进口和利润回流中断而发生危机并由此阻碍中国的和平发展。

关于中国的海权，至今还有人认为中国不需要发展强大的海权。批评"一些人对马汉的海权论的崇拜几乎到了偏执的地步"，认为"中国始终无法在发展海上力量上倾注太多的资源（海军要比陆军昂贵得多）"。[①]但问题是，如果不大力发展海权，第一个问题即东部的国民经济命脉就保不住；再一个就是我们日益巨大的海外利益得不到保障；最后，如没有强大的海权，统一台湾的难度将会成倍增大。但同时笔者认为未来50年内，中国海权的发展目标不应当是美国式的无限海权，即海军力量可覆盖世界

---

①　参见《再论中国的大战略》，《战略与管理》2001年第4期，第33、37页。

任何地方的海权。中国未来50年的国家发展目标是小平同志为我们制定的"中等发达国家"目标，与此相应，此间中国的海权还只能是有限海权，其覆盖范围主要限于中国台湾及南沙群岛等属于中国主权范围的海域。前面说过，没有海权，我们就不能享有与其他世界大国平等地利用国际资源和市场的有保障的权利。但是中国的海权并非霸权。霸权是什么呢？霸权是一种垄断权力而非权利，是"只许州官放火，不许百姓点灯"式的恶霸行为。中国人不想放火，只想为自己点一盏"海权之灯"。可这对霸权来说就不行，灯只能由它来点。[①]因此中国必须为自己争取本属于中国的平等使用海上交通资源的权利。

地缘政治与资源政治的统一，是现代地缘政治学说的本质特征。也就是说，控制世界资源而不仅仅是地理要塞是现代地缘政治的要义，同时也是国家地缘政治的核心目标所在。

世界海权是一个体系，而这个体系的核心就是印度洋，因为世界资源最密集的地方在这里，世界海上交通要塞和关键的地方也在这里：一个是马六甲海峡，一个是曼德海峡。从拿破仑、彼得大帝、勃列日涅夫到美国前总统布什，都在争夺这个地方。阿富汗是俄国人南下印度洋的最近通道。1907年英俄争霸最终在阿富汗结束。美苏冷战的终点也在阿富汗。历史上谁占据了阿富汗，谁也就占据了中亚；谁占据了中亚，谁也就占据了世界。而历史留下的悖论是：中亚既是世界政治的中枢，也是世界霸权的坟墓。

九 台海统一是中国参与世界事务的第一张资格认证书

中国在近代军事技术革命中已经失去了两次机会并由此两次遭到几乎是灭顶之灾，第一次由于没有海权，差点让西方国家把我们中国给肢解了。1870年"天津教案"时曾国藩跟洋人打交道真难，可不久李鸿章接

---

① "18世纪时，在辽阔的海洋，美国是国际法的坚定拥护者，而号称'海洋情人'的英国海军却是坚决的反对者。"[美]罗伯特·卡根（Robert Kagan）：《天堂与实力——世界新秩序下的美国与欧洲》（*Of Paradise And Power: America and Europe in the New World Order*），肖蓉、魏红霞译，新华出版社2004年版，第58页。

手此案再与法国人谈，法国人又很快就答应结案条件。李鸿章还纳闷呢，洋人怎么这么容易打发？实际上他不知道"普法战争"在欧洲爆发，洋人得赶快回去打仗。1900年，中国爆发"义和团"运动并被"八国联军"弹压。此后，中国陷入空前危机，洋人在中国东割一片土地，西割一片土地，中国濒临分裂亡国的边缘。然天助我也，1914年欧洲发生第一次世界大战，中国因此有幸脱险；更重要的是，这次机会使中国的民族资产阶级在洋人走后迅速发展，1926年开始北伐，至1927年北伐军至少使南方地区政治统一，这是很重要的一件事。从此中国开始上升。

第二次是抗日战争。日本在近代时候是在亚洲率先实施海权战略的国家。日本政府认为其本土太狭窄，资源缺乏，对海外具有很强的依赖性。领土狭窄，不足以应付本土战争；因此将未来可能发生的战争，远远推到敌国境内，是日本的最好的安全政策。它还认为，日本从地理位置上看很像英国，因此它必须有强大的海权并有日本可控制的安全外围国家和地区。1895年日本利用强大的海上力量击败亚洲最强大的中华帝国，并迫使清王朝割让台湾。日本从此打通南下南海最关键的一环。1905年日本又把俄国打败。此后它在东北亚地区迅速扩张。1910年将朝鲜据为己有，紧接着占领中国东北、华北，在中国南京扶持汪精卫傀儡政权。当时日本大体上已建成了以日本为中心的地缘政治环境。假设日本不发动太平洋战争，当时美国很有可能对日本在东北亚的势力范围实行妥协，由此带来的后果必然是中国东部被肢解成几个围绕日本的卫星"国"。日本当时执政的是近卫文麿政府，他们打算将对华战争在汪精卫伪政权建立后停下来。但日本军方不听，1941年10月东条英机组阁，偏要一打到底，与希特勒讲哥们义气，发动了太平洋战争。1937年卢沟桥事变和1941年袭击珍珠港得罪了亚太地区两个最大的国家即中国和美国，由此日本败局注定，而中国又绝处逢生。美国人在太平洋上把日本打败，原子弹直落日本本土。此后，日本自明治以来的一切"成就"灰飞烟灭。

我们中国人应该从这两次灾难中吸取怎样的经验教训呢？我们有人简单地将近代中国的失败归结为"经济不发达"或"政治制度落后"，这显然没有说服力。因为在1890年的时候，中国经济水平远远高于日本，而1933年时也是中国经济发展较好的时期。如果从军事上看，我们犯了忽视军事技术革命的错误。19世纪下半叶日本在亚洲率先接受制海权观念，大力扩张海军，这导致了中国1895年的失败。20世纪日本又注重制空权，中国在海上没有制海权的情况下，在陆地又失去制空权，结果又是惨败。而日本在太平洋被美国打败也首先是从失去制海和制空权开始的。有人说我们可以长期坚持游击抗战。并不是那样。红色高棉和塔利班都是游击战的高手，结果却并没有等到柳暗花明的来临。世界政治说到底还是大国政治，散兵游勇式的战斗，只能起辅助作用。好在天佑中华，毛泽东带着他的战友们来了，他带领中国人民建立了中华人民共和国，经过邓小平的改革开放，中国又一次在亚洲崛起。

显然，我们今后不能总指望老天给我们幸运，在中国经济已取得巨大成就的今天，我们还应在军事高科技领域有所作为。

那么，现代技术革命的特点应该是什么呢？笔者觉得从20世纪90年代之后，军事技术发展最快也最见效的是依托于卫星技术的信息革命；其标志是外层空间、空中预警和海陆空导弹精确远程打击力量的有机结合。精确取决于军事卫星从外层空间发出并被空中预警机先于敌方接收到的准确的情报，没有在这两个领域的技术领先地位，我们的任何地面或海空打击力量就犹如瞎子，再多的航空母舰或陆海空部队也只能是任由敌人宰割。因为你不知道敌人从哪儿来，也不知道人家在哪儿，根本没办法打仗。**外空和深海信息技术、空中和海中预警技术、陆海空远程精确打击技术，这三大不可分割并有机联系的技术链环是未来中国国防现代化必须攻克的关键。未来中国的海权不应当只是海军的职责，它实际是国家总体国防力量的集中表现，它应是在外空深海、空中预警等技术链的拉动和引导下，集陆海空导弹精确打击技术并被应用于海上作战的力量结构。**

我们这几年国防工业的发展已不足以应付安全方面的挑战，空中预警技术我们远未跟上。原因在哪儿呢？部分地在于我们长期买飞机，使国防技术研制链环中断。当然这出于各种各样的考虑，但是国防技术是不能靠买解决根本问题的。国防技术是世界保密性最强的领域，国家军事技术递次升级链条一旦中断，其性质无异于终断，很难接上。在中国的国防安全领域不应有东郭先生。20世纪90年代迄今，国际斗争留给中国最重要的经验是：今后不管经济发展的任务如何繁重，中国的国防技术升级链条在任何时候也不能中断。中国国防工业技术发展最快最好和最有效的时期是计划经济时期，新中国成立以来国防建设的重要经验应当是：市场的方式基本不能应用于国防战略产业的发展，绝对不能应用于国防核心技术的发展。国防产业的投入产出效益不是在股市指数中表现出来的。国防技术是世界上唯一不能自由进入市场并由短期利润主导的产业，它得按国家意志有计划地发展。曾有人反驳说，你搞大型飞机、空中预警，可是你有没有算过我们的投入产出和市场效益。我说毛泽东搞原子弹，其市场效益就是近40年的和平和有利于经济发展的安全投资环境，这是多大的市场效益！这个账怎么算？因此，国防战略产业根本不能用近视的数学曲线来描绘。

现在，我们已经加入WTO，卷入全球化了，中国的市场也日益依赖于世界。国家同理。家里人看天气预报，儿子在哪儿上大学或打工，做母亲的准保看那个地方下不下雨、冷不冷。经商与此同理，自己的钱投向哪里，利益走向哪里，投资人的关注点就投向哪里，安全就走向哪里。中国农户粮食卖到加拿大了，加拿大的政治就与他们家有关系，他们就得看加拿大的报纸，看哪个政府上台，它对自己的产品销售有利还是没利。中国既然已与世界产生了日益紧密的联系，就不得不从世界联系的角度看问题。

中国未来的定位是中等发达国家，但仅靠国内资源不足以支撑这个目标，所以我们必须参与世界资源分配。除非我们放弃这个目标，不然中国就必须拥有作为一个地区大国最起码的海权。而达到这个目标的第一个台阶就是台海统一，其次是南沙群岛。台海统一是世界发给中国参与世界事务的第一张资格认证书。东部沿海一带是我们的工业重心，统一后的台湾是保护我们东南沿海经济"软腹"的屏障；而南沙群岛则是我们寻求中太平洋国际资源的最起码的滩头堡。没有南沙群岛，我们就对通过马六甲海峡的中国海运安全没有起码的保障力。在海上有战略意义的岛屿，必有大国插手。现在印度都知道要关注亚齐问题。亚齐是马六甲西北出口处的属于印度尼西亚的地区，地理位置十分重要。目前亚齐部分人要搞独立。根据历史经验，亚齐从印度尼西亚的分离将会成为必然。历史上看，凡是海峡密集的地方必然出现小国，巴拿马、厄立特里亚、塞浦路斯、新加坡等都是这样。另外，印美矛盾很有可能就是中美矛盾之后的下一个世界性的矛盾。届时，从印度南部分裂印度就成了西方海权大国可能的选择。在斯里兰卡北部和南印泰米尔纳德邦之间可能还会出现小国。西方海权大国不会允许在世界海权心脏地区存在一个核大国。尼赫鲁对这样的危险早有预警，他告诉他的后继者，印度的前途要么是有声有色，要么是销声匿迹。在这二者中，尼赫鲁担心的是后一种危险。

十 赢得挑战才能获得历史机遇

东急西重仍是目前中国安全环境的基本特点。在东部地区，"台独"气焰越烧越大；在西部地区，一场阿富汗战争使美国军事插入了中国必须依赖的中亚石油的源头。前者挡住我们的财源，后者卡住我们的能源。美国前总统布什上台后把话说得很明白：中国是美国的潜在对手。有些人还抱有幻想，认为不至于吧。我们中国在1945年和1971年两次用体温暖活了美国这条已被冻僵的蛇，你苏醒后总不至于反咬我们中国。但美国为了自己的利益是要咬人的，不管你是敌人还是恩人，也不管你买还是不买它的国债。美国南北战争中，俄国人对美国人帮助最大，战后还将阿拉斯加卖给美国。但美国崛起后，美国人却将俄国人视为死敌，将昔日的死敌英国人视为挚友。国际斗争就是这回事。目前美国对中国的东西夹击使我们的安全环境处于相对困难的时期。但是，与英国的压力曾使美国破土而出一样，目前美国对中国的压力也使我们面临有史以来最大考验，这同时也使我们面临一次破土而出的和必须通过赢得挑战才能获得的历史机遇。

第四章　世界地缘政治体系与中国国家安全利益

第一节　全球化进程中的中国国家利益

一　政治命运掌握在自己手里的全球化才有意义

目前的时代不是以和平与发展为主题的时代，只可以说是以和平发展的愿望为主题的时代。愿望之所以强烈，是因为这些年中国的安全环境日益险恶。要谈和平与发展，不能只用人们的善良愿望为尺度，而应以事实为依据；我们只能从具体问题中说什么是真理。科索沃战争之初，过惯长期和平生活的南斯拉夫人已不知战争为何物，一人戴一个靶星，站在桥头上，都是知识分子。他们认为西方讲人权，不会真打你，后来就没人出来了，因为他们看到打来的导弹是真的。所以我们要从具体问题而不是从人的善良愿望中谈真理，谈和平与发展问题。

美国并不反对中国发展，但他只是要中国就在自己内部"发展"。而中国这么大一个基数，如果发展起来，没有外边的资源是绝对不行的。这就说到全球化是怎么回事。全球化是资本出现以后的事。起初它是一个小辐射点，但要命的是它的吸收力很强，能吞噬一切；它摄入的多释放的也多，前者需要资源，后者需要市场。

有一种理论叫外围理论，就是说资本中心国家的发展前提是资本外围国家的存在。最早制造资本外围的国家是英国，最早经受经济全球化冲击并由此形成多极化起点的国家是拿破仑时期的法国。中世纪的法国有赖于较好的地理位置，参与地中海的贸易，地中海的贸易有一条商路经法国直通北欧，法国因大量的中介贸易而较早繁荣。但这是一种很可怕的繁荣，也就是说，它从中介交换而非直接生产中获得大量商业利润，这种利润不是基于本国的生产力而是基于商业交换，就像人吃了某种激素后的虚胖，其实这是没有力量的，拿破仑前的法国就是这样。

英国开始是很落后的，它是先学习法国，引进法国的技术。有人说英国人很狡猾，其实历史不能仅凭狡猾创造。技术和技术人才是永远流向需要它们的地方的。当时英国资本主义已经开始了，它从圈地运动开始，当时规定城里人都得就业，不就业就是犯罪。当时没有失业，工人只有加班加点地干，因为生产力太强了，市场也广大，生产力转得很快，产品出来以后就到了法国和其他殖民地。法国人看到本来比自己落后的英国，怎么过了几年比自己还发达，于是要发奋学习英国。

法国大革命是1789年发生，大约三年前即1786年的时候，法国跟英国签了个《伊甸条约》。这个条约给法国带来了大灾难。当时法国想：我拿我的葡萄酒——与我们中国拿农轻产品一样——换你英国的工业品，我有了钱以后再把生产力慢慢调整过来。想得挺好，但它没有算出一笔账来，人家工业品的价值和你农产品不能比，人家产品附加值高，双方交换剪刀差太大。结果英国商品一进来，法国农民一下子被冲垮了，解体也早。我们在学历史时学过法国最早出现自由农，其实，这是中世纪经过法国的大量中介贸易产生的大量商业资本所致。自然经济下的小农业国家一碰到货币和商品就会被冲垮并产生社会动荡，这是一条历史规律，也是我们应注意的治国规律。

英国商品涌入法国，法国许多农民破产了，没活干，就涌到城市，1789年前后涌到城市的人太多，城里无法容纳，于是这些人就干"革命"。愤怒出诗人，愤怒也出理论。所以法国大革命时代的理论成就很大，人权理论等都是那个时候出来的。大家都知道法国是人权主义、自由主义思想的发源地，但是断头台和拿破仑集权也是那个时候的法国产品。所以说我们在研究这个问题的时候一定要看到：**法国对世界的理论贡献是伟大的，但法国人民自己经历的这一段历史也是很残酷的。**先是吉伦特派，后来是雅各宾派，雅各宾派实行红色恐怖，丹东代表商人利益也被杀了。但最后还是解决不了问题。拿破仑看到了问题根源在于英国工业对法国的冲击。德国经济学家李斯特说拿破仑这个人幸亏没学经济学，"这对于他，对于法国，真是一件好事"。李斯特还转引拿破仑的话说，谁要是信奉自由贸易（现在叫全球化），谁必将被打得一败涂地。[①]

只有将政治命运掌握在自己手里的全球化才是有利的，而掌握命运的手段历来都是枪杆子而非嘴皮子。拿破仑在军事上是天才，他对当时的"全球化"是警惕的，他认为"自由贸易"即当时的全球化要首先有利于法国。他先解决土地问题，《拿破仑法典》的核心问题就是土地问题。土地问题实际上是叫人人都有饭吃。农民太多，城里就业容纳不了，那就每人一小块土地。他采用新的战争方式，大规模地用火炮。当时都是步枪，炮是次要的，拿破仑把炮当做主要作战手段。拿破仑在整个欧洲用炮开路，再加上散兵战术，将欧洲贵族的"宋襄公"式的僵硬队列打得一败涂地。同时再把整个欧洲封建制度打散，将欧洲庄园农奴变成自由农民，继而使自由农民变为法国资本可以剥削的自由劳动力。同时他也不准英国商品进来，他人为地用战争制造市场。这个人很聪明，1806年制定了一个大陆封锁令，明令所有的欧洲大陆国家不准跟英国进行贸易交换，但同时他把法国的工业资本家启动起来垄断欧洲大陆市场。

1798年他出兵埃及。当时能看到这一点是非常了不起的：他认为埃及是英国进入印度洋的一个咽喉地带；另一个是马耳他。从这两点可以将英国与其殖民地的利益链掐断。英国一旦失去殖民地，就跟外围世界脱离了关系，没有海外资源和利润，英国国内就会出现经济政治危机。

这种判断即使在今天也是正确的。在今天不管西方国家国内情况再好，只要能源危机一出现，石油价格上升，经济就会发生危机，本国人民就会抗议，再继续下去就是罢工了。所以西方人必须牢牢地控制外部世界，而控制外部世界的重要方式就是拥有强大的海权。但拿破仑时期的法国并不是一个海权强国，英国在海上打败法国舰队，拿破仑就没有办法了，就只能使劲生产自己的产品，与英国抢欧洲大陆市场与资源，这跟希特勒的欧洲政策及日本"大东亚共荣圈"的政策是相似的。日本也是叫商人先启动，机器转，商品依靠军事被强行推入亚洲。不同的只是当时拿破仑打的是封建势力，所以说他是进步的。

尽管拿破仑军事失败了，但法国在经济上却胜利了，战争结束以后，

① [德]弗里德里希　李斯特：《政治经济学的国民体系》，陈万煦译，商务印书馆1961版，第69页。

法国成了挤入资本中心的第一个资本主义国家。所以说资本多极化和全球化的互动关系及其进程，就是从这儿开始的。法国积极介入这一过程，既阻挡住全球化对自己不利的方面，又利用它对自己有利的方面。法国挤进资本中心国，也就是那时的"北方国家"以后，生产力一下子上去了。此后英法就联合了。现在看七国集团，绝大多数国家都是经过战争打进去的。战争，对于处在多极化层面的国家而言，在许多情况下，无非是一种掌握自己政治命运的强力手段。

二 大国制衡是美国亚洲政策的基点

在台湾的问题上，我们要清楚一点，美国并不希望台湾真独立，为什么？美国是一个海权国家，更关心对海上通道的控制权。对美国而言，台湾的作用就是让中国不要出海和阻止日本南下。但同时美国也不想背台湾包袱，希望中国把台湾管着，但又不能由中国大陆控制。设想台湾如果宣布加入美国，美国也不干，因为它太远，会成为美对华关系中的一个负担。因此它并不真希望台湾完全独立。但如我们计得太厉害了，那台湾独立也不是没有可能的。得让台湾的"台独"分子有些压力。巴拿马就是如此，哥伦比亚将它放了，它也就独立了。不过那个地段对美国而言，远比台湾关键。美国希望台湾保持事实独立状态，[①]让台湾与日本、菲律宾一起

① 1964年9月11日，美国发表的《国家政策文件》前言第二部分"美国未来5年的战略"中提出使台湾"保持武装力量足以支持美国的安全目标"、"增加台湾人参政比例"、"增加台湾人的影响"等建议，最终目标是"我们不应采取'两个中国'的政策，同时我们应在经济、政治和安全政策上帮助台湾作为一个独立国家生存下去"。该文件声称："这是可能的，也是这个岛屿长期孤立于大陆中国的必然结果。"1968年4月30日，在美国国家安全委员会工作的詹金斯在推荐给美国副国务卿罗斯脱的《美国对中华民国政策》的报告中认为："台湾的'台湾本土化'正在缓慢但却是稳定地进行着，而且这一趋势符合美国的利益。我们无需公开表明美国预见到了一个可能最终独立的台湾，而且我们的防卫义务当然也应保持不变。"詹金斯说："多数意见认为台湾正坚定地走向本土化。许多人，特别是费正清认为，从现在的趋势就可判断出最终独立的前景。"詹金斯表示："这篇报告的思维方式是现实的，但我希望涉及这一主题的'自由主义者'将不会为了过早地'清除中华民国的神话'，便以此报告对远景的估计作为依据。"詹金斯"要求中情局就这一趋势作中肯的研究"。詹金斯的观点受到重视，1970年被任命为美国国务院中华人民共和国、蒙古事务科科长，1973年至1976年任驻华联络处副主任。其间随尼克松访华。详见陶文钊主编《美国对华政策文件集1949—1972》（第三卷上），世界知识出版社2005年版，第420—422、424、434—435页。

把中国大陆挡着，别进入太平洋。美国现在的亚洲战略就是让亚洲人打亚洲人。说美国是单边主义，实际上是对美国不理解，美国人也是搞多极化的。美国人搞多极化的思想跟美国的经验有关系。美国第一次发大财的时间是20世纪50年代。第二次世界大战后，美国就像一个发了财不知道怎么花钱的暴发户，上来就打朝鲜，它当时觉得自己特别能干，谁都不怕，打进去之后就栽了；后来又打越南，又栽了；最后出了个尼克松，他给美国人一个多极化思想，他说世界分为五极，美国应当通过多极间的制衡来主导世界。这个思想美国一直坚持至今。

事实上美国也是从19世纪以来的多极化浪潮和反对英国的霸权中走出来的。现在的美国与当年的英国一样，尽管不希望，但它也承认多极化。它明白这个道理：挡不住，挡不住它就承认了。美国在20世纪50年代认为整个世界在第二次世界大战中衰败了，只有它是老大，在这种情况下它的部队见谁就打，当时对欧洲特别蛮横，对亚洲也不让，这有点像美国前总统布什。后来经过朝战和越战，特别是与苏联的勃列日涅夫交手后，觉得不行，最后改变方式，自己"退居二线"，让亚洲人打亚洲人，也就是学着英国人"光荣孤立"的外交政策搞大陆政治平衡，用间接的方式控制世界。英国人长期搞平衡，它这样才控制着欧洲大陆。英国在法国和德国之间搞平衡，谁都不能太强大。德国如果跟法国联合起来，就把俄国拉进来与它们斗，如果俄国与法国、德国联合，就拉日本在东北亚牵制俄国。如果谁起来了，就用强的压一压；等强的起来后，再把那个弱的抬起来与强的抗衡。英国用这种方法控制了欧洲大陆好几百年。后来将这种方式用于殖民地国家。开始美国不知道怎么搞，到尼克松、基辛格的时候明白了，也得搞大陆制衡。

美国未来对华政策的底线在哪呢？它真的就是想彻底肢解中国吗？恐怕不是。怕中国崛起吗？恐怕也不完全是。笔者认为它只是想瘫痪中国，这是军事上"瘫痪战"的政治运用：让中国处于半死不活，既发展又不能健康发展的状态。美国不愿让中国彻底垮掉。因为那样一来，日本、印度、俄罗斯都起来了，亚洲大陆平衡打破了，美国还得费力填补力量真空。20世纪日本崛起并于40年代向美国宣战，美国才意识到中国抗日对美国的意义，开始帮中国。美国现在对中国也是这样，除非中国像苏联那样自垮，一般而言，美国不会让中国彻底垮下去，中国彻底垮下去日本就起来了。

日本20世纪30年代起来以后把我国东北、华北、华东、华南都肢解了，将它们拼凑成了几个小"国"，接着就向美国人宣战，发动了太平洋战争。

现在美国正在将西太平洋上的"潘多拉盒"打开，美国藏在后面，准备到关岛那边去。美国原来的重点在东北亚，美国人说东北亚有危机。美国大事渲染的目的主要是要在东北亚上空悬一把达摩克利斯之剑；这样它才能启动日本，继而启动台湾地区、菲律宾和澳大利亚这一线，用它们堵截中国。它不好直接说中国有威胁，就说朝鲜有威胁。朝鲜经济那么拮据，怎么能打仗啊？日本随便拿出百分之几的武器就能把朝鲜灭掉，怎么能说朝鲜威胁日本呢？日本的武器装备、军费都能把朝鲜天地铺一遍，而朝鲜却连自卫的力量都不足。事实上不是朝鲜威胁了日本。20世纪90年代后期，开始炒作所谓"东北亚危机"，现在怎样呢？现在是日本而不是朝鲜已将士兵送到印度洋和伊拉克。美国现在又开始启动台湾地区，估计它会把台湾独立的可能性进一步放大，一直放大到快独没独那种状态，借此迫使中国对美国有所依赖。

大陆国家崛起的条件是要有相应的安全外围和相应的制海权。20世纪30—40年代日本在中国东部地区制造了一些"卫星国"，苏联起来后曾将东欧国家变为自己的卫星国。现在，如果西藏、新疆"独立"，一些国家就可能会北上和南下分割中国西部地区，将这些地区变为它们的安全外围。美国不喜欢它们这样，它希望中国拖着周边亚洲大国，以便于美国控制亚洲地区。但它也不想让中国发展到可以挑战它的霸权地位的程度。

三 美国只希望中国在消耗自己国内资源的前提下发展

现在大家都说，社会主义就是解放生产力，现在看来，仅强调生产力会出问题。生产力实际上是一个国家和社会的"肠胃消化吸收能力"。保持好的消化吸收能力得有两个前提，一个是资源，另一个是市场。所以肠胃消化吸收强未必绝对是好事，这要取决于你有多少资源可供应。其次是有多少市场占有率，一个进一个出，这才能形成一个完整的经济循环系统。如果两个前提都没有，只强化消化吸收功能对人的健康将是很危险的。美国不怕你消化吸收功能强，你可以解放生产力，美国只管世界资源和市场。只要你没有支持日益巨大的生产力的资源和市场，最终你只有吃你自己：你先吃国内资源，国内资源吃完了再吃自己的身体，也就是底层劳动力资源。我们过去是产品短缺，现在是资源短缺。我们开始只知道中国地大物博，20年过去了，现在产品是极大地丰富了，可资源也耗得差不多了。

生产和消费就其本性而言，应是平衡发展的，但是资本出现后，使用价值和价值出现了对立：价值的一方就一定要消灭使用价值的一方。商品和利润使人群两极分化，只要有商品，只要有资本，它必然分化。本来买和卖是统一的，中间有了资本利润，大家为了追求利润，就必然出现分化，把本是整体的人群给分割了。大家看《资本论》第一卷最后一章和恩格斯写的《英国工人阶级状况》，那个时候工人的生活是很惨的。这不能全怪资本家，资本家只是人格化的资本。资本一出现，人类社会就会畸形发展。

今天这个世界似乎倒过来了，搞社会主义的突然发现自己也有了资本，搞资本主义的发现国内有点社会主义因素，比如政党和国家的功能在下降。美国的政党成了仅仅用于竞选的工具，欧洲的国家边界和功能日益模糊，现在的欧盟倒有点像马克思预见到的自由人"联合体"。

难道马克思错了？其实不是。这只不过是西方人用更大的即世界性的贫困、更大的两极分化，将原本发生在国内的无产阶级贫困化进程转移到南方世界，从而用主要来自南方世界的大量利润和财富来让本国人享受社会主义的局部成果。结果历史验证了列宁的判断：世界成了压迫民族和被压迫民族的集合体。第二次世界大战后出现的南北矛盾本质上说是过去发生在资本中心国家内部的资本家阶级与工人阶级矛盾国际化的表现形式。

美国是怎样解决资源和市场问题的呢？它国内的工人和资本家联合一致，共同剥削南方世界。北方人吃南方人，用列宁的话说就是压迫民族压迫被压迫民族。现在的情况是：北方国家的人一致剥削南方国家的人，大量资源和利润回流到北方国家，才能在北方国家中培养出一个人数居多的中产阶级，中产阶级的人数是社会稳定的最重要的指数，也是民主政治发展的基础。西方中产阶级占国家主体，所以它避免了阶级斗争的激化。

贫穷到了极端，阶级斗争就来了。活不下去的人必然要对现存制度提出挑战，较好的国际秩序与社会管理体制应该能最大限度地包容弱势群体，最好的国际秩序与社会管理体制应是富裕的中产阶级占国际和国内人口的多数。西方国家国内可以有一个中产阶级，但国际上它就造就不起一个中产阶级。全世界如果都进入中产阶级那就好了，但在以资本为中心的世界里，这是不可能的事，因为资源有限。现在南北贫富差距拉大，南方国家内部贫富差距拉大，穷人中再分穷人，分到最底层那些人，如果他们占人口的多数，那世界自然不会安宁。

由此可知，美国并不绝对反对中国发展，但只希望中国在消耗自己国内资源的前提下发展。要得到美国支持的前提必须是，中国你别出去。这边用台湾把你通向市场的路给封了，那边美国在阿富汗战争后又把你的石油进口截断。现在你胃口好了，但"粮食"即中国必须依赖的国际资源却控制在人家手里，结果是你就只有吃自己。先把国内物质资源耗尽，再耗国内人力资源。下岗工人和脱离土地的农民实际上是人力资源。下岗工人越来越多，现在还要把户口放松，大量的农民要进城，这从某种意义上对农民来说是件好事，就跟中国进入WTO从某种意义上对城里人来说是件好事一样：城里人在享受廉价产品的同时，也享受了廉价劳动力。农业人口自由进城，参与劳动力竞争，可以压低劳动力价格，对国家竞争力有利。但整个劳动力价格下降，在市场需求不足的情况下，就业就是一个很大的问题。一旦劳动力价格跌至劳动力简单再生产即自身生存和延续后代所需费用以下，在没有相应的社会保障的情况下，其后果是不堪设想的。

我们还有一个西部开发问题，现在还讲要有新思路，就是既要保证生态环境又要开发西部。各研究机关都在研究应该怎么办，采取什么战略。开发西部的难处在于，你如果控制住资源不让开发，可汽车总要跑，电厂总要发电，从哪儿来资源？如果国家管住，黑市价格就上来了，到最后还是把你的资源破坏了。农民要用游击的方式去挖资源的话，很难挡住。西方解决这一问题的办法是从外部进资源，只有从外部大量进口资源，国内才有发展与生态共生的情况。我们搞西部开发，在没有充分的外部资源补充的情况下，无他路可走，只能消耗自己国内的资源。

美国对中国的态度就是这样：你可以发展，并鼓励你发展。因为中国发展了可以扩大美国的市场。但前提是你不要到外部要资源。你自己耗自己，最后资源耗尽，内部动荡。清朝末期中国学西方，但没有意识到其政治后果，洋货一进来，中国南方小农民就解体。太平天国发生在中国南方，它要解决的核心问题是土地问题。中国进入WTO后，农民种粮食、种地就成了大问题。外资一进来，和外国的商品一样，中国粮食成本比外国高得多，这可能首先导致粮农大量破产。结果很可怕。洪秀全提出平均土地纲领，特别吸引农民。他10年工夫就打到南京，大清王朝半壁江山一下就没了。后来义和团又起来反对洋人，结果八国联军占领了北京城，列强商量着怎么掠夺和瓜分中国。你拿一点，他拿一点，中国就被瓜分得差不多了。最后调解人也多了，做调解人就得在中国捞点好处。现在是21世纪初，如果到2050年之前再出现这种情况，那从孙中山到毛泽东、邓小平这一百年左右的奋斗，就算白干了。一百多年的艰辛及其对中国人民的意义，可能孙中山那一代人清楚，毛泽东那一代人清楚，现在或下几代人就未必那么清楚了。

据中国历史经验，内乱是中国今后再也不能重复的死路。国内一旦乱起来谁也没办法，一些西方人，尤其一些日本人就希望你这样：只要陷入内斗，你就出不去了。出不去就不能在外面跟它们分享资源。你自己打完了，没人了，资源消耗也就降了下来，重新再来。再过几十年，等你生产力又强了并需大量资源时，西方人又开始堵你，再使你内乱。有人预言，2050年时中国需要多少多少资源，但前提是中国不能内乱。中国一旦政治内乱，生产力遭到破坏，资源消耗就会降下来。这对西方而言，何乐不为？

中国加入WTO受冲击最大的是中国农民，中国只有农业经济没有真正进入市场经济。中国的农业是小农经济，这一点决定了它的生产成本绝对高于西方大农业，在粮食价格上也无法与西方竞争。我们常说，中国农业是一个广阔的市场，这是不准确的。只有工业化和商品化的农业，才具有市场的价值。工业化和市场化的农业才能有竞争力。与西方比，我们远没有竞争力。现在中国城市迅速进入市场经济，农业却基本没动，农业经营体制当时叫做联产承包责任制，它本质上是小农经济，小农经济没有竞争力，也没有多少资本吸收力，因此，城市工业只有越来越多地依靠海外市场。这是第三世界在现代化进程中出现的普遍现象。

笔者看了一幅照片：一个农民赶着牛车，车上拉着一辆卡车空壳，赶车农民坐在车壳下面。我觉得这就是中国目前现代化的形象，牛背上的现代化，小农业撑着日益与"国际接轨"的所谓"国际大都市"。牛背上的汽车，如何跑得快呢？因此，建立在小农经济上的中国发展是很脆弱的，加入WTO以后最先冲垮的可能就是中国小农业。中国小农业非正常解体，在任何时候都是一种国家风险。这与全球化进程中的南北关系一样，南方垮了，北方还发展什么呢？所以邓小平告诉北方国家，要从全人类的高度看待南北问题。

四 如果沿着毛泽东、邓小平的道路，中国就会成功

现在大家都说要学西方，其实，美国人、西方人不希望你真学。你的生产力真的强了怎么办？美国用石油跟用水一样，它自己的石油不用，用外面的，美国有一半的石油要靠进口。它明白世界如果都像美国一样经济消费力和生产力强大了，世界资源根本就不够。它鼓励你民主，是为了"致残"你，而不是要你真的繁荣富强。你要是真正搞西方式的民主，特别是搞市场经济以后，美国又马上让你垮掉，让你分解。因此你必须用战斗来保卫自己。拿破仑、俾斯麦、华盛顿和林肯都是这样。法国之后紧接着是德国、美国，霸权的链条一个一个转换，先是英国打败西班牙，形成单极资本世界，法国向英国挑战，开辟多极化历史进程。最后美国又起来了，打败西班牙和英国后，在北美大陆崛起并进一步挤入远东。一直到第二次世界大战后，英国衰落下去，美国取而代之成为世界霸主。

美国实际上是英国的外化，它的外交政策是英国外交政策的继承和发展。当时从欧洲到北美洲的"五月花"号船载的是在欧洲受迫害的清教徒，他们是一群叛逆者，他们的思想奠定了后来美国的意识形态。

世界霸权链条一环扣一环，就这样一直延续到今天。大国通过这个霸权链条散发着巨大能量的同时，它也需要巨量的外部资源来滋养。中国跟美国的外交观念完全都不一样。我们觉得我们没有侵犯他国领土，并没有招惹谁。但美国不这样，它讲的是势力范围而不是领土范围，你只要实力伸进大洋就算侵犯了它的利益。它知道只要你有了制海权就有了分享世界资源的能力，它怕的就是这一点；而对中国来说，没有世界资源来支撑百分之几的生产力，生产力反会伤着中国自己。

目前的七国集团有一个特点，即在资源问题上它们是比较一致的，只是在市场问题上矛盾较多。它们一块儿打伊拉克、科索沃、阿富汗，就是

因为这些地方都牵扯到资源和地缘政治问题。所以全球化道路布满了陷阱。全球化和多极化有矛盾和冲突，多极化并不会因全球化而灭亡。在英国、西班牙之前的中世纪，世界最强大的国家是中国。唐帝国的时候，唐朝是世界的重心之一。那个时候中国是很了不起的，中国的重心地位是怎么建立的？它有它的经济基础，就是小农经济。这个经济也了不起，但不如资本主义经济。江山代有才人出，各领风骚数百年。我们那个小农经济的时代已经过去了，现在风水转到西方已有三百多年，将来是否能回来，这要看我们中国能不能越过今天美国人给我们设的坎。有可能越过去，也有可能越不过去。我认为，如果我们政策对，真正沿着毛泽东、邓小平的道路走，中国就会成功。

五　我们的国家安全观念也要面向现代化、面向世界、面向未来

跟美国交往，有人说你没有那个力量。其实国际交往也是心理交往，你这人有还手的能力，我打你的概率就小多了；如果没有，在国际舞台上，那你就得臣服于我。美国国防部长拉姆斯菲尔德最近说他过去经商时得到的经验是，在对手还没有崛起的时候，打倒他所用的力气最小。我们也应该明白这一点，及时做好准备。

党的十四大迄今，总体来说我们已经进入市场经济，我们经济"消化功能"强了。毛泽东时代我们没有感觉到这一点，计划经济，不需要多少消费，30块钱就够一家子用，吃的、穿的都很节省，那时候我们需求少；再就是国家控制强，搞基础建设，固定资产投资，不存在问题。但进入邓小平时代以后，邓小平感觉到我们不能老自守家门，好像各方面都很好，内部也比较平等，可是世界在竞争。当你的对手过分强大时，他才不管你好坏，还是要把你吃掉。所以邓小平提出走市场经济道路，要面向现代化、面向世界、面向未来。一旦你的经济进入国际市场，你的利益也就与世界的利益连为一体。

可持续发展使中国也需要国际资源。市场和资源是相连的。我们不能像用水一样地用石油，矿产资源总是有限的。这种有限性决定了市场经济条件下的劳动产品永远不可能充分涌流，因为资源极难再生。这样问题就

出来了，一国的产品多一点不要紧，市场大一点不要紧，但是没有资源的持续支撑，你的生产力和市场就不仅不可能持续发展，还有可能因此陷入不能自拔的经济政治危机。美国人明白此中奥秘，你要是与它分享世界资源，这无异于虎口夺食。

从20世纪50年代以后美国外交基本是围绕着控制海上线路即制海权进行的。制海权的意义并不是单纯为了保护美国的世界霸权，而是保护它对世界资源的控制力。它掌握了制海权也就掌握了国际资源和国际市场。与早年日不落帝国——英国一样，美国的商人走向哪里，美国的海军就走向哪里。这与人体一样，人的神经和肌肉长到哪里，他的骨头就伸向哪里。只有神经和肌肉而没有骨头和利齿的动物是不可能强大的。在大自然中能生存下来的不是肥胖的，也不是长得漂亮的，而是能跳能蹦、牙齿锋利的：那是狼、老虎。大熊猫是没有竞争力的，它今天能生存下来是因为有人类的保护。大自然实行的是淘汰制，历史上曾经有很多大帝国最后成了一个很小的国家。

我们的国家安全观念也要面向现代化、面向世界、面向未来。全球化过程不能不包括军事自卫手段的全球化。软的东西不管你是如何漂亮，总是要被吃掉的。危机时，光有商人在海外是没什么大用的。商人就是一国的肌肉和神经，骨头是有卫星导航并配有现代化作战手段的海军。尼克松说谈判桌上的胜利是在战场上取得的。历史如此，更何况人与人、国与国的关系呢？

国际关系是最自然的关系。最自然的关系就是"丛林状态"，这是霍布斯的用语。布什是坚信这一点的，他没有那么多学究气。美国的国务院是管世界的，他们认为世界的事就是国家的事，因为他们的利益已经融入全世界了。中国的利益已走向世界，因而我们无法回避自卫手段全球化的问题。发展是我们的"硬道理"，[①]但没有资源就不能发展。主权里应该包括发展权。这里暗含着一个关于国家安全的新观念。在新的安全观念中，安全不能只理解为国土不被侵犯，而应理解为利益不被侵犯。你的利益走多远，你的安全前沿就应该有多远。现在大国利益已经进入了外层空间

① "要注意经济稳定、协调地发展，但稳定和协调也是相对的，不是绝对的。发展才是硬道理。"邓小平：《在武昌、深圳、珠海、上海等地的谈话要点》，载《邓小平文选》第3卷，人民出版社1993年版，第377页。

了，所以安全概念就得进入外层空间。这跟小农种地的观念不一样，只要你不占我的土地，不抢我的粮食，不杀我的人口，就算是安全。我们现在的利益已经走向全世界，中国的外贸在国民经济中的比重占近1/2，外贸对经济的拉动力如此之大，我们却在外面没有军事自卫力量，其结果将是很危险的。在全球化时代的今天，国家强大与否的标志不是由GDP指数堆起的"体重"大小，而是由这个"体重"转化出来的对外辐射能量的大小。与人的存在和发展的道理一样，体重只能反映一个人的存量，而其行动的对外辐射度则反映这个人的发展能量。

中国未来新安全概念应分为两部分：一个是边界安全即本土安全，另一个是安全边界即利益边界。边界安全是有限的，而安全边界应当是无限的。仅就国与国关系而言，安全边界越远，边界安全系数就越大。如果边界安全和安全边界两线重合的话，国家的安全系数就到了底线。比如前一阵，美国的飞机过来在我们这儿撞一下，它倒觉得自己没什么错。可是如果中国的飞机到夏威夷转一圈，估计它又可能来一个"误打"。军事自卫手段和全球化是联系着的。英国的商人是由最早的商团来保护的，那就是海军的前身，这些人后来摇身一变就成了海军将领。这些事情都是连着的，我们不能那么书生气。

大国崛起的一个关键是制海权。过去的制海权只要有军舰就行了，我们在清朝的时候国家财富不少，就是战斗力差，战争一旦发生就没辙。作战方式的变革是一国军事力量的灵魂。过去人们只知道陆战，后来战争出现在海上和空中，其特点是部队机动性特别强。

未来战争可能不是以前世界大战那样的打法。核武器出现以后，大国之间直接的无限战争就基本没有了，更多是代理人战争或是有限战争。越南战争、朝鲜战争都是代理人战争。有限战争的失败有时更多地就是国家的失败。殷鉴不远，1840年的中英鸦片战争、1894年的中日甲午战争、1904年的日俄战争，都是有限战争，败了国家就败了；朝鲜战争，中国赢了，国家就赢了。所以说，国富并不意味着国强。

历史上许多事是需要勇气来完成的。毛泽东在1950年一年中干了三件对国家具有深远意义的大事：1949年，中华人民共和国成立，国家还没立稳，毛泽东第二年就发兵西藏。大家都知道印度是1947年独立的，那时候我们正在与国民党打得如火如荼，而部分"藏独"分子已开始加强与印度的联系。毛泽东看到问题的严重性，他刚把国民党打败，就立即发兵西藏。试想如果1962年中印之战提前14年即在1948年发生，那时我们无力西顾以阻止入侵，后来谈的最好的结果可能不会是今天这样。在重大历史关口，政治家犹豫不得。只有将主权抓在手里才能说是你的。如果当时不拿下西藏，我们现在可以设想是什么结果：四川就得驻很多军队，我们的长江源头就在人家手里攥着，这些都是很危险的事。

另一件事是毛泽东在中国最困难的时候出兵朝鲜。抗美援朝，当时争议比较多，有人不太赞成。当时的东北就相当于现在的上海，工业基地在那边，如果在那个时候美国打下北朝鲜，美国就会威胁到我们的经济命脉。毛泽东出兵，结果打赢了。也有人说打平了，其实我们那么穷和美国打，打平了就是打赢了。虽然我们的牺牲很大，但是打出了新中国的威信。国际威信有时候不是你说说就能立得住的，那是枪杆子里才能出来的。当然不是说所有问题都用枪杆子解决，但关键时刻还是要用枪杆子。1955年中国参加万隆会议，中国多风光，周总理上去讲话，下面掌声不断，因为中国把当时不可一世的美国在朝鲜打败了，世界就承认你了。1950年抗美援朝的外交意义就是我们强力突破了美国的封锁，走上国际舞台。朝鲜战争之后，东北亚一直无大战。

在出兵西藏和朝鲜的同一年，毛泽东还以铁一般的意志在国内开展"镇反"，这对一个新政权非常重要，其意义不必赘述。这里需要强调的只是，当时我们正处在最困难和最穷的时期，是"综合国力"中物质条件最差的时期，但毛泽东却在短期内用枪杆子完成了对中国未来无论怎么评价其意义都不会过高的伟大事业，这不能不对我们有所教益。

考虑国家安全问题时应该想得远一点。在亚太地区，美国和中国是对该地区稳定有制约力的两个大国，如果中国撒手不管亚太地区的事，美国也包揽不下来。20世纪70年代，苏联在亚太地区发起咄咄攻势，对美国形成压力。美国要解决亚洲问题，出了事就找中国。其实美国瞧不起日本，大家看看日本的政治地理：北方俄国踩着它的尾巴，南方美国牵着缰绳，西边还有一个中国不停敲打它的脊梁骨。它的航空母舰没有用，中国的版图本身就是一个大航空母舰。美国如果真对日本好，就应该帮日本把北方四岛拿回来，可美国从没热心过此事，想必美国对日本重新进入台湾地区也会有更多的戒备。

"台独"分子就更不行了，李登辉实际想带着台湾入日本，日本想接又不敢接。日本太脆弱了，经济、政治都很脆弱。但如果中国内乱，日本就有机会崛起，这是毫无疑问的。日本为什么在1937年发动全面对华战争？日本一直想让中国在国共内战中自耗国力。张学良明白日本人的心计，痛陈蒋委员长内战亡国的道理并在1936年年底发动西安事变，此后，国共开始合作。日本此时认为不能再拖了，所以1937年发动全面侵华战争。如果国共当时不合作，中日全面战争可能还会推迟。日本当时就是叫你中国自己内乱，内乱越大越好，军阀混战最好。20世纪中国军阀混战时，日本人获利不少。今天日本的一些政客正在等待这样的机会再次降临，美国人正在制造这样的机会，不同的只是日美对中国的期盼值是不一样的。

美国一国不能包揽世界，这是尼克松、基辛格留给今日美国人的外交思想遗产。尼克松对美国外交思想的贡献在于他使美国从单边主义回到老牌英帝国的大陆均势政策上来。在欧洲，美国与欧洲是盟国关系，但也不全依靠欧盟；美国在欧洲也学着英国用俄罗斯来制约欧盟的策略。冷战后，俄美关系改善，这是因为欧盟起来了，美国需要调动俄国这个长期被冷落的棋子以制衡欧盟。

大国，尤其是海洋大国制约陆地国家的策略就是利用大国相互制衡。从历史经验看，中国即使垮了，也垮不到哪里去；即使真的崛起了，美国也不是绝对不能接受。问题就是看你愿不愿意强力越过这个坎。但如果你真的衰落越过一定的底线，美国还会帮你。研究一下20世纪初美国对华政策，当时欧洲列强都要肢解中国，美国却说要保证中国领土完整。美国是不是好呢？它也不好，它就是让你处于瘫痪的完整状态，别真的不能动了。不然，它还得重新再培养一个同等力量的国家，用它扯着周边国家，当然也用周边国家扯着你。美国对华政策的上限是确保你不能影响到它的制海权，尤其是不能在海上的关键地区对美形成挑战，其下限是保证亚洲大陆的大国力量制衡。

六　中国要大力发展海洋和外层空间的自卫力量

在中美关系中，中国要有一定的反制力，这样反会带来和平，这与中国有了原子弹后反倒获得了这几十年和平的道理一样。第二次世界大战后五十多年的和平说明战略平衡而不是一相情愿的和平愿望才是和平的基础。如果我们不内乱，稳住并崛起了，中国将是美国在亚太地区必须依靠的朋友。

台湾问题，既是中国的主权问题也是中国的海权问题，海上没有力量，陈水扁才敢这样。大家知道解放战争中，毛泽东用的"北平方式"：为了保护北平城里的文化古迹和减少不必要的伤亡，毛泽东把周围都打下了，把北平抱在怀里后，再与傅作义谈判。今日台湾已取得的经济成果，也是我们中国的成果，能完好保存又能使其回归中华人民共和国，可行的方法是将其完整地纳入我们强大海军的怀抱。中国有可能实现台海地区的和平统一，但中国若没有其辐射力远远超出台海地区的海上军事力量，则不能完成和平统一。国际和平，似乎永远是威慑的产物。战争不能仅仅是"不得已"的事，而应当是依你拥有的手段，连你的对手都不怀疑你要打就能随时打赢的事。我们不能长期忽视海军，中国的海军力量处于相对弱势，"台独"分子才敢跟大陆作对。因此，中国要大力发展海上和外层空间的自卫力量，这里是中国国防安全的"阿克琉斯之踵"。有人说，不敢呀，不能这样做，不然正好授人以柄，说"中国威胁"。但正是中国在朝鲜战争中打败了美国，周总理在万隆会议上才得到东南亚国家的敬重；正是中国政府支持钱学森那一代人研究和发展原子弹，中国才有五十多年的和平。[1]中国是大国，与小国不同，大国的存在和别人对大国的态度，都是有很强的原则的，而原则问题是忽略不过去的。

中国只有脊梁强硬，和平机会才会更多；只有有所准备，才有可能争取到和平。毛泽东敢于准备，到最后中美关系反倒好起来了。尼克松跟高举"打倒美帝国主义及其走狗"大旗的毛泽东握手后，就把蒋介石抛弃了，当时日本吓得不得了。美国人是典型的实用主义。美国人的"朋友"，就是打不败的对手。有人提出一种理论说中国跟美国在亚太地区来个"软挤压"，可是对大国来说，"软挤压"什么时候成功过呢？英国对

① 1964年10月中国核试验成功。11月23日，美国白宫官员柯莫在致总统特别助理邦迪的信中写道："北平的核试验极大地显示了'红色中国要留在这儿'。它摧毁了蒋介石关于内战仍在继续的主张（这个可怜的人也知道如此）。"陶文钊主编《美国对华政策文件集1949—1972》（第三卷下），世界知识出版社2005年版，第594页。

西班牙，美国对英国，都不是靠"软挤压"冲出霸权压迫的。你说你软，人家用的是根针，一捅你就破，所以针对针，芒对芒，才有可能获得一定的发展空间。中美矛盾和冲突是中美之间做朋友的前奏，我们就要用辩证的观点看待中美关系。

军事自卫准备绝对必要，军事准备的突破口在海军。在亚太地区要拥有适度的海权。否则西方用一个莫须有的借口，就会扼杀你的全部经济政治成就。曾进入中等发达国家行列的南斯拉夫的命运就是这样：怎么几十天的时间，南斯拉夫就完了呢？南斯拉夫曾经跟美国非常好。也有人曾说它是国际共运的"叛徒"，它不管，就是要走中间路线。苏联解体后，美国翻脸不认人。南斯拉夫败在哪儿呢？从军事上说，它败在海上。南斯拉夫没有制海权，它处在海边，最好打。从地缘政治来说，苏联解体以后，波罗的海三国，捷克、匈牙利和波兰倒向西方和北约，剩下就是巴尔干了。西方先从中间捷、匈、波（兰）三国突破，1999年这三个国家入了北约。南斯拉夫一直持"不结盟"外交路线，科索沃战争中被打得没办法，要加入白俄联盟，放弃了不结盟政策。现在国家失败了，并且把米洛舍维奇出卖了，卖了十几亿美元，据说西方至今并未兑现。亡国是件难以用语言表达的悲惨事。

世界地缘政治利益分为关键利益和一般利益，而决定世界地缘政治利益对比关系的主要指标是看关键利益控制在谁手里。世界地缘政治的关键利益可以用"一个中心、两个基本点"来概括。一个中心，就是包括中东在内的大中亚地区[①]和印度洋海区；两个基本点，就是两洋即以欧洲和亚洲大陆为依托的大西洋和太平洋地区。中东、中亚地区是欧亚大陆的结合地带，经典地缘政治学认为它是世界地缘政治的"心脏地区"，甚至认为谁控制这一地区，谁也就控制了世界的关键；当然谁控制了大西洋和太平洋及其所依托的欧亚大陆的关键地区，谁也就控制了世界的全部。

看看美国以前做了些什么，就知道它以后要做什么。苏联解体以后世界一片混乱，当时美国也不知道该怎么办，它有些军事力量要从一些地方撤回。从美国战略利益考虑，美国最大的失策是帮着阿富汗人赶走苏联人后，却没在阿富汗留下足够的影响，塔利班反美后，美国还得重新派军队。20世纪90年代初，当时的世界真是陷入一片和平与发展的情绪之中，

---

① 这里使用的"大中亚"概念包括中亚、中东和南亚印度洋北岸地区。下同。

这种情绪现在还在影响我国相当一部分文化人。但是美国很快就清醒了，紧接着就是北约东扩，1997年启动，1999年初步完成。过去苏联的势力范围现在都被纳入西方。俄罗斯的边界安全已与安全边界接近重合。

在太平洋方面，美国人乘胜进取，先启动日本，紧接着就启动台湾地区，那边启动菲律宾，现在是澳大利亚，然后印度，这是个T字形，沿着中国做完了，剩下只有中亚。1999年美国就想动手，当时导弹打了阿富汗，但全面动手还没有找到合适的借口。2001年7月底，美国国务卿在澳大利亚表示要建立韩、澳、日、美四国对话机制，相当于小北约。事后不久，"9 11"事件发生，美国就立即挥师阿富汗。

在国际政治中不能有过多的牧师情怀，联合国本是大国战略平衡的产物。大国战略失衡的情况下，联合国不能起到太大的作用。国家竞争凭的是以军事力量为核心的实力，和平是建立在战略平衡基础上的。不打仗，不是和平的真实标志。奴隶与奴隶主之间也有"和平"，但这不是真实的和平。[①]有人说现在的日子不是过得挺好嘛，只要富裕就行了；高行健说祖国是随着他走的。这使我想起第二次世界大战前的犹太人。自从罗马人把犹太人屠城驱散以后，"祖国"就随着犹太人走了，最后走到纳粹的焚尸炉里了，从纳粹集中营逃出来的犹太人建立以色列国家。从此犹太人就有了强烈的甚至是极端的国家主义心态。极而言之，今天以色列人的爱国心是从纳粹焚尸炉中炼出来的，而不是从金钱堆中爬出来的，更不是靠几本小说就能写出来的。现在伊斯兰恐怖主义那么厉害，但打不败以色列人。所以，没有强烈的国家意识，没有足够的军事自卫手段，财富随时都能被人剥夺，而不管这财富是国家的还是私人的。

我看过一幅漫画，叫《烹饪自学》。画的是戈尔巴乔夫时期的一头俄罗斯大熊坐在开水锅里，锅旁边有各种美国配制的调料，熊手里捧着美国人编写的《烹饪自学教材》。熊一手捧着书，一手往锅里放着美制调料，

---

① 洛克说："如果世上的和平只是由强暴和掠夺所构成，而且只是为了强盗和压迫者的利益而维持和平，那么世界上将存在什么样的一种和平。当羔羊不加抵抗地让凶狠的狼来咬断它的喉咙，谁会认为这是强弱之间值得赞许的和平呢？"（[英]洛克：《政府论》（下册），商务印书馆1964年版，第138页。）卢梭说："监狱里的生活也很太平，难道这就足以证明监狱里面也很不错吗？被囚禁的西克洛浦洞穴中的希腊人，在那里面生活得也很太平，可是他们只是在待着轮到自己的被吞掉罢了。"（[法]卢梭：《社会契约论》，商务印书馆2003年版，第11页。）

煮自己。锅也是美国人为它设计好的，它往里跳。当时是戈尔巴乔夫先往里跳，他是糊涂到底了。国家失败对俄罗斯民族的心理冲击是很大的，是无法用语言来表达的。所以空论没有用处。综合国力，综合安全的核心是军事实力与国防安全。没有军事实力为后盾，理论架子再大，一点用都没有。但愿中国人不要走上戈尔巴乔夫的"新思维"之路。

美国只出了两届牧师式的总统，一届是威尔逊，一届是卡特，卡特在美国人评分中是最低的。卡特是学技术的，热衷于到处宣传人权，勃列日涅夫不管那些，差点将美国赶出印度洋。[①]今天的美国人已没有那么多学究气。

尼克松对地缘政治理论最伟大的贡献之一，是把地缘政治和资源政治结合起来了：哪里是资源的中心，哪里就是地缘政治的中心。在尼克松之前谈地缘政治更多的是谈地理环境，所以有人叫地理政治。如果说过去的地缘政治是围绕着市场走，那么，当新兴工业国家大量出现后，地缘政治就应该是围绕资源走的。资源当然指的是稀缺资源。如果有一天只有少数人能够享受阳光的话，地缘政治的中心肯定就是太阳，争夺的对象就是阳光。人生活的基础是什么，人就争什么。在共产主义没有到来之前，这是必然的。原来种粮食靠土地，大家就争土地，争人口，争制陆权；现在靠国际市场和国际资源，于是大家就要争制海权。

---

① 1976年，吉米　卡特当选美国总统（1977—1981）。"这位美国国总统虽然在佐治亚州有很好的政绩，但对如何掌控世界头号强国的外交政策并未做好准备。他身处核子时代，面对20世纪70年代末的变幻莫测的世界，执掌美国大权和负责美国外交的人却没什么国际关系历练。""作为一位善良而正派的人，卡特也相当傲慢，他以为能够撇开前任的失误，重新开始一切。像半个多世纪前的伍德罗　威尔逊一样，卡特指责前任政府的自私自利的现实政治，宣称美国的目标是重建其理想中的社会。对新生人权的不倦的追求将是卡特政府外交政策的核心。""但结果却把朋友和敌人都搞糊涂了。""勃列日涅夫认为，美国由于越南战争和水门事件丑闻而遭到削弱，而由一位优柔寡断和懵懂无知的总统领导着，此时此刻正是苏联加紧谋取优势的大好时机。"卡特执政期间，"苏联强权无论在何处都能所向披靡。苏联政治局成员们踌躇满志，认为不需要再出台什么新方针了"。苏联外交攻势逼人，差点将美国赶出印度洋。美国外交史学家孔华润写道："这件事想起来都让人后怕。"参见孔华润主编《剑桥美国对外关系史》（下），王琛等译，新华出版社2004年版，第430—433页。

七 东急西重仍是中国安全环境的基本特点

克林顿时期，美国有石油公司曾想在中亚修一条石油管道，但苦于找不到比阿富汗更合适的线路。俄罗斯已修了一条通向西方的油气管道，2000年我们也提出修一条从西部新疆到东部沿海的油气管道，布什上台前后，美国出现能源危机。美国看中国和俄罗斯两方都在修油气管道，有点着急，跟塔利班谈，但谈不拢。塔利班坚持原教旨主义，一直反美，它没有一点机会主义。鲍威尔曾说，只要塔利班把拉登交出来，再把"基地"去掉，美国就可以考虑让塔利班进入未来政权。可是塔利班不买账。美国没有办法，"9 11"后美国进入阿富汗，先从喀布尔以北开战。其实从纯军事角度看，坎大哈离美国军事打击力量最近，地势较平坦，最好打，又是塔利班的大本营，为什么不从这里开刀？这是政治考虑。在周边国家中，谁是美国的敌人，谁是美国的朋友，这当然也是美国人考虑的首要问题。美国发现北方联盟是俄罗斯和伊朗的朋友，而在反伊和反俄问题上，塔利班的目标与美国是一致的。当时美国从喀布尔以北而不从南方坎大哈开战，就是从与俄罗斯在阿富汗划分战后势力范围考虑。只是塔利班不领美国人的情，2001年11月13日从喀布尔迅速撤出，返回坎大哈。美国人只有攻打坎大哈。

对美国而言，塔利班最大的一个特点是反俄和反伊，这是美国需要的。本·拉登可能就"抓不住"，因为美国还需要这把"达摩克利斯剑"长期悬在它需要干涉的国家头上。换言之，本·拉登的命运与美国对其需求的程度有关。这与1992年海湾战争结束时的情况相似：把萨达姆留着，这样才能造成科威特长期依赖美国之势。当时打到科伊边界的时候，老布什就收兵了。美国跟日本那么好，为什么北方四岛还让俄罗斯占着？就是这个道理。在国际政治中要保留一些筹码。抓本·拉登也是这样，记者都能采访到，录像也能搞到，可就是抓不到？只要抓不住，美国就可以以此为借口长期干涉阿富汗内政，随时敲打那些它不满意的国家。

中亚的核心问题是美俄关系，俄罗斯在阿富汗能利用的一张牌就是北方联盟，俄罗斯人一枪不发，却利用北方联盟低调赢得阿富汗，把阿富汗划到自己的势力范围内。美国是翻脸不认人的，所以小国不要跟得太紧，大国倒是有调整的余地。阿富汗战争，苦了阿富汗的百姓，坑了巴基斯坦，当然还有美国人民自己。对我们中国来说，美国人将来如果控制了中亚，就控制了我们自西向东油气管道的开关龙头，战略上使中国处于东西不顾的困境：你如果东面动了台湾，它就在西面给你制造一个"科索沃"。在阿富汗和伊拉克战争中，美国已在相当程度上伤害了伊斯兰的感情；但在科索沃战争中，美国曾扮演过伊斯兰民族的保护人的角色。那么，"科索沃手法"会不会在中亚重演，美国会不会为赢得伊斯兰世界，再次在这一地区，尤其在中国新疆地区，扮演伊斯兰民族的"保护人"的角色并以此将其影响力深深地插入中亚、中东地区呢？这些都不是不可能的。东急西重仍是中国安全环境的基本特点。[①]

八　仅靠本国资源不足以支撑中国的持续发展

我们中国要发展，但也不要否定我们的历史，我们过去跟苏联学是对的。我们看看印度，当时没有搞土改，生产资料没有搞国有化，结果是相当一部分大地主还在，大部分是穷人，走上了民主道路，但发展的成本也因此太高。我们学了苏联的方式以低成本迅速建立了国民经济体系。人民公社在中国工业化起步阶段意义重大。人民公社在当时最大的意义是使我们以较低成本完成了工业化。政府只与公社一级打交道就行了。如果是私有制，每块地都要买，对于刚获独立的第三世界国家来说，这几乎是无法承受的发展成本。低成本使中国工业化体系得以迅速建立。既然有这个基础，我们就不能再自毁这个基础，而要利用这个基础再搞市场经济，参与国际市场竞争。在计划经济方面，我们曾学苏联获得了很大成就；今后在市场经济方面，我们要学美国，也会获得大成就。

在市场经济条件下，国内动荡多缘于国内因经济发展导致的两极分化，而两极分化又产生于国内资源和市场的不足。如果没有外部资源和市场的及时补充，其结果一般都是国内社会动乱。19世纪末，美国工业快速发展，国内资源和市场跟不上，两极分化加剧，工人运动迅速发展。与此

---

① 此判断最初提出详见张文木《科索沃战争与中国新世纪安全战略》，《战略与管理》1999年第3期。

同时，美国政府迅速和大规模地发展海军。就在中国慈禧用海军经费大造颐和园时，美国的海军已走到世界的前列。1898年美国先把夏威夷拿下来了。夏威夷的地理位置相似于中国台湾，是美国进入太平洋的门户之一。[①]同年，美国通过"美西战争"[②]打败西班牙，占领古巴，接着又跳到菲律宾，进入远东，参与列强瓜分中国利益的活动。

当时美国人反对的是英国等帝国主义的国际霸权。但当它入侵菲律宾，参与帝国主义瓜分中国的活动之后，它也就走向自己的对立面：从自由贸易国家转变为霸权主义国家，那时叫做帝国主义国家。霸权是排挤别人的发展权，是发展权的国际垄断。北方七国集团实质上就是国际资源共享和垄断的排他性集团。[③]没有资源就不可能发展。它们强力占据着国际贸易线，你光有贸易没有贸易线、只有发展却没有资源怎么行？商品流动无法保护不行，自由贸易是现代国家发展权的表现之一。当代中国的利益已融入世界，我们要在世界范围内发展并要获取和维护相应的发展权利。在发展市场经济方面，早期的美国人是我们的老师，这正如在用计划经济打造新中国国民经济体系方面，苏联人曾是我们的老师一样。

仅靠本国的资源肯定不足以支撑中国未来的持续发展，我们要有分享世界资源的权利，并以此来支持中国的发展。我们的目标是使我们国内的大多数人都富裕起来，也来一个"工人阶级贵族化"。多数人富了中国才能有一个稳定的和居于多数的中产阶级，而稳定的和居于多数的中产阶级恰恰是成熟的民主政治形成的基本前提。民主说到底也是一种资源的消费

---

① 参加兼并夏威夷活动的美国公使爱德华 麦库克说："一旦美国横贯大陆的太平洋铁路工程告竣，亚洲的贸易直达我们的太平洋港口，我们就需要将这些岛屿作为太平洋海军的集结基地和商船的会集地。"来自密西西比的国会议员赫尔南多 D.莫尼1876年表示：既然"帝国的进军方向是西边"，既然"每个喜欢从事亚洲贸易的人都发财致富了"，那么，美国必须拥有夏威夷，将其作为通往亚洲市场的一个小站。转引自孔华润主编《剑桥美国对外关系史》（上），王琛等译，新华出版社2004年版，第280、290页。

② 美西战争。1898年，美国为夺取西班牙属地古巴、波多黎各和菲律宾而发动的战争。1898年4月美国借口美舰在哈瓦那港被炸沉向西班牙宣战，进攻西属殖民地。7月西班牙战败求和。12月10日，双方于巴黎签订和约。和约规定：西班牙承认古巴独立（实际上沦为美国的保护国），将波多黎各、关岛和菲律宾转让美国。

③ 列宁认为："最新资本主义的基本特点是最大企业家的垄断同盟的统治。当所有的原料来源都被霸占起来的时候，这种垄断组织就巩固无比了。"《列宁选集》第2卷，人民出版社1960年版，第802页。

方式，正如集权也是一种资源的消费方式一样。富起来要靠我们的海军来保护。战争离我们越远，国内民主才越能持续发展。和与雅典民主为邻近的斯巴达所毁灭一样，国内战争或外敌侵入本土都是集权制产生的重要原因。不管战争是由外部引起还是由国内产生，国内政治就必须实行战时集中，集中可以迅速调动国内资源。

九　在全球化世风日盛的今天，国家利益仍然是中国公民的最高利益

现在中国较流行的一种主张是"民族主义"，中国的崛起在许多情况下也被表述为民族的崛起。细想一下，这样的表述是不准确的，严重的还会造成理论和实践上的失误。

中华民族作为一个多元一体的民族共同体（nation），是一个历史中形成的事实。但这个民族共同体并不等于其中任何一个民族（ethnic），一旦加入就不能随便退出的民族命运共同体即国家。美利坚民族是一个多元一体的多民族共同体，但其中任何一个民族要想脱离在独立战争和南北战争后自愿加入的美利坚合众国，没有美国最高立法机构的认可却是非法的，因为这种行为有可能伤害到民族命运共同体即国家中其他民族的利益，而这些受到伤害的民族曾经为这个民族作出过巨大牺牲。国家在国际法上的主体地位存在的前提是国际认同与国内认同的统一。中华民国在抗日战争中曾获中国境内各民族的共同认可并成为联合国创始成员国，中华人民共和国是在解放战争胜利及西藏、新疆和平解放后，为中国境内各民族及联合国在1971年承认其取代中华民国的国际地位的国家。自联合国1971年接纳中华人民共和国之日起，中华民国，不管它愿意与否，也就在中国版图内的一切地区和世界其他地区寿终正寝，台湾就是中华人民共和国的一部分。

国家与民族相比，更具法定和法理的意义。民族共同体是历史和自然形成的，某一民族可以认为，也可以不认为自己是这个共同体中的必然成员，任何民族有权利既可以单独地组成国家，也可以按自己的意愿与其他民族共同组成国家。但是，国家一旦组成，这个民族的命运就与其他民族的经济政治命运结为一体，国家这时就成了自愿加入其中的所有民族命运的共同体，其中任何民族都无权在没有得到国家最高立法机构认同的情况

下，仅按自己单方面的愿望随便脱离这个国家。与美利坚民族一样，中华民族也是具有共同心理文化特征的多民族的共同体；中华人民共和国与美利坚合众国一样，它们都是生活在本国境内的各民族在经历了某些重大事件（比如美国的独立战争、南北战争和中国的解放战争）之后共同认可的民族命运共同体。各民族在国家的名义下抵抗外敌侵略，相互支援进行经济建设，共同发展。不管在这个过程中，各民族间有多少内部矛盾，它也只有通过国家内部协商来解决，而不能擅自即在没有得到国家最高立法机关许可的情况下用脱离国家的方式来解决，因为各民族在国家内部相互支援和利益共享的过程中已经在产权、自然资源使用权和继承权等方面形成了难以分割的法权关系（比如国民党逃到台湾岛时曾从大陆带走大批黄金、文物及重要设备），其中任何民族脱离国家都会给其他民族带来一定的利益损害，因而尽管国家中的任何一个民族可以认为它是或者不是某个民族共同体的成员，但它也没有单方面宣布脱离自己国家的权利——除非这种宣布得到了国家最高立法机构的同意。所以说，国家，而且只有国家是高于民族之上并具有国际法认可的具有最高主体地位的实体。

国家主义与民族主义都不能回避的一个理论问题是民族自决权问题。民族自决对没有建成国家或没有加入某一国家的民族是无条件的，但是一旦某个民族已单独或与其他民族共同建立了国家，那么，不管从理论还是从实践上看，这时的民族自决权就已让渡于国家主权；这时的民族就不是以本民族的身份而是以公民的身份在国家中享有其法定的自主地位；在国际上也不是以本民族的名义，而是以国家的名义获得主体地位；国内各民族，也不以本民族名义共存而是以他们选择的国家名义共存。因此，这时的民族自决权就必须服从自己已承认的国家主权，民族地方自治就应当服从国家最高立法，民族利益就应当服从国家利益。

中国现代民族主义产生于孙中山"民族、民权、民生"的三民主义学说，抗日战争中民族主义又成了国共两党团结全国各族人民救亡抗日的旗帜。在共产党领导全国各族人民打败国民党并在全国各族人民的拥护下成立了中华人民共和国后，中国，确切说是中华人民共和国就成了多元一体的中华民族自主选择的命运共同体。此后中国境内各民族利益和权利就应当在新国家宪法基础上实行，民族利益就应当让位于国家利益，其中任何民族单方面的要求，就必须得到国家的最高立法机构的认可才能实行。即使在全球化速度日益加快、国家主权理论已面临许多挑战的今天，国家而不是民族，国家主权而非民族自决权，仍是中华民族实现伟大复兴所能依托的最高法定实体。

在全球化世风日盛的今天，国家利益仍然是中国公民的最高利益。戈尔巴乔夫和叶利钦曾将苏联国家解体，还原了原来融于苏联国家中的民族自决权，结果是原苏联境内的众多民族，在产权、军事装备、自然资源继承权等法权关系的无限纠纷和冲突中整体衰落。普京上台后，重新将国家利益置于民族利益之上，高扬爱国主义的旗帜，对车臣分裂主义实行毫不留情的打击，这不仅扭转了俄罗斯自叶利钦以来的颓势，而且使俄罗斯赢得了国内各民族的普遍认同。苏联和俄罗斯这段民族合分的历史经验，实在值得我们认真总结。

第二节　伊拉克战争与中国崛起的战略机遇

"9·11"事件后的形势进一步证实了邓小平同志的基本判断——"世界和平与发展两大问题，至今一个也没有解决"。苏联解体后，东西矛盾演化为单极霸权与多极发展的矛盾，而南北矛盾依然存在且更为激化。南北矛盾仍是当今世界矛盾的核心。"9·11"事件、阿富汗战争及目前的伊拉克战争，是南北矛盾严重激化的结果。不同的只是，在伊拉克战争问题上，多极力量与美国单极霸权之间的矛盾有所扩大。

上述矛盾产生的根源在于目前世界资源即包括能源在内的世界常规矿物资源总量的短缺，以及目前有利于西方发达国家的世界资源配置体系的不合理。现有的国际资源总量及其配置秩序有利于维持北美和欧洲经济体的现有消费水平，而不利于也不足以再支撑起新崛起的东亚经济体与美欧共享同等量的消费水平。20世纪80年代后东亚整体性地转入市场经济并参与国际资源全球化分配，这将对现存的国际资源分配体系造成冲击。对此，作为世界霸权的美国只能有三种选择，不同的选择会产生不同的结果。

（1）要么欧美降低现有消费水平，让出部分国际资源以满足东亚发展，其结果必然是美国自觉地调整现有的利于西方的国际资源配置体系以缓和新矛盾。

（2）要么进一步牺牲南方国家的利益，迫使南方国家进一步让渡资源，以缓和东亚与欧美因世界资源短缺造成的紧张关系，其结果则是南北矛盾加剧，恐怖主义愈演愈烈。

（3）要么削弱东亚或欧洲的部分发展，以缓和因资源短缺而激化了的南北矛盾，弱化恐怖主义产生的根源。其结果则是单极霸权与多极化力量冲突加深，冲突方位或是东亚或是欧洲。鉴于欧美传统盟友关系，东亚地区发生冲突的可能性较大。

目前观察，"9·11"事件之后，美国正在自觉或不自觉地将其力量投注于第二种选择，即在限制欧洲和东亚的同时，将打击力量投向南方世界中资源利益与地缘利益相对富裕与集中的大中亚地区。美国所指责的三个"流氓国家"，其中两个在中东地区。这对正在崛起的中国是难得的"喘息"机遇。至于这个机遇是否能够与我们"战略机遇期"的判断相对吻合，这取决于"捣萨"战后美国下一步的战略行动的方向。美国宣称战争将是长期的，意即"捣萨"后美国还会有新的战争选择。如果此后美国将战争的势头持续留在大中东地区，而不是转向东亚地区，这将使我们"战略机遇期"的判断有了转变为历史必然性的起点。

我们眼前发生的历史事件正在为中国崛起提供难得的历史机遇。布什外交已脱离自老罗斯福经尼克松到老布什的现实主义的大陆均势路线，转而步入第二次世界大战后自杜鲁门到约翰逊单枪匹马地介入亚洲地区矛盾，并试图通过改变这些地区的意识形态来解决地区矛盾的理想主义外交误区，[①]其结果必然是美国以哈姆莱特"扭转乾坤"的勇气，获得的却是

---

① 2006年3月16日，美国总统布什发表自就任总统以来的第二份国家安全报告，报告还清晰表明美国自信拥有改变世界的责任，涉及问题包括种族屠杀、人口贩卖、艾滋病等。报告概括叙述了美国外交战略的特点，称美国的外交战略的目标是理想主义，但手段却是现实主义。美国外交战略的终极目的是消灭所谓的"专制国家"。资料来源：《小布什发表第二份国家安全报告视伊朗为最大威胁》（http://www.njbg.com.cn/firstpage/news1/sygjxw/200603/t20060317_28498.htm）。

唐　吉诃德"挑战风车"式的结果。阿富汗战争之前，塔利班政权与伊朗及中亚独联体国家之间均势对立是有利于美国的，但塔利班垮台后，卡尔扎伊政权与伊朗、中亚独联体乃至俄罗斯的关系反得到改善；继而，美国"捣伊"战争及其后果反使两伊长期对立的均势格局骤然和缓，并使美国盟友科威特、沙特阿拉伯处于尴尬境地。可以肯定，如果美国外交不及时调整到尼克松路线上来，美国强力改造伊斯兰的后果将是中东伊斯兰抵触美国的情绪持续上升、伊斯兰国家联合持续加强、反美恐怖活动进一步增多，这将使布什外交进一步捉襟见肘，并丧失前几届美国政府在中东建立的有利于美国的均势格局及由此已获得的战略利益。"9　11"事件前，布什曾将其矛头指向中国，中国避其锐势；"9　11"事件后，美国将军事力量投向阿富汗，中国又守拙内敛；现在美国陷在伊拉克，锐气初挫，国内经济又长期低迷不振；美国已从"一鼓作气"进入"再而衰"阶段，[①]此间我国如能在与美国搞好关系的同时，积极做好以防不测的军事准备，特别是海军现代化的准备，中国关于21世纪头20年"战略机遇期"的判断若可落到实处，中国崛起将不可阻挡。

第三节　世界地缘政治体系中的中国国家安全利益

一　世界经济的基础性矛盾与中国国家安全利益

1. 资源的有限性与发展的无限性是世界经济的基础性矛盾

中国走到今天，最大的变化就是中国已从世界革命的一部分成为世界经济从而世界政治的一部分，中国的概念已经是个世界的概念，中国已不是过去封闭体系中的国家而是与世界连为一体的和正在发展中的国家，因

---

① "夫战，勇气也。一鼓作气，再而衰，三而竭。"《左传·曹刿论战》，参见《古文观止》，湖南人民出版社1982年版，第25页。

此中国这时所面临的矛盾也就不是生存意义而是发展意义上的矛盾。我们封闭的时候，反倒是与美国的关系改善得最快的时候，我们和美国结成事实上的战略同盟关系；但随着中国开放和发展，新的矛盾特别是与西方在国际市场和国际资源方面的矛盾也就来了。苏联解体后，中国面临的安全环境日益险恶，西方霸权国家对中国的包围日益收紧。究其因并不在于意识形态的差异，而在于目前世界常规资源已不足以再支撑一个与西方同等消费水平的东方大国崛起。这是全球化条件下世界的基础性矛盾。

经济全球化的本质是资本全球化，资本催生技术，技术加速发展。欧洲是资本全球化的发源地。当时世界常规资源足以支撑欧洲的快速发展；随后美国出现，美国以前所未有的规模拉大了世界的常规资源消费总量，以致现在世界因资源匮乏而不足以再支撑东亚的发展。改革开放之初我们对资源的有限性并没有清醒的认识，当时我们有个概念叫做"地大物博"。改革开放使我们解放了生产力，这就如我们为长个子就得多吃，多吃肠胃消化功能就得好。生产力解放对国家肌体而言就是增强了"肠胃消化功能"，但同时也意味着资源消费量增大了。这就是全球化条件下国家发展的带有根本性的矛盾。现在，中国仅凭国内资源已支撑不起中国的"全面建设小康"的发展目标，人们就得考虑走向世界，参与国际资源的分配，这样就与西方，尤其是美国这个资源消费最大国家发生了矛盾。

2. 用提前透支资源的方法发展经济，其结果将无疑是灾难性的

处于良性循环中的国家经济，应该是在GDP总量上升的同时，国内资源消耗总量在下降。如果经济大规模上升是以资源同比例大量消耗为代价，其结果就是零和。中国目前的资源利用有很多是浪费性开发，为了利润而浪费资源。我们现在是在依靠非常高的资源消耗来支撑我们的经济活动，这种透支行为，是对未来不负责任的表现。比如有的月饼、茶叶厂家为了推销产品，其包装有的已超过产品的价值。这是资源的奢侈型浪费。为什么？为了利润。今天这个商家叫你增加营养，明天那个商家又叫你减肥，减肥完了又叫你增加营养，这算起来都是GDP，但不是良性的经济增长，对生态也是一种破坏。听说内蒙古动物越境往蒙古国跑，东部地区青蛙往大

马路上跳，有的地方煤挖得地层都快塌了，用提前透支资源的方法发展经济，其结果将无疑是灾难性的。①

　　国内资源的大量消耗使中国对国际资源的依赖日益严重。据统计，到2010年，国内石油、天然气、富铁、富锰、铜等10种矿产已不能保证并需长期进口，铬、钴、铂、钾盐、金刚石等严重短缺。到2020年，对经济发展45种矿产资源中可保证经济发展需求的只有5种。②1994年，中国的石油对外依存度是1.9%，到2020年将达到62%，③这意味着中国一半多的资源要依靠海外。学者指出："如果中国的石油消费也达到工业化国家的平均水平，到2020年可能需要28亿吨原油，而中国自己所能生产的部分很可能还不到4亿吨。目前到今后世界石油的总产量将只有40亿吨，其中可以提供出口只有15亿吨左右，即使全部给中国也不够，实际上也不可能全部给

---

　　①　2006年8月6日电（记者王炤坤、谭博文）：8月4日下午3时30分左右，山西省宁武县西马坊乡大辉窑沟煤矿周边的采空区突然大面积塌陷，引发煤矿水、火并发的重大安全事故，正在井下作业的18人遇难。这是近年来中国煤矿因地质塌陷造成伤亡人数最多的一次事故。国家安全生产监督管理局有关人士指出，要高度重视采空区塌陷给煤矿带来的安全隐患。

　　记者在现场看到，塌陷区南北长49米，东西长32米，陷落深度平均达20多米。山西省煤炭工业局的调查人员表示，这是一起由采空区塌陷引发煤矿综合地质灾害的典型案例。

　　山西是中国重要的煤炭能源基地，20多年的大规模开采，造成矿区出现塌陷、崩塌、泥石流等各种地质灾害。目前，山西省矿区采空区面积达5000平方公里，引起严重地质灾害的区域达2940平方公里以上，发生地质次生灾害的范围波及1900个自然村，涉及95万人。不仅仅是山西，由于矿产开发，采空塌陷目前遍布中国东北、华北、华东、中南、西北和西南地区。据研究人员测算，中国煤炭采空区平均塌陷系数达0.24公顷／万吨。著名煤炭城市山西大同曾在一年内发生采空区塌陷37起。几年前，山西同煤集团燕子山矿发生地表塌陷，数间房屋变形坍塌，50米长的围墙顷刻被夷为平地；还是在大同，晋华宫矿几年前发生大面积采空区塌陷，造成3.8级塌落地震，影响半径达15公里，相邻的生产矿井遭受严重破坏，8名矿工死亡。地质塌陷不仅严重威胁煤矿的安全，而且成为制约农村、城市可持续发展的"瓶颈"。山西晋城市沁水县尉迟村农民吕万峰告诉记者，当地因为挖煤，地下空了，很多房屋出现裂痕，村民只能搬迁到附近的简易房中居住。山西省社科院李连油研究员指出，山西省平均每开采1万吨煤造成采空塌陷灾害直接经济损失6600元；而全国的煤矿塌陷直接损失系数为1—1.5元每吨。目前中国因为采空塌陷造成的经济损失累计超过500亿元。新华网：《宁武矿难敲响中国矿区地质塌陷高发警钟》（http://news.sohu.com/20060806/n244646935.shtml）。

　　②　朱川主编：《矿产资源与可持续发展》，中国科学技术出版社1999年版，第41页。

　　③　王璋宝：《我国能源（石油）供应的安全问题》，《工业加热》2002年第2期，第6页。

中国。"①西方的高消费是建立在资源的高消耗之上的，是刚性和不能降低的，一降低其国内就会出现动荡。我们读马克思的著作，他说资本主义的丧钟就要敲响了，结果到现在西方并没有出现工人阶级革命，这是因为西方从资本外围地区获得资源来补偿了本国工人的损失，使本国工人阶级贵族化。世界上哪有贵族造反的？中国现在也出现了"小资"阶层，但与西方不同，这部分人是靠国内资源滋养的，其代价是让另一部分人更加贫穷。这是非常糟糕的，我们知道，贫穷是滋生不稳定因素和恐怖主义的温床。

由于国内资源不足以支撑"全面建设小康社会"的目标，我们为此要参与国际资源分配，这必然要与霸权国家发生矛盾。地缘政治的本质是解决吃饭问题而非意识观念问题。我们的一些学者以为只要我们胸怀再博大一点，站得更高远一点就与西方人没矛盾了，但是我们的基本底线在哪呢？台湾要不要？如果台湾都不要的话，那紧接着西藏你要不要？如果你再博大一点连西藏也不要的话，那就无话可说了。最后人家如果像对待东郭先生那样要你的命，你能再博大一点，站得再高一点吗？所以，不能太书生气。有人说"心灵互动"，要有"更高的战略"，可是我们的最高战略是实现共产主义，等共产主义实现了一切都好了，问题是现在没有，因此，现在我们也只能俗气些，为衣食住行的事而奔波。人不能图虚名，得先吃饭。现在世界的矛盾焦点是资源因各地区，尤其是亚洲地区的快速发展而出现匮乏。

世界仿佛是一个水库，资源是其中的水。水库里面原来只有一块海绵就是欧洲，后来北美起来了，而且美国这块海绵吸水量比较大，于是美欧两家就平分世界资源，尽管闹矛盾，但总体来说，世界资源还可能支撑北方七个发达国家。现在更大的问题就是东亚的崛起。按照资本主义的生产方式，资源消耗速度远远高于它的再生速度。因为利润是市场的支柱。现在宾馆洗漱用具一天一换，这纯粹是为利润而造成的资源浪费。这不是一国的问题，也不是今天才有的现象。这对中国和世界的未来没有任何好处，是杀鸡取卵。但由于资本在起作用，利润就是一切，为了利润，资源透支性消耗便无法控制。由此可以说，绝对的市场经济并非实现资源合理配置的最好方式。资本主义必然要把世界带向毁灭。

---

① 王建：《中国能源的长期供求形势》（http://edu.beida-online.com/data/data5.jsp?db=sanjiao&id=wjwangjian7）。

国家需要国际资源与个人需要粮食吃饭是同类问题，这与觉悟高低没有多少关系。道德即善在历史中只是一个理想的动力，现实的历史多是由"恶动力"①来推动的。财富在历史中总是随暴力前进的。有人说美国衰落，但其前提是美国获取外来资源的路径中断。在资源消费上，美国跟古罗马一样，简直是一个浪费型的国家。古罗马到最后消费奴隶，当时不断的战争使古罗马有源源不断的奴隶补充，大量的奴隶来源和奴隶劳动使罗马人无所事事，什么事情都是奴隶干，"垂死的奴隶制却留下了它那有毒的刺，即鄙视自由民的生产劳动"，②结果罗马人因不屑劳动反而没有智慧了。后来战争中断，没有奴隶补充，它就衰落了。美国人现在也是这样，长期的高消费使美国人也没有智慧了，大家看小布什，只要有一点战略思维就不至于干成这样。与老布什比，小布什真的不行。他似乎不读书或只读"快餐"书，因而也就没有大战略的考虑。这种威廉二世式的思维是长久不了的。美国的大战略到尼克松、老布什这些人后基本就中止了，因为那一代人是从第二次世界大战过来的，又经过朝战和越战的挫折。老布什这一代领导人，还有点老谋深算，是老英国那一套，到了小布什这一代就胡来了，去挑战伊斯兰的"大风车"。20世纪五六十年代，美国人曾将"和平演变"中国的希望寄托在中国第三代、第四代身上，现在和平衰变美国的可能将出现在小布什及其后代们身上。

美国现在的消费水平仅靠本国内部资源是支撑不起的。一个莱温斯基官司花多少钱？而中国农民的收入只够买法律教材而不够打官司，这样你怎么嫌他没有法律观念？所以说民主建设是要靠资源滋养的。如果一个农民能过上中产阶级的生活，遇到问题他就可以很从容地打官司。现在大家说法律援助，但面对大量蜂拥进城的中国农民来说，这只不过是扬汤止

---

① 恩格斯说："在黑格尔那里，恶是历史发展的动力的表现形式。这里有双重意思，一方面，每一种新的进步都必然表现为对某一神圣事物的亵渎，表现为对陈旧的、日渐衰亡的、但为习惯所崇奉的秩序的叛逆，另一方面，自从阶级对立产生以来，正是人的恶劣的情欲——贪欲和权势欲成了历史发展的杠杆，关于这方面，例如封建制度的和资产阶级的历史就是一个独一无二的持续不断的证明。"参见恩格斯《路德维希·费尔巴哈和德国古典哲学的终结》，载《马克思恩格斯选集》第4卷，人民出版社1972年版，第233页。关于黑格尔历史"恶动力"思想参见《法哲学原理》第18、139节以及《宗教哲学讲演录》第3部第2篇第3章。

② 恩格斯：《家庭、私有制和国家的起源》，载《马克思恩格斯选集》第4卷，人民出版社1972年版，第146页。

沸。对政府公益性法律援助来说，需要援助的人群几乎是一个黑洞；而且这个黑洞还在继续扩大。中国有九亿农民，如有一半人涌入城市，其后果是很可怕的，因为目前城市根本没有这个容纳能力。法国大革命就是这么爆发的。如果中国农民得不到援助，那遇到不平而又无力自助的农民就只能走极端。

民主是要靠资源支撑的，民主需要程序，程序都需要钱。目前中国的问题不是观念问题，而是资源问题。中国内部资源已接近枯竭。而美国却在从容地进行资源高消费。所以说中国一定要走出去，向世界要资源。中国走向世界，这不是霸权，这是我们的权利。我们今天只要求美国百年前向英国人要求的权利，即"自由贸易"。美国人当初向英国人要这个自由权利的时候，英国人不给，不给就打仗，结果美国人打出了一个强大的美利坚合众国。但是到今天，同样的要求，美国人就不答应中国，因为资源太紧缺了，不答应我们也得学习美国，准备应付美国动粗。这跟挤车一样，已上去的人就不愿意有人再挤上车。今天全球化这趟车里已挤满了七国集团的人，中国也想上车，可能得硬挤上去，既然是挤车而非排队上车，太文雅有时是不行的。

3. 世界性的财富转移，本质上不是靠贸易谈判而是靠暴力来实现的

19世纪40—50年代，整个欧洲出现动荡，马克思在《共产党宣言》中对欧洲革命的普遍爆发是非常乐观的。但是四五十年代英国在对中国和印度的战争胜利使大量东方财富被掠夺到西方，整个英国的工人阶级在英国发动的东方战争中与资本家"共同富裕"，从被压迫的阶级一跃而成为"压迫民族"。这样他们的工人阶级就不闹事了。有钱了还闹什么革命啊？"巴贝夫"和"布朗基"[①]式的密谋加恐怖的革命方式也就失去了社会基础。

有人说，现在中国只要经济发展，其他一切困难就会迎刃而解。

但历史的经验并不支持这种看法。中国的经济在1700年占世界GNP的23.1%，接近整个欧洲的23.3%的水平，此后百年中，中国经济持续上升，不管是GNP总量或发展速度中国在世界均名列前茅，1820年中国GNP占世

---

① 巴贝夫(Gracchus Babeuf, 1760—1797)，法国革命家，组织"平等会"，主张密谋暴力夺权，建立劳动者专政。布朗基（Louis Auguste Banqui 1805—1881），法国革命家，领导过多次密谋起义，主张通过政治革命夺取政权。

界的32.4%，大概是同期整个欧洲的1.2倍，但结果是20年后即1840年中国被英国打败了。1890年中国GNP占世界的13.2%，是同期日本的5.3倍。[①]但5年后即1895年中国又让日本打败了。那时候中国的财富是非常丰裕的，丰裕得让西方目瞪口呆。[②]但那时富裕的中国人讲究的是养生和"玩"消费：玩鸟，玩古玩，店内写"莫谈国事"。19世纪60年代中国还有太平天国革命。太平天国是清王朝内发生的政治地震。落后国家的政治地震，在许多时候是由国际资本的超量入境引起的。当时包括中国在内的受国际资本冲击的国家解决不了农民解体所带来的社会问题。法国大革命就是一个例子。1786年的时候，英法签署《伊甸条约》，这对法国农民是一个大冲击，农民种地不赚钱，只有进城打工，在城里，又没那么多的活干，于是大量流民就留在城里闹革命。中国的太平天国革命爆发也是这个原因，洪秀全也是从解决农民土地问题入手并以此号召农民的。太平天国与清朝政府的战争使中国元气大伤，与此相反，日本却在19世纪60年代迅速崛起。日本一开始没敢跟中国去较劲，对中国也只是"蔽林间窥之"而已。到了19世纪四五十年代，他们在两次中英战争中看到中国也不过"技止此

---

①

1700—1890年世界国民生产总值分布			（单位：%）
年份 国家	1700	1820	1890
中国	23.1	32.4	13.2%
印度	22.6	15.7	11%
日本	4.5	3	2.5%
欧洲	23.3	26.6	40.3%
美国	0.0	1.8	13.8%
俄国	3.2	4.8	6.3%

资料来源：安格斯　麦迪森《中国经济的长远未来》，楚序平、吴湘松译，新华出版社1999年版，第57页。

世界国民生产总值增长率（每年平均复合增长率）	（单位：%）
年份 国家	
中国	0.85
欧洲	0.68
日本	0.21

资料来源：安格斯　麦迪森《中国经济的长远未来》，楚序平，吴湘松译，新华出版社1999年版，第58页。

②　"总的说来，亚洲出售农产品和制成品给来访的或落脚于沿海飞地的欧洲商人，他们支付金、银。欧洲没有什么东西能提供给文明的亚洲人，当时尚缺乏或无财力支持足够的军事力量来对亚洲人强行推进贸易或生产。"[德]安德烈　冈德　弗兰克：《依附性积累与不发达》，高铦、高戈译，译林出版社1999年版，第18页。

耳"，于是在1894年就"因跳踉大阚"，[①]一举打败中国。战败后，中日签订《马关条约》，日本就由此掠得中国台湾。这里顺便插一句，未来中日再发生冲突，日本的第一目标还是要拿下台湾，这是日本地缘政治必需的东西。20世纪初，中国爆发义和团运动，失败后八国联军进入北京，清政府被迫签订《辛丑和约》。从1840年到1900年，相隔仅60年，中国人竟由世界首富国家的大清臣民沦落为"东亚病夫"。中华民国成立到1933年，中国经济又一次进入快速发展时期，[②]但1931年日本就开始侵犯中国，1937年即中国国共开始合作的第二年，日本发动全面侵华战争，中国在战争初期被迫痛失半壁江山。

真正世界性的财富转移或国家经济安全利益的维护，本质上不是靠贸易谈判，而是靠暴力来实现的。清朝时中国是很富的，西方军人进入故宫见大缸上的金子都要刮走，这说明他们才是穷疯了，没钱；中国人是很有文化的，咱们的宫女都能背唐诗，他们进来的那些人绝对背不了莎士比亚。但是中国人却代表不了自己的根本利益。原因在哪呢？就是国防不强。国家财富并不是随贸易或GNP上去的。这与胖并不是战斗力的道理一样，穷人家的孩子瘦、精干，把富人家的小孩打得哇哇哭，怎么富人就打不过穷人呢？关键在于他们的财富不能迅速转化为力量。恐龙是庞然大物，竟然就那么灭绝了。为什么？当时的地理环境不允许它自由表现出自己的力量。所以一个国家不能光去追求表面亮丽和丰腴，而要追求随时可调动的实力。

所以看待财富问题不要太幼稚，不要真以为贸易万能。现代人都以为商务是贸易加谈判，都在研究"谈判的技巧"。其实技巧是在暴力打下的格局中才起作用。霸权的暴力是不讲理的，因为世界本质上是无政府的。历史上中国是早期世界财富增长中心之一，东西方贸易使通往欧洲的阿拉

---

① 柳宗元：《黔之驴》。

② 1890—1933年中国国内生产总值的增长水平，人口和人均国内生产总值

年份	1890	1913	1933
国内生产总值指数（假设1913年为100.0）	85.1	100.0	120.0
国内生产总值水平（百万元）	146.441	172.148	206.283
国内生产总值水平（百万国际元）	205.304	241.344	289.200
人口（千人）	380.000	437.140	500.000
人均国内生产总值（美元）	540	552	578

资料来源：安格斯 麦迪森《中国经济的长远未来》，楚序平，吴湘松译，新华出版社1997年版，第260页。

伯半岛的人坐拥财富。11世纪开始西方人发动了持续200年的十字军东征，军人先行，商人紧跟，结果是阿拉伯半岛的商路及其运转的财富便移到意大利人手里。意大利成了西方世界财富增长的中心。后来西班牙通过世界殖民掠夺而崛起，在掠夺中成为欧洲最富有的国家。1588年英国与西班牙海战，西班牙战败，此后世界的财富增长中心就移向英国。美国在抵抗英国殖民和封锁中崛起，又在第二次世界大战和欧洲衰落中成为新的世界财富增长中心。

二　世界地缘政治要义与体系特征

1. 国家命运与国家地理版图息息相关

现在讲的地缘政治，很多都浮在面上，讲心灵互动，其实地缘政治是有目标和立场的，是为国家利益服务的。如果你在国外，难道你能用这个理论对付自己的祖国吗？当然不能。国际政治如果失去了政治对象，最后只能弄些数学符号式的东西出来唬人，这对计算机有用，在国际政治中没有多大用处。国际政治变化多是反常规和反逻辑的，而且变化速度极快，仅凭数学符号是做不出来的。刀架在脖子上，你不能说数学模型没做出来人家就不一定会砍你；农民都知道这时立即要回手反抗，把敌人赶跑，而不是等数学模型做出来再做结论。更不会等到数学模型做出来才说"信息不完全"，还"有待于进一步观察"。这是十足的书呆子的做派。从方法论上说，地缘政治本质上是一门艺术的科学，艺术是人对世界的灵活把握，而不是那种僵化地按照所谓模型制造出来的函数。艺术时常是反逻辑的。[①]总之，地缘政治，顾名思义，是扎根于土地上的国际政治学，是国家为了维护国家利益的关于对外关系的学问。

国家命运与国家地理版图息息相关。俾斯麦说过，地理决定外交。当我们出了国，就容易理解它的含义。我曾同斯里兰卡、尼泊尔的学生在印度一起学习国际政治，我们看的是同样的书，感受却极不一样。斯里兰卡的学生学习国际政治，学得再好，作用也是有限的。大国战略，对他们来

---

① 　"政治是一门艺术，不是一门科学。"理查德·尼克松：《竞技场上——胜利、失败和重新崛起的回忆录》，时事出版社1990版，第86页。

说只是知识，而无太多的实用价值。小国的版图小，其外交只能在一个
很小的平台上运转；这些小国根本没有操纵大国战略的能力和平台。尽
管斯里兰卡、尼泊尔的学生回去后有的还当了总统顾问，但他们学习的
只是技巧而非战略意义上的国际政治。小国永远都只能在大国的缝隙中
生存，尽管有时它生活得不错，像瑞士就是这样。但大国不行，大国必须
有原则，在原则问题上，大国是绕不过去的。因此，大国不能拿小国的眼
光来说事。

国家地理版图对其公民的人生发展也有决定性的影响，比如拿破仑。
拿破仑本来是科西嘉人，他那样的才干如果说还在科西嘉的话，他永远都
成不了拿破仑；只有到了法国，拿破仑才成了世界级的历史伟人。我从印
度回来以后，尼泊尔、斯里兰卡的同学一部分也回国了，尼泊尔只能在印
度和中国的夹缝中生存；斯里兰卡只能在美国和印度的眼皮底下思考问
题，他们的国家在国际舞台上的作用有限。由此看，我生活在中国，是一
种幸运，在中国有广大的做事平台，况且这还是个正在崛起和壮大的平
台，它会提供巨大的人生机遇，这是非常有意义的。中国的命运是龙的命
运，中国有可使龙凤飞舞的大的地理空间。如果失去了这个地理空间，我们
就什么都干不了了。因此，李登辉和一些日本右翼分子要分裂和肢解中国。

2. 资源是地缘政治学说演绎的逻辑原点

地缘政治，并不仅是与土地相关的学说，而且是从土地中诞生的学
说。这么说有两层意思，一是生活资源是地缘政治学说演绎的逻辑原点；
二是地缘政治学说本质上是关于人类生活的学说，因而是扎根于土地而不
是扎根于天国的学说。围绕生活资源，人类对地理的控制手段经过如下演
变阶段。

（1）制陆权。人类生产最初是要解决人类最基本的问题即吃饭问题，
因此农业就成了人类生产最初的基础产业。这样土地，特别是农业耕地，
就成了当时关乎人类生存的第一资源。自然经济条件下，土地资源的占有
量及使用这种资源的人力即农业人口总量是决定国家力量的主要因素。中
世纪时国家土地总量决定人口总量，人口总量决定国家地租和赋税总量。
应征参军是中世纪农民向国家交纳贡赋的形式之一，因此，地广意味着人
多，人多意味着财源（贡赋）多和兵源多，兵多粮多则意味着王朝或国家
强盛。这样便出现了以攻城略地为目的制陆权学说。中国是中世纪世界性

大国，也是当时世界文明的重心之一，其地缘政治学说中的陆权理论和实践也相应比较发达。"武经七书"为中国古代选拔将领考试内容之一，而制陆权则是其中的绝对主题。

（2）制海权。但是工业革命出现以后，人类的生存和获取财富的生产方式发生了变化。过去是以简单扩大再生产保障生存，现在则是以内含扩大再生产保障生存，这时的生存已是发展意义上的生存。发展在工业革命出现后，成了决定国家兴衰的"硬道理"。这时是价值而非使用价值，是资本而非货币成了主导人类生产的目标；于是无限利润而非有限的贡赋，储量巨大的矿产资源而非已分割完毕的农业耕地等，就成了资本主义工业化时代国家发展的基础和国家之间竞争的目标。[①]资本主义工业讲究利润，讲究动力和科技，讲究资源，在这种情况下，仅靠地租所获显然没有竞争力。结果是像英国小说作家哈代（Thomas Hardy，1840—1928）在《苔丝》（1891）中所描写的那样：农民总竞争不过工人，地主总竞争不过资本家，其原因是工业品技术含量高于农业品。这样便出现了人类经济活动重心从农业向工业转移。而暴力也成了这种转移的重要推动力。18、19世纪，英国的纺织品质量远不如印度，英国在征服印度的同时，也把印度的纺织业用暴力人为地全部摧毁，几十年的时间，印度就由一个富饶的东方大国迅速衰落。[②]1813年前，印度大体上是出口贸易国家，可到19世纪中叶，印度已经变成英国工业的主要国外销售市场。1850年，英国对印度输出总价值已达802.4万英镑，其中棉织品一项即有522万英镑，占英国对外出口总值的八分之一，占棉纺织品对外输出的四分之一。在棉纺织业已成为

---

①　拿破仑说过："以前对于财产只有一种说法，就是土地的占有；但是现在兴起了一种新型的财产，这就是工业。"转引自[德]弗里德里希　李斯特《政治经济学的国民体系》，陈万煦译，商务印书馆1983年版，第69页。

②　马克思在《不列颠在印度的统治》一文中指出："不列颠侵略者打碎了印度的手织机，毁掉了它的手纺车。英国起先是把印度的棉织品挤出了欧洲市场，然后是向印度斯坦输入棉纱，最后就使这个棉织品的祖国充满了英国的棉织品。从1818年到1836年，大不列颠向印度输出的棉纱增长的比例是1：5200。在1824年，输入印度的英国细棉布不过100万码，而到1837年就超过了6400万码。但是在同一时期，达卡的人口却从15万人减少到2万人。"参见《马克思恩格斯选集》第2卷，人民出版社1972年版，第65页。

英国经济命脉的同时，印度也成为英国纺织业的命脉。[①]**这又再次印证了前面所说的世界性的财富转移或国家经济安全利益的维护，本质上不是靠贸易谈判而是靠暴力实现的观点。有些学人只告诉南方国家要靠勤劳富国，但历史的经验则证明，富国更要靠政治，靠军事国防。19世纪印度和中国的财富向西方转移，都是从西方人对这两个国家的军事胜利开始的。**

全球化是资本的本性。因此，资本全球化并不是近些年才出现的，而是随资本诞生而出现的。不同的只是，19世纪西方是直接通过暴力即血与火征服殖民地来为资本获得利润开路，到20世纪，特别是70年代，世界民族民主革命胜利，殖民地国家纷纷独立后，西方仍是通过暴力（比较典型的是21世纪初的科索沃战争、阿富汗战争、伊拉克战争）为其资本在全球化进程中的优势地位开辟道路的。南方国家为北方国家提供廉价原料和市场。这时的世界矛盾仍是中心和外围的矛盾，这个矛盾是原先隐于商品内部的价值和使用价值，继而又隐于劳动和资本、工人和资本家的国内矛盾的国际性转移形式。

这样，一国经济的发展，已冲出国界并与世界市场和世界资源相互依存为一体。国家经济竞争力更多地表现为对世界市场和资源的拥有总量及其控制能力。而与世界联系的最方便的载体就是海洋，最简捷的途径就是海上通道。在资本全球化时代，谁拥有强大的海军并有效地控制海上通道，谁就在国际利益分割中居优势地位。因为与陆地相比，大海是各大陆板块之间最方便的通道，控制海洋就能够及时地让世界资源流向本国。这正如医生重视血液检验一样，医生可通过血液了解身体病因所在，也能通过血液以最短的时间将药效送到身体发病部位。如果将地球比做人体，海洋也就相当于人体血液，海上通道相当于人体血管，国家可以通过海上通道将国家海上力量迅速送达危机发生地区并化解危机。制海权与制陆权的关系，相当于输液与吃药的关系，输液见效较快，吃药得通过身体的各个部位再进入血管以达效果。英国和美国都是随其民族资本崛起而崛起的国家，它们一开始就发展海军并由此控制了世界。所以在资本全球化时代，海权大国往往也就是财富大国，这与自然经济时代陆权大国就是财富大国的道理一样。1588年英国击败海上霸主西班牙，此后它也就成了世界财富

---

① 周一良、吴于廑主编：《世界通史 近代部分》（上册），人民出版社1972年版，第230—231页；关于英国这一时期对印度的暴力掠夺可参见同引书，第225—233页。

的中心。

改革开放以来，中国日益意识到制海权对中国发展至关重要的意义。今天中国经济的对外依存度已近一半，石油进口大部分都要通过海上运输。在这样的条件下，要我们不关心海洋，那是不可能的事。人的经济利益走向哪里，关心焦点就投向哪里。孩子从家乡到北京上学，父母就得关心北京发生的事，就得看北京的天气预报。国家也是这样，其关注点随利益移动。但利益并不是靠美丽的口头承诺而是靠枪杆子来保卫的。马克斯　韦伯说"部署一打舰只在一定时刻比掌握一打可以废止的贸易协定更有价值"。[1]伊拉克政府被美国颠覆后，伊拉克原来与一些国家签订的石油合同就作废了。[2]虽然是自由贸易，但怎么能这样呢？但历史的事实是，贸易首先随炮舰而非随合同行进。任何一个贸易大国同时也都是海上力量大国。海军更多的是威慑力量。航空母舰多用于威慑。有人说航空母舰没有用，那可不对。红海出了事，我们能一个导弹打到红海去吗？还得靠航空母舰出面来解决问题。西方人历来都是这么处理问题的，这一点我们也要学，不能书生气。制海权问题即世界问题。今日之中国大局在于外面世界，我们已不是昔日种地的农民。我们有60%多的石油来自中东地区，庞大的贸易依托海外市场，因此我们必然对海洋、对中国之外的世界予以充分的关注。

这里需要说明的是，制海权在第二次世界大战前，还处在海洋水平面和浅水海域；第二次世界大战后，特别是20世纪80年代美苏争霸中，其制海深度已达300米至900米的深海领域。[3]

（3）制空权。战术的发展无非是攻防空间的发展。机械动力的出现使制陆权和制海权的拓展已覆盖地球主要平面；第二次世界大战前后，飞机

---

① 戴维·比瑟姆：《马克斯　韦伯与现代政治理论》，浙江人民出版社1989年版，第46页。

② 2003年12月16日，中国商务部网站消息：最近伊拉克的临时石油部宣布，终止或冻结前伊拉克政府与俄罗斯、中国、法国签订的3个石油合同，其中与俄罗斯Lukoil的合同被终止，另外一个和中国公司开发al-Ahdab油田的合同被冻结。38亿美元的Lukoil合同在1997年首签，目的是发展伊拉克西部的Qurma油田的第二期工程，并且准备在联合国制裁令解除后马上开始经营该油田。西部Qurma第二期油田估计蕴藏了25亿桶石油，投产后每天产量可以达到60万桶。（http://xyf.mofcom.gov.cn/article/200306/20030600101171_1.xml）。

③ 如苏联时期建造的阿库拉级核动力攻击潜艇和A级核动力攻击潜艇下潜深度分别可达750米和900米。可参见张序三主编《海军大辞典　潜艇》，上海辞书出版社1993年版，第599页。

的出现使战争面临新的即低空攻防领域，这样，制空权成了决定战争成败的重要因素。战争样式从平面转向立体，制陆权、制海权和制空权成了支撑现代战争的三大支柱。在第二次世界大战中，德国、意大利和日本由于率先获得制空权而赢得战场的初期主动。

这里还需要说明的是，随着微电子、计算机，特别是航天技术和人造卫星技术的迅速发展，以至到20世纪下半叶信息成了一种可控并因此对人类生活有重大影响的资源。比如一颗静止通信卫星大约能够覆盖地球表面的40％，使覆盖区内的任何地面、海上、空中的地球站能同时相互通信。在赤道上空等间隔分布的三颗静止通信卫星可以实现除两极部分地区外的全球通信。这样制空权便进一步向太空领域延伸。争夺太空就成了控制信息资源，并通过控制信息资源获得国家在世界各种资源分配中的优势地位的关键。1957年10月4日，苏联发射了世界上第一颗人造地球卫星。中国于1970年4月24日发射了人造地球卫星"东方红1号"。2001年10月，美国航天咨询公司蒂尔集团发表报告统计，1957年至2001年约有5070颗人造卫星被成功送入轨道。[①]人造卫星技术导致全球定位系统（GPS）的出现。这在军事领域再次引起新的革命。它使导弹精确打击和精确拦截成为可能。1984年，美国总统里根批准实施"星球大战计划"，其目标是建立一个多层次、多手段的反弹道导弹的综合防御系统。1990年，美国"爱国者"拦截导弹在海湾战争中初获战果，2002年6月，美国退出"反导条约"并大幅度地调整美国太空政策。这里应当提前预警的是，随着外太空技术竞争日趋饱和，争夺信息资源的战场将进一步转向深海。

3. "一个中心、两个基本点"是现代世界地缘政治体系的基本特征

"一个中心，两个基本点"是世界地缘政治体系的基本特征：从海上说，就是以印度洋为中心，以太平洋和大西洋为两翼的构造；从陆地上说，则是以大中亚（整个中亚、南亚和中东地区）为中心，以欧洲大陆和亚洲大陆为两翼的构造。

从制陆权的角度看，大中亚是世界地缘政治体系的中心。麦金德（Sir Halford John Mackinder，1861—1947）认为这里也是世界地缘政治的轴心。从古代希腊的亚历山大(Alexander the Great，前356—前323)到蒙古帖木儿

---

① 《研究报告称在太空运行的人造卫星超过600颗》（http://tech.sina.com.cn/o/2001-10-03/86787.shtml）。

（Taimur-I-lang，1336—1405），再到苏联的勃列日涅夫，历史上凡是造成世界性扩张的陆上帝国多发轫或结束于大中亚地区。谁占领了中亚，谁就控制了世界：古罗马灭亡、欧洲黑暗时期及蒙古人征服欧亚大陆，都与中亚民族迁移有关。所以这个地方是世界地缘政治体系的关键地带。除地理原因外，大中亚地区恰恰还是现代工业不可缺少的石油和天然气储藏量最丰富的地区。地缘政治与资源政治在大中亚地区的高度一致性，使中亚成了近现代世界性大国必争之地。

从制海权的角度看，印度洋是世界地缘政治的海区中心。印度洋是世界级的海上交通要塞相对密集的海区，它西连曼德海峡东口，北衔霍尔木兹海峡，东接马六甲海峡西北出口，南面有莫桑比克海峡、南非好望角，都是国际大宗能源、矿产资源及粮食运输必经要道。位于印度洋北岸并被称为"亚洲命运的旋转门"的阿富汗一向是海陆大国争夺世界霸权"大规模汇合的地点之一"。[①]

此外，南印度洋西岸的非洲地区储藏丰富的战略矿产资源进一步提高了印度洋在世界地缘政治体系中的地位。世界已知铬矿的96%在南非、津巴布韦。南非占世界石棉储量的十分之一、黄金的二分之一、锰矿的三分之一、铀矿的五分之一、金刚石的三分之一。交通运输方面，欧洲国家所需的战略原料70%、石油的80%都是通过好望角海路运往欧洲的。

最后，印度洋西北岸的波斯湾为世界最大石油产地和供应地，这里已探明石油储量占全世界总储量的一半以上，年产量占全世界总产量的1/3。所产石油，经霍尔木兹海峡运往世界各地，素有"石油宝库"之称。中东是最大的石油输出地区，所产石油75%用于出口；世界石油进口国主要是美国、西欧和日本，2000年，它们进口石油占世界各国进口总量的62.1%。其中，美国是世界第一大石油进口国。随着中国的发展，海湾地区对中国的战略利益日益重要，2001年，中国从海湾地区进口的原油份额高于世界其他地区，占原油进口总量的56.2%。中东是世界石油出口量最大的地区，约

---

① 尼克松：《真正的战争》，常铮译，新华出版社1980年版，第11页。

占世界总出口量的45%。①尼克松在《真正的战争》一书中认为："欧洲把基本能源从它自己的煤改为进口的石油，这一点大大改变了世界的地理政治结构。中东长期以来是亚洲、非洲和欧洲交界的十字路口。现在中东石油成了现代工业生命所必需的血液。波斯湾地区就是把这种血液输送出来的心脏。波斯湾附近的海路是输送维持生命的血液所要通过的咽喉。"鉴于此，尼克松得出结论认为："谁在波斯湾和中东控制着什么的问题，比以往任何时候更加是谁在世界上控制着什么这一问题的关键。"②

正是大中亚和印度洋地区丰富的海陆要道，使其成为世界地缘政治的中心，而波斯湾和非洲的丰富资源又使大中亚和印度洋成为世界资源政治中心。地缘政治与资源政治的统一，是现代地缘政治学说的本质特征。

三 世界地缘政治体系中心区域的大国政治

1. 中亚是世界地缘政治的中枢，也是世界霸权的坟墓

上面已经分析了世界地缘政治体系的概貌，现在我们将注意力集中在世界地缘政治体系的中心区域。③

自从苏伊士运河开通，印度洋与地中海连接后，印度洋北岸地区就成

---

① 2001年中国原油进口来源国家及份额

进口地区	地区份额	国别（依次排列，未超过2%的不注明份额）
中东国家	56.2%	伊朗（18%）、沙特阿拉伯（14.6%）、阿曼（13.5%）也门（3.8%）、科威特（2.4%）、卡塔尔（2.2%）、阿联酋、伊拉克
非洲国家	22.5%	苏丹（8.3%）、安哥拉（6.3%）、赤道几内亚（3.6%）、喀麦隆、尼日利亚、刚果、利比亚、加蓬
亚太地区	14.4%	越南（5.6%）、印度尼西亚（4.4%）、马来西亚、文莱、澳大利亚、泰国、巴布亚新几内亚、蒙古国
欧洲中亚	6.9%	俄罗斯（2.9%）、挪威、哈萨克斯坦、英国

资料来源：海关总署

转引自刘新华、秦仪《中国的石油安全及其战略选择》，《现代国际关系》2002年第12期。

② 尼克松：《真正的战争》，常铮译，新华出版社1980年版，第91—92页。

③ 在以下行文中，如果从海洋方面强调世界地缘政治体系中心区域，我多选用"印度洋及其北岸"的概念，如从陆地方面强调世界地缘政治体系的中心区域，我则多选用"大中亚"或"中亚"概念。现在也有人选用"大中东"概念（陆卓明：《世界经济地理结构》，中国物价出版社1995年版，第194页。），鉴于这个概念包括范围过于宽泛，因而不能用于说明我们所要讨论的"世界地缘政治体系中心"的内容。

了大国地缘政治利益交汇最密集的区域。这一地区对世界霸权来说，既是战场，也是坟场。

法国大革命时期，英法矛盾尖锐，为了打败英国，拿破仑不是直接进攻英国而是出兵埃及，并企图最终占领印度并控制印度洋，目的是直接从英国的大后方击败英国。拿破仑深知对英国这样的国家而言，从资本外围地区打击它比直接进攻其本土更能达到釜底抽薪的效果。[①]但拿破仑在其海军被英国纳尔逊的舰队打败后不得不放弃这个计划。拿破仑帝国之后，紧接着就是俄国跟英国长达一百年的"冷战"。当时俄国跟英国的关系与第二次世界大战后美国和苏联的关系很相似，他们从欧洲争霸开始，到阿富汗争霸结束。德国崛起后，英俄两国于1907年签了协议，英俄长达百年的"冷战"才算和平结束。第二次世界大战后，美苏争霸路线则从大西洋和太平洋两翼开始，最后也在中亚阿富汗结束。

历史表明，大国力量增殖于地区性守成，消释于世界性扩张。而中亚在世界地缘体系中的轴心地位反使其成为大国争霸的终结点。而当大国力量触及中亚的时候，其国力透支性扩张也基本达到尽头。从古代罗马到当代美国，没有一个国家的国力可以长期独霸世界，更没有一个大国的军事力量可以长期驻扎在中亚地区。因此，地区性守成——这是俾斯麦在德国统一后始终坚持的外交原则，也应是中国未来外交遵循的基本策略。中国绝不能走德国威廉二世在世界全方位扩张的道路。长期守成式地经营亚洲，才能使中国长期立于不败之地。毛泽东"深挖洞，广积粮，不称霸"的思想，邓小平的"中等发达国家"的目标，都贯穿着长期坚持地区性守成、不做超级大国的国策理念。现在，美国小布什重蹈德国威廉二世的覆辙，冲进中亚，自封为世界霸主，历史地看，这似

---

①　"拿破仑曾经锋芒毕露地说过，在世界当前的情况下，任何国家要想采用自由贸易原则，必将一败涂地。就法国商业政策来说，他在这句话里所表现的政治智慧，超过了他同时代一切经济学家在他们著作中所表现的。这位伟大的天才，以前并没有研究过这些学说，却能明智地了解工业力量的性质与重要性，不能不叫人惊叹不已。他没有研究那些学说，这对于他，对于法国来说，真是一件好事。"[德]弗里德里希·李斯特：《政治经济学的国民体系》，陈万煦译，商务印书馆1983年版，第69页。

乎还没有成功的先例。[①]

2. 印度洋及其北岸地区的地缘政治与印度未来安全

在印度洋及其北岸地区，有直接利害关系的大国是俄罗斯、美国（第二次世界大战前是英国）和印度，它们之间是一种直接博弈的关系。欧洲和中国在这一地区的利害关系则属于间接博弈关系。

一是中亚地区大国地缘政治博弈。

打通从中亚进入印度洋的战略通道，是自彼得大帝以来所有重要政治家的理想。1725年彼得一世临终前在遗嘱中向后继者明确了他关于世界地缘政治的思想及争霸世界的战略目标："尽可能迫近君士坦丁和印度，谁统治那里，谁就将是世界真正的主宰。因此，不仅在土耳其，而且在波斯都要挑起连续的战争。在黑海边上建立船坞，在黑海边和波罗的海沿岸攫取小块土地，这对实现我们的计划是加倍必要的。在波斯衰败之际，突进到波斯湾，如有可能应重振古代与黎凡特（今中东和巴尔干南部）的贸易，推进到印度，它是世界的仓库。达到这一点，我们就不再需要英格兰的黄金了。"[②]

马汉曾从美国人的视角对俄国在印度洋的意图也有过分析，他说："不少人猜测俄国对印度也有野心。这如果是真的，那它就是从中间地带而不是两翼发起推进了。研究一下地图就可知道，俄国在波斯的进展不仅会使它靠近海湾，也可能使它跨越阿富汗的山脉，如果暂不考虑阿富汗的艰辛环境和居民强悍性格所造成的困难，这样，俄国就能在阿富汗及其与北部地区的交通方面获取良好区位，从而便于进行针对印度的行动。"[③]

20世纪70年代末，勃列日涅夫在中亚发动了自斯大林以来最大胆和最直接的行动：直接出兵占领阿富汗。对此尼克松写道："莫斯科已经打到

————————

① 2003年12月18日，俄罗斯总统普京举行电视现场直播的年度问答会，重申美国领导发动的伊拉克战争没有得到联合国批准，是不合理的。他说："我必须指出，在所有时代，大国、帝国总是因为一系列让其处境复杂化的问题而受到损害——这是一种无懈可击、不可一世、从不犯错的感觉。这种感觉总是伤害那些自称帝国的国家。我希望这种遭遇不会发生在我们的美国伙伴身上。"《普京警告美国勿重蹈帝国衰亡覆辙》（http://www7.chinesenewsnet. com/gb/MainNews/Topics/2003_12_18_7_33_50_5.html）。

② 《彼得一世遗嘱》，转引自李际均《军事战略思维》，军事科学出版社1988年版，第145页。

③ [美]马汉：《海权论》，萧伟中、梅然译，中国言实出版社1997年版，第231页。

离霍尔木兹海峡——西方石油咽喉上的战略性控制点——不到三百英里的地方。从阿富汗西南部的基地，米格战斗机能够飞到海峡，而在这以前，它们是飞不到这个地方的。"尼克松分析说："整个西方联盟战略地位取决于可靠地获得波斯湾的原油。而这则需要我们成功地制止苏联为在这个地区获得占统治地位的影响所作的努力。"最后，尼克松呼吁美国政府"不仅必须作好准备，而且还必须使人们看到我们作好了准备。我们必须表示这种意志。我们还必须拥有可以使用的力量。我们在保卫我们在波斯湾的利益时可能冒有风险。可是，如果我们不去保卫这些利益，我们就会冒大得多的风险"。①

20世纪，大国在阿富汗的争霸并未随苏联解体而结束，在1999年波兰、匈牙利和捷克加入北约的同时，美国借科索沃战争成功地将其影响力首次嵌入俄罗斯的传统势力范围——巴尔干半岛。2001年，美国借"9 11"事件在阿富汗战争后将军事力量有史以来首次插入阿富汗。这样从西、南两个方向堵死了俄罗斯南下地中海和印度洋的陆上通道。在往后的若干年内，美国将通过整合中亚各种战略力量，逐渐消化在中亚已取得的地缘政治利益，以确保美国在印度洋北岸地区的制陆权和对印度洋的制海权。为此，布热津斯基1997年就开始为美国未来的地缘政治谋篇布局。关于中亚地区，他说："美国的首要利益是帮助确保没有任何一个大国单独控制这一地缘政治空间，保证全世界都能不受阻拦地在财政上和经济上进入该地区。"针对遏制俄罗斯南下的战略目标，布热津斯基将阿塞拜疆、乌兹别克斯坦和乌克兰列为该地区美国必须"给予最有力支持的国家"，并认为"这三个国家都是地缘政治的支轴"。②其中，处于中亚中心位置的乌兹别克斯坦则最具战略意义。2003年11月，布热津斯基在接受俄罗斯《独立报》访谈中，当问及在2003年年底是否有必要对20世纪90年代写的《大棋局》中的观点进行修改的问题时，他说："我认为没有必要做大的原则性修改。显然，出现了新情况，事态发展有了新特点，这些不能不引起注意。"他再次强调"从战略的角度看，乌兹别克斯坦是中亚的一个关键国家"，"乌兹别克斯坦是这一地区最重要的国家，因此美国如此

① 尼克松：《真正的战争》，常铮译，新华出版社1980年版，第108、115—116页。

② 参见兹比格纽 布热津斯基：《大棋局——美国的首要地位及其地缘战略》，中国国际问题研究所译，上海人民出版社1998年版，第197—198页。

重视与它的关系"。①2003年11月，格鲁吉亚发生亲美政权更迭，中亚西大门向西方彻底敞开。

随着中国近年来的快速发展及对中东地区能源需求的急速增加，中国对其在中亚地区的地缘政治利益倍加关注。随着中国西气东输工程接近完工，中国东中部地区经济发展就与中亚富油地区的稳定息息相关。1996年4月26日，中国、俄罗斯、哈萨克斯坦、吉尔吉斯斯坦、塔吉克斯坦五国元首在上海举行首次会晤，建立"上海五国"会晤机制。2001年6月14—15日，中国、俄罗斯、哈萨克斯坦、吉尔吉斯斯坦、塔吉克斯坦和乌兹别克斯坦等六国元首在上海签署了六国联合声明。无疑今后中国将会在与中亚各国日益紧密的经济联系中扩大在中亚地区的地缘政治利益，保证中国西气东输管道西端能源的稳定供应。

二是位于世界地缘政治体系中心位置的印度安全。

如果说，历史上中亚地区大国关系本质上是英国人及其后继者美国人与俄国人的博弈关系的话，那么，在印度洋地区的大国关系，则更多地表现为英国人及其后继者美国人与印度人的博弈关系。关于这一点，印度人的认识具有悲剧色彩。

首任印度驻华大使，同时又是印度现代海权理论的奠基人潘尼迦（K.M.Panikkar）在其著作《印度和印度洋——略论海权对印度历史的影响》一书中坦率地说：

"正是由于英国在印度大陆上的地位，才使英国得以享有印度洋的绝对制海权，才使它得以把势力伸张到太平洋上去的。""认真研究一下印度历史上的各种力量，就可以毫不怀疑地认识到：谁控制印度洋，谁就掌握了印度。""从近三百年的历史来看，任何强国，只要掌握住绝对制海权，又有力量打得起陆战，就可以控制印度帝国。"②

印度前外交部长贾斯万特　辛格（Jaswant Singh）在《印度的防务》一

---

① 《布热津斯基寻找安全模式——华盛顿与塔什干的合作保证着中亚的稳定》，俄罗斯《独立报》2003年11月11日。

② 潘尼迦：《印度和印度洋——略论海权对印度历史的影响》，德隆等译，世界知识出版社1965年版，第81、88页。

书中持与潘尼迦相同的认识，他说：

"印度历史的转折点并不是最终发生在陆地上的冲突"，"我们只需思考一下17和18世纪的一个重要失误，就可正确地评价印度洋和通向印度的海路的重要性。这个失误导致外国势力到达印度洋沿岸，最初是为了贸易，发展到后来就是为了征服。""在这里，陆地上的胜利是紧随着海上的征服而来的"，"因此有必要承认，出现一个意义重大的战略转移，即陆路被海路所取代"。[①]

自印度独立后，印度洋的制海权从英国人手中转到美国人手中，印度人始终对其海上安全保持警觉。潘尼迦对此看得清楚，他说：

第二次世界大战结束后，美国成了至高无上的海军国。不错，它还没有能搞成世界海权国必备的一系列基地、油站、船坞等等，但是从它在对日战争中所表现的海军联合作战规模之大，以及从它在海军建设中强调航空母舰的重要，都说明了美国海军可以远离基地作战，实际上是爱在哪里动手，就可以在哪里动手。它在太平洋上有珍珠港和马尼拉，又占领了从前日本手里的雅浦岛和关岛，真是不可一世。而对印度洋，美国战后确也搞了不少名堂。美国在阿拉伯、中东、巴林群岛的油权，表明了它同印度洋区域的联系正在大大增长。就是对伊朗的统一，阿富汗的建设，美国也是兴趣很浓。实际上，由于美国奉行到处"遏制"共产主义的政策，所以各国沿海，凡是共产主义可能插足的地方，此刻都成了对美国安全有关的地区。战后的世界形势给印度洋带来的对立局面如此，它很可能又一次把印度变成一个主要的战略性战场。[②]

更令人敬佩的是，潘尼迦发表上述见解的时间是中国和印度双边关系最吃紧的1962年。而持这种观点的潘尼迦又能被任命为首任驻华大使，这不能不说与尼赫鲁本人对第二次世界大战后印度安全大战略的考虑有关。

---

① Jaswant Singh, *Defending India*, Macmillan Press Ltd., Britain, 1999, p.265.

② 潘尼迦：《印度和印度洋——略论海权对印度历史的影响》，德隆等译，世界知识出版社1965年版，第83—84页。

印度独立后，首任总理尼赫鲁在对印度共和国历史有深远影响的《印度的发现》一书中说："印度以它现在所处的地位，是不能在世界上扮演二等角色的。要么就做一个有声有色的大国，要么就销声匿迹，中间地位不能引动我，我也不相信中间地位是可能的。"①

这里需要提及的是，有些中国学者写文章将尼赫鲁这句名言当做印度首届领导人在南亚地区"推行强权政治"和"印度中心论"的霸权主义心态的表白，②其实，这是对尼赫鲁思想的误读。对长期受英国文化教育，并对英国地缘政治学说有深刻理解的尼赫鲁而言，他在这句话中所表达的与其说是地区"强权主义"的野心，不如说是表达了他对存在于世界地缘政治体系心脏海区即印度洋并拥有巨大版图的印度能否长期完整存在的前途的不安和忧虑。③潘尼迦的话大概可较准确地解读出这种忧虑，他说：

印度如果自己没有一个深谋远虑、行之有效的海洋政策，它在世界上的地位总不免是寄人篱下而软弱无力；谁控制了印度洋，印度的自由就只能听命于谁。因此，印度的前途如何，是同它会逐渐发展成为强大到何等程度的海权国有密切联系的。④

印度的安全取决于印度洋的安全。一个值得说明的事实是，**冷战结束后，印度的安全环境并不是好转而是严重恶化了**。其主要表现是印度洋的制海权日益向美国人手里集中，而不是像20世纪70、80年代那样被分散在苏美两家手中。冷战时期，作为印度洋东西屏障的中南半岛和巴尔干半岛都在苏联人手里，印度因支持苏联在阿富汗和越南在柬埔寨的军事

① Jawaharlal Nehru, *The Discovry of India*, Teen Murti House, 1999, p.56.

② 姜兆鸿、杨平学：《印度军事战略研究》，军事科学出版社1993年版，第106、133页。

③ 曾任印度总督的寇松称："没有印度就没有大英帝国。"转引自周一良、吴于廑《世界通史·近代部分》（下册），人民出版社1962年版，第262页。关于尼赫鲁对印度洋海权对印度历史命运的认识，参见Jawaharlal Nehru, *The Discovry of India*, Teen Murti House, 1999, ch. Six, sec. "The Indo-Afghans.South India.Vijayangagar. Bagar Sea power", p.237.

④ 潘尼迦：《印度和印度洋——略论海权对印度历史的影响》，德隆等译，世界知识出版社1965年版，第89页。

行动而与苏越形成准同盟关系。也正是在这样的大背景下，印度于70年代初才能肢解巴基斯坦和吞并锡金。90年代初，苏联解体，经过海湾战争（1991）、科索沃战争（1999）、阿富汗战争（2001）和伊拉克战争（2003），印度洋西翼的巴尔干已脱离俄国的影响。在印度洋地区，美国不仅全面回收俄国人的制海权，而且在相当程度上也获得了印度洋北岸的部分制陆权。"9 11"事件后，美国在印度洋面对阿富汗和伊拉克实施的快速有效和毁灭性的军事打击，不能不在印度领导人，尤其是视印度洋安全为第一生命的印度领导人的心理上投下重重的阴影。

1998年印度人民党竞选获胜，为了扭转日益恶化的安全困局，印度人民党政府日益重视印度洋安全。印度在成功拥有核武器的基础上，逐渐将国防资源向海军倾斜。据印度国防部年度报告：1996年到2000年的国防支出中，陆军军费支出年均递增15%，空军约9%；海军约18%。①《简氏防务周刊》披露：印度2001—2002年度军费支出比上年度增长13%，陆军虽占整个预算的60.4%，但和上年度相比，陆军在三军中增额最少。2002年1月19日，印度海军参谋长马德维德拉·辛格海军上将在印度南部港口城市科钦表示，印度军队拥有可信的反击能力，其造成的破坏程度超出对方的想象。印度海军拥有的火力已超出"足够"的范围，能执行任何类型的作战任务。在回答印度海军是否已在军舰上装载了核武器时，他强调，任何奉行"不首先使用核武器"的国家都会确保拥有海陆空三位一体的"第二次打击"的核能力。2月8日，印度和俄罗斯签署了一个涉及范围广泛的军事协议，为双方即将进行的数十亿美元的军火交易奠定基础。此前（2月6日），美国《世界网每日新闻》转载美国战略预测公司《印度扩展核能力》文章评论道："印度的采购单清楚地反映了三个问题。第一，印度在集中发展海上能力。第二，它的战略计划范围已经扩大，并非专门针对巴基斯坦的威胁。第三，印度真正想成为一个核大国"，"它突出反映了新德里决心发展能够威慑南亚任何挑战的三位一体战略核力量，并使印度取得该地区霸权地位。这是印度防务决策的主要目标"。"9 11"事件后，与美国投兵于阿富汗的方向相反，印度却着手加强其在印度洋的防御力量。2001年9月18日，印度国防部宣布成立安达曼—尼科巴战略防御司令

---

① 据 *Indian Defence Yearbook 2001*（Natraj Publishers, India）提供的数据计算整理。

部，它与印度大陆西侧的海军两大军区及印大陆本土陆军相呼应，在空军的配合下形成强大的陆海空一体化的综合国防力量，并对美国在印度洋上的迪戈加西亚基地形成掎角攻势。

冷战后印度国防政策，特别是印度人民党上台后的印度国防政策向印度洋倾斜，主要是基于印度对其安全环境，尤其是印度洋海区的安全环境急剧恶化的现实的担忧。这不仅由于印度目睹和经历了美国发起于印度洋的海湾战争（1991）、阿富汗战争（2001）和伊拉克战争（2003）及其毁灭性的后果，而且还由于印度海上防务力量与美国在印度洋的军事力量存在严重不对称的现实。印度已在印度洋地区建立了以印度本土为依托的东自安达曼—尼科巴群岛，西到拉克沙群岛的海上防务体系，但这个体系也遭到美国北从阿富汗、沙特，南到迪戈加西亚岛的海陆打击力量的纵向切割。尤其是美国在印度洋上的军事力量经过海湾战争、阿富汗战争和伊拉克战争的牵动，日益向印度大陆逼近收紧，印度政府对此不可能不产生忧虑。

为了消除长期以来国防布局存在的南北掣肘的被动局面，将有限的国防资源集中用于确保印度洋安全，印度在核试造成的国际震荡基本平息后，果断采取步骤，在缓和印巴冲突和改善对华关系方面迈开较大的步伐。2003年4月18日，印度总理瓦杰帕伊首先向巴基斯坦伸出"友谊之手"，表示愿意与巴方进行对话，以解决两国间所有悬而未决的问题。10天后，巴基斯坦总理贾迈利给瓦杰帕伊打电话，邀请其在"方便的时候"访问伊斯兰堡。贾迈利的"电话外交"最终打破了印巴关系长达17个月的僵局。此后，印巴高层频频相互示好。5月2日，瓦杰帕伊宣布印度将与巴基斯坦彻底恢复外交关系以及航空联系，并表示他将为印巴和平作最后努力。7月15日，印度新任命的驻巴基斯坦高级专员（大使）梅农抵达伊斯兰堡。此前两周，巴新任驻印高级专员阿齐兹已赴新德里上任。印巴互派大使为两国全面实现关系正常化和早日启动对话进程铺平了道路。与此同时，印度也大幅改善对华关系。2003年6月印度总理访华。11月14日，中国和印度在上海附近海域举行有史以来第一次联合军事演习。中印海上军事演习结束后不久，《印度斯坦时报》11月17日援引印度国防部发言人谈话透露，由印度陆军第四军司令、中将莫欣德·辛格率领的一个印度军方高级代表团接受中国人民解放军的邀请，将访问西藏。访问期间，印军代表团将参观中国军队设在当地的若干个基地。这自1962年中印两国间爆发边界战争以来尚属首次。

三是印度未来安全依赖于中国的发展。

2003年6月印度总理瓦杰帕伊在北京大学演讲时，间接引用了邓小平的名言说：如果中印携手，21世纪必将是亚洲的世纪。[①]这句话婉转地表达了瓦杰帕伊对中印关系40多年曲折的看法，即如果中印之间还不能再次携手，21世纪仍不能成为亚洲的世纪。

这是一个重要判断，它不仅适用于启示今天，也适用于总结昨天。

1923年列宁寄希望于俄国、印度、中国等东方国家的社会主义胜利，他说："斗争的结局归根到底取决于这一点：俄国、印度、中国等构成世界人口的绝大多数。"[②]印度独立和新中国成立后，中国、印度、苏联三国在20世纪50年代初有过一段蜜月时期，1950年中国抗美援朝更使中苏关系具有战略同盟的特点。苏共二十大后，苏联实行机会主义外交。1957年，赫鲁晓夫认为只要美苏"两个最强大的国家"达成协议，"世界局势就将大大好转"。1959年9月，赫鲁晓夫访问美国，两国首脑举行戴维营会谈。这事后被苏联概括为以苏美合作主导世界的"戴维营精神"。此后，苏联开始抛弃中苏同盟关系，1960年年初，苏联从政治和经济上全面与中国拉开距离。与此同时，印度在外交上转入"不结盟运动"。1962年中印发生边境冲突，1969年中苏发生边境军事冲突，至此，中、苏、印三国自50年代以来的良性互动关系结束。70年代，苏联在中国边界大兵压境，勃列日涅夫从世界范围向美国发起全面攻势，美国节节败退。1972年美国总统尼克松访问中国请求与中国合作。此后中美之间形成反对苏联霸权的盟友关系，美国由此得以从亚太困境中抽身，全力反击苏联的扩张，最终导致苏联在由阿富汗战争引发的国内危机中解体。苏联解体后，美国并未就此停步，从1997年起，开始从东西两个方向全面回收苏联时期的地缘政治遗产，并在北约东扩的同时，在西太平洋地区再次拉起意在堵截中国的从日本经台湾地区到澳大利亚的环岛链条。2001年又将军事力量通过阿富汗战争直接插入与中国西境接壤的中亚地区。2003年年底，日本小泉再次提议

---

① 《印度总理瓦杰帕伊北大演讲》（http://www.pku.edu.cn/news/xiao_kan/newpaper/994/1-2.htm）。

② 《宁肯少些，但要好些》，载《列宁选集》第4卷，人民出版社1960年版，第710页。

通过"修宪"将自卫队改为国家军队，之后不久，台湾陈水扁公开其"公投制宪"的时间表，"台独"底牌已公示于中央政府。而在这一切的背后则是美国这些年的有形无形的推波助澜。

21世纪开始的时候，在俄罗斯、中国、印度这三个远东最大的国家中，俄罗斯已经随苏联解体而倒下，就像多米诺牌一样，现在整个压力已倒向中国，与此同时，美国也正在拉拢印度，以孤立中国。现在中国顶着美国的霸权，这对印度是个机遇，印度可以从其机会主义外交政策中获取更多的安全空间和安全资源。但可以肯定的是，如果中国像苏联一样倒下，接着倒下的就只能是印度；而且，在尼赫鲁预见的"有声有色"和"销声匿迹"的两种结局中，印度很可能被迫接受后者。

西方人清楚世界地缘政治的中心在北印度洋。丘吉尔曾将印度比喻为"英王皇冠上的那颗真正最为光亮而珍贵的宝石。"[1]这是从地缘政治和资源政治角度看待印度的。占领印度，就占有亚洲陆地的财富和世界制海权的心脏。印度洋是地缘政治利益最密集的地方，是西方控制世界的关键海区。从这个意义上来说，印度未来的危险性比中国要大得多。印度现在跟美国打交道虽然有机会主义的成分，但其危险的处境它也是非常清楚的。这一点我们可以从尼赫鲁写的《印度的发现》一书中体会出来。尼赫鲁在当时是对英国地缘政治思想理解比较深入的政治家，他知道印度是生活在世界政治矛盾的火山口即世界海权的要害地区。所以，他判断印度如果不能崛起为大国，就必然要被肢解性毁灭。鉴于此，尼赫鲁始终不愿与中国发生冲突，这他是有长远考虑的。但是他在具体操作上要小手段，在边境上想占便宜。毛泽东当然不干了，既然和平共处，双方就应信守承诺，各司其职，不应越界。尼赫鲁不听中国警告，于是在边境上受到毛泽东的痛击。尽管印度被打败了，但在处理后事上，中国还是很宽厚，很给印度面子的。但不管怎么说，尼赫鲁明白印度的安全重心是在印度洋。印度第一任驻华大使潘尼迦与尼赫鲁持相同的观点，他在《印度与印度洋——略论海权对印度历史的影响》中以断言式的口吻告示后人：

"谁控制印度洋，谁就掌握了印度"，"印度的安危系于印度洋"，"印度的来日的伟大，在于海洋"，"今后，如果印度再搞纯粹大陆观点

---

① 转引自 Jawaharlal Nehru, *The Discovry of India*, Teen Murti House, 1999, p.438。

的国防政策，那是瞎了眼"。①

　　印度长时间以来的国家防务总是在北方和南方之间徘徊。中世纪时候北方是印度防务的重心，到近代南方海区则是其安全防务的重心。自从印度拥有核武器后，印度北方安全基本不会出现大问题，中印两个有核国家发生大战的可能性基本消失。印度近几年来的国防投资迅速向海上倾斜，这说明印度政治领袖们已充分认识到未来印度国防的主要矛盾在海上。他们同时也可能意识到，中国的发展对印度的未来安全有正面意义：如果中国真的垮下去，印度在印度洋面对的霸权压力将不可承受；西方绝对不允许有像印度这样一个有民族个性的核大国控制，甚至存在于印度洋。泰米尔猛虎组织能在印度和斯里兰卡之间闹到现在，可能就是某些大国为未来印度洋的地缘政治利益再分配埋下的伏笔。

　　四是印度扩大在印度洋的作用有利于中国的发展。

　　核试验之后，印度一些政府官员在不同的场合通过攻击中国为本国核试验辩解，但迄今为止，印度却没有采取什么有实质性的挑衅中国的外交举动，更值得玩味的是，**印度一方面明修"中国威胁"的栈道，另一方面，其国防重心却在往印度洋暗度陈仓**。当核试验产生的外交震荡过后，印度就采取措施改善与中国的关系。2003年6月印度总理瓦杰帕伊访华，双方签署了《中印关系原则和全面合作宣言》。在这份文件中，印度政府首次明确承认，"西藏自治区是中华人民共和国领土的一部分"。这一承诺的意义在于，印度基本放弃了用分裂西藏的方式在印度北方建立中印缓冲区的安全战略。2005年1月24日，中国外交部副部长武大伟与印度外交秘书萨兰举行了中印首次战略对话，双方就共同关心的重大国际和地区问题深入交换了意见，达成广泛共识。双方通报了各自的外交政策，增进了相互理解。双方还就中印关系交换了意见，一致同意共同努力，把双边关系提升到新的水平。印度外长纳特瓦尔·辛格会见了武大伟及其主要随行人员。辛格强调，印中两国应在和平共处五项原则基础上，从战略高度发展两国关系。他对印中首次战略对话成果表示满意。武大伟代表中国政府对印度在印度洋海啸中遭受重大损失表示诚挚的慰问。中国驻印度大使孙玉

---

　　① 潘尼迦：《印度和印度洋——略论海权对印度历史的影响》，德隆等译，世界知识出版社1965年版，第81、89、96、87页。

玺参加了会谈和会见。[①]

我曾在与印度学者交换看法时说，印度的西藏政策是自相矛盾的。你们承认西藏是中国的一部分，同时你们又要收留达赖；如达赖在你们的帮助下实现"独立"，届时你们的北方边界问题将会更难解决。现在你养着达赖，将来他是要反对印度的。他们说：印度讲人权。我说你要真讲人权，中国帮你们送十几万藏人过来与你们共享"人权"与"自由"成果如何？他们都大呼不可。因为停留在达兰萨拉的藏人已抢了印度人的许多就业岗位，占用印度大量的消费资源，政治和外交上也给印度添了不少麻烦。所以他们现在就是要解决这个矛盾，现在瓦杰帕伊有点儿回到尼赫鲁路线的味道，想将国防重心移到印度洋。为此他要从北方摆脱外交困境，因为长期以来，北方防务已消耗印度太多太多的资源。

从中国方面看，印度在印度洋的发展有利于中国安全。印度越向印度洋发展，中国藏南边陲就越安全。同样，印度影响力在印度洋越扩大，对美国世界霸权力量的牵制越大。印度洋是西方的能源心脏，在全球战略中这里也是西方人优先考虑的目标。俄罗斯的对印政策的主线是扩大印度在印度洋上的作用：它将大量军事装备，特别是海上作战装备卖给印度，支持他们发展海上力量。印度有人说发展海军为了"遏制中国"，其实，这是瞒天过海的幌子：要遏制中国，就直接到北方边界就行了，干吗要从印度洋上遏制中国。如果印度能从印度洋上遏制中国，那就意味着它更可以遏制其他海洋大国，这当然要包括美国。如果从印度洋上发射远程导弹是为了能覆盖中国主要城市，那难道它这样就不会覆盖美国或其他西方国家的主要城市吗？**历史经验表明，印度洋是印度未来安全所在，而21世纪初发生在印度洋北岸地区的由美国发动的几场战争更进一步表明，在印度洋洋面上印度的真正对手已经主要是美国，而不主要是中国；对印度威胁最直接的就是美国的迪戈加西亚基地。所以印度实力在印度洋上的任何发展首先触动的是美国利益而不是中国的利益。**

值得说明的是，近年来，印度加强与越南关系，有舰只进入南中国海的举动，被舆论认为印度有一个庞大的"印度洋控制战略"。有一则报道是这样介绍其内容的：

---

① 《中印首次战略对话达成广泛共识》（http://world.people.com.cn/GB/1029/42354/3141333.html）。

　　印度海军在印度洋地区则全面推行"印度洋控制战略"，重点发展远洋进攻力量，力图实现"有效控制"。向东，印度海军已把其活动范围扩大并前伸到南中国海及太平洋边缘；向西，穿过红海和苏伊士运河，波及地中海；向南，其远洋兵力将前伸到印度洋最南端边缘，甚至绕过好望角远达大西洋。为此，印度双管齐下：一是建立对印度洋周边国家的绝对军事优势，遏制它们向印度洋扩展；二是对印度洋外部的海军大国实施威慑战略，争取达成海上力量均势，限制它们在印度洋上的行动自由。"南扩战略"是印度争当世界大国总体战略的一部分。据称，印度一旦完全支配和控制印度洋，势必还将以此为中心，将其势力扩展至全球。印度海军不仅提出了"远海歼敌"的作战思想，甚至还提出要控制苏伊士运河、保克海峡、霍尔木兹海峡、马六甲海峡、巽他海峡等五大战略水道。

　　印度海军的"全球扩展战略"并没有仅仅停留在口号上，去年10月，一支由5艘战舰、1艘潜艇以及若干补给舰船在内的印度海军特混舰队终于彻底甩开了各种幌子，浩浩荡荡地开赴太平洋，前往南中国海进行所谓的"远航训练"。英国《简氏防务周刊》的资深记者拉胡尔　贝迪对此评论说："印度海军进入南中国海是一个大胆举措，它说明印度正在走出它传统的势力范围，进行新的和危险的尝试。[①]

　　无坐标便无方向，无战略则无情报。这则很有想象力的报道既缺乏印度"坐标系"，也缺乏美国"参照系"。只要去过印度的人都不会怀疑，即使它有这样的想法，也无异于痴人说梦，因为在相当的时间内，印度根本不可能有相应的财力来支撑这样一个庞大的所谓"印度洋控制战略"。近现代史上，只有英国和美国这种垄断着世界资源的国家，才有能力实施这样的海洋战略。其次，如果印度真的实施了这样的战略，那印度首先威胁的不是中国，而是美国。南中国海的制海权目前是在美国人手中，也是美国人的关键利益所在。报道中所列印度所要控制的"五大战略水道"，均触及美国至关重要的制海权利益，实现这些目标，印度则需要有当年日本发动对美"太平洋战争"的财力、能力和胆量，目前看这是不可想象

　　[①]　高天：《扬威南中国海　印度海军西延东扩野心勃勃》，《中国海洋报》军事角2001年3月13日（http://www.coi.gov.cn/oceannews/hyb996/411.htm）。

的。由此不能不说，上面报道披露的所谓"战略"及其分析，确实缺乏小心求证的工作。尽管如此，印度急迫强化和扩大对印度洋制海范围的需求和努力，确是真实与合乎逻辑的。

我们应当注意，制海权是英美国家战略的命根子。苏联与美国矛盾的激化表面看是为中亚阿富汗，实则是为印度洋的制海权，因为在雅尔塔体系中，西方已向苏联让与了广大的陆上地缘政治空间；20世纪70、80年代，中美关系改善的前提是中国还没有向太平洋发展的迫切需求，而90年代后期以来中美矛盾升级，也是由于中国在台湾问题和资源进口及海外利益保护问题上对制海权的需求日益迫切；那么，可以肯定，不要说印度想有将其制海权"扩展到全球"的愿望，即使印度要想在北印度洋海区拥有真正有实效的制海权，它所面临的来自美国的压力绝不会低于中国在台湾海峡和南中国海区面临的同种压力，尽管这些海区对中印两国都具有生死攸关的意义。从这个意义上说，印度在印度洋上的扩展与中国在台湾海峡和南中国海主权海域的海权扩展，有正面互补和互动的意义。

四 太平洋地区地缘政治格局与台湾问题

现在让我们将目光转向世界地缘中心的东翼即太平洋，尤其是西太平洋地区。这一地区关系到中国生死攸关的安全利益。[①]

1. 亚太地缘政治与中美关系

太平洋地区涉及中、美、日、俄四大国之间的关系，对中国而言，核心是中美关系。中美目前看似是对手，但从战略层面上看，中美应当是朋

---

① 澳大利亚在亚太地区的地缘政治地位往往受到轻视，但在亚太重大的政治事变中，澳大利亚却是旋转亚洲的命运之门。太平洋战争中当美国人被日本人从亚太地区赶出去后，澳大利亚成了美国绝地大反攻的最后基地，也是亚太和平和稳定的最后兜底的地方。1942年2月，根据太平洋地区日军进攻之后形成的战略格局，以前的ABCD（美、英、荷、澳）防线已基本冲垮，罗斯福和美国军方首脑确定了新太平洋防御战线的底线，就是以澳大利亚为主要基地的。太平洋战争中美国陆军部长史汀生说："如果我们被逐出菲律宾和新加坡，我们仍可退守荷属东印度和澳大利亚，并且与中国合作……就能给予日本以极大的反攻打击。"（参见韩永利《战时美国大战略与中国抗日战场：1941—1945》，武汉大学出版社2003年版，第119—120、163页。）由于所涉主题关系，对此不作展开讨论。

友。这里需要注意的是，美国历来只以打不败的对手为朋友，无原则尾随它后果必然是被抛弃，从吴庭艳、蒋介石、达赖，乃至叶利钦、萨达姆和最近刚下台的格鲁吉亚总统谢瓦尔德纳泽，都先后被美国利用和抛弃。日本也是早晚要被抛弃的，所以日本对美国总是怀着不信任的态度。日本没有归属感，它无力单干，又不知道跟谁干。李登辉想把台湾省送给日本，日本人真想要却又不敢马上要，李登辉本质是要当一个日本人，但一时半会儿做不到。中美之间的地理位置相距很远，今后双方也会有一些较量，但20世纪百年的历史告诉我们，大凡亚太地区遇到重大的政治灾变，都是在中美合作下解决的。

20世纪初，欧洲一些国家要肢解中国，美国坚决不同意，今后美国也不愿意看到中国彻底解体，美国必须保证亚洲有中国这个板块的存在。如果中国垮下去，亚洲就出现了一个大的政治黑洞，印度、日本就会起来，俄国力量就会南下，美国就无法收拾局面。彻底肢解中国历来是日本的战略，现在又加上了李登辉及其"台独"死党，李登辉写的《台湾的主张》中的重要观点之一就是消灭中华民族和肢解中国。因为他太知道在亚太地区，中国和俄罗斯不垮，日本就不可能重温"大东亚"旧梦，而日本如起不来，"台独"就永无指望。

最近有个"对日新思维"，说日本必然走向强大。这句话本身就没有前提，大国较量不仅是比经济总量及人均GNP，要是这样的话，瑞士也就成大国了；也不能单纯比军事力量，如果有军事力量而无这种力量发挥的地理空间，那这种力量就会因国家狭小的地理条件而大打折扣。所谓国际格局，实质都是大国安全空间分配后的格局。大国的存在必须有其相互默认的安全外围地区。从拿破仑战争之后的维也纳体系到结束第二次世界大战的雅尔塔体系，都是围绕着战胜国，特别是其中大国间的外延安全空间如何分配而展开的。两个人坐得太近就会觉得不舒服，国家，尤其是大国之间也是这样。大国之间小国多，这有利于缓冲大国矛盾。

日本的地缘政治条件四面掣肘，极其脆弱。在北方，俄罗斯人踩着"北方四岛"后尾。南方还有美国在冲绳岛牵着日本的缰绳。美国人既然对日本那么好，为什么不支持日本把北方四岛收回来？美国人从来没这样说，更没这样做，相反在这个问题上，倒是中国曾在60、70年代支持过日本。可见美国人对日本是不放心的。日本一直盯着中国台湾地区，中间有美国的阻挡，美国不会把台湾给日本；当年正是因为日本在甲午战争后拿走了台湾，才有后来日本法西斯的崛起和珍珠港事件。日本巴掌大的地，夹在中、美、俄之间，东南亚国家还不买它的账，因此，它没有任何地缘政治空间，更谈不上安全外延空间。所以它无法成为大国，除非中、美、俄用"新思维"让出一些地缘利益，以更"博大的胸怀"和更"高的战略视野"来给日本崛起创造条件，那样日本就有可能真的从经济大国走向政治和军事大国。

日本人明白，没有外延安全空间，日本是不可能崛起的。20世纪40年代，日本搞所谓"大东亚共荣圈"。在近卫内阁时，日本已经将中国东北、华北、华中和华南地区拿下了，处于最有利状态。如果日本按近卫内阁的政策，组成汪精卫傀儡政权后，就不要向南触动英美利益，更不要打珍珠港，那今天的日本就很难说是什么样的。历史真的是此一时彼一时，多做一点儿和少做一点儿都会前功尽弃。现在李登辉希望与日本一起肢解中国，他只想要当时汪精卫的地盘。如果李登辉的企图变成了现实，那么，未来的西太平洋地区就是以日本和中国台湾为铁盟，以日本和中国台湾为轴心并以美国为依托的反制大陆的政治格局。届时中、美、俄三家就会同时感到，目前有人提出的"对日新思维"与"用体温温暖蛇的农夫思维"并无两样。

以史为鉴，可知得失。看看当时日本是怎么起来的，就会知道它未来的可能走势。18—19世纪初，中国为世界大国，日本根本没有向中国挑战的念头。19世纪40—50年代，中国在两次鸦片战争中被打败。这令日本人吃惊。1854年美国武力强迫日本打开门户，此后日本相继与美、英、荷、俄、法等国签订一系列不平等条约。但日本人在民族危机时没有胆怯，而是积极进取，锐意改革：1866年开始明治维新，制定了一系列发展国家资本主义的政策，军事上，海军效法英国，陆军效法德国，结果只用了20多年的时间，就扭转了困局。1895年甲午海战日本打败中国，1905年又打败了俄国。中国和俄国力量退出东北亚后，日本在亚洲迅速崛起，其外延安全空间迅速扩大。1910年日本强迫朝鲜签订《日韩合并条约》，正式吞并朝鲜。1927年日本召开"东方会议"，决定侵略中国。此后日本国内政策迅速军国主义化，并从30年代开始，以扶持傀儡政权的方式逐步侵占中国东北、华北和华中地区。1941年10月东条英机组阁，突破近卫政府的有限扩张政策，进一步将战争引向东南亚英美势力范围并突袭珍珠港。这导致美国参战并同中国结盟。自此日本开始衰落，1945年战败后，日本从哪来又回到哪去，其地缘政治利益回到一百年前即明治维新前的状态。

有观点说贸易带来和平，这种观点大可商榷。据统计，在1873—1875年间，日本与中国进出口贸易总额为1312.5万日元，这是中日关系比较和平的时期；1886—1890年间，增长为1723.6万日元，而在1891—1895年，中日进出口贸易总额进一步大幅度增长为2335万日元，可就在此间中日之间爆发了甲午海战。同期日美进出口贸易总额分别为752.2万日元、2723.5万日元、4654.8万日元，[①]可此间日美之间关系却是最紧张的时期，50年代双方还发生过数次海上冲突。另据美国学者孔华润提供的数据表明，1940年美国对中国及日本的出口分别占美国出口总额的1.9%和5.6%。[②]但是随着日美贸易的增加，双方政治矛盾也在上升，政治矛盾如无法调和，到最后只能用军事力量来解决。40年代初，日本打过了北纬30度线，闯入东南亚英美利益范围。同期中美之间没有什么贸易量，相反中美后来倒结成了盟友关系。美国还将中国拉到开罗会议上，蒋介石先生一下子成了政治明星。[③]那个时候，美国人对中国的要求就是拖住日本。[④]中美联合解决了日本问题，雅尔塔体系在远东地区就是把日本推回到明治时期的起点。但是需要提醒的是，如果日本在近卫政府时期就将战争停止在北纬30度线以北地区，不要进入英美利益区，那美国就有可能不在军事上介入远东问题，如果是那

---

① 资料来源：梅村又次、山本有造编《日本经济史》第3卷，转引自刘世龙《美日关系（1791—2001）》，世界知识出版社2003年版，第127页。

② 孔华润：《美国对中国的反应》，张静尔译，复旦大学出版社1989年版，第132页。

③ 美国学者达莱克就史迪威赴华问题作了评述：罗斯福决心推行"欧洲第一"的战略，近期内不给中国以大规模援助……他希望一方面使中国能够继续抗战；另一方面通过给予它的地位使它的幻想得到满足，但又强调长远的利益来防止它要求更多的援助。[美]罗伯特·达莱克：《罗斯福与美国对外政策》（下册），陈启迪等译，商务印书馆1984年版，第475页。

④ 在1942年上半年，美国的全部问题就是如何使中国拖住日本，不使其大规模增兵太平洋和西进印度。美国参谋长联席会议的指令就是：第一，增加美国支持中国政府从事战争的有效性；第二，支持促进中国军队有效战斗。参见韩永利《战时美国大战略与中国抗日战场：1941—1945》，武汉大学出版社2003年版，第122—123页。

样的话，中国抗日战争的后果很难说是怎样的。[1]

接下来是苏联人。20世纪70、80年代，苏联的咄咄攻势把美国在世界范围逼得节节后退，美国经济也一路下滑。1960年美国在世界生产总值中所占的百分比为25.9%，到1970年下降为23%，1980年继续下降到21.5%。而与此同时，日本、中国等在世界生产总值中所占的百分比则快速上升，1960—1980年间，日本在世界生产总值中所占的百分比从4.5%增长到9%；中国从3.1%增长为4.5%。[2]幸亏尼克松及时调整美国外交政策，与中国结盟，才有效地遏制了苏联在亚太地区的扩张和美国的衰退。可以断定，在未来的世界上，美国人仍不能单独解决亚太问题。最近美国又开始找中国，因为它在亚洲又陷进去了，伊拉克成了第二个越南：在伊拉克，美军每天都有死亡，且规模越来越大。小布什脸色不好看，拉姆斯菲尔德精神也低落了许多。

今天中美之间的矛盾类似于19世纪美国与英国的矛盾。从表面上来说是地缘政治矛盾，这是直接的。如果从更深的角度来说，是对世界资源配额的矛盾。中国经过20多年的资源开发和经济发展，国内支撑经济的资源已近枯竭。中国已不能再在国内大规模"采掘"下去，不然，西北的黄沙就不仅是飘到北京，明天还会飘到杭州和广州。大自然报复是很厉害的，我们看一下卫星地貌图，在中国许多地方是黄色而非绿色的。所以，中国现在要参与世界资源的分配，没有资源，中国"全面建设小康社会"的目标就没有物质支撑。昨天的美国人在反霸中成功地参与并与霸

---

① 1940年5月底，鉴于德国的胜利，为了使日本不乘机南进，罗斯福对摩根索说：他"愿意同日本联系，想法缔结一种联合公约来维护太平洋的和平。"罗斯福维持与日本谈判的想法不是"根本改变日美关系，而是争取时间……如果情况允许，就一直拖延到把希特勒打败以后，国际形势的变化甚至可能使日本改变政策，而不必进行战争"。1941年11月17日，罗斯福授意赫尔拟就一份为期6个月的"临时协议草案"，提出：美国恢复同日本的经济关系，并促使中日谈判。作为交换，日本不再向印度支那、"满洲国"边界或任何南部地区（荷属、英属或暹罗）增派军队，日本同意在美国参加欧洲战争时，不援用"三国条约"的规定。美国国务院也拟就了自己的"临时妥协"条文。参见韩永利《战时美国大战略与中国抗日战场：1941—1945》，武汉大学出版社2003年版，第51、55、61页。

② 详见[美]保罗 肯尼迪《大国的兴衰》，王保存等译，求实出版社1988年版，第532—533页。

权国家分享了国际资源利益，那么对今天的中国人来说，也不会有别的更好的出路。

但长远看来，中美战略上应是朋友。只是中国要知道和美国打交道的前提，即在它打你的时候，如不还手，你也至少要让它手疼。中国在亚太地区有重要的安全利益，对台湾的主权是事关中国生死存亡的国家利益。这些都是作为一个大国不能妥协的方面。现在的问题是美国正在如法炮制两百年前英国限制美国的方法，最大限度地排挤中国的海上利益，台湾问题是中国安全利益的底线，但这却不是美国要求中国让步的底线。面对这样的苛求，想必即使美国人也不会接受，也会起而抵制。

2. 台湾问题牵动亚太战略格局

对亚太大国而言，台湾问题牵扯到地区格局问题，其中，钓鱼岛是格局变动的关键。钓鱼岛问题的要害不完全在于它"自古"就是谁的领土，而在于在地缘政治上它是可能出现的中国台湾和日本铁盟关系的"七寸"所在。而实现中国在钓鱼岛的主权，则是打断中国台湾和日本铁盟联系的关键。如果"台独"得逞，中国台湾与日本必成铁盟。这就是为什么李登辉否认中国在钓鱼岛的主权地位的深层原因。[①]李登辉明白，彻底与"台独"分子志同道合的并不是美国，而是日本右翼分子。历史上日本一直需要台湾，而台独分子在未来更需要由右翼组阁的日本。"李登辉们"知道，一旦台湾回归中国大陆，不管再有多少"新思维"，日本右翼也起不来，"台独"也只有死路一条。所以钓鱼岛问题不完全是一个学术的问题，更是一个地缘政治问题，是亚太地区地缘政治格局问题。

日本问题本质上是远东雅尔塔体系问题，因此，它本质上是中、美、俄三国与日本的关系问题。而台湾问题本质上是中国在雅尔塔体系中恢复对台湾的主权后内战遗留问题，但自从20世纪50年代初朝鲜战争开始及美

---

①　台湾《中国时报》2003年10月26日报道，李登辉25日在为"李登辉学校"上课时表示，依照历史，钓鱼岛既不是台湾的，也不是大陆的。钓鱼岛的主权问题是从1971年开始的，以前没有人说钓鱼岛是属于中国大陆或是台湾的，因为那一年大陆在海底发现了石油。他还批评台"行政院院长"游锡堃指钓鱼岛属于台湾宜兰县，是不懂历史。

国第七舰队开入台湾海峡，台湾问题又被迫卷入冷战格局之中。[①]苏联解体带给世界的重大变化，是雅尔塔体系在欧洲随华约解散和科索沃战争及北约东扩而瓦解，但在远东地区却大体完整保留。但是，如果说是科索沃阿族人的"独立运动"造成了雅尔塔体系在欧洲的终结，那么，在远东颠覆雅尔塔体系的导火索可能就是今天以李登辉为"教主"的"台独"活动。从这个视角看，本来不属于但后来又被强迫卷入冷战格局的台湾问题将牵动远东大国格局。这就是目前美国、俄罗斯一致反对台湾"独立"的重要原因。

在台湾统一的日程表上，台湾陈水扁当局正在与中共中央政府展开时间博弈。中共中央政府希望有较久的时间来等待台湾多数民众认识到"台独"的危险性，并与中央政府一起遏制"台独"势头，最终达到海峡两岸和平统一的目标。而台湾当局，从李登辉起就加紧策划"台独"的步骤。2003年11月11日陈水扁表示，希望在2006年12月10日国际人权日时举行公民投票，决定新"宪法"的内容。就在台湾陈水扁提出"公投制宪"的时间表前不久（11月4日），日本首相小泉则再次表示要修改战后和平宪法第九条，使自卫队成为"名副其实的军队"。现行日本宪法明文规定日本"永远放弃以国权发动的战争"，拒绝"以武力威胁或行使武力作为解决国际争端的手段"。2003年，12月12日，即66年前日军侵占南京的前一天，日本交流协会驻台北事务所举办了天皇生日招待会，不顾中国反对，邀请台湾当局"外交部长"、"总统府秘书长"等出席。2004年12月16日，日本政府决定给李登辉发访日签证。12月27日，中国外交部发言人刘

---

① 1950年1月5日，美国总统杜鲁门在记者招待会上的声明中，坚持台湾问题的雅尔塔体系的立场，称："在1943年12月1日的《开罗宣言》中，美国总统、英国首相和中国最高领导人宣称，他们的宗旨是，日本从中国窃取的领土（如台湾）应归还中华民国。美国是1945年7月26日《波茨坦公告》的签字国，该公告宣称，《开罗宣言》的各项条款应得到实施。"朝鲜战争发生后，东亚冷战骤然升级，6月27日杜鲁门再次发表声明，将台湾问题纳入冷战格局之中，称："对韩国的攻击已毫无疑问地表明，共产主义者已经不限于采用颠覆手段来征服独立国家，现在将使用武装入侵与战争的手段。这种做法公然违反了联合国安理会为维护国际和平与安全而发出的命令。在这种形势下，共产党军队占领台湾，将直接威胁太平洋地区的安全以及在该地区执行合法和必要职责的美国军队。为此，我已下令第七舰队阻止对台湾的任何进攻。作为这一行动的应有结果，我已要求在台湾的中国政府停止对大陆的一切空中和海上作战行动。第七舰队将保证此项得以实施。"详见陶文钊主编《美国对华政策文件集1949—1972》（第二卷上），世界知识出版社2004年版，第26、44页。

建超就李登辉赴日问题发表谈话时指出，中国政府对日本当局此举表示强烈不满，将保留进一步作出反应的权利。当日李登辉持日本政府发放的入境签证抵日。2005年1月2日，李登辉结束一周的"访日"行程，返台在中正机场对接机者说，感谢日本政府核发签证，台湾和日本的"外交"关系是"无声"地进行，他将继续在国际上推动台湾"正名"运动，并希望"今后日台能建立更沉静且强力的连带关系"。在日期间，李登辉在以主张肢解中国言论出名的日本作家司马辽太郎墓前献花致意。1月4日李登辉从日本返台后立即驱车到了"总统府"与陈水扁会谈。[①]2005年1月15日，日本防卫厅对我国钓鱼岛以及冲绳本岛以西的其他岛屿制定了一套"西南岛屿有事"（各种形式的"入侵"）对策方针，表示要坚决、彻底地打击"侵犯"西南岛屿的外国军队。该计划决定，当西南诸岛有事时，防卫厅除派遣战斗机和驱逐舰外，还将派遣多达5.5万人的陆上自卫队和特种部队前往防守。该方针中所说的西南诸岛包括我国钓鱼岛。[②]

这几个前后紧跟的重要信息透露出未来几年日本和中国台湾互动将浮上东海水面并会紧锣密鼓地拉动亚太地缘政治变局。日本因素将日益明显介入而不只是用所谓"周边有事"[③]含混地影射"台湾问题"，是一个值得中国和亚太其他国家密切关注的新变化。

3. 台湾问题关乎中国现代化全局

研究地缘政治要抓主要矛盾，中国的亚太地缘政治的核心是台湾问题，台湾问题不仅是中国主权的问题，还是中国海权及现代化全局的问题。

台湾是中国尚未统一的地区，同时也是中国出入太平洋，实现其海权利益的东海前沿基地。统一台湾，中国就彻底突破了自冷战以来美国在西太平洋构建的意在封锁中国的环岛锁链，其意义远比美国获得夏威夷的意

---

① 《李登辉持签证抵达日本　中国政府表示强烈不满》（http://cn.news.yahoo.com/041227/354/27ocv.html）。

② 《日防御西南诸岛计划首曝光　范围包括钓鱼岛》（http://news.xinhuanet.com/mil/2005-01/16/content_2466784.htm）。

③ 2003年6月5日，日本国会参议院有事法制特别委员会通过了《周边有事法》，该法案前一个月在国会众议院通过。《周边有事法》包括了日本受到武力攻击时作出反击的《武力攻击事态法》、《安全保障会议设置法修订案》和增强自卫队活动及能力的《自卫队法修订案》三项法律。

义巨大。统一台湾，中国北可遏制日本军事对中国东北再次觊觎的可能；南可将其与海南省一道对中国南沙主权诸岛屿形成巨大的钳型保护，并由此对通过马六甲海峡的中国海运安全产生有效的保障；西可扩展中国东南安全空间，对中国东南沿海黄金经济带形成前锋拱卫。

另外，中国的统一进程还与中国的海权实现进程相一致，这决定了统一台湾是中国发展不可绕行的门槛。台湾不回，南沙群岛则不保。如果说南中国海地缘政治的关键是马六甲海峡，那么，对中国而言，中国主权范围内的南沙诸岛则是中国实现南中国海海权利益的关键。作为一个大国，中国在南中国海区必然要有自己的海上基地。如果钓鱼岛和台湾回归祖国，则中国在东北亚和东南亚的安全利益就有保障。与甲午海战时不同，日本航空母舰在卫星制导时代对东海作战没有多大意义。**历史上日本在东北亚崛起的前提是俄国和中国的衰落，在太平洋地区崛起的前提是中、美、俄的衰落。**苏联在20世纪90年代解体，但是俄罗斯又顶住了；中国今后只要不垮下去，一看地图就知道在可预见的将来，日本不可能成为大国：它北部有俄罗斯踩尾，南部有美国牵缠，中间还有亚洲国家不断地敲打日本右翼们的脊梁骨。问题是，现在倒是我们自己有人要搞对日"新思维"，要帮日本再次崛起。

应当将台湾问题看做是中国现代化问题的有机组成部分。与20世纪50年代不尽相同，台湾问题已不仅仅是中国主权问题，它更是影响中国实现其发展权的问题。19世纪60年代，德国当时分成几百个城邦，严重影响德国经济发展。俾斯麦用铁血政策七八年就将德国统一，而中国却在这一问题上谈了半个世纪。主权问题哪能是谈出来的？台湾问题对中国而言，也是海军问题。大规模地发展中国海军是解决"台独"的关键。应将李登辉及其死硬"台独"骨干拉到中国海军边防所，而不是什么"国际场合"来谈。台湾只有被抱在中国海军的怀里，才会有台海的"和平统一"。在这方面，毛泽东同志当年解放北京的"北平方式"大有可借鉴的地方。台湾好似当年的北平，其经济成就也好似故宫珍宝，不要破坏，一定要安好无损地成为中国经济的有机组成部分。为此，非大规模地发展中国海军则不可能。

台湾问题之所以不能回避，还在于它牵动着中国现代化全局。台湾是我国东南经济黄金地带的前锋保护屏障，失去台湾，海上威胁就会直逼中国产值，尤其是高技术产值增长的黄金地带，这是任何一个大国都不会容忍的。当年毛泽东打朝鲜战争，部分原因就是东北有决定新中国命运的重工业和能源基地。国家安全一定要有外围地区，何况台湾是在我们主权范围内的地区。从这个角度看，中国未来的东北亚政策不可避免地要与中央政府振兴东北老工业基地的政策挂钩。有人说，如果没有朝鲜，我们的边境贸易会增长多少，但他们也没想，正是有了朝鲜我们在东北减少了多少驻军，朝鲜战争迄今，近半个世纪中朝边界无战事。地缘政治就得考虑安全外围。

我们说台湾问题牵动中国现代化的全局，还因为"台独"一旦得逞，且不说南沙地区难免有联动效应，而且还会反向拉动中国东南沿海的离心倾向。如无国家约束，富人总不愿跟穷人在一起。原始社会就是由于部落间的生产力增长而导致部落内部经济收入差异拉大而解体的。如果我们经济发展反导致中国分裂，那就不是我们发展经济的目的了。

4. 在主权统一上，俾斯麦、林肯是我们的老师

20世纪20年代末，毛泽东说在枪杆子问题上，我们要学蒋介石先生；今天在统一台湾问题上我们要学19世纪德国俾斯麦和美国的林肯先生。台湾是中国主权利益所在，必须有不惜代价的"铁血"决心。统一台湾是中国向世界的宣誓，也是中国信誉的承诺。但中国在台湾问题上的宣誓和承诺还不仅在于统一台湾本身，而在于统一台湾后，中国还要走俾斯麦尽可能与大国交好而不冲突，有实力而不炫耀实力，敢用武力而不滥用武力的道路。未来中国要大力加强国防力量，但要极谨慎地使用它。

在统一台湾问题上，我们还要学美国的林肯不惧霸权、敢于斗争与善于斗争的精神。美国独立战争后，英国仍不甘心，1812年入侵美国，1814年曾一度打入华盛顿，试图再次肢解美国，结果被美国人击败并被迫退回欧洲；美国南北战争期间，英国支持美国南方分裂国家，结果在林肯坚定的国家意志前再次失败。美国自此才有了真正意义上的统一的国家主权和统一的民族市场，才有了后来美国经济迅猛发展的基础。到19世纪90年代中期，美国已成为世界工业强国。19世纪末20世纪初，美国国内因经济发展造成贫富差距扩大并由此产生社会动荡，这要求美国必须关注海外市场。为此美国必须打破英国等海上霸权国的海上封锁。美国人说干就干，

1898年一气拿下了夏威夷、古巴、菲律宾。自此美国的海权边界扩张到远东地区。[1]

"多少事，从来急"，美国人一年内就打破了英国的霸权封锁，实现了一个工业大国必需的世界地缘政治利益。反观中国，我们统一台湾的口号喊了50多年，台湾却离我们越来越远。所以在国家统一问题上要有俾斯麦的决心和林肯统一国家行动中的反霸勇气。有人说，我们得先把国内的事情搞好。但问题是现在中国的问题已与世界问题连为一体，中国的利益已正在日益深刻地融入世界。大家查一下历史，19世纪80年代的时候，美国人的社会问题比今天中国多得多，厉害得多。到了20世纪初，美国打破"西方"海上封锁，大量海外利润回流到美国后，美国反倒走入福利国家行列，国内开始有了注重保护消费者、提高教育投资等政策。为什么？有钱了。钱从哪来，从海外高额利润回流中来。我们再查一查新中国成立初的历史，1949年10月，那时的国内百废待兴，按现在一些人的道理来说，更应该"把国内的事搞好"，"先把经济搞上去"，但毛泽东恰在1950年年初决定出兵西藏，年底决定出兵朝鲜，由此为新生的共和国安全奠定了坚实的国基。

中国现在有些人忘记了陈云同志"一要吃饭，二要建设"的遗训，不看资源供给允许的限度，一味埋头于经济发展。这样的话中国就真麻烦了。中国提出"全面建设小康社会"的奋斗目标，但背负着这个目标的却是传统和正在解体的小农业，是近10亿收入日下的中国农民群体和日益匮乏的资源环境。民族的而非附属于国际资本的现代化农业和丰富的资源供给是现代化国家工业的基础。美国的农业已工业化和市场化了，美国又有来自世界的资源供给，所以它巨大的生产发展就是可持续的。中国农业不仅没有经历工业化和市场化改造，而且目前正面临失去其民族性的同时又陷入拉美化困境的危险，这会极大制约中国工业可持续性发展。农业破产将造成大量农民蜂拥进城，其数量对容纳外来人口能力极为有限的中国城市而言，将是灾难性的。今天中国正在经历美国一百多年前同样的历史进程，如果中国要实现其崛起的目标，大概也只有学习早期美国：在反霸中统一国家主权，在反霸中强化统一的民族市场，并在反霸中不惜用枪杆子捍卫主权国家本应具有的平等分享世界资源的权利。

① 参见[美]阿伦 米利特、彼得 马斯洛斯金《美国军事史》，军事科学院外国军事研究部译，军事科学出版社1989年版。

五 大西洋地缘政治格局与欧亚互动的世界意义

1. 大西洋两岸地缘政治互动与英国的衰落

接下来我们来看大西洋。由于大西洋与中国的现实地缘利益太遥远，这里我们且不多作大西洋的地理要道及欧洲大陆内部各大国的地缘政治分析，而只板块式地讨论大西洋两岸及欧亚大陆之间的地缘政治关系。

所谓大西洋两岸的地缘政治关系，在近现代史中，对欧洲大陆而言，是与英国和后来的美国的关系；对英国而言，则是与大西洋两岸国家的关系，而组构这些关系的原则，则是大陆的地缘均势原则。

英国对欧洲的传统政策是大陆均势。其要义是确保大陆国家力量平衡，在这种平衡中使之相互制衡，从而造成谁也不能单独挑战英国霸权地位的地缘政治格局。16世纪初，英国首席大臣T.沃尔西支持西班牙同法国作战，但当西班牙取得支配欧洲的优势时，转而倾向法国。1896年英国首相索尔兹伯里在伦敦市长宴会致辞时提出：英国应该不参加固定的同盟与集团，保持行动自由，便于操纵"欧洲均势"。均势外交在欧洲政治中有很广泛的影响。黎塞留（1585—1642）、拿破仑（1769—1821）、梅特涅（1773—1859）和俾斯麦（1815—1898）均是推行均势外交的大师。梅特涅是以强大的中欧为支柱，联合英国，团结普鲁士，对沙俄若即若离，其目标是建立奥地利在中欧的霸权。为孤立法国，防止两线作战，俾斯麦的均势结构是巩固德、俄、奥三皇同盟。但由于英国所处相对超脱的地理位置，均势外交理论和实践相对圆熟。美国崛起后，美国政治家全面继承并在全球范围内推行源于英国的大陆均势政策：在欧洲使西欧与俄罗斯相互制衡，在西欧则是德法制衡等；在亚洲是中、俄、印、日等国相互制衡。

在地缘均势战略的运用方面，值得提及的是拿破仑。如果说，黎塞留、梅特涅、俾斯麦等利用均势手段创造的只是有利于本国的地缘政治格局的话，那么，拿破仑则利用其均势手段创造了一个多极化的地缘政治格局和多极化时代。

拿破仑时期，法国的主要对手是英国，而获得独立后的美国，则始终是平衡英法关系的砝码。拿破仑不仅从军事和经济上考虑打败和封锁英国，而且他还通过人为制造新的地缘政治格局来最终削蚀英国。

1789年法国爆发革命，1793年英国组成第一次反法联盟。1799年，拿破仑通过"雾月政变"成为法国最高执政。1802年3月英国被迫与法国签订《亚眠和约》表示与法国和解。为了确保法国在欧洲大陆的政治优势和军事优势，拿破仑并未因暂时休战而放弃打击英国的计划。英法关系再度恶化。1803年5月英法断交，转入军事对抗。1804年英、俄、奥就缔结反法联盟达成原则协议。

就在英法关系大起大落之际，拿破仑对美政策也迅速变化。当时法国在北美洲密西西比河与落基山之间拥有面积82.8万平方英里的路易斯安那。美国13个州全部在阿巴拉契亚山脉以东地区，总面积为32万多平方英里。1801年3月，托马斯 杰斐逊就任美国总统（1801—1809），上任伊始就与法国谈判，渴望购得路易斯安那。此时，法英关系转向缓和，拿破仑不仅不想让出路易斯安那，而且还要从西班牙手中夺得佛罗里达。然而，就在不到一年的时间里，法英关系急剧恶化，开战在即。如何最终在世界范围摧毁英国的霸权地位，成了拿破仑的首要考虑。1803年1月11日，杰斐逊派门罗作为特使前往法国商谈。拿破仑态度急转，同意将路易斯安那卖给美国。1804年，法美签订《路易斯安那条约》，美国以每英亩3美分的价格买下整个路易斯安那。美国领土一夜间扩大近2倍。[①]

主动出让路易斯安那等于在英国的西面再造一个大国，而英国的世界霸权只有在东西两个大国的夹击下才能垮台。法国要最终打败其长期对手英国，除了经济军事手段外，还要在地缘政治上在英国的西面扶植一个像法国这样并与法国有同样版图的对手。如果美国起来了，美国和法国在大西洋两岸同时牵制英国，英国即使不垮，法国也会因美国的牵制而减轻来自英国的压力。反之，如果美国垮下去，或分裂的话，英国就是法国永远的痛，英法矛盾就是世纪性的无解矛盾。为此，拿破仑以其人之道，还治其人之身，他用英国力量制衡原理，也为英国制造了美国这样一个永远的对手。目前尚未见到直接资料证明这是拿破仑当时的考虑，但这种战略确为杰斐逊所认识并加以利用。当时关于美国对欧洲政策存在两派争论：汉密尔顿则认为，"美国唯一真正的政策是与英国结成某种形式的联盟"；但杰斐

---

① 参见王绳祖主编《国际关系史》第1卷（1648—1814），世界知识出版社1995年版，第346—352页。

逊等人则认为："对美国的利益而言，英国毕竟是世界上最危险的国家。英国的舰队是能够对美国采取行动的最强大的军队。正是英国的商人，在其祖国的支持下，拥有在伦敦融资的便利，在世界各地与美国的利益竞争。两个大陆国家，一个在欧洲，一个在北美，可以共同限制英国的抱负；同时，英国的海上力量也可把欧洲大陆国家稳妥地限制在大西洋的己方一侧。"杰斐逊反问汉密尔顿："美国是否也应与拿破仑一起制衡英国呢？"①美国独立战争后，英国一直不希望美国继续扩大版图。而在1803年3月，法英矛盾在归还英占马耳他岛问题上激化后的一个月，拿破仑就把路易斯安那州卖给美国。这显然是针对英国的行动，但这给美国制造了一个很大的机会，路易斯安那加上美国原来的13个州，美国竟兵不血刃地将领土扩大了近2倍。不仅如此，拿破仑进一步挑拨美英关系，导致第二次英美战争于1812年6月爆发。此前一个月美国宣布将佛罗里达并入密西西比地区。

拿破仑让与路易斯安那及由此造成的美国领土在不到10年的时间神奇般地成倍扩大的后果，引起英国的巨大恐惧。1814年，美英战争形势对英国有利，拿破仑在欧洲也是败局已定。8月英国占领华盛顿烧毁白宫国会大厦。8日，英国向美国议和代表提出"沿美国边界成立一个中立的印第安缓冲国"②的要求——这与今天美国支持达赖分裂中国西藏的做法何其相似。只是由于欧洲维也纳会议谈判不顺和法国国内的混乱，才使英国放弃这一要求并与美国于12月24日签订《根特和约》。但英国并未最终放弃分裂美国的意图。1860年11月林肯当选美国总统，南方南卡罗来纳州于12月宣布退出联邦，接着又有6个州步其后尘。1861年2月成立南部各州同盟，公开打出分裂旗帜。由此爆发美国南北战争。5月13日，英国宣布对美国内战奉行中立政策，承认南方同盟为交战国，这是承认南方同盟为独立国家的重要步骤。同时英国秘密向南方提供金钱、武器和其他物资援助，英国还将海军开入美国海域，向联邦政府施加压力——这些都与今天美国在中国台海之间扮演的角色如出一辙。只是由于后来的战场优势迅速倒向北方，"英国承认南方和干涉美国内战的计划彻底告吹"。③从此一个强大国

　　① [美]沃尔特　拉塞尔　米德：《美国外交政策及其如何影响了世界》，曹化银译，中信出版社2003年版，第212—213页。
　　② 王绳祖主编：《国际关系史》第1卷（1648—1814），世界知识出版社1995年版，第357页。
　　③ 王绳祖等主编：《国际关系史》第2卷（1648—1814），世界知识出版社1995年版，第360页。

家——美利坚合众国，在大西洋西岸迅速崛起。

这里需要说明的是，促成一个强大的美国可以牵制英国，这在当时欧洲大国中有着较多的共识。

与拿破仑一样，沙皇俄国也曾对美洲有着强烈的扩张野心。早在1799年就成立"俄美公司"殖民机构。计划将俄国控制范围从俄属阿拉斯加扩张到加利福尼亚。1821年9月，沙皇亚历山大一世颁布《白令海航行敕令》，宣布俄属阿拉斯加的南部边界在北纬51度，规定在北纬51度以北的沿岸100海里以内的地区禁止一切外国船只航行。俄美关系曾为此一度紧张。1853—1856年，俄国在克里米亚战争受到英法联军的打击，俄英关系严重恶化。这促使俄国"希望强大、统一的美国成为抗衡英国的力量"。[①]美国南北战争期间，俄国采取与英国完全对立的支持北方统一国家的立场，并于1863年9月派两支舰队分别驶入美国东西海岸的重要港口纽约和旧金山，成功阻止南方同盟舰队对旧金山海上攻击的计划。1853年克里米亚战争爆发之初，俄国的东西伯利亚总督正式向沙皇尼古拉一世提议将阿拉斯加卖给美国。南北战争一结束，俄美就此商谈加速，最终于1867年3月30日双方正式签订了购买阿拉斯加的条约。由此美国成为一个拥有位于北纬35—70度之间庞大版图的大国。具有讽刺意味的是，20世纪后半叶，当美国成为唯一可以主导世界事务的超级大国时，当年阴险狡诈的英国人却成了美国的铁杆朋友，而在美国南北战争中坚定支持美国联邦政府并"受到了几乎是歇斯底里般热情欢迎和招待"[②]的俄国人，这时却成了美国人的死敌。当然这是后话，这里要表明的是，自拿破仑将路易斯安那出售给美国后，美国就注定成了英国世界霸权的克星，以至最终取代了英国世界霸主的地位。从这个意义上说，拿破仑不仅是地缘政治大师，同时也是多极化运动最初的缔造者。

2. 欧亚板块地缘政治互动及其世界意义

今天美国人也在学习当年英国对付他们的方式来对付中国，也用老英国的大陆均势手段来对付亚洲大陆。美国既不希望中国真正崛起，当然也

---

① 王绳祖等主编：《国际关系史》第2卷（1648—1814），世界知识出版社1995年版，第361页。

② 同上。

不希望中国彻底垮下。因为这样就会打破亚洲大陆均势格局。但是我们更应注意到，今天的欧洲也从美国的单边外交中感受到了当年英国对欧洲的压力。"9 11"事件以来美国在一系列问题上对欧洲施加压力并受到欧洲人的抵制。在《京都议定书》、TMD，特别在美国退出《反导条约》等问题上，布什根本不体谅欧洲人的感受，欧洲人明显感到压迫。①在2003年的伊拉克战争及其战后重建问题上，欧美矛盾表现明显。这将迫使欧洲人再次重复他们当年反抗英国压迫的方法：在美国西部地区再造一个牵制美国的力量。这个力量目前看就是中国。看来现在欧洲人也是自觉或不自觉地选择了这条道路。除了欧盟一体化进程加快之外，欧盟日益重视发展与中国的关系。1995年、1998年和2001年，欧盟分别发表《中欧关系长期政策》、《与中国建立全面伙伴关系》和《欧盟对中国的战略：1998年声明的执行情况与今后使欧盟政策更为有效的措施》等一系列对华战略文件报告，这些都是欧盟对华政策自1989年以来转变的重要标志。2003年9月10日，欧盟委员会通过欧洲未来三年对华关系题为《走向成熟的伙伴关系——欧中关系的共同利益和挑战》的战略文件，该文件阐述了未来3年内欧盟对华政策和行动的指导方针与短期战略发展框架。文件中包括了加强对华关系的6个主要方面：欧盟与中国共同承担的责任；支持中国社会的全面改革；促进中国经济的对外开放；加强实施欧盟与中国之间的互利合作计划；提升欧盟在中国的形象和改善双边对话机制，在提高对话水平的同时注重对话质量。②作为回应，10月13日，中国政府发表《中国对欧盟政策文件》，表明中国"致力于构筑中欧长期稳定的全面伙伴关系"的愿望。10月14日，欧盟委员会主席普罗迪表示，中国政府发表的《中国对欧盟政策文件》是对进一步加强欧中对话与合作的"重要贡献"，欧盟将深入细致地研究中方在这一文件中提出的建议。③欧盟于1989年之后即对中国实施武器禁运。而随着中国在经济、政治与军事上的崛起，欧盟近年一直热烈讨论着解除禁运一事。2005年2月1日美国国务卿赖斯表示，如果欧盟解除

① 参见《欧美矛盾：从量变到质变？》，《现代国际关系》2002年第4期。

② 《欧盟通过对华新战略文件，强调双方寻求共同利益》，《人民日报》2003年9月11日（http://www.snweb.com.cn/gb/people_daily/2003/09/11/c0911004.htm）。

③ 《欧盟委员会主席表示　欢迎中国对欧盟政策文件》，《人民日报》2003年10月16日（http://www.snweb.com.cn/gb/people_daily/2003/10/16/c1016002.htm）。

对中国的武器禁运，可能对中国处理人权的态度送出错误信号。华盛顿上周就发出警告，万一武器禁运令被解除，那么，中国有可能开始大量购买武器对台湾构成威胁。[①]"9 11"事件后，在对待美国的单边主义政策方面，欧洲与中国的共同利益增多。这一方面是双方的国家利益所致，另一方面双方也有地缘政治的考虑。与当年欧洲希望美国强大一样，现在欧洲也希望中国强大，因为一个强大的中国有利于从西边牵制美国以减轻美国对欧洲的压力。这是欧洲古典地缘均势思想在现代国际关系中的宏观运用。

由上可见，欧亚联合与当年欧美联合一样，本质上都是产生于多极化历史进程中的国际民主诉求的天然反映，其历史意义无疑是极其伟大和深远的。

六 世界地缘政治体系中的中国国家安全利益

1. 中国的安全空间已近底线

大国政治是主导世界地缘政治体系变化的主导力量。从某种意义上说，地缘政治体系同时也是大国政治力量的空间分布。大国之所以为大国，不仅在于它的物质总量，而且在于这些物质所能转换出的力量及其发挥的空间总量。我们的小学生都知道要在两人课桌中间画条界线，谁也不能多，谁也不能少。国家之间也是这样。从19世纪的维也纳会议到20世纪的巴黎和会及雅尔塔会议，都是胜利国家地缘空间的分割会议。1944年丘吉尔访问莫斯科期间，与斯大林私底下交换双方各自在欧洲的势力范围。[②]与会者都明白这个道理。这说来不好听，但却是一个古老的事实。但是应当说明的是，大国的地缘政治空间划分历来都是军事较量而非嘴皮子争吵

---

① 《美国务卿警告欧盟不要对中国送出错误信号》（http://www7.chinesenewsnet.com/gb/MainNews/Topics/index.html）。

② "丘吉尔莫斯科访问停留八天。他草拟了一份势力范围图，递给斯大林。他以百分比法划分势力范围，譬如，英国可以获得百分之九十的希腊，苏联可以获得百分之九十的罗马尼亚和百分之七十的保加利亚；至于匈牙利和南斯拉夫则五五对分。斯大林当场二话不说，立即同意——不过莫洛托夫则追着和艾登交涉，削弱英国人的百分比，让苏联在每一个东欧国家所占的百分比都略占上风，只有匈牙利例外。"参见[美]亨利 基辛格《大外交》，顾淑馨、林添贵译，海南出版社1998年版，第367页。另外，关于这方面的资料可参见王绳祖等主编《国际关系史》第6卷（1939—1945），世界知识出版社1995年版，第332—333页。

后的结果，这与动物世界比没有多少不同。

今天中国在世界地缘政治体系中的地位及中国所拥有的地缘政治空间，是毛泽东那一代人为我们打下来的，但现在东南海区方面有些部分虚化了。20世纪70年代，中国在南沙群岛地区还打仗，现在则不打仗了，于是我们就有人说目前"中国周边安全环境是历史上最好的时期"。①但不打仗与打不了仗，可是两回事。安全环境好坏的标准应以国家利益，尤其是国家地缘政治利益的保障程度为标准。如果以没有战争为安全环境好坏的标准，那么，甲午海战后的清朝晚期，是否可被认为是中国安全环境的"最好的时期"呢？显然不可以。所以不能以是否发生战争为安全环境好坏的衡量标准。

"国家安全"的概念②应该是"安全边界"和"边界安全"两个概念的统一。"安全边界"是国家利益边界，利益走向哪里，国家的安全边界就应该在哪里。自从中国确立市场经济体制后，中国的国家利益就与世界利益发生了不可分割的联系，中国已从一个封闭和自守家门的国家转变为一个开放的和世界性的国家。这时的中国国家利益边界的扩展就是一个世界性的过程，从安全角度看，国家利益的边界就是国家的安全边界。安全边界的扩展是一个动态和无限的过程。"边界安全"就是国家主权安全，尤其是作为主权物质载体的领土安全。领土对任何国家而言都是相对固定的，因此，它与"安全边界"不同，它的边界是有限的。对一个国家而言，安全边界与边界安全是相互影响的：安全边界离领土边界越远，领土边界安全度就越高；安全边界与边界安全如果重合，则是国家安全已到了不可退却的底线。中国目前的情况是，利益边界扩展很远，但没有保障；主权利益，比如台湾、南沙群岛、钓鱼岛等不仅还没收回，而且与毛泽东时期比较，却离我们越来越远，统一的难度越来越大了，边界安全实际上是虚化、萎缩和后退了。

---

①　"我国历来主张和为贵。1949年至1979年，我国被迫进行了多次自卫作战，主要是以不得不打来促和平。此后，在以谈促和的同时，着力以发展求和平，以和平促发展。经过多年努力，现在的中国周边安全环境是历史上最好的时期之一，但也正如新加坡《联合早报》前不久刊文指出的那样，中国面临的国际尤其是周边安全环境更趋复杂。"参见《军事专家：未来20年是中国国防建设战略关键期》，人民网（http://army.tom.com/Archive/1019/1021/2003/6/3-52131.html）。

②　这里应与国家内部的"公共安全"区别开来，"国家安全"是指包括主权利益在内的所有国家利益在国际竞争中的安全。

　　统一台湾，是21世纪中国最核心的国家利益所在。台湾问题主要不是打不打的问题，而是威慑范围的问题。如果我们保障边界安全的军事力量不能伸展到台湾以东海区即东经125度海区，统一台湾的目标就没有绝对保障。现在我们是否做到这一点了呢？不仅没有做到，而且与20世纪50、60年代相比，我们的边界安全和安全边界的保障能力反而后缩了。这正是目前台湾陈水扁当局敢与中共中央政府叫板的原因所在。目前，不算台湾在内，我们的安全边界和边界安全日臻重合，如算台湾，我们的安全边界已退缩到边界安全线以内。我们的安全保障能力不出我们的大陆东海岸，也就是说它已到了绝不能再退的底线，这已包含了极大的国家风险。2001年4月的中美"撞机事件"就发生在我们大门口，不算台湾，如果再退让，我们就要受到入侵了。美国人说，这是正常的飞机航行。但苏联人在古巴修导弹基地，还没怎么样，美国人就不答应，即使打核战争也在所不惜，最后赫鲁晓夫被迫退回。假设中国的飞机在事先不通知的情况下，到夏威夷转一圈，想必结果又是一样——"误打"。

　　前面讲过，大国必然要有与之相应的安全边界和外延空间。美国的安全边界是非常大的，覆盖全世界，因为它的利益已遍布世界。我们的利益虽然也卷入世界，但是我们的安全边界基本上就没有出中国的主权边界，这是我们长期的本土防御国防观念造成的。事实上，我们讲的全球化应该也包含自卫手段的全球化，利益走向哪里，我们的自卫手段就应该走向哪里。所以中国未来的军人、军校学生应该有面向世界的观念，中国的安全观念也要面向现代化、面向世界、面向未来。我们再也不能只独守家门，应该走向世界；我们国防不应仅注重边界安全，更要注重安全边界。

　　中国未来是大有希望的，但不能空等天时。近代史中，我们有好几次化险为夷。第一次是在1901年《辛丑和约》签订后，中国已近被肢解的边缘。但天不亡我，1914年萨拉热窝事件使欧洲燃起战火，这迫使在中国的洋人们都回去打仗了。此后没几年，中国的民族资产阶级迅速崛起，紧接着就是中国北伐，北伐使四分五裂的中国基本统一，国家统一又使中国的民族工业有了相对统一的民族市场，这大大促进了中国经济的发展。从1913年国民政府成立到1933年，是中国国民经济发展最快最好的时期。而这时日本人就不高兴了，它怕中国崛起。那个时候对日本是个历史时机，中国如彻底垮下去，日本就会在亚洲有了稳固的霸权地位。甲午海战后，日本占了台湾，1910年日本吞并了朝鲜，1931年日本人占领了中国东北，1933年驻华日军以武力迫使南京国民政府签订《塘沽协定》，此后，日本全力推行"华北自治运动"。1935年12月18日，在北平成立伪"冀察政务委员会"。紧接着1937年7月7日就发动了全面侵华战争。为什么时间选在1937年？这是因为1936年12月中国抗日统一战线形成，国共两党终于团结起来一致抗日了。但是，如果日本人当时不触动东南亚英美势力范围，不越过北纬30度以南，不搞珍珠港偷袭，美国很可能在中国东北、华北问题上对日继续绥靖，这对后来的中国就是致命性的灾难。[①]40年代初，中国东北、华北、华东、华南地区已是日本扶持的傀儡政权，中国已被分裂成几块。但天不亡我中华，1941年年底日本军人上台，一鼓作气打过北纬30度以南，又偷袭了珍珠港，逼使美国参战。此后，中美结盟，亚太形势就发生了有利于中国的变化。1945年日本战败，它的地缘政治版图被推回到明治时代的原点。

今天的中国正在崛起，与此相伴的是因中国崛起而产生的政治风险也在积累。近代我们已有两次化险为夷，凡事不过三，今后中国的富强得靠中国人自己。

2. 不能用账房先生的眼光看待中国的国家利益

中国国防工业发展最快的是20世纪60—70年代的计划经济时期，[②]那时

---

① 1941年12月，苏联驻华大使潘友新披露：抗战期间"罗斯福总统的政治顾问兼蒋介石政府的政治顾问拉铁摩尔对苏联大使说，华盛顿和伦敦在考虑，或把东北留给日本，或把东北变成'缓冲地带'，以便（在任何情况下）保障远东的均势"。资料来源：俄罗斯联邦对外政策档案馆：全宗：0100，目录：29，案卷：11："苏联大使潘友新1941年12月2日与拉铁摩尔谈话记录"。转引自[俄]A.M.列多夫斯基《斯大林与中国》，陈春华、刘存宽等译，新华出版社2001年版，第280、369页。

② 2004年4月，中国化学学会年会在长沙召开。科技部副部长、中科院院士、南开大学教授程津培在开幕式上讲话。在讲话中，他提到了一个叫做"R&G／GDP"的指标，也就是科技开发的投入占GDP的百分比，用来衡量一个国家的科技水平。以下是摘录的部分数据：

国家	年份	R&G／GDP（％）
中国		1.28（平均）；2.32（最高年份）
		0.64
		缓慢的恢复性增长（各年数据略）。直到2003年才缓慢恢复到毛泽东时代的平均水平
欧美	经济黄金时期	各国最高年份的R&G／GDP在1.5~2.6之间，除了这一比例最高的芬兰以外；芬兰在2000年前后为3.1（主要靠诺基亚手机带动）

资料来源：轲南《科技部数据证明毛泽东时代是中国科技发展的黄金时期》（http://www.globalview.cn/ReadNews.asp?NewsID=4824）。

候实行国有制，产权交易成本低，资金全部投入建设，因而国家发展快。尼赫鲁也曾学中国，但是他学不下去，因为他搞的是上层革命，所有制动不了。毛泽东是从基层开始触动私有制，生产资料实行国有化，分给农民的土地通过人民公社很快也收归集体所有。很多人想不通，我到农村去一看明白了，工业化之初的基础建设需要大量的征地，在这种情况下如果搞私有制，中国现代化成本就因生产资料交易的介入而高得惊人。当时，只要中央一声令下，农民便敲锣打鼓的把地让出来，没有今天那种哭爹喊娘的现象。在公有制条件下中央才可能搞"三线"建设，铁路一下子就直通到大西南和大西北。使现在中国仍在享受毛泽东时代公有制的好处，比如，今天的西气东输工程及当前快速发展的高速公路交通建设，如在彻底的私有制中，其成本仍会让我们今天的中国经济不堪重负。尼赫鲁做不到这一点，印度的基础设施到现在还是英国时期留下的，难以改造。为什么？因为产权交易的成本大，每块地都得买，现在西方有些国家的基础设施老化而难以改造，也是这个道理。有了毛泽东留给我们强大的国民经济体系，中国再搞市场经济，就能调动个人的积极性和创造性，使经济高速发展。这是邓小平时期领导集体对中国的贡献。

今天我们应该感谢毛泽东。毛泽东的眼光放得长远，政治学在他那里绝不是会计学，他反对学者学成账房先生。我们现在很多经济学人，算投入产出，过于讲求即时效益。由此否定抗美援朝，否定人民公社，就差否定中国搞出原子弹了，如果这样，接下来就会否定中国革命。如果没有社会主义所有制的改造，新中国成立之初的国民经济基本建设就因生产资料交易成本太高而不可能有任何速度，没有速度何谈效益；如果没有原子弹，就不会有后来几十年的和平，而这几十年和平又给国家创造了良好的国家融资环境，这些治国大手笔及其贡献，并不是哪个账房先生可以算出来的。[①]

共产党刚执政的时候，如果按照现在某些"布哈林式"的眼光，就应

---

① 美国外交史学者孔华润对美国的外交思想有一段精彩的概括，他说："美国的官员一向都是从长计议的优秀的世界主义者，不是那种在每天结束的时候只关心账簿上数字的短视的买卖人。"参见孔华润主编《剑桥美国对外关系史》（上），王琛等译，新华出版社2004年版，第514页。

该集中精力发展经济，追求GDP。而毛泽东反手打天下，也反手治天下。[①]
1949年10月新中国成立，次年毛泽东就西东开弓，年初出兵西藏，年末进
军朝鲜。由此为新中国打下了至今不可动摇的国基。

　　印度1947年独立，美国、印度的一些人开始策动西藏脱离中国，同年
中国国共在打仗，根本就不能西顾。尼赫鲁也是西洋秀才，花架子，压根
就不知道毛泽东的厉害，一点点抠我们的西藏，谁知1950年年初毛泽东直
接出兵，一步到位，等尼赫鲁反应过来，西藏已在中国手里了。毛泽东此
举意义重大，西藏使中国有了广阔的战略纵深，这也使我们在西部地区减
少了很多边防驻军。如果1948年尼赫鲁先下手将西藏控制在印度人支持的
达赖手中，那我们西部的国防安全就真麻烦了，航天、核试验基地就在人
家的监控之下，杨利伟的太空之行就困难多了。其次，拿下西藏，雅鲁藏
布江就在我们手里了，这使印度的布拉马普拉河的上游在我们手里，水是
生命之源。1950年下半年，美国军事介入东北亚朝鲜半岛，逼着毛泽东表
态。按今天一些人的想法，中国根本就不应当出兵抗美援朝，应先以发展
经济为中心。但当时中国就那么一点重工业，东北是振兴中国的基地，相
当于今天的上海。毛泽东当时就是主动打出去，虽然把美国给得罪了，却
换来了苏联的支持。这样就打出了一个相对有利的地缘政治格局，同时保
护了东北的安全。这些在新中国成立第二年就决定并完成的惊天伟业，并
非"布哈林式"的账房先生——更不是那些天真的学者们——所能想得到
和做得到的，也不是那些喜欢摆弄"数学模型"的学人们所设计出来的，
这只能是我们的毛泽东及其战友们所能想得到、做得到的。

　　朝鲜战场上的胜利，使中国在国际上的地位大为上升。斯大林加大了
对中国的援助。在1955年万隆会议上，周恩来受到英雄般的欢迎，欢迎并不
为周恩来个人，而是为我们新中国打赢了美国。我们当时穷得就跟现在的阿
富汗一样，硬是将战争打赢了，这使中国在第三世界中威信很高，欧洲人也
佩服新中国的领导人。东南亚国家也曾受西方人和日本人的殖民压迫，也希

　　[①]　在重庆谈判期间，当时重庆文艺界的名流邀请毛泽东做一次演讲。后有人问："假如
谈判失败，国共全面开战，毛先生有没有信心战胜蒋先生？"毛泽东回答说："国共两党的矛
盾是代表着两种不同利益的矛盾。至于我和蒋先生嘛……蒋先生的'蒋'字是将军的将字头上
加上棵草，他不过是一个草头将军而已。""我的毛字不是毛手毛脚的'毛'字，而是一个反
'手'。意思就是：代表大多数中国人民利益的共产党，要战胜代表少数人利益的国民党，易
如反掌。"《毛泽东戏谈姓名》（http://www.fjqz.gov.cn/zhuanti/80zhounian/qs5012.htm）。

望中国强大，你强了就有号召力。1955年的万隆会议就是个证明，中国在会上受欢迎，美国人不高兴，但亚洲人高兴。今天中国外交要学习毛泽东那代领导人以斗争求和平的艺术，不能老是"表示遗憾"。你今天遗憾，是因为你要"韬光养晦"，但这样时间长了，你也就没朋友了。

今天的中国已从世界革命的一部分变为世界经济，继而又变为世界政治的一部分。与此相应的是，中国与世界大国之间的经济矛盾也日益向政治矛盾乃至军事矛盾转化。新中国成立之初，50—60年代的大家考大学愿意学理工科，70年代中国人又一窝蜂研究政治，改革开放后，大家又回归50、60年代学理工，陈景润是当时的楷模；之后，又学政治经济学，后将"政治"去掉，改成了"经济学"，90年代经济学不学了，又一窝蜂改学"金融学"。可什么时候整个国家只靠金融流通而发展的话，这个国家的经济就已经虚拟化和泡沫化了，经济泡沫就会因为政治矛盾而被挑破。现在国际政治又成了热门，说明政治矛盾正在上升，与60、70年代不同的，只是人们将阶级斗争的政治换为国际斗争的政治罢了。政治后面就是军事。现在中国东北军工和西北战略产业将是新的经济增长点。前面讲过"世界性的财富转移，本质上不是靠贸易谈判而是靠暴力来实现的"，暴力当然不是盲目的暴力，而是以国家利益的增长为目标的政治军事力量。

毛主席说"没有一个人民的军队，便没有人民的一切"；[1]而没有一个人民的国家，也没有人民的一切。有人说只要我有钱就行，管他国家不国家。那犹太人有的是钱，可希特勒硬是把他们塞到焚尸炉里面去了，有些人跑出来后终于明白了国家的含义。恐怖主义厉害不厉害？本　拉登厉害不厉害？他们能炸五角大楼，却打不过以色列，而整个阿拉伯世界对其也奈何不得。这么小的一个国家，凭什么立国？就凭其爱国精神！爱国心从哪儿来？是从希特勒的焚尸炉里炼出来的。那些从焚尸炉边跑出来的犹太人，就像从太上老君八卦炉中跑出来的齐天大圣一样，有了认识国家意义的"火眼金睛"，不仅对德国人的"历史问题"抓住不放，而且坚持对在逃纳粹战犯的追捕和国家审判。犹太人建国后，在美国的犹太人长期倾其家财支持以色列。[2]他们终于明白，国家不是仅靠财富堆积出来的，也不

---

[1]　毛泽东：《论联合政府》，载《毛泽东选集》第3卷，人民出版社1991年版，第1074页。

[2]　参见陈双庆《美国犹太人对美中东政策的影响》，《现代国际关系》2002年第6期。

是用账房里的算盘珠子算出来的，而是靠枪杆子确立和保卫的。

3. 中国崛起，是大国天命所在

中国是有大国天命的。

历史上有好几次重大危机，中国都化险为夷。20世纪初，西方人闯入北京要肢解中国，不久后，第一次世界大战在欧洲爆发，洋人只有回国打仗，无力东顾，结果造成中国民族资产阶级迅速崛起，与工农联合成功北伐，中国接近统一；40年代初，中国已被肢解为若干块，但不久日本发动太平洋战争，美国参战又使中国绝处逢生，结果反使中国收回在《马关条约》中失去的主权；1999年7月，李登辉喊出"两国论"，不久台湾就发生大地震；2000年小布什上台后说中国是对手，话声刚落，就来了"9·11"事件；目前中国内政比较困难，但同时美国外交陷在中东，比我们更困难。美国一会儿说要打叙利亚，一会儿说要惩罚朝鲜。美国在伊拉克已经吃尽苦头了，现在塔利班又要杀回来。这已使布什焦头烂额。美国是一个大国，转弯很慢，这是它所谓"民主政治"的特点，他们在国会争吵，等到转过头来得要五六年的时间，这对中国来说就是发展良机。

风水轮流转，似乎也是大国更替的历史线索。中世纪时，中国占尽世界风水，后来风水转到欧洲：先到意大利、法国，接着到西班牙，后转入英国。1840年中英鸦片战争后，世界文明中心就完全转向西方。20世纪世界大势从英国转向美国。现在看来，大国天命有继续西渐再次降临中国的趋势。[①]如果今天中国能有当年美国人顶住英国压力一样的精神，也能顶住美国的压力。我想21世纪应该是小平同志所预言的"亚洲世纪"[②]。

---

① 塞缪尔·亨廷顿对文明轮回现象也有感觉，他说"几个世纪来全球权力先是从东向西，然后又反过来从西向东转移"。他认为这种文明由西向东并在东方再次（确定地说就是在中国）驻足后将向南移。处于地球北纬的国家文明将衰落，拉美、非洲、印度尼西亚等南纬国家将再次复兴。（塞缪尔·亨廷顿：《文明的冲突与世界秩序的重建》，周琪等译，新华出版社1999年版，第365—366页。）笔者认为世界文明重心迁移、在某一地理空间驻足并持续，古代原始文明是以万年计，中世纪封建文明是以千年计，近代资本文明则以两三百年计，今后新儒家文明如再次复兴于东亚，其率领世界的时段不会短到百年以内。因此，笔者认为亨氏探讨世界文明中心迁到东亚后的走势，是数百年后的，因而是没有讨论意义的事。

② "真正的亚太世纪或亚洲世纪，是要等到中国、印度和其他一些邻国发展起来，才算到来。"《邓小平文选》第3卷，人民出版社1993年版，第282页。

附录

日美韩涉台表述差异及其对
中国台海统一的外交影响※

一 日本只是"充分理解和尊重"中国政府在台湾问题上的立场，声称"坚持遵循波茨坦公告第八条的立场"

我们知道，现在中日关系的政治基础是1972年9月29日发表的《中日联合声明》、1978年8月12日签署的《中日和平友好条约》及1998年11月26日发表的《中日联合宣言》。那么，被中国视为核心利益的台湾主权归属问题，日本方面在这几个文件中是如何表述的呢？

我们先看第一份文件。1972年的《中日联合声明》，是中日两国签署的三个文件中最基础性的文件，凡九款条文。内容如下：

（一）自本声明公布之日起，中华人民共和国和日本国之间迄今为止的不正常状态宣告结束。（二）日本国政府承认中华人民共和国政府是中国的唯一合法政府。（三）中华人民共和国政府重申：台湾是中华人民共和国领土不可分割的一部分。日本国政府充分理解和尊重中国政府的这一立场，并坚持遵循波茨坦公告第八条的立场。（四）中华人民共和国政府

※　该文核心内容以《日本必须明确在台湾问题上的立场》为题刊发于《看世界》2009年4月（上）。

和日本国政府决定自1972年9月29日起建立外交关系。两国政府决定，按照国际法和国际惯例，在各自的首都为对方大使馆的建立和履行职务采取一切必要的措施，并尽快互换大使。（五）**中华人民共和国政府宣布：为了中日两国人民的友好，放弃对日本国的战争赔偿要求。**（六）中华人民共和国政府和日本国政府同意在互相尊重主权和领土完整、互不侵犯、互不干涉内政、平等互利、和平共处各项原则的基础上，建立两国间持久的和平友好关系。根据上述原则和联合国宪章的原则，两国政府确认，在相互关系中，用和平手段解决一切争端，而不诉诸武力和武力威胁。（七）中日邦交正常化，不是针对第三国的。两国任何一方都不应在亚洲和太平洋地区谋求霸权，每一方都反对任何其他国家或集团建立这种霸权的努力。（八）中华人民共和国政府和日本国政府为了巩固和发展两国间的和平友好关系，同意进行以缔结和平友好条约为目的的谈判。（九）中华人民共和国政府和日本国政府为进一步发展两国间的关系和扩大人员往来，根据需要并考虑到已有的民间协定，同意进行以缔结贸易、航海、航空、渔业等协定为目的的谈判。

　　在第二款中，日本承认中华人民共和国政府是中国的唯一合法政府，但在第三款中，日本只是"充分理解和尊重"中国政府重申的"台湾是中华人民共和国领土不可分割的一部分"的立场，在这两款条文中，日本方面有意义的承诺是"坚持遵循波茨坦公告第八条立场"。

　　《波茨坦公告》第八条是这样写的：

　　开罗宣言之条件必将实施，日本之主权必将限于本州、北海道、九州、四国及吾人所决定其他小岛之内。[①]

　　关于台湾，1943年12月1日，中、美、英三国发表的《开罗宣言》是这样规定的：

　　三国之宗旨在剥夺日本自1914年第一次世界大战开始以后在太平洋所夺得的或占领之一切岛屿，在使日本所窃取于中国之领土，例如满洲、台

---

　　① 王绳祖等编选：《国际关系史资料选编》，法律出版社1988年版，第876页。

湾、澎湖群岛等，归还中华民国。[1]

日本外相大平正芳在签署《中日联合声明》后的记者招待会上曾解释说："《开罗宣言》规定台湾归还中国"，"我国政府坚持遵循《波茨坦公告》的立场是理所当然的。"[2]但我们如果仔细查一下《开罗宣言》就会发现，大平正芳在此通过偷换概念回避了"台湾是中华人民共和国领土不可分割的一部分"这一实质性立场。

如果说，在中华人民共和国成立之前，日本"坚持遵循波茨坦公告第八条的立场"的说辞可以表达日本放弃在台湾权利的含义，但现在日本建交的对象是中华人民共和国政府而不再是《开罗宣言》中所说的"中华民国"，并且日方也承认"中华人民共和国政府是中国的唯一合法政府"，那么这时日本再以波茨坦第八条搪塞台湾主权归属问题，显然就不合逻辑了。尽管大平正芳代表日本政府宣布"作为日中邦交正常化的结果，《日蒋条约》已失去了存在的意义，并宣告结束"，[3]但日本方面在《中日联合声明》中还是刻意规避了台湾的法律地位。也就是说日本在1972年《中日联合声明》中只是承认中华人民共和国政府是中国唯一合法政府，只是"理解和尊重"但并没有承认中国政府重申的"台湾是中华人民共和国领土不可分割的一部分"的立场。尽管日本与台湾当局实行了"断交"，但并不能由此推导出它法律上承认了"台湾是中华人民共和国领土不可分割的一部分"的原则。由此必然产生的逻辑是，日本方面"一个中国的原则"是不包括台湾的，日本与中国建交的主权关系只限于中国大陆，日本方面废除在1952年4月28日签署的《日台条约》，不与台湾发生正式的官方关系并不是基于中国政府关于"台湾是中华人民共和国领土不可分割的一部分的立场"而是基于"理解和尊重"中国立场的表态。关于此，当时与大平正芳共同签署《中日联合声明》的中国外长黄华在其回忆录中认为：日本承认中华人民共和国政府、充分理解尊重中国政府关于台湾问题的立

---

① 王绳祖等编选：《国际关系史资料选编》，法律出版社1988年版，第859页。

② 转引自王绳祖主编《国际关系史》第10卷（1970—1979），世界知识出版社1995年版，第327页。

③ 同上书，第328页。

场，坚持波茨坦公告第八条的立场是"以间接的方式承认台湾是中国领土"。笔者认为，日本方面只是"充分理解和尊重"，既没有直接承认，更没有"间接承认"中方关于"台湾是中华人民共和国领土不可分割的一部分"的立场，他只是承认了《开罗宣言》确定的"台湾、澎湖群岛等，归还中华民国"的立场。这实际是"两个中国"隐喻式表述。若一定要从积极意义上看，日方的这个表述只是明确承认了台湾不属于日本，日本放弃在《马关条约》中获得的对台湾的所有权利。但对于当时已为战败国的日本而言，这只是一个没有意义但是必须有的法律表态。①

对此，李登辉倒看出了其中隐义，2008年7月26日，他在"李登辉学校"开讲时说，"台湾与中国没有什么关系，台澎金马在日本放弃时也没有指明要交给中国"，他呼吁要从"生为台湾人的悲哀"，到"做一个新时代台湾人"，真正摆脱"一个中国"。②

倒是由于日本人贪欲太重，以至在这份文件的法权关系上留下签约主体与条约内容相冲突的如下悖论，即如果日本"坚持遵循波茨坦公告第八条的立场"，坚持认为日本将台湾主权转交的是其交战对象中华民国，那么日本就不应当接受"中华人民共和国放弃战争赔偿的要求"，因为后者——按日本的逻辑——不是交战国及其权利继承者；换言之，只有承认中华人民共和国是曾经的交战对象即中华民国的主权及其相关权利的合法继承者，那么日本在法权关系上才能成为中华人民共和国"放弃赔偿"的施惠客体。然而日本却不顾这样的法律悖论，既不想赔偿中国又不想放弃台湾，在"中华民国"与"中华人民共和国"中间两面通吃，并想以此瞒天过海，在事实上造成"两个中国"的后果并在未来台湾问题上实现咸鱼翻身的目的。但聪明反被聪明误，这一内在悖论也导致日本在第三款和第五款中二者必居其一：要么承认中华人民共和国是中华民国主权的合法继承者，要么就不能承认中华人民共和国"放弃对日本国的战争赔偿要求"的第五条款。这种"既吃碟里的，又看锅里的"的小把戏在法律上是不允许的。

---

① 关于1972年中日联合声明文件形成过程，参见廉德瑰《美国与中日关系的演变（1949—1972）》，世界知识出版社2006年版，第242—266页。
② 《李登辉狂言："脱古改新，摆脱一个中国"》（http://taiwan.huanqiu.com/news/2008-07/174353.html）。

正是由于日本在这份文件中预留了这些自相矛盾的法律问题，以致从文件签署迄今，中日关系始终没有步入良性互动的轨道，中日战略合作的政治基础始终没有形成。

再看第二个文件。日本方面关于台湾问题的上述隐喻最后在1978年8月12日中日双方签署的《中华人民共和国和日本国和平友好条约》中得到反映。该条约共五款条文，均未涉及台湾。《友好条约》第一款"缔约双方应在互相尊重主权和领土完整、互不侵犯、互不干涉内政、平等互利、和平共处各项原则的基础上，发展两国间持久的和平友好关系"，其中的"领土完整"的含义，如结合1972年《联合声明》第二、三款的解释，对中国而言，是将台湾地区排除在中华人民共和国领土之外的。这实际上已远离了中国政府一直坚持的中日建交"政治三原则"[①]，是"两个中国"隐喻式表述，这一隐喻后来便自然转成日本对华外交始终不变的基调。

最后我们来看第三个文件，这就是1998年11月26日中日双方发表的《中日联合宣言》，宣言凡三部分，在第三部分中，双方重申："恪守一九七二年九月二十九日发表的《中华人民共和国政府和日本国政府联合声明》和一九七八年八月十二日签署的《中华人民共和国和日本国和平友好条约》所阐述的各项原则，确认上述文件今后仍将是两国关系最为重要的基础。"关于台湾问题，日方在第三部分专列自然段重申："日方继续遵守日本在中日联合声明中表明的关于台湾问题的立场，重申中国只有一个。日本将继续只同台湾维持民间和地区性往来。"[②]

值得注意的是，当历史进入21世纪，日本在对华关系的文件中关于台湾法律地位的隐喻通过单列条款强调的形式逐渐转向明喻。2007年4月11日，中国国务院总理温家宝对日本进行正式访问，中日双方就构筑"基于共同战略利益的互惠关系"达成了共识，并发表《中日联合新闻公报》。中日双方在公报第二条款中确认，"将继续遵循《中日联合声明》、《中

---

① 1958年8月，日本社会党参议员佐多隆忠访华，就打开中日僵局探询中方意向。中国政府提出中日改善关系"政治三原则"：一、立即停止并不再出现敌视中国的言论和行动；二、停止制造"两个中国"的阴谋；三、不阻碍恢复中日两国的正常关系。1960年8月，日中贸易促进会专务理事铃木一雄来中国访问，受到周恩来总理接见，周总理重申了发展中日关系政治三原则。参见吴廷璆主编《日本史》，南开大学出版社1994年版，第941页；王绳祖主编《国际关系史》第3卷（1960—1969），世界知识出版社1995年版，第369页。

② 《中华人民共和国和日本国和平友好条约》（http://news.xinhuanet.com/ziliao/2002-03/26/content_331587.htm）。

日和平友好条约》和《中日联合宣言》的各项原则"，台湾问题单列第三条款称："关于台湾问题，日方表示坚持在《中日联合声明》中表明的立场。"①2008年5月7日，中国国家主席胡锦涛访问日本，中日双方发表了《中日关于全面推进战略互惠关系的联合声明》，双方再次确认了三个文件是两国关系的基础，关于台湾，在日方声明中再次单列第五条"日方重申，继续坚持在《日中联合声明》中就台湾问题表明的立场"②。

　　如果我们理解了1972年中日联合声明中的日方关于中华人民共和国关于台湾问题的立场，就不难看出，时至36年之后的2008年，日方的"一个中国"的表述仍是不包括台湾的。在2007年的《新闻公报》和2008年《联合声明》两个文件与1972年《中日联合声明》和1998年《中日联合宣言》相比不同的只是，中日双方关系的定位已上升到"战略互惠关系"（即"基于共同战略利益的互惠关系"），但日本方面对台湾法律地位的表述不仅不变，而且日益直截了当，比较如下：

时间/文件	文件涉及台湾的内容
1972年9月29日《中日联合声明》	（二）日本国政府承认中华人民共和国政府是中国的唯一合法政府。（三）中华人民共和国政府重申：台湾是中华人民共和国领土不可分割的一部分。日本国政府充分理解和尊重中国政府的这一立场，并坚持遵循波茨坦公告第八条的立场。
1998年11月26日《中日联合宣言》第三部分	双方重申恪守一九七二年九月二十九日发表的《中华人民共和国政府和日本国政府联合声明》和一九七八年八月十二日签署的《中华人民共和国和日本国和平友好条约》所阐述的各项原则，确认上述文件今后仍将是两国关系最为重要的基础。日方继续遵守日本在中日联合声明中表明的关于台湾问题的立场，重申中国只有一个。日本将继续只同台湾维持民间和地区性往来。（第三部分）
2007年4月11日《中日联合新闻公报》	二、中日双方确认，将继续遵循《中日联合声明》、《中日和平友好条约》和《中日联合宣言》的各项原则。三、双方决心正视历史，面向未来，共同开创两国关系的美好未来。关于台湾问题，日方表示坚持在《中日联合声明》中表明的立场。
2008年5月7日《中日关于全面推进战略互惠关系的联合声明》	二、双方重申，1972年9月29日发表的《中日联合声明》、1978年8月12日签署的《中日和平友好条约》及1998年11月26日发表的《中日联合宣言》构成中日关系稳定发展和开创未来的政治基础，确认继续恪守三个文件的各项原则。双方确认，继续坚持和全面落实2006年10月8日及2007年4月11日发表的《中日联合新闻公报》的各项共识。五、日方重申，继续坚持在《日中联合声明》中就台湾问题表明的立场。

---

　　① 《中日联合新闻公报》（http://www.gov.cn/ldhd/2007-04/11/content_579410.htm）。

　　② 《中日关于全面推进战略互惠关系的联合声明》（http://politics.people.com.cn/GB/1026/7212234.html）。

比较1972、1998年、2007、2008年的中日文件，可以看出，日本对中国关于"台湾是中华人民共和国领土不可分割的一部分"的立场已经日益不再满足于"理解和尊重"隐喻式表述，而是转向日益鲜明的"重申"式表述，意在特别提醒人们在1972年文件中"日本国政府充分理解和尊重中国政府的这一立场，**并坚持遵循波茨坦公告第八条的立场**"所表达的特别含意，即日本只是"**充分理解和尊重**"中国关于台湾问题的立场；日本"**坚持和遵循**"《开罗宣言》中关于"台湾、澎湖群岛等，归还中华民国"的规定。2010年7月26日，即将赴任的日本新任驻中国大使丹羽宇一郎在东京记者会上一改含混口吻，直白表示，1972年《中日联合声明》中有关"台湾是中国不可分领土的一部分"的主张，日本的立场只是"理解并予尊重"，并未直接承认，今后日本对此问题仍然坚持同样的态度。27日晚，日本驻华使馆的一位新闻官向媒体郑重表示：日本政府在台湾问题上的一切态度都以1972年《中日联合声明》为基础，此一立场从未改变过。

二 美国"承认中华人民共和国政府是中国的唯一合法政府"，并承认"台湾是中国的一部分"

与日本相比，美国在中美建交的文件中对台湾主权归属是明确无误的。1972年2月28日，中美共同发表的《中华人民共和国和美利坚合众国联合公报》（即"上海公报"）中关于台湾问题，表述如下：

中国方面重申自己的立场：台湾问题是阻碍中美两国关系正常化的关键问题；中华人民共和国政府是中国的唯一合法政府；台湾是中国的一个省，早已归还祖国；解放台湾是中国内政，别国无权干涉；全部美国武装力量和军事设施必须从台湾撤走。中国政府坚决反对任何旨在制造"一中一台"、"一个中国、两个政府"、"两个中国"、"台湾独立"和鼓吹"台湾地位未定"的活动。

美国方面声明：美国认识到，在台湾海峡两边的所有中国人都认为只有一个中国，台湾是中国的一部分。美国政府对这一立场不提出异议。它重申它对由中国人自己和平解决台湾问题的关心。考虑到这一前景，它确认从台湾撤出全部美国武装力量和军事设施的最终目标。在此期间，它将随着这个地区紧张局势的缓和逐步减少它在台湾的武装力量和军事设施。①

在这里，美方对"一个中国"的原则认可为"台湾是中国的一部分"，认为它是"中国人自己和平解决"的问题。这尽管与中国政府的立场有相当的距离，但与日本比，却更为积极。这个立场到1979年1月1日的《中美建交公报》中被大大向前推进，美方在《公报》中表示：

美利坚合众国承认中华人民共和国政府是中国的唯一合法政府。在此范围内，美国人民将同台湾人民保持文化、商务和其他非官方关系。

美利坚合众国政府承认中国的立场，即只有一个中国，台湾是中国的一部分。②

上述立场在1982年8月17日的《中华人民共和国和美利坚合众国联合公报》（"八一七公报"）第一条款中形成高度凝练的表述：

在中华人民共和国政府和美利坚合众国政府发表的1979年1月1日建立外交关系的联合公报中，美利坚合众国承认中华人民共和国政府是中国的唯一合法政府，并承认中国的立场，即只有一个中国，台湾是中国的一部分。在此范围内，双方同意，美国人民将同台湾人民继续保持文化、商务和其他非官方关系。在此基础上，中美两国关系实现了正常化。

大家注意，与日本不同，在中美三个公报中美国对台湾的地位表述非常确定，即"美利坚合众国承认中华人民共和国政府是中国的唯一合法政府，并承认中国的立场，即只有一个中国，台湾是中国的一部分"，承认"中华人民共和国政府是中国的唯一合法政府"，同时又承认中国的立

---

① 《中华人民共和国和美利坚合众国联合公报》（http://www.gov.cn/ztzl/zmbh//content_624341.htm）。

② 《中华人民共和国和美利坚合众国关于建立外交关系的联合公报》（http://www.gov.cn/ztzl/zmbh//content_624348.htm）。

场，"即只有一个中国，台湾是中国的一部分"，这在法权逻辑上也就承认了中方关于"台湾是中华人民共和国领土不可分割的一部分"的立场。

与美国不同，日本上述文件对台湾主权归属问题并没有明确的立场，如果硬要说有什么立场的话，那就是《开罗宣言》所规定"满洲、台湾、澎湖群岛等，归还中华民国"。由此推出与美国的表述的意思完全不同的结论就是：世界上只有一个中国，中华人民共和国政府是中国唯一合法的政府。台湾——如此类推，还有"满洲"、澎湖群岛等——不属于中华人民共和国，而是归属于所谓的"中华民国"。

三 韩国只是"尊重中方只有一个中国、台湾是中国的一部分之立场"

最后我们再简单地看一下韩国在中韩建交文件中的立场。1992年8月24日《中韩建交公报》共五款：

一、中华人民共和国政府和大韩民国政府根据两国人民的利益和愿望，决定自一九九二年八月二十四日起相互承认并建立大使级外交关系。二、中华人民共和国政府和大韩民国政府同意根据"联合国宪章"原则，在相互尊重主权和领土完整、互不侵犯、互不干涉内政、平等互利、和平共处原则的基础上发展持久的睦邻合作关系。三、大韩民国政府承认中华人民共和国政府为中国的唯一合法政府，并尊重中方只有一个中国、台湾是中国的一部分之立场。四、中华人民共和国政府和大韩民国政府相信，两国建交将有助于朝鲜半岛形势的缓和与稳定，也将有助于亚洲的和平与稳定。五、中华人民共和国政府尊重朝鲜民族早日实现朝鲜半岛和平统一的愿望，并支持由朝鲜民族自己来实现朝鲜半岛的和平统一。

由于中国与韩国在台湾问题上不存在法律认可问题，但存在韩国对中方关于中方立场的政治表态问题。在中韩建交公报中中国支持"朝鲜半岛和平统一的愿望，并支持由朝鲜民族自己来实现朝鲜半岛的和平统一"，而韩国对中国的回报只是"尊重中方只有一个中国、台湾是中国的一部分之立场"。我们看到，韩国在台湾问题上的立场竟不如日本的"理解和尊重"，更与中华人民共和国的要求相去甚远。

四 日美韩涉台表述差异及其对中国台海统一的外交影响

通过上述历史文献的比较，我们可以看出，从1972年迄今凡三十多年，日本对台湾不仅从未死心，其觊觎之情反而日益强烈。对台湾归属的立场是检验日本是否放弃昔日"大东亚"政策的试金石。三十多年来日本坚持不承认而只是"充分理解和尊重"中国关于"台湾是中华人民共和国领土不可分割的一部分"的立场，这表明，**与美国对台湾政策相比，中国与日本在东海有着绝对不可调和的事关亚洲战后和平体系即雅尔塔体系的结构性矛盾；中日间的东海问题，并不是什么石油问题，它实质就是台湾问题。**邓小平曾对美国人说"中国人不解决台湾问题会死不瞑目的"。[①]

进入21世纪的中日关系的特点是在双方改善关系的需求日益增大的同时，双方在台湾问题上的立场也日益南辕北辙。日本方面对不承认"台湾是中华人民共和国领土一部分"的表态在中日双方的文件中日益鲜明和突出，如果在中方的核心利益即台湾问题上日本不仅不做让步，反而还日益背离，那么双方主张的"建立战略互惠关系"就难有成效。

最后，必须提醒的是，目前我们所讨论台海统一的历史背景前提，是日本"北方四岛"尚未收回，朝鲜半岛尚未统一；而在可预见的时期，这个前提不会改变。但是，北方四岛全部或部分回归日本，以及朝鲜半岛的统一，与台海两岸统一一样，是或迟或早要发生的事。[②]**对中国具有紧迫意义的是，如前两国的统一出现早于中国台海统一，那届时台湾问题向有利于中国方向解决的难度将会成倍地增大。**

历史的量变是漫长的，但历史的飞跃却是突然和出乎意料的。2008年8月8日，就在第29届奥运会在"同一个世界，同一个梦想"的主题下在北京

① 中共中央文献研究室编：《邓小平年谱（1975-1979）》，中央文献出版社2004年版，第328页。

② 在美国门户网站雅虎2008年8月18日刊出的对韩国总统李明博的专访中，这位66岁的韩国总统将朝鲜人民称为"我们的兄弟姐妹"，他对统一的期许引起了法新社等国际媒体的关注，他说："我相信在我有生之年一定会看到韩朝统一，统一契机随时都有可能到来，因此一定要时时为统一做好准备。"《李明博：我有生之年会看到韩朝统一》（http://world.huanqiu.com/roll/2008-08/198603.html）。

开幕的同时，格鲁吉亚在南奥塞梯与俄罗斯爆发大规模冲突。这个突发性事件向我们警示：国家分裂的危险不知什么时候来就会降临，对此，台海两岸对中华民族有历史责任感的人，都要对祖国两岸统一有时不我待的紧迫意识。

中国海洋战略应坚持"地区性守成"原则※

航空母舰仍是实现制海权的最重要工具

东方早报：有消息说，中国首艘航母即将在海上试航，舆论和网络领域一片欢呼，有不少人认为这是中国军力提升，或者民族自豪感的一大象征。在你看来，撇开这些表面现象，中国航母建成后到底可以干什么？

张文木：这是中国海权事业的一个很大进步。中国对世界贸易的依赖已经很大，确保在海权方面的权益很有必要，在海权问题上，只许西方国家"放火"，不许我们"点灯"，那是没道理的。

前几天，我碰到一个美国人，他问我，中国造航母，你支持吗？我说支持啊！他说，我们美国都不要航母了。现在他们是不要了，但几十年前美国遇到海上压力的时候，他们是怎么做的呢？那时候的美国同样是要建造航母。当时，我就跟他说，你们不要，都给我们，我们全要。中国和美国所处的阶段不一样，怎么能混为一谈呢？

航母体现的是国家捍卫海洋利益的战略能力，而这种战略能力的拉升不仅是作战，中国航母的出现也不仅仅是出于作战的考虑。甚至在当前主要不是出于作战的考虑，航母作战主要是运用于远海，我们在远海方面目前远没有那个能力。

中国建造航母有利于完善不可中断的舰船技术链条，是带动中国海上技术的必不可少的环节。这个阶段，西方已经超越了，我们刚刚起步。

※ 本文为《东方早报》记者陈良飞采访笔者的文章，主要内容发表于2011年8月1日《东方早报》。

从这个角度说，中国航母是和平性质的，将它理解为"威胁"是不对的。它是中国的海上技术以及对海洋安全观念的大飞跃；这也是中国的海权、制海权建设的大的提升，但目前这种提升还是处于技术层面，远不在作战层面。

现在有人说，航母已经落后了。的确，航母发展到今天会有它不适应的地方，但是，现在大家纷纷提出、论证的那些先进的海上技术，都没有经过充分的实战检验，唯有航母是经过充分的实战检验的。只在纸上论证，未经实战检验的技术是靠不住的。

中国现在发展海军，在没有现成技术的条件下，是选择纸面上论证的技术，还是选择经过实战检验的航母技术？当然要选择有实战经验的保险技术，尽管航母不是最理想的，但它是经过无数次大海战检验的。

迄今为止，航空母舰仍是实现制海权的最重要工具。航空母舰是制空权、制海权，从某种意义上还包含一部分制陆权的作战力量三位一体的统一。航空母舰不应被理解为一支战舰，而应被理解为一个最具机动性质的国家海上作战大平台。航空母舰可以比陆地运输更快的速度，根据战争需要，将集海陆空一体的作战力量及时推进到作战海区。

还有人认为，随着导弹远程精确打击技术出现，航空母舰不仅成为多余，而且还成了海上毫无自卫能力的"活棺材"，因此发展航空母舰应为发展远程精确打击武器所代替。

其实，这是一种误解。因为远程精确打击技术并不是导弹技术的产物，而是外层空间卫星及以此为载体的信息技术发展的结果。而现代航空母舰本身就已与现代卫星信息技术紧密结合并据此拥有远程精确打击能力。问题是远程精确打击仅具有本土防御的意义，对于世界范围的制海权而言，则意义不大，它解决不了关于海外商业争执、资源进口线受阻及海外商人和侨民保护问题。一句话，航空母舰不是一般的战舰，它也不仅仅属于海军，它是一个集海陆空及一切最先进军事技术为一身并在全球范围具最机动性质的作战平台。它本质上是国家作战力量而不仅仅是海军军种作战力量的标志。恩格斯在1877年回顾欧洲舰船发展历史时说过："现代的军舰不仅是现代大工业的产物，而且同时还是现代大工业的缩影。"航空母舰就是这样一个与经济发展概念相联系的因而具有攻势性的军事工具，而发展本身就是一种攻势性的社会运动。从这个意义上说，中国航母建设是当代中国发展到今天的必然要求。没有航空母舰，或没有与航空母舰同等效力的海上机动作战平台，我们在国际上任何重大涉我事件中，就不会有实质性的发言权力；就不能对影响我国海外安全的行为，在其初始阶段实行制止，最后，中国日益卷入世界的巨大的海外利益就不会有实质性的保障，从而中国国内经济就会因资源进口和利润回流中断而发生危机，并由此阻碍中国的和平发展。

也有人提出过浮岛技术，我也了解过，浮岛技术很有开发潜力，也可能将来取代航母。但是它目前的论证也只是纸面上的，没有经过实战检验。而航母已经历了第二次世界大战以及后来的无数次大规模战争。

所以，当一个国家在做重大项目的技术选择时，不能轻易依托于一个只有纸面论证而无实际检验的技术。从这个意义上说，中国选择发展航母的考虑是成熟的。成熟的选择往往不是最好的选择，而是无从选择条件下的选择。如果能同时启动相关替代技术研发的话，这样的选择就是正确的选择。

东方早报：前不久，中国人民解放军总参谋长陈炳德首度公开承认中国正在建造航母。这时候，就有国外舆论出来说，中国的航母会投入海上作战，这样就会引发区域紧张局势，造成不安定局面。你怎么看待这一问题？

张文木：这牵涉中国的海洋战略目标问题了。中国的海洋战略有两个方向，一个在南方，一个在东部，也就是南中国海和东中国海这两个方向。我们需要分析一下这两个方向的性质。

事实上，中国的真正战略任务在于维护主权统一，实现台海统一，这是第二次世界大战以来雅尔塔会议、《波茨坦公告》等赋予作为战胜国中国的权利，而现在这一权利还只落在纸面上，60多年了，在实际中我们并没完全得到落实。说我们"威胁"的国家真是坐着说话不腰痛，他们自己都完成了国家统一任务，我们现在还要争取国家统一，这完全合情合理合法，怎么能说"威胁"呢？

那么，围绕着台湾问题，是谁威胁着中国国家统一呢？当然主要不是南中国海方向的国家，而是美国和日本。当然，这两个国家也还不一样。美国在法律上承认台湾是中国一部分，确切说是中华人民共和国的一部分；但日本则不承认，日本在1972年的《中日联合声明》中对中国关于台湾的立场表示"尊重和理解"，而非"承认"。2010年7月26日，即将赴任的日本新任驻中国大使丹羽宇一郎在东京记者会上一改含混口吻，直白表示，1972年《中日联合声明》中有关"台湾是中国不可分领土的一部分"的主张，日本的立场只是"理解并予尊重"，并未直接承认，今后日本对此问题仍然坚持同样的态度。27日晚，日本驻华使馆的一位新闻官向中国国内媒体郑重表示：日本政府在台湾问题上的一切态度都以1972年《中日联合声明》为基础，此一立场从未改变过。既然日本将长期坚持"不承认"中国在台湾问题上的原则立场，那么我们就要与之坚决斗争。这样，我们的斗争方向自然就在东海。

东方早报：你的意思是不是说，建成后的中国航母应该部署在东海而不是南海？

张文木：这要根据国家的总体战略需要。但我们要清楚，谁是我们的敌人，谁是我们的朋友。在今天，谁阻碍中国台海统一，谁就是我们的敌人。

南海历来是有矛盾的，但我把它称为第三世界人民的"内部矛盾"。因为一方面，南海诸国都是"二战"中同样受到日本帝国主义侵略的国家，是与我们浴血奋战、赢得"二战"胜利的同盟国，这里面包括美国和俄罗斯；另一方面，从历史上来说，它们和中国一样，都是受过英、法、美、日等国殖民压迫的国家。所以，尽管这些国家和中国在南海岛屿主权上有争执，但是都属于第三世界人民的"内部矛盾"的调整性质，可能会有擦枪走火的时候，但性质完全不一样。比较朝鲜战场上的中美较量，在1962年、1969年和1979年与印度、苏联、越南边界冲突中，中国军事手段的使用是相当克制的。我们可以从老一代政治家那里学到处理不同性质的国际矛盾的智慧和经验。

这里还有美国的问题，尽管美国是霸权主义国家，但在雅尔塔体制中，美国和我们也不是你死我活的绝对对立矛盾，美国和我们是雅尔塔体系中的盟国，中美关系变化属于雅尔塔体系内部的关系调整。"冷战"本质上还是雅尔塔体系内部同盟国之间利益调整的关系。用矛盾论分析，美国与我们是"冷战"中的对手、雅尔塔体系中的盟友，日本和美国是"冷战"中的盟友、雅尔塔体系中的对手。正因此，美国占领冲绳，俄罗斯占领北方四岛，把台湾归还中国，这些都是为了遏制日本法西斯复活。这样，我们的对手就看出来了，我们的大战略不应是针对雅尔塔体系里面的同盟国，我们要坚决斗争的对象是日本右翼势力。他们不代表日本人民，而是日本内部想颠覆雅尔塔体系、恢复凡尔赛–华盛顿体系的为法西斯招魂的军国主义者。

现在欧洲的雅尔塔体系已经解体了，但远东的大体还完好存在着。在远东地区，绝大多数国家都是雅尔塔体系的胜利国，当然也是受日本法西斯侵害的国家。日本在雅尔塔体系中是被剥夺的对象，雅尔塔胜利国家剥夺了它的战争权利。日本现在拼命要做的就是要颠覆雅尔塔体系，恢复它的战争权利。所以它当然是我们斗争的对象，这自然要牵涉台湾主权回归中国问题。

中国海军阅兵几乎都是在黄海进行，而少见于南海，这表明中国对东南亚国家采取团结的姿态以及中国海洋战略重心所在。

东方早报：那是不是可以说中国航母建成后主要是威慑日本？

张文木：这样说也是不对的，我们主要是为了实现台海统一。鉴于日本在法律上尚不承认台湾是中华人民共和国的一部分的原则，以及它曾侵占过台湾的历史，中国的安全战略当然要对其严加防范。我认为，黄海是中国第一艘航母比较理想的诞生地。这样既表明我们的战略方向，又表明我们对南海和平的愿望。有时候，一个地点的选择，会带有象征性、宣示性。

南海争端要尽可能以和平方式解决，如果航母要开过去，那一定是不得已的事。在南海问题上，我们要做到有理、有利、有节，整个海洋战略方向不应该将昔日的朋友变为对手。不然那就不叫战略。好的战略是将对手逼成朋友而不是相反。

中国与南海诸国的争端肯定是长期存在的，但它的性质属于第三世界国家的"内部矛盾"性质，属调整的范围。1962年中国对印（度）自卫反击战就是一个很好的范例，中国对印度是很有节制的。1979年的对越自卫反击战和1988年对越的"南沙之战"，中国也是相当有节制的。

因此，我认为，在今后相当的时期内，中国海上军事力量在南中国海海区的作用范围不要太远，主要是积极防御，即使进攻，目的也应当是自卫性的。

东方早报：我们也注意到，在中国建造航母的同时，越南、马来西亚和新加坡购买潜艇数量在上升，日本将把海空力量向位于台湾东北的西南诸岛转移，澳大利亚也将更多的军舰、战机和军人，从其他地区调往其西北部地区，增强自身的"海上拒止"能力。你觉得这些因素有可能削弱未来中国航母在该地区的实际效用吗？

张文木：这是无所谓的。我们不会跑到澳大利亚附近的那些区域去显示我们的军事力量。至于日本，它与欧洲国家不同，它毕竟是遭受过美国原子弹打击的国家。因此，日本拥有核武器，对美国人而言，比朝鲜拥有核武器更为可怕。在东北亚核查问题上，美国人最不便直说的就是日本核问题。也就是说，一个已拥有核武器的日本是美国在亚太的绝对敌人，而无核的日本则是可以让美国放手纳入"后院"且死心塌地为美国效命的"盟友"。这次日本东部地区发生的"3 11"九级大地震，对美国的政治意义在于它几乎瞬间毁灭了日本几十年来埋头发展的核能力，同时也为美国放手接纳日本除去了心病。

至于日本目前南向战略，我相信在与俄罗斯关于"北方四岛"争议、"朝核"问题，以及美国在冲绳撤军问题没有解决之前，日本向南推进，更多的只是画饼充饥。它不会忘记20世纪40年代它曾经历过的那种北南首鼠两端的被动及由此带来的灾难。目前日本不仅与俄罗斯、朝鲜、韩国有旧恨新仇，它与世界上唯一在日本上空投掷原子弹的美国相互间也是戒心很重。

目前在海洋问题上，人们较多提到邓小平"搁置争议、共同开发"的构想。其实，邓小平当年提出的这个构想不是现在有些人理解的那样主权问题也可"搁置"，邓小平"搁置争议、共同开发"明确地表达了"搁置争议，主权在我"的意思。更重要的是，邓小平还同时提到了20世纪"80年代的三大任务"，要将二者结合在一起，才能完整地把握小平"搁置争议"的思想。80年代的三大任务，即反霸、解决台湾问题和发展生产力。当时，邓小平的想法是要在十年之内解决台湾问题。"搁置争议"和"三大任务"联系一起就是"有所为"和"有所不为"的统一。不能误解更不能曲解邓小平"搁置争议、共同开发"的思想。这是一个积极的和充满辩证智慧的战略。

台海统一应是中国海洋战略的优先目标

在整个战略布局上，中国当然要优先解决祖国统一问题。另外从岛屿链来说，台湾是我们整个东部经济发展最重要的前拱地带，与辽东半岛和海南岛北南连为一体，构成中国大东部经济发达地区的海上护卫带。这个护卫对于中国这样的大国而言，是不可或缺的。比如这次利比亚的反对派与国家政治相分离并最终控制利比亚北方的原因就是利比亚失去了地中海的制海权，再联想20世纪40年代，由于中国失去了中国海的制海权，在中国东北、华北、华东等沿海地带就蹦出来了不少"班加西"。如果考虑到中国东部沿海是中国经济的黄金带，及还有相当部分的核电站存在，我们必须尽早尽快实现对这一海区的制海权。从操作层面说，中国将近期战略目标集中于实现台海统一，属自卫性质，这样作战半径就小很多，其胜算把握却大很多。

所以说，西太平洋的制海权，尤其是其中的东中国海的制海权的强弱，关系着未来中国的生死存亡。由此而论，中国航母的出现，对中国未来的意义怎么估计都不会过高。如果有人说它是"威胁"，请问，难道让有航母的国家像当年"八国联军"那样自由进出中国领海，才不算"威胁"吗。美国不说，日本也早有航母了，中国为什么一有航母，就成了"威胁"。这又是一个在海权问题上"只许州官放火，不许百姓点灯"的案例。

东方早报：近代以来的中国更多地被认为是一个"陆权优先"的国家，海上力量处于国家战略的从属的地位。但从20世纪80年代中国改革开放以来，中国的国家利益逐渐超出本国边界。目前中国的讨论主要集中于两种观点：一种认为，中国应该尽快加速中国海军的现代化建设，保护中国已走向海外的国家权益；另外一种观点认为这样会加剧国际上的紧张局势，从而最终损害中国地缘战略地位。如何看待这两种观点？

张文木：这两种说法都是在用西方人走过的路来看中国未来的发展，都是在用西方一些小人之心度中国君子之腹。中国就是走得再远，其性质与西方的道路也是不同的。在捍卫主权方面，比如在台海统一问题上，我们是坚决的、进攻的；在走向世界问题上，我们尊重世界多元性，主张和谐原则。因而我们的海洋利益推进是有理、有利和有节的。与西方战略观不同，中国人明白：世界是谁也无法独吞的。

美国前国务卿基辛格在新书《论中国》里面提出的"太平洋共同体"概念是对的，这是雅尔塔体系的概念。在雅尔塔体系中，中美之间应该是协商的。但在我的理解中，中美建立"太平洋共同体"的前提，首先是台海统一，不能离开这个前提空谈"中美共同体"或"中美国"。

东方早报：有一种观点认为，中国并不希望看到美国在亚太地区的舰队及空军部队消失，这是因为没有了美国在这一地区的影响力，只会促使中国、日本及韩国之间爆发激烈的军备竞赛。你如何评价这种观点？

张文木：一般而言，在亚太地区，美国离不开中国，中国也离不开美国。在抗日战争时期，若是没有中美合作，美国和中国单方面是摆不平日本的；在面对苏联向太平洋地区深入时，中美合作态度同样具有建设性。但中美合作是有前提的。这就是台海统一。中国的海军目标是要追回雅尔塔体系赋予的中国对台湾的主权，这是一个基本的，也是没有商量的目标。从这个意义上说，在亚太地区，中国需要美国的存在，但在台海地区，中国并不需要美国插手。中国人完全可以处理好自己的历史遗留问题。

东方早报：那么，中国海军近期屡次通过日本近海，进入西太平洋进行训练，是否有意突破"第一岛链"和"第二岛链"呢？

张文木：所谓的"第一岛链"、"第二岛链"是国际霸权主义强加给中国的概念，它阻碍了中国的台海统一，因而是一个非法的概念。第一岛链把中国分割了，我们要实现祖国统一，当然要打破它。至于"第二岛链"，如果仅从海洋地理考虑，中国在相当时期内其海上力量还作用不到那里，即使到了，它也属于雅尔塔和平体系内支柱国家的协商关系。中美这两个雅尔塔和平体系缔造国在此"鹬蚌相争"，也只能是受雅尔塔和平体系管制的日本得利。

再者，中国的海洋战略目标在祖国统一、遏制"台独"，这是正义的事业，更是历史赋予中华民族的一个光荣使命。为此，中国海军通过宫古海峡无可非议，况且中国海军通过的区域只是公海，它对任何国家都是开放的，中国多走几趟是自然的事。如果都从美、日的角度看问题，中国海军去哪都不行，都是"威胁"，中国最好没有海军，让他们随意出入中国海，这是否才可让他们放心？这种"只许州官放火，不许百姓点灯"式的霸道，对今天中国似乎不适用了。

东方早报：你也提过，经过半个多世纪的发展，中国在世界格局中已经成为有巨大影响力的国家，这时如果还将中国压迫在"第一岛链"以西的浅海海域，既不可能，也不公平，更不能为中国接受。你还建议美国向中国放开包括台湾在内"第一岛链"，美国会这么做吗？

张文木：这对美国是可以商量，而对中国则是没有商量的事。因为这不仅仅是"第一岛链"的问题，而是我们中国的主权分裂还是统一的问题。

从法理上来说，台海统一是雅尔塔体系赋予我们中国人的权利。在美国，糊涂的、不明白的人很多，它只认实力。但在这一地区，我们的目标有限，他的目标无限，因此，美国胜算不多。再说了，如果美国在这一地区和在这个对美国不重要的问题上与中国作对，会耗去它的巨大资源，而这样除了面子外，对美国是极不划算的。其中对美国最大的损失就是失去中国与它在全球事务中的合作。欧洲统一后全力回报美国的可能性不大，而成为美国新对手的可能性却很大。目前美国难以取得俄罗斯的信任，但如还死守"第一岛链"，阻碍台海统一，中美关系也不会有大的起色。美国的失败在于目标无限，目标大了对手就多，而美国并没有那么多的资源同时与这几个大国作对。如果再不改善与中国的关系，那美国的前景确实不太美妙。因此，当中国显示出自己意志和实力的时候，美国放手"第一岛链"于中国是明智的和有可能的。当然，在此之前美国还要让日本先出来与中国试一下身手，看结果而定。对此我们要有充分的准备。

东方早报：西方认为，在美国海军通过一系列协议建立的全球海上秩序中，中国是一个免费搭车者。你是否认同这一观点，中国是否有必要挑战美国另外建一套海上秩序？

张文木：这是一种"妖魔化中国"的表述。美国曾经在近代"利益均沾"，那算什么？这一点也没妨碍美国后来联手苏联建立针对欧洲的雅尔塔体系。

况且我们只要求在主权范围内，而不是在现有的国际体系即雅尔塔和平体系之外实现我们的主权统一。半个多世纪了，我们只是在名义上而不是实际上享受雅尔塔体系赋予中国在台湾的主权权利。这是不公正的。国家统一是我们判断利益关系的着眼点。一切都要从这里出发，斗争也要从这里出发。祖国统一，是我们在一个中国框架下台海两岸自己协商的事情，外部没有干涉的权利，因而与"挑战美国另外建一套海上秩序"的说法实在是风马牛不相及。至于未来实现祖国统一之后，我相信中国人的智慧会创造出高于盎格鲁撒克逊人治理世界的新方式与世界进行交流。鉴于英美的教训，中国海军要走向世界，一定要坚持有限原则。因为世界是多元的，尊重对方，同时也减小了你的资源支出，这样中国就可长治，世界就能久安。目前中国政府提出的"和谐世界"的目标就是有限目标的另一种表述。

美国总在追求力所不及的目标

东方早报：你在最近的文章中提到美国和其他西方国家对中国的"声西击东"策略。你表示，时隔半个多世纪后的今天，美国又要"重返亚洲"，我们应当对其惯用的"声西击东"策略保持足够的警觉。你认为，美欧如果联合削弱中国，他们会采取哪些可能的措施？

张文木：现在他们已经采取了措施，比如这次南海的争端，就有美国背后教唆的身影。他们希望出现中国和南海这些第三世界国家的矛盾激化，等着这些国家邀请美国介入南海事务，反客为主，以此为美国"重返亚洲"政策创造有利的外交态势。

逻辑上说，美国是被冷战拖垮的。雅尔塔体系是罗斯福和斯大林促成的美苏联手遏制德、意、日法西斯的世界和平体系，"冷战"本质上是雅尔塔体系内部的利益调整，但随着"冷战"的持续，性质发生了变化，美国领导人也弄不清什么叫"雅尔塔体系"，什么叫"冷战"。前阵子，中国还有人将此二者混为一谈，将美苏"冷战结束"说成"雅尔塔体系结束"。第二次世界大战后，美国领导人中艾森豪威尔和尼克松是比较明白的人。罗斯福总统之后，杜鲁门发动朝鲜战争，艾森豪威尔上台后，又恢复雅尔塔原则，1953年结束朝鲜战争，1956年美苏两家又联手利用苏伊士运河危机把英法赶出了中东地区。

值得注意的是，当时美国在苏伊士运河事件上与苏联合作的同时，在同期的波匈事件上却对苏联"君子动口不动手"。因为艾森豪威尔明白东欧是美国在雅尔塔体系中让给苏联的势力范围，美苏的目标是欧洲。艾森豪威尔之后，美国领导人再次犯混，与苏联争端再起。赫鲁晓夫在古巴导弹危机中退让，美国全面介入越南。赫鲁晓夫下台后，勃列日涅夫以牙还牙，实行全面扩张的政策。美国尼克松后又再度采取回缩政策，将在雅尔塔框架中美国的合作对象从苏联转向中国。

美国在卡特任总统期间想与苏联缓和，勃列日涅夫竟错误地将卡特的善意当软弱，采取更加强硬的反美政策，这最终使得美苏双方不再有合作的可能，并使美国在与中国全面和解的同时，也开始扶植欧洲。从里根开始，美国领导人有了打倒苏联、扶植欧洲、抛弃欧洲雅尔塔体系的想法，

1991年，苏联解体，雅尔塔体系在欧洲宣告解体。到2008年，科索沃宣布独立，整个欧洲大陆在美国的帮助下全部被纳入欧盟。欧洲统一大局已定后，2010年美国宣布"重返亚洲"。

美国的帮助自然是需要欧洲回报的，在这样的认识下，美国不仅没有全面介入利比亚，而且从阿富汗撤军，将战略力量向亚洲收缩，战略中心向亚洲转移，等待欧洲把非洲北岸搞定后，来帮助美国。

另一方面，美国对欧洲的态度也有矛盾的方面，它既希望又不希望欧洲搞定利比亚。它明白，一旦欧洲搞定利比亚后，美国在北约中的地位就会出现"1+1"模式，随后便是欧洲越来越多的摆脱美国的单方面的行动。这是美国不情愿的结果。

东方早报：美国"重返亚洲"，那么未来在亚洲会发生哪些可能的事件，中国又该如何应对呢？

张文木：内部要依靠人民，这是治国的基本功，没有什么技巧，首先就是要稳定国内局势，其中的关键还是稳定农民。首先就是不要把农民变成流民，农民是要有生产资料的。要做到这一点，还得维护和巩固集体所有制。没有集体所有制，作为中国共产党执政依靠基础的工农联盟就会瓦解，这是当前最大的危险。1950年下半年朝鲜战争爆发。毛泽东应对这一挑战的方法首先不是派兵参战，而是实行土改。毛泽东从所有制而不像蒋介石那样四处"发饷"（接近今天的"发红包"）入手在国内组织共产党政权的支持力量。就在美国占领汉城的当天（1950年9月28日），中国政府发布《中华人民共和国土地改革法》，在全国范围内开展土改运动。农民有了土地，国内政治稳定就有了保障。

同时，我们要恢复和完善干部队伍的政治审查制度。瓦解或动摇少数干部对党和国家事业的忠诚，是西方成功颠覆、削弱或打击像苏联、南联盟、伊拉克和利比亚等国家政权的重要因素。战事未开，重要部门的干部变节是西方在这些国家得手的重要内因。利比亚反对派组成的核心领导不仅是西方的"海归"而且有的还曾任利比亚政府高级别官员。这提醒我们必须重视干部政治审查制度。只要中国内部政治稳定，西方就对中国无可奈何。而政治稳定的关键是中国国家干部对国家的忠诚，对国家忠诚的前提是对中国共产党领导核心的忠诚和对马克思列宁主义的信仰。毛泽东说的那句老话还要强调："领导我们事业的核心力量是中国共产党，指导我们事业的理论基础是马克思列宁主义。"请注意，毛泽东同志说的是"马克思列宁主义"，马克思主义没有列宁主义是不完全的，因为是列宁主义使马克思主义的实践具有世界意义。马克思列宁主义是讲枪杆子的，不然，它就变成了戈尔巴乔夫式的政治童话而不是一种政治主张。列宁说"只有承认阶级斗争，同时也承认无产阶级专政的人，才是马克思主义者"恰恰在这一点上，戈尔巴乔夫主义和列宁主义出现了分野。分野的是非及其导致的结果，已不言自明。

最近的中东乱局，实际上是1989年开始的出现于社会主义国家动乱的继续。那次动乱使得社会主义阵营不复存在；第二波动荡从2001年的反恐战争开始，美国将阿富汗、伊拉克、伊朗和朝鲜列为"邪恶轴心"，结果按西方标准做的萨达姆已成往事，而伊朗、朝鲜仍坚如磐石。现在，第三波动荡开始，几乎整个中东都发生了动乱，曾对美国以色列政策做出巨大牺牲的穆巴拉克已经倒台，为了改善与西方关系而主动"弃核"、积极"反恐"的卡扎菲，已成为北非沙漠中的传说。

分析这三次危机，发生政权更替的国家，多不是从外部被打败，都是内部先出问题，外部势力随即介入。所以现在我们只要内部团结一致，党不脱离人民，外部势力就没有办法。只要我们顶住了，西方反华阵营就容易分裂。必须强调的是，中国的团结必须在中国共产党的领导下，坚持党对军队的绝对领导权，有了这两条，中国就不会出大乱。2011年3月10日，吴邦国同志在十一届全国人大四次会议举行的第二次全体会议上说得明白："坚持中国特色社会主义道路，最重要的是坚持正确的政治方向，在涉及国家根本制度等重大原则问题上不动摇。动摇了，不仅社会主义现代化建设无从谈起，已经取得的发展成果也会失去，甚至国家可能陷入内乱的深渊。"我完全同意吴邦国同志的论断。

东方早报：美国已经提出"空海一体战"构想，强调美军要充分利用在航空航天、网络、电子技术等方面的垄断优势，以关岛和日韩等盟国的作战和后勤基地为依托，以空海作战力量、太空及网络空间作战力量为主导，联合构成一个以天基系统为核心，由天基平台、空基平台和海基平台构成的多层次立体作战体系，在全维空间内加速实现其各种作战力量的有效融合，在西太平洋战区组织实施战役级别的作战行动，旨在摧毁作战对手的"反介入/区域拒止"作战能力。有人就认为，这一构想就是针对中国的，那么中国海军该如何应对这些新的变化？

张文木："空海一体战"的构想不是今天才提出来的，很久以前就有，美国的海上和空中力量早就结合在一起了。但美国的技术提升很难解决它面临的政治问题，比如阿富汗战场，点火容易救火难，现在美国面对塔利班燎原烈火，在那里欲罢不能。另外，"空海一体战"更适用于远海，而不适用于近海，尤其是不适用于像中国这样一个大版图国家的近海。

在我看来，美国外交政策的缺点总是在追求力所不及的目标。力所不及，就只有靠"空城"大话唬人。当前美国的问题不是技术能够解决的，美国的"空海一体战"也不能解决，而是要通过战略解决，而好的战略一定是有哲学的战略，当今美国政治最大的问题是失去了哲学。像今天塔利班问题，美国并没有解决。因为他们不是一个人在战斗，而是人民在与西方入侵者战斗。在历史上，谁赢得了人民，谁就必将赢得胜利。

中国应坚持"地区性守成"原则

东方早报：中国目前在海外没有军事基地，但是随着中国国家利益边界的扩展和保护中国海外利益的需要，中国未来在该问题上是否会有松动？

张文木：在这方面，不能学西方，中国一定要走出一条新路。在海外，我们应发展国家间的和平关系。像这次索马里海域护航就提供了很好的经验。有些国家就给我们提供了补给和场所，这不是帝国主义意义上的"海外基地"。

"海外基地"概念本身就带有帝国主义色彩。我们的目标并不是要在全世界扩张，未来世界肯定要建立在和谐关系之上，不和谐是不行的，一个国家不可能独占世界，大家都分着吃一点，你才能更好。有一首歌的歌词说"没有你哪有我"，国际政治也是这样。"朱门酒肉臭，路有冻死骨"的世界是不可持续的。历史上帝国多不亡于饥饿而是亡于过饱。今天美国的毛病是过饱撑出来的，而不是饿出来的。

美国建那么多的海外军事基地就是为了独占，结果做不好就会把自己拖垮。至少在30年之内，中国的战略目标就在于实现祖国统一，甚至50年、100年内，我个人认为，中国的战略目标也就是像中国古代的做法——经营亚洲，地区性守成。

中国的海权肯定是"有限海权"。海权走得太远，就需要更多的海外基地，这样就会造成资源消耗大于摄入，并由此导致国力快速衰退。美国、英国是"无限海权"，这是由他们的地缘政治特点决定的。他们的国家完全裸露在海上，没遮没掩，这样就必须将自己的安全边界推得远远的。与美国近乎"裸状"的地缘政治特点相比，中国地缘政治位势处于"长袖善舞"的最佳状态：东北这边有朝鲜半岛抗护着，东南有印支半岛挡着。新中国诞生时，朝战和越战原本是对着中国的，结果中国在朝鲜半岛和中南半岛上下开弓，跟美国打了十几年，中国大陆的"身体"没有受损伤，坚持进行经济建设。中国周边国家对中国的"减震"作用，是中国地缘政治天然优于美国的方面。在亚洲地区，中国西南和西北部地区有俄罗斯和印度两个大国。中国的西部以及俄罗斯的东部空旷地带，使中印俄之间有了广阔的缓冲空间，其"减震"条件较充分。毛泽东同志说过："一个民族能在世界上在很长的时间内保存下来，是有理由的，就是因为有其长处及特点。"中国在世界地缘政治中的上述条件使它伸缩自如，这个条件在未来发展中还将继续产生积极作用。所以说，不要忽视中国五千年的历史。五千年能存在下来的并一直保持大国版图的资源丰富的国家，世界上没有几个。德国哲学家黑格尔看出了这一点，他说："假如我们从上述各国的国运来比较它们，那么，只有黄河、长江流过的那个中华帝国是世界上唯一持久的国家。征服无从影响这样一个帝国。"

我有一个说法，就是"大国崛起于地区性守成，消失于世界性扩张"。中国五千年来可以保留这么大的版图最大的原因就在于坚持地区性守成，而没有向全世界扩张；与此相反，匈奴人和蒙古人曾向世界扩张，结果他们的帝国都非常短命。所以未来我们要坚持"地区性守成"的原则，遵照毛泽东说的"深挖洞、广积粮、不称霸"。今天我们说的"和谐世界"也是这个意思。

中国既然没有以全世界为目标，在"海外基地"方面就应该有新思路。所谓新思路就是应该通过友好、互利的方式，取得相互尊重的合作。如果不够互利，人家不愿接受的话，我们也可以做出一定的让步，或再等等，不要去强求。强求就需要更大更多的资源，强求的事多了我们就会力所不及，结果会拖垮国家。与英美国家不同，我们的目标不是全世界，我们就可以做得更好些。

至于海外利益保护的问题，如果中国把自己和把亚洲经营好，中国也就有了威信。国家有"威"，在国际上才有"信"，所以只要中国自己强盛，在外部世界就有影响力；你自己垮了、分裂了，那人家就要欺负你。比如在这次的利比亚冲突之前，中国先将自己的企业和员工撤回来，以后不管是谁执政，最后他们都要来和中国谈判，要中国企业重新返回利比亚，这样我们就有力量保护中国企业和员工在利比亚的利益与安全。我们正在探索与西方不同的路子来保护国家海外利益。

东方早报：中国目前在巴基斯坦瓜达尔港、缅甸皎漂、斯里兰卡汉班托塔、孟加拉国吉大港也参与了修建当地的港口，被印度和西方视为"珍珠链"计划，这是为了未来建立海外基地打下基础吗？

张文木：我不了解这些事的细节。如果是这样，我想这些应该还是合作关系。巴基斯坦邀请中国参与港口修建就是因为中国和巴基斯坦具有良好的关系，并非有意建立"海外基地"，没有人家同意，这个所谓的"基地"是不可能保存的。

东方早报：我们也注意到，合作的这几个国家基本上都是在中国的能源线上，未来中国海军是不是要保卫这条线上的中国的能源安全？

张文木：在海上运输线问题上，从某种程度上说，我们有些人对此过于夸大了，把中国和日本放在同一水平上了。日本对国际能源确实是绝对依赖，中国则没有到这个程度。如果在和平情况下，我们对海上能源补给线的压力就真不像美国和日本那么大。中国还可以通过西部陆上管道和俄罗斯的石油管道来满足石油需要，这些都是中国的友好国家。听说从缅甸到云南的管道也正在修建，尤其从新疆过来的这条石油管道线更有保障。西方不可能把我们陆上所有的管道都掐死，根本做不到。所以，我们在探讨这些问题时，要多些建设性，少些夸张性。

我们要突破、超越马汉理论

东方早报：你刚才提到海权理论，我们也注意到，自海权理论创始人塞耶 马汉的《海权对历史的影响（1660—1783）》及相关著作发表近百年来，海权问题已成为军事学术的重要组成部分。中国广泛地将英文"sea power"的概念转译为汉语"海权"。那么，中国人应该如何理解"海权"这个概念呢？

张文木：近代的法权理论实际上已经为我们提供了认识的基础。在国际法上，海权是为主权服务的，主权就是包含"权利"（right）的含义。只有主权国家才拥有带有"right"的海权，不带有"right"的海权那是制海权，二者是完全不同的。从这个意义上说，非国家组织就没有海权，但有制海权。比如，在台湾问题上，就没有讨论海权的必要，台湾有的只是

"制海权"（sea power）。

所以，从海权的角度来说，主权国家维护自身的权利，依据海洋法赋予的权利，这是法定的权力；而制海权不是法定权力，只是实现海权的一种手段。制海权可以叫"sea power"，海权则是"sea right"，如果把"power"上升到"right"，那就没有节制了。

"Right"带有现代意义上相互尊重的意思。有这样的理论，国际社会交往就会节制许多。如果只讲"power"的话，那就是丛林世界。

东方早报：以前，马汉被当成"帝国主义和殖民主义的布道者"，如今，中国战略家时常在大型国际会议上引用马汉对制海权的定义来强调"海权对中国的价值"。你如何看待这一理论？

张文木：我们需要的是对马汉的海权学说扬弃性的学习。我曾经也欣赏过他的理论，后来发现它与被压迫民族的经验相脱离。我们要从列宁的"压迫民族和被压迫民族"的视角，结合中国的经验对其加以突破和超越。我认为，马汉海权理论的优点在于用世界视野审视一国的发展，与中国古代的军事学著作比如"武经七书"比较，有全球眼光，这是马汉学说的优点。但他的缺点在于没有是非观念及由此产生的对力量的运用不加节制，后来乔治 凯南的遏制理论，继而亨廷顿的文明冲突理论以及布热津斯基的地缘政治理论都有这个缺点。自第二次世界大战结束以来，美国让这些无节制的战略学说拖得疲惫不堪，甚至可说是"狼狈不堪"。

鉴于此，我们应突破马汉的海权理论，将权利（right）的意识融入海权理论，这样的海权理论便有了节制意识。我刚接触马汉理论时，也没有想到"power"概念的缺陷，但后来我想到中国是第三世界国家，属于列宁说的"被压迫民族"，只讲"power"显然对中国的未来是不够和不利的，我们应从主权权利理论中的"自卫权"的角度考虑海权理论。我们应当把海权中的权利和权力分开，由此必然要把海权和制海权分开。马汉是把这二者混在一起。当时美国是处于帝国主义竞争阶段，他没有更多地考虑别的因素。

东方早报：与其他国家相比，中国海权具有哪些自身特点？

张文木：在主权范围内，比如在台海问题上，在祖国统一问题上，中国海权是坚定的、攻势的和无限的；在国际范围内，是协商的、节制的和有限的。和谐世界，就是中国海权未来发展的指导思想。

东方早报：我们也看到，你提出"永远不称霸"是中国发展"海权"的原则，如何才能做到这一点呢？

张文木：实际上，在利比亚事件上、在索马里护航问题上，我们都已经做到了这一点。在这次利比亚事件中，中国组织大规模的在利人员撤退，还派出中国军舰赴利比亚附近海域为撤离人员船舶护航，表明我们的海运能力近些年有了极大的提高，我们因此保护了在利比亚工作的中国人的安全，避免了像在1998年印尼排华事件中出现的大规模的人道主义灾难。这个时候，海外中国人的安全就是最大的国家利益，也是中国政府最大的责任。在利比亚撤侨的实践，为今后中国海权拓展提供了很好的思路。

东方早报：中国主权的统一进程与中国海权实现进程是什么样的关系？

张文木：两者是统一的。中国海军不到，问题是解决不了的。但海军又不是用来打台湾的，海军的作用主要是用来阻隔"台独"和海外支持势力之间的联系。

在台湾问题上，是没有商量的，这是我们50年前就该做的事情。中国现代化进程已经不容我们忽视海权，而实现中国海权和制海权目标的关键环节，就是中国台海统一。从这个意义上说，台湾问题对中国既是主权问题，也是海权问题。

我们要抓主要矛盾，要在切断日本右翼和"台独"分子之间的联系的同时，还要深度发展两岸之间各方面的交流。毛泽东当时为什么不打金门，就是为了把台湾的根留在大陆，这也是双方默契的结果。只要台湾回归中国，可不论形式。一旦钓鱼岛回归后，不妨也参照毛泽东在金门、马祖问题上的思路，交由台湾来管理。

在台海统一后，中国海洋安全战略应做收缩性调整，这涉及21世纪中国在世界上的定位和中国发展的大方向。

我们应记住，与美国、英国不同，中国是一个陆海兼备的国家，我们只能在最核心的利益，比如在台湾问题上可以采取完全和强有力的攻势，而在东北亚、南海、中亚这些与美俄核心利益联系紧密的区域，甚至更远的其他地区则应采取有理、有利、有节的威慑性守势。如果不是这样，届时恐怕我们连台海统一的成果也保不住。

东方早报：你也一直主张中国实施深海战略，实施深海战略对于中国有特别的意义么？它如何和海权的实现结合起来呢？

张文木：深海战略也是为了自卫目的。目前中国依托核潜艇具有二次反击能力，而中国的二次反击也是自卫。当所有的打击手段都失效时，二次反击是非常有效的，因而它对侵略者是极具震慑力的。

这是一种终极防御，也是中国海权实现的一个终极保证。但在中国附近的浅海是做不到这一点的，在浅海，目标极易暴露。因此中国的海洋战略必须是深海的，这不仅是中国远洋利益的需要，也是中国本土安全防御的需要。

东方早报：那么，在未来十年内，中国海军的主要任务和战略目标是什么？为了完成这些任务和目标，目前还有哪些差距？

张文木：维护祖国统一是中国海军最基本的任务和目标。至于与美国海军的差距，主要表现在技术方面。但我们不能孤立地看待技术差距，因为技术差距在不同的地理空间表现是不一样的。海洋高技术在近海就很难发挥作用，只要中国海上目标不是太远，技术差距可以用大陆近岸优势弥补。唯技术论是无战略意识的表现，优秀的战略设计是可以弥补技术上的劣势的。历史上失败的国家，并不是技术条件差的国家，而是在某种战略环境中其技术优势无法发挥作用的国家。古代如中国宋朝，现代如苏联，就是这样。以我们目前的国防技术，只要不在远海，在近海用于维护祖国统一是足够的。

美国海军是以世界为目标，我们并不以此为目标，这是很重要的一点。在战略上，我们在全球范围内要以"和谐世界"为交往原则，在主权范围内则是要坚定不移地维护国家利益。鉴于此，集中一切力量快速推进中国的海军建设，将在全球范围内的军事弱势转化为局部地区的强势，并以此解决分布于中国海区的主权和海权问题，是21世纪初中国国防建设的重要内容。

在钓鱼岛赢得尊严才能在南海赢得尊重※
——从"钓鱼岛应成东亚'模范摩擦海域'"说开去

2011年7月4日，杨洁篪在与日外相会谈中重申"钓鱼岛是中国固有领土"。杨外长关于钓鱼岛主权的表态，是坚定的和不容商量的，是符合中国国家根本利益的。可近日有媒体发表"社评"却主张钓鱼岛应成东亚"模范摩擦海域"，认为"钓鱼岛在国际上属于争议领土"，"它的未来归属是存在变数的"，"中国宣示对钓鱼岛的主权，并不意味着中国就能实现这一主权"。文章还称"中国保钓行动的实际效果"是"保持并强化了钓鱼岛主权在国际法和世界舆论层面的争议性"。文章在钓鱼岛的主权关系的表述上显然与杨外长不一致，其关于将钓鱼岛变为"模范摩擦海域"的建议也显得书生气十足，如果不是作者词不达意、其正面意思没有表达清楚的话，笔者觉得有必要就中日围绕钓鱼岛的"争议"及其背后的战略意义，谈点个人的想法。

一读到"钓鱼岛应成东亚'模范摩擦海域'"构想，我就忆起20世纪前半叶的中日关系史，想起"九一八"事变后的"李顿调查团"。

1931年9月18日，日本挑起"九一八"事变，随后日本侵占了中国东北三省大片土地，战火延伸到平津一带。

这时蒋介石对此次事变的应对政策接近上文作者提出的将东北建成"模范摩擦"区域的设想。面对日本侵略，蒋介石不是积极地组织抵抗，而是要强化中国东三省主权在"国际法和世界舆论层面的争议性"。为此，他于1931年年底向国际联盟提出"申诉"。

面对蒋公的"申诉"，日本方面的回应是在《国联调查报告书》（1932年10月）出炉前，不是强化而是尽量弱化其侵略行径"在国际法和世界舆论层面的争议性"。1932年3月1日，宣布其傀儡政权"满洲国"成

※　主要内容发表于2011年7月18日《东方早报》，副标题为笔者所加。

立，1934年又将伪"满洲国"改称为"满洲帝国"，在全世界面前明示其占领整个华北的野心。

1935年6月，南京国民政府为了满足日本在河北建立"模范摩擦区域"的要求，与日本签订了《何梅协定》和《秦土协定》，使中国丧失了河北大部分主权，将察省主席宋哲元撤职，二十九军撤出察东地区，成立察东非武装区。由此中国又失察哈尔主权。

即使如此，日本人还嫌国民政府没有达到"模范摩擦"的标准。9月，日本侵略华北驻军司令官多田骏发表声明，公开鼓吹华北五省在日本的指导下"联合自治"。10月22日，日军在河北香河指示汉奸、地主和流氓成立"县政临时维持会"，发表"自治宣言"。11月25日，日本侵略者唆使国民党滦榆区行政督察专员殷汝耕在通县成立"冀东防共自治委员会"，不久改称"冀东防共自治政府"，宣布"脱离中央自治"。11月，日本侵华战犯土肥原到北平向二十九军军长、平津卫戍司令宋哲元提出"华北高度自治方案"，要求宋哲元限期宣布"自治"，否则日军将以武力攻取河北、山东。

南京政府为了让中日间"摩擦"更为"模范"，于12月成立"冀察政务委员会"，指派宋哲元为委员长，由日方推荐著名汉奸王揖唐、王克敏、刘玢元、曹汝霖等十余人为委员。此后，日本人又得陇望蜀，组织大小汉奸在平津"游行"，要求"华北五省独立"。

至此，中国人民对蒋介石对日一味让步的政策已忍无可忍，这样便激出了逼蒋抗日的"双十二事变"和由此形成的抗日统一战线。

但日本人对此"摩擦"回应得一点也不"模范"，1937年7月7日，挑起"卢沟桥事变"。侵华战争由此全面展开。

中国人忘什么也不应该忘记中国近现代史，不应该忘记八年抗战。大概和平时期太长的原因，有些中国人真的把那段历史忘了，忘得没有是非了。我们要索回强盗抢走的中国人自己的家产，这在我们有些人眼中却成了有"争议"的事，中国人索回家产的义举则被有些人要求在"摩擦模范"范围内行事。这样的"要求"，让中国人痛心，让日本右翼高兴。

事实上，在今天日本右翼看来，不仅钓鱼岛，甚至台湾也是"属于争议领土"。2010年7月26日，即将赴任的日本新任驻中国大使丹羽宇一郎在东京记者会上直白表示，1972年《中日联合声明》中有关"台湾是中国不可分领土的一部分"的主张，日本的立场只是"理解并予尊重"，并未直接承认，今后日本对此问题仍然坚持同样的态度。7月27日晚，日本驻华使馆的新闻官向环球网记者郑重表示：日本政府在台湾问题上的一切态度都以1972年《中日联合声明》为基础，此一立场从未改变过。

试想，如果有朝一日，日本人如果按"日本国民一般的生物学上的生存需求"[①]，再进一步提出在台海，继而在"满洲"建立中日"模范摩擦区域"，想必这篇文章的作者也不便拒绝，因为这二者在逻辑上是一致的。

今日日本右翼一刻也没有忘记推倒毁灭其"大东亚共荣圈"美梦的雅尔塔和平体系，而要做到这点，与19世纪70年代一样，其突破口还是包括钓鱼岛在内的琉球群岛。今天日本在钓鱼岛的"项庄舞剑"，意在台岛。1874年日本第一次出兵侵略台湾，就是1872年吞并琉球后的逻辑结果。今天日本在中国钓鱼岛列屿，进而在春晓油田与中国的争夺，本质上是为了逼近中国台湾。今天中国如果在此海域失去起码的原则，那日本的下一个目标就是台湾，接踵而来的必然是中国东海制海权的丧失。这一点，"台独"大佬李登辉揣着明白装糊涂，2003年10月25日，他在为"李登辉学校"上课时表示，依照历史，钓鱼岛既不是台湾的，也不是大陆的。钓鱼岛的主权问题是从1971年开始的，以前没有人说钓鱼岛是属于中国大陆或是台湾的。

由此看来，中日之间的钓鱼岛之争本质是台湾之争，在目前台海两岸分离，祖国统一任务时不我待的历史时刻，根据历史经验，失去钓鱼岛，接踵而至的就是将失去台湾。也就是说，中日关系是有底线的，这个底线就是钓鱼岛。因此，钓鱼岛问题就不是可用一般的领土对等互换原则来解决的主权问题，而是事关中国主权底线，因而是没有任何后退和不容商量余地的主权问题。中国清朝和蒋介石时期对日本无底线的让步所引发的日本全面的侵华战争和太平洋战争，其起因均源于中国失去琉球群岛的主权。如果说19世纪日本侵略台湾的企图是以1872年10月15日吞并琉球开始，以1895年《马关条约》的签订结束，那么，21世纪台湾的命运也必将从中日不能搁置的钓鱼岛主权"争议"的结果而确定。

---

① 1942年日本法西斯作家在《战时宣传论》一书中就日本侵华政策作出解释说："这实际上是日本国民一般的生物学上的生存需求所提出的最低限度的要求。"转引自王向远《日本对中国的文化侵略：学者、文化人的侵华战争》，昆仑出版社2005年版，第316页。

今日中日之间的争执再次从钓鱼岛列屿升温，日本再次触及中国的底线，中国人应当如何面对呢？

前事不忘，后人之师。近代以来中日交往的教训就是："喂猪不可驱虎。"相反，进行积极的斗争却是与日本这样的国家保持良好关系的必要条件。1894年日本为打开东亚"难局"发动甲午战争，次年便占领中国台湾。随后日本即东进与美国争夺夏威夷。1897年6月16日，美国和夏威夷在华盛顿签署合并条约。日本派舰前往，美国海军则严阵以待，不惜武力坚守东太平洋的安全底线，结果日本自讨没趣，主动撤回对美国的抗议。此举让日本明白并从此不敢再犯美国的太平洋安全底线。1939年日本试图北上入侵苏联，苏联在诺门坎陈列重兵对日本予以迎头痛击，自此，日本放弃北上侵苏战略。现在日本在钓鱼岛问题再及中国底线，经验告诉我们，在这一地区，如果我们还要幻想搞什么"模范摩擦海域"，那么，1895年和1937年的中国就是前车之鉴。相反，如果借鉴1898年美国在夏威夷、1939年苏联在诺门坎与日本斗争的经验，遵照毛泽东同志所说的"针锋相对，寸土必争"和"人不犯我，我不犯人，人若犯我，我必犯人"的原则，开展最积极的斗争，我们不仅能像今日美国、俄罗斯一样与日本保持友好关系，还能为21世纪的中国赢得伟大的前途。1955年，中国在万隆会议上赢得亚洲人民的尊重，是从朝鲜战争的胜利开始的；同样，我们要在南中国海赢得那里的国家和人民的尊重，也得从中国在钓鱼岛赢得尊严开始。

南海外交乱局隐藏重大危机[※]

近来日本和印度都摆出了全面介入南海的姿态。2011年10月14日，日本外相玄叶光一郎在雅加达与印度尼西亚外交部长马蒂会谈，"双方就有必要构建多边框架解决南海纷争达成了共识"。双方计划在11月印尼巴厘

※ 本文主要内容以《南海：印度凑热闹，日本很危险》为题刊发于2011年10月17日《环球时报》第14版。

岛召开的东亚峰会上提出该主张。[①] 印度不顾中国的反对，也频繁与东盟国家接触，执意卷入南海事务。[②] 日本和印度进军南海的举措得到菲律宾、越南等国的实际呼应。9月27日，菲律宾总统阿基诺三世与日本首相野田佳彦举行会晤并发表联合声明，双方同意加强两国海军联系，以应对所谓中国"日益强硬的领土主张"。此外，阿基诺和野田还重申了他们在南海拥有"重大利益"[③]。10月12日，印度与越南签署了相关的海上油气开发协议。[④]

比较而言，日本在南海拥有的何止是"重大利益"，简直是生死利益。日本位于东北亚一个相对封闭的区域，就其政治关系而言，日本在北方与俄罗斯在北方四岛的问题上悬而未决；西边跟韩国和朝鲜都有难以解决的历史遗留的领土争议和由日本侵略造成的民族情感问题；在中国方面，日本不仅与中国在东海有地缘战略利益矛盾，而且在中国的核心利益即台湾问题上日本至今也不肯明确承认"台湾是中华人民共和国领土不可分割的一部分"的主权立场。在东面，尽管日本反复强调与美国的战略同盟关系，但美国毕竟是世界上唯一对日本投放原子弹的国家，双方从未建立起真正的信任。与其他国家矛盾表现不同的只是，日本对美的戒备情绪一直处在自我抑制的潜隐状态，这一点美国人也一直保持着高度戒备。从地缘政治看，日本是一个资源极端匮乏而又对资源，首先是对南中国海区域的油气资源有绝对依赖的工业国家，如果再考虑到南海是日本走向世界的必经之地，那么，南海对日本而言就有着远比中国更为重大的战略利益需求。重大的战略需求才会产生结构性的战略矛盾。正因此，日本在20世纪40年代发动了太平洋战争。历史发展到今天，尽管世界形势发生了巨大变化，但日本所处的这种地缘政治困境和日本摆脱这种困境的企图及其实现路径仍未改变。

现在日本借口遏制中国"强硬主张"要再次进入南中国海，并得到菲

① 《日本与印尼就南海纷争达成共识——日媒称或意在牵制中国》（http://world.huanqiu.com/roll/2011-10/2085333.html）。

② 《印度密集与东盟国家接触引关注，外媒渲染背后中国因素》（http://world.huanqiu.com/roll/2011-10/2088106.html）。

③ 《菲日签联合声明——重申在南海拥有所谓"重大利益"》（http://world.huanqiu.com/roll/2011-09/2041143.html）。

④ 《越印签署南海争议海域油气开采协议——中方曾多次反对》（http://world.huanqiu.com/roll/2011-10/2077522.html）。

律宾的呼应，这对南海国家，首先对菲律宾而言，无异于"引狼入室"。谁都知道，日本要进入南海的前提条件是需要一系列岛屿做跳板，而台湾就是其中的第一站。为此，长期以来日本并没放弃对台湾的觊觎。在1972年《中日联合公报》中，日本只承认台湾不是日本的，但没有承认台湾是中华人民共和国的。①这实际上是日本为再进南海预埋伏笔。假设未来日本在台湾立住了脚，那接下来的必争的第二块海上跳板就是菲律宾。当年偷袭珍珠港——这当然也是美国自19世纪90年代怂恿日本南下冲击英法的结果——并由此挑起"太平洋战争"后的第二天（1941年12月10日），日本人就端着刺刀杀入菲律宾，次年1月便入侵新加坡、印尼、新几内亚和所罗门群岛等。在这些岛屿为日本人连接占领后，东南亚的石油资源便为日本所掌握，由此日本也就接近实现其控制东亚的"大东亚共荣圈"。

现在日本又来到南中国海，具有讽刺意味的是，为这次日本南行拉开南海之门的恰恰就是当年太平洋战争中的第一个受害的亚洲国家菲律宾。现在菲律宾要与日本建立准同盟关系，只要头脑正常的人，就会知道这无异于开门揖盗。日本遏制中国的目的是为了重新实现对台湾的控制。菲律宾等一旦帮着日本实现了这一目标，让日本踩上台湾这块跳板，殷鉴并不遥远，接下来遭灾的就只能是菲律宾。台、菲一旦不存，整个南中国海国家面临的就只能是类似1942年那样的无助形势。

第二次世界大战后在远东建立的雅尔塔体系，对东南亚国家来说是一个和平保障体系。在这个体系中，除将南千岛群岛、冲绳岛留给苏联和美国占领外，它将台湾主权交还中国，其作用也正是用于遏制日本进入南海的战略企图。因此台湾归属大陆中国是保障远东雅尔塔和平体系的关键环节，而日本的和平宪法则是远东雅尔塔和平体系中的核心环节。现在日本的和平宪法已近名存实亡，而部分东南亚国家又采取机会主义外交，主动为日本拉开南海之门。由此而来的逻辑结果就是在保证远东地区和平的雅尔塔体系上打开了缺口，这对东南亚国家来说，无异于自掘坟墓。目前要阻止这一恶果发生的唯一出路就是东南亚国家与远东雅尔塔体系的支柱国家即中国、俄罗斯和美国的协调与合作，支持中国在台湾问题上的主权原则，共同抵制至今不肯承认其侵略罪行的日本插手南海事务，并由此共同

① 《日本使馆回应新大使"从未承认台湾是中国领土"言论》（http://taiwan.huanqiu.com/liangan/2010-07/963520.html）。

维护雅尔塔和平体系在远东的稳定存在。正如香港回归中国对东亚已产生的积极作用一样，可以相信，台湾主权回归中国不仅不会损害而且有助于东亚国家在整个21世纪的和平发展。

最近印度和越南签署南海油气开发协议，这在国际上引起了广泛的关注。相对于日本来说，印度介入南海事务充其量只是在凑热闹。20世纪60年代初印度驻华大使潘尼迦曾说："从近三百年的历史来看，任何强国，只要掌握住绝对制海权，又有力量打得起陆战，就可以控制印度帝国。"[①]近代亡国于失控印度洋的惨痛经验告诉印度的政治家，印度洋而非南中国海才是印度国家安全的命根子。看一眼印度洋地图及其中的美国迪戈加西亚海军基地，再看看本世纪初阿富汗、伊拉克战争的结局就明白，目前印度不管从国力还是从实际控制力都远未达到控制印度洋的地步；更不用说，印度在北方还受到陆地国家力量的牵制。在这种情况下，印度高调介入南海，充其量只是1902年英国拉拢日本牵制俄国的外交策略的模仿，目的是从东部牵制中国，其本身对南海政治没有实际的战略价值。很难理解，在家门口守着波斯湾的印度会舍近求远对南中国海的油气资源有特殊的需求。相比之下，日本整个生命线依托于南海，而在历史上又对台湾有过实际控制，未来如果日本扶植"台独"势力上台，接踵而至的将是远东雅尔塔体系的解体和由此引发的东亚大灾难。

丘吉尔曾将印度比喻为"英王皇冠上的那颗真正最为光亮而珍贵的宝石"。[②]西方人清楚世界地缘政治的中心在北印度洋。印度在其间又占据着关键位势。西方霸权国家明白占领印度就占有了中亚资源和世界制海权的心脏。印度洋是地缘政治利益最密集的地方，是西方控制世界的关键海区，而只有像近代英国那样全面占领印度，才能彻底地控制世界资源和世界政治。从这个意义上来说，印度在未来面临的安全压力要比中国大得多。印度政治家现在跟美国打交道虽然有机会主义的成分，但其危险的处境他们想必也是非常清楚的。这一点我们可以从尼赫鲁写的《印度的发现》一书中体会出来。尼赫鲁在当时是对英国地缘政治思想理解比较深入的政治家，他知道印度生活在世界政治矛盾的火山口——世界海权的要害

---

① 潘尼迦：《印度和印度洋——略论海权对印度历史的影响》，德隆等译，世界知识出版社1965年版，第81页。

② 转引自 Jawaharlal Nehru，*The Discovry of India*，Teen Murti House，1999，p.438。

地区，所以他认为印度如果不能崛起为"有声有色"的大国，就必然要"销声匿迹"，即面临被肢解的结局。

"9 11"后，西方的军事力量已压入印度洋北岸，而在俄罗斯、中国、印度这三个远东最大的国家中，俄罗斯已经随苏联解体而衰落，多米诺骨牌已整个地压向中国。为了击倒中国，美国开始拉拢印度，这对印度是个机遇：印度可以从其机会主义外交政策中获取更多的安全空间和安全资源。但可以肯定的是，如果中国像苏联一样倒下，接下来美国打击的对象只能是印度；而且，在尼赫鲁预见的"有声有色"和"销声匿迹"的两种结局中，印度很可能被迫接受后者。如果印度的政治家意识不到这一点，那利比亚卡扎菲的机会主义外交路线的悲剧，就是前车之鉴。

中俄结盟的限度、目标和意义※

[内容提示] 结盟权是主权国家天然具有因而是不能轻言放弃的外交权利。至于现在是否到了中俄结盟的时候，我认为至少到了可以考虑这个问题的时候。但应当对它的范围、任务和目标予以限定。21世纪的国际社会仍没有脱离丛林状态，今天中俄的共同利益的交汇点显然高于分歧，加上俄罗斯领导人已汲取以往左右极端外交失败的教训，其政治经验已日益成熟。面对共同的战略压力，中俄深化战略盟友关系，具有重大的现实意义。

一 中国对外政策的基石是"独立自主"而非"不结盟"

近期，关于中俄结盟的声音，在媒体上时有反映，这是由于人们意识到中俄两国越来越多地面临共同的战略压力。也有人根据2011年9月国务院新闻办发表的《中国的和平发展》白皮书中"不同任何国家和国家集团结

※ 本文发表在《社会观察》2012年第3期。

盟"①的提法，认为中国奉行的是不结盟的外交政策，而中俄结盟的构想违背了这一政策。

这其实是对中国外交政策的一种误读。自20世纪50年代起中国政府奉行的是"独立自主"而不是"不结盟"的外交政策。正因此，中国当时并没有参加尼赫鲁、铁托等发起的"不结盟运动"。20世纪80年代中国改革开放，邓小平坚持的也是独立自主而非不结盟的外交政策，他在党的十二大上对这项政策作了全面表述，他说：

中国的事情要按照中国的情况来办，要依靠中国人自己的力量来办。独立自主、自力更生，无论过去、现在和将来，都是我们的立足点。中国人民珍惜同其他国家和人民的友谊和合作，更加珍惜自己经过长期奋斗而得来的独立自主权利。任何外国不要指望中国做他们的附庸，不要指望中国会吞下损害我国利益的苦果。我们坚定不移地实行对外开放政策，在平等互利的基础上积极扩大对外交流。②

邓小平同志曾在1984年5月提到"不结盟"，他说："中国的对外政策是独立自主的，是真正不结盟。中国不打美国牌，也不打苏联牌，中国也不允许别人打中国牌。"③1985年8月，邓小平在会见坦桑尼亚总统尼雷尔时说："我们现在奉行的是独立自主的对外政策，不倾向于任何一个超级大国。谁搞霸权主义，就反对谁，谁愿与我们友好，我们也愿意与谁友好，但决不卷入任何集团，不同它们结盟。"④邓小平这里的意思是说中国奉行的是独立自主的外交政策，与尼赫鲁的所谓"不结盟"比较，中国独立自主的对外政策才是真正的"不结盟"。至于邓小平说"决不卷入任何集

---

① 2011年9月国务院新闻办发表了《中国的和平发展》白皮书，宣称："坚持在和平共处五项原则基础上，同所有国家发展友好合作，不同任何国家和国家集团结盟，不以社会制度和意识形态异同决定国家关系的亲疏。"（http://news.sina.com.cn/c/sd/2011-09-06/101223112859.shtml）。

② 邓小平：《中国共产党第十二次代表大会开幕词》（1982年9月1日），载《邓小平文选》第3卷，人民出版社1993年版，第3页。

③ 邓小平：《维护世界和平，搞好国内建设》（1984年5月29日），载《邓小平文选》第3卷，人民出版社1993年版，第57页。

④ 《邓小平年谱》（1975—1979），中央文献出版社2004年版，第1068页。

团，不同它们结盟"，其意思也并不是说中国"不同任何国家和国家集团结盟"，更没有中国"永远不结盟"的意思，只是说不与当时的"它们"即苏联集团或美国集团结盟。邓小平同志当然明白，结盟与否是中国人民"长期奋斗而得来的独立自主权利"，因而是不能随便放弃的。至于是否需要结盟，或什么时候以及在什么程度上结盟，应视中国自身利益需要而定。

这样理解邓小平同志关于"决不卷入任何集团，不同它们结盟"的表述，是符合历史逻辑的。不然，就不能解释20世纪50年代建立在《中苏友好互助条约》基础上的中苏关系，以及1961年签订且保持有效至今的《中朝友好互助条约》及建立其上的中朝关系的合理性。

历史经验表明，在大国博弈中明确承诺自己"永远不结盟"，无异于战事未开先自掘坟墓。第二次世界大战中，不与美苏英结盟，中国今天就不可能有联合国常任理事国的席位；新中国成立初不与苏联结盟，中国就可能在美蒋合击中倒下；改革开放之初，如果不与美国结成较紧密的外交关系，在北方苏联大兵压境的情况下，中国至今可能还在"备战备荒"。因此，在美国已挥师来到太平洋并明确宣布"重返东亚"的时候，我们目前不宜作出宋襄公式的"不同任何国家和国家集团结盟"和"永远不结盟"承诺。

二 中俄结盟是为了捍卫雅尔塔和平框架

结盟权[①]是主权国家天然具有因而是不能轻言放弃的外交权利。至于现在是否到了中俄结盟的时候，我认为至少到了可以考虑这个问题的时候。但应当对它的范围、任务和目标予以限定。

在考虑这个问题之前，需要先明确目前远东和平所依据的法律体系。我们知道，第二次世界大战后的世界和平主要是由美国、苏联和中国等战胜国共同建立的雅尔塔体系确立的，其目的是防止德国和日本的军国主义复活。苏联解体后，雅尔塔体系的欧洲部分已经解体，而在远东地区则大体保存并在发挥着防止日本军国主义复活、维护远东和平的积极作用。目

---

① 结盟权：指国际法主体之间互相用条约约定彼此的权利和义务，结为盟友的权利。

前已宣称"重返东亚"的美国已有退出远东雅尔塔体系的倾向。为了阻止这种倾向的加剧,中俄有必要将以前的"战略伙伴关系"向更为紧密的战略盟友关系推进,但其目的不是打倒美国,而是在捍卫雅尔塔法律体系赋予本国——比如中国对台湾的主权——利益的前提下,拉住美国以共同维护第二次世界大战后由三国在雅尔塔条约中确立的远东和平格局。

20世纪40年代末出现冷战,与当时日美同盟一样,中苏结盟是针对冷战,而冷战却不是发生在雅尔塔框架外的行为,只是在雅尔塔法律框架下的战胜国内部利益的调整,其各方诉求并没有超出雅尔塔格局。比如说,美国和日本、苏联和中国已结成战略盟友,但美国在北方四岛上不排斥苏联占领,苏联在冲绳问题上不排斥美国占领,而苏联和美国也均在台湾问题上承认中国主权。因为这些领土归属都是由开罗会议、德黑兰会议和雅尔塔会议所确立的一系列原则规定的。在欧洲地区,美苏的冷战最初也没有破坏雅尔塔格局。例如,在1956年苏伊士运河事件中,美苏联手将英法赶出地中海,而在同一时期发生的波匈事件中,美国只是与欧洲一起向波匈自由派一方表示声援,甚至在苏联军队开入这两国时也没有直接的物质乃至军事支援。

从20世纪80年代起,欧洲雅尔塔格局发生了变化。这是由于苏联与美国之间原本是"周瑜打黄盖"式的冷战,在勃列日涅夫时候出现了失控:苏联要将美国全面赶出印度洋。这逼使美国在里根时期下决心退出并放弃雅尔塔格局。此后,美国直接支持波兰动乱,逼使苏联放弃华约和东欧社会主义阵营。90年代初苏联解体,标志着雅尔塔体系中的欧洲格局消失。在此后的历史时期里,欧洲大陆在美国的帮助下恢复了第二次世界大战前的"凡尔赛体系",北约介入利比亚内战的成功,标志着囿于欧洲大陆的凡尔赛体系首次向海外拓展。

苏联倒下后,俄罗斯继承了苏联在雅尔塔体系中的远东权利。目前在这一地区的中、美、俄三家的矛盾中,中俄利益最为接近,中国、俄罗斯与美国的矛盾,基本还是雅尔塔框架下的即美国遏制与俄中反遏制的冷战矛盾,各方基本诉求仍未超出雅尔塔框架。

与美国在两次世界大战中均大获其利的经验不同,中国和俄罗斯是第一次世界大战后建立的"凡尔赛—华盛顿体系"的贡献者和受害者,但是第二次世界大战后"雅尔塔体系"的贡献者和受益者。所以中国和俄罗斯更珍惜并且愿意维护这个和平体系。因此不管结盟与否，它们都不愿放弃雅尔塔和平体系。中苏结盟反对的是新冷战中的美国而不是雅尔塔体系中的美国，约束的是日本军国主义复活和美国退出并放弃雅尔塔和平体系的倾向；中国在其中捍卫的只是雅尔塔和平体系赋予的利益，而不会提出超出雅尔塔法律框架的利益诉求。

谁是我们的敌人，谁是我们的朋友，这不仅是中国社会主义革命的首要问题，同样也是中国社会主义建设时期理解国际关系的首要问题。

当年毛泽东在与蒋介石的斗争中将金门留给台湾，是为了不把台湾打出"一个中国"的格局；与此同理，今天我们反对美国，只是为了捍卫我们在第二次世界大战后的雅尔塔和平体系赋予的中国国家利益，而不是为了将美国打出雅尔塔和平体系。如果不是这样，而是有失分寸地一味为了反美而与俄罗斯结盟，就会导致雅尔塔体系在远东的崩溃。果真如此，那就意味着中俄美三国在雅尔塔体系中所取得的成果在法理上发生动摇，日本军国主义，甚至欧洲就会坐收渔利。比如，日本之所以至今不敢直接修改阻止日本国家武装化的宪法第九条，就是因为有雅尔塔法律体系及其支柱国家即中国、俄罗斯，尤其是美国的制约。日本宪法第九条与雅尔塔体系的存在息息相关。雅尔塔体系的动摇会导致日本本国的和平力量和亚洲国家对日本军国主义的限制失去法律依据。日本军国主义的最低目标是恢复20世纪20年代美日主导的远东华盛顿体系，最高目标是恢复40年代由日本主导的"大东亚共荣圈"，而这些目标实现的前提，恰恰就是雅尔塔和平体系在远东的终结。

三 中俄结盟，但在外交上要为美国留有回转余地

由于美国、欧洲对中俄战略空间的步步压缩，近期出现了中俄结盟的呼吁。这与20世纪末欧美结盟是由于苏联对美国的步步紧逼的道理一样。

外交失度是国际关系失控的重要原因。20世纪70年代末，美国总统卡特曾给苏联一定的信任，放缓与苏联全球争霸的步伐，结果差点被苏联赶出印度洋。这导致美国里根时期外交对苏联的更强烈的反弹，并因此毁掉了欧洲的雅尔塔体系。20世纪末和21世纪初，俄罗斯人和中国人曾经一

度试图信任西方，希望它们能汲取人类大战的教训，更好地领导世界，但是中俄的善意却一再被辜负。戈尔巴乔夫最相信美国，主动解散华约，自觉放弃共产党的领导权，给予西方以完全的信任，结果换来的却是海湾战争和欧盟的出现。叶利钦又相信美国，结果换来的是科索沃战争和波兰、捷克、匈牙利加入北约。到了普京时代，俄罗斯在反恐问题上又对美国予以信任，美国在发动阿富汗战争之后，又联手北约发动伊拉克战争和利比亚战争。现在西方的目标又逼近叙利亚和伊朗。中国在改革开放后也曾长期给予美国以同样的信任，结果不仅没有换来和平，反而迎来了美国大兵"重返亚太"和2010年以来美国联合盟国在中国沿海频频军演。美国和西方对中俄信任的一再透支，逼迫中俄从战略伙伴关系向战略盟友关系进一步推进。

尽管如此，我们在国家战略的设计时不能忘记哲学。"上坡最难下坡处"，战略设计的最难点不在于如何进攻而在于如何收手。可喜的是，目前的中俄政治家在这方面已表现出相当的智慧，并作出了相当的努力。

2005年5月在反法西斯战争胜利60周年庆典前夕，俄罗斯总统普京指出："胜利日属于我们所有人，这是全世界的事件。我们的父辈和祖辈分担了战争的全部重担，但没有分割1945年的胜利。我们现在也没有把它分割。反希特勒联盟的所有盟国、德国反法西斯主义者赢得了第二次世界大战的胜利。"在谈到1945年的《雅尔塔协定》时，普京指出："这是集体的决定，是美国总统、英国首相和苏联领袖的决定。""这些决定是考虑当时客观情况做出的：纳粹的根子尚未铲除，欧洲受到严重破坏，胜利者对欧洲的政治和经济复兴责无旁贷。"[①]2010年9月27日，中国国家主席胡锦涛在人民大会堂同俄罗斯总统梅德韦杰夫举行会谈。双方发表了《中俄两国元首关于第二次世界大战结束65周年联合声明》，再次呼吁美国"应永远铭记这一悲剧及其原因和教训，以避免毁灭人类文明的灾难再次发生"，并向美国再次表达共同维护雅尔塔体制的期盼，同时也善意地给美国回归雅尔塔体制留下相当的余地。声明表示："在这场战争中，中俄两国人民承受了法西斯和军国主义的主要进攻，经历了最残酷的考验，付出了最为惨重的伤亡，承担了抗击侵略者的重任，并取得了最后胜利。

---

① 《布什发誓要埋葬雅尔塔遗产——普京反驳历史修正观》（http://news.163.com/05/0510/12/1JD0LH3I0001121S.html）。

法西斯和军国主义势力处心积虑地要征服和奴役我们两国、其他国家和整片大陆，中俄两国永远不会忘记那些制止这两股势力的人们的功勋。两国人民将缅怀和纪念来自盟国和所有为了捍卫生命和自由同我们并肩战斗的人。"[①]

令人担忧的是，目前的美国在亚洲已有摆脱雅尔塔体系的倾向，这是美国外交有失哲学的表现。美国人应当明白，昨天英德曾经死掐导致凡尔赛体系在大战中毁灭和美苏取代欧洲的后果，今天如果美国真要与中俄死掐，必然是两败俱伤，随之而来的是欧洲又重新取得在第二次世界大战中失去的世界霸权；在远东地区，日本军国主义在欧洲的扶持下将会东山再起。而这一切对中、俄、美三国将是无可弥补的灾难，届时美国不要指望欧洲仍会唯美国马首是瞻，日本对于曾向它投放原子弹的国家更不会手下留情。

黑格尔说："哲学也必须在有国家生活的地方才能够出现。"[②]黑格尔这里说的"国家"指的是民族国家，而不是资本国家。今天的美国已从民族主义国家异化为华尔街金融资本国家。今天的美国外交的决策权已不在白宫而在华尔街。这样美国已很难执行有哲学高度的民族主义的外交政策：别说不打仗，就是少打仗都不行。国内实业很难恢复，而没有实业，美利坚民族就失去了存在的经济基础；与当年古罗马衰落的情形相似，美元依赖石油、石油依靠战争——在古罗马是国民生存依赖源源不断的外来奴隶劳动，而奴隶供给则需要不断的战争。石油美元而非实业美元已将美国与战争捆绑在一起并不得不与战争共存亡；今天美国的衰败不是由于经济的滑落而是由于战争的失败。2011年美国人民的"占领华尔街"而非占领白宫运动，说明美国民众发现了问题所在，他们正试图从少数金融家手中救回自己的国家。

鉴于目前的美国已进入金融寡头而非实业民族资本的统治的金融帝国主义历史时期，其外交已成金融增值而非民族利益实现的工具，其思维已失去了民族主义理性。在这样的条件下，我们也不排除美国出现用国家自

---

① 《中俄元首发表关于第二次世界大战结束65周年联合声明》（http://news.ifeng.com/gundong/detail_2010_09/28/2659776_0.shtml）。

② 黑格尔：《历史哲学》，王造时译，上海世纪出版社集团、上海书店出版社2001年版，第69页。

毁即与中国和俄罗斯玉石俱碎的极端方式推行有利于金融资本利益的外交政策。在这样的条件下，中俄两国就更要联手一致，相互依靠，有理、有利、有节地为保卫两国的安全及远东和平而誓死努力。这时，中俄结盟对于两国人民来说就有了生死存亡的意义。

即使如此，中俄在争取自身不出雅尔塔框架的战略利益的前提下，也不要重蹈欧洲"二战"前德英冲突和"二战"后苏美冲突失度导致的国际体系失控的悲剧，还是应该在外交上尽可能给美国回归雅尔塔体系留有空间。历史的经验值得注意。当年，即使在美国已介入朝鲜内战的严峻时刻，中国依然派出的是"志愿军"而非"中国人民解放军"，以此回避了中美之间的国家宣战，这为美国1953年从朝鲜收场留下了足够的余地。习近平近期的访美，在宣称中国的战略利益的同时，也力图稳定中美关系，加强与美国合作。情同此理。在俄罗斯，普京是一位有历史感和政治哲学的政治家，2011年10月18日，他在接受采访时表示："我一生都练习东方搏击术，我在对待伙伴关系上已经有了一定的哲学：不论他是什么样的，都需要尊重他。"他指出，这不仅出于对全人类的考虑，而且也出于务实考虑。①俄罗斯未来由普京掌舵，将有利中俄战略合作建立在良好的哲学基础之上。

也有人认为俄罗斯在历史上反复无常不值得信任，或者俄罗斯当前政治制度和中国已有很大不同，没有建立共识的认知基础。其实，对大国结盟起到决定性作用的并不是意识形态的异同，而是国家利益有多大的交会点。沙特是君主制国家，与美国的意识形态截然不同，但是为了石油利润，双方就结成了战略盟友关系。21世纪的国际社会仍没有脱离丛林状态，今天中俄的共同利益的交会点显然高于分歧，加上俄罗斯领导人已汲取以往左右极端外交失败的教训，其政治经验已日益成熟。面对共同的战略压力，中俄深化战略盟友关系，具有重大的现实意义。

---

① 《普京：政治上应遵循东方武术哲学，尊重每位伙伴》（http://www.chinanews.com/gj/2011/10-19/3398128.shtml）。